朱振家　撰

全注·全译·全解

论语

全解

上海古籍出版社

图书在版编目(CIP)数据

论语全解 / 朱振家撰.—上海：上海古籍出版社,
2014.10(2018.11 重印)
ISBN 978-7-5325-7273-1

Ⅰ.①论… Ⅱ.①朱… Ⅲ.①儒家②《论语》—研究
Ⅳ.①B222.25

中国版本图书馆 CIP 数据核字(2014)第 100469 号

论 语 全 解

朱振家 撰

上海世纪出版股份有限公司
上海古籍出版社 出版
(上海瑞金二路 272 号　邮政编码 200020)
(1) 网址:www.guji.com.cn
(2) E-mail:guji1@guji.com.cn
(3) 易文网网址:www.ewen.co
上海世纪出版股份有限公司发行中心发行经销
常熟文化印刷有限公司印刷
开本 889×1194　1/20　印张 17　插页 2　字数 466,000
2014 年 10 月第 1 版　2018 年 11 月第 5 次印刷
印数:9,401—11,500
ISBN 978-7-5325-7273-1
B·867　定价:29.00 元
如有质量问题,请与承印厂联系

前　言

　　《论语》是记录孔子及其部分弟子言行的语录体文集,是儒家早期重要的经典著作,也是反映我国优秀传统文化的代表作。书中集中反映了孔子的哲学思想、政治主张、伦理观念及品德修养,体现了孔子的教育理念,具有很高的思想价值、文献价值和语言文学价值。在继承我国优秀文化遗产,实现文化大发展大繁荣的今天,介绍并学习《论语》,有重要的现实意义。

　　《论语全解》是对《论语》的注释、译文、点评,三者互相照应,有机统一,方便读者阅读和理解《论语》。

　　注释方面:《论语》属于上古汉语的著作,注释《论语》,首先必须过好语言文字这一关,这是基础性工程,是根基。因此,本书以语言科学统领注释,对书中有关文字、词汇、语法、修辞等语言问题,都加以疏解。释词,标明古义,区分古今义,防止以今律古。对特有句式,加以结构分析,对重点虚词标注其语法功能,最终达到文意晓畅明白。

　　译文方面:在准确注释的基础上进行古今对译。《全解》采取直译法。所谓直译法,即忠实原著,紧扣原著字词句,做到三落实,准确再现原著内容,不走样,不添枝加叶,同时还要符合现代汉语表达习惯,即人们常说的信、达、雅:"信"指信实、准确;"达"指畅达、通顺;"雅"指典雅、优美。

　　点评方面:同样要以准确注释为基础。《论语》全书近500章,本书在每章之下设"点评"一栏,即写出简明的章旨,帮助理解。点评尽量将书中人物言行和历史事件纳入春秋末期的历史背景中加以考察。孔子思想的主导方面是积极的,属于宝贵的精神财富。诸如明君贤相、选贤举能、为政以德、见得思义、志向高远、发奋图强、克己奉公、积极入世、民本贵德、舍生取义等,直到今日,仍闪耀着思想光辉,值得借鉴与继承,其中很多格言警句,弥足珍贵。但也必须看到,孔子生活在两千五百年前的春秋时代,他的思想难免有历史局限性。实事求是地指明这一点,是尊重历史和科学的表现,我们的点评也因此而力求客观和恰如其分。

　　由于水平所限,全书的注、译、评必然存在许多问题,恳切希望批评教正。

朱振家

2012 年 3 月 8 日

注译说明

一、本书由注释、译文、点评三部分组成，以字词句注释为基础，使三者互相照应，有机统一，力求方便阅读。

二、注重以语言科学统领注释，着力点在于扫清语言文字障碍。注项较密，努力做到不遗漏当注词语，不回避疑难之点。释词方面，注明古义，区分古今义，防止以今律古，误解误读。注音方面，一律使用汉语拼音字母。对少数传统音读，标示"旧读"。遇有生僻字，在( )内标注音读。

三、运用语法分析，凡属上古汉语特有句式和语法现象，构成理解障碍者，诸如词类活用、语序变化以及重点虚词功能等，均作必要的疏解，以使文意晓畅明白。

四、适当运用古注。历史上先儒训释《论语》，做了大量工作，取得丰硕成果。本书在一些章节注释中引用《集解》、《义疏》、《集注》等注本中的注释成果，方便深入理解原著。

五、译文一般采取直译法，忠实原著，紧扣字词句，尽量不走样，避免添枝加叶。为符合现代汉语表达习惯，遇有简古处，适当加些词语，并用〔 〕号加以标志。

六、每篇之前写有"本篇提要"，归纳提炼该篇内容。

七、本书以章为单位加注，各章词语难免重复出现，用翻检前面相关注释的方法很不方便。为免去翻检之劳，对后面章节某些重点相同词语仍适当加注。

八、《论语》一书将近 500 章，为了便于了解章旨，本书在每章后设"点评"，使注释与义理分析紧密结合。点评尽量简明，力求用辩证唯物主义和历史唯物主义思想为指导，将人物言行与历史事件纳入春秋末期历史背景加以分析，尽量使之符合原著本意。

《论语》主要反映孔子言行，为后代留下了宝贵的思想文化遗产。通过点评继承这一宝贵的精神财富，在我国文化大发展大繁荣的今天更有其现实意义；同时也实事求是地指出某些方面的历史局限性。

九、本书所附《孔子生平简介》一文，旨在介绍孔子，帮助理解《论语》原著。由于文献资料与注者水平所限，难免失之粗略。

十、本书另附《〈论语〉成书与注本》，简要介绍儒家这部经典的成书情况。在从汉代至今诸多注本中，选择历代具有代表性的《论语》注本予以介绍，以便读者了解古今丰富的《论语》训释的优秀成果。

目 录

学而第一

【本篇提要】

　　《学而》是《论语》的第一篇。《论语》全书共二十篇,每篇篇名取其首章开头两三个字,本篇以首章《学而》为名。

　　本篇共十六章,以教育开篇。孔子首创私人讲学,倾注一生心血,培养出大量人才,是我国历史上第一位教师。他提出"学而时习之",巩固深化所学,符合教学规律,是他教学经验的总结。这虽然只是教学过程的一个环节,却是他数十年教学生涯的反映。他所确立的教学原则,进德修业,以德为先,对父兄要做到"孝"与"悌",这是仁学的根基。扩而大之,在社会上要做到"忠"与"信",要求弟子修身明志,直率诚实,不做巧言伪善的人。曾参的"吾日三省吾身"便是杰出代表。孔子倡导学以致用,积极入世,做到"食无求饱,居无求安,敏于事而慎于言"。他关心政事,每至一邦,必闻其政,并以"温、良、恭、俭、让"为准则。

　　弟子有若提出"礼之用,和为贵",阐明礼的社会功用是使社会和谐太平,施政举事均须合于礼。孔子提出的"节用而爱人,使民以时",反映了儒家的民本思想,有利于发展生产,减轻百姓负担。

　　1.1　子曰[1]:"学而时习之[2],不亦说乎[3]? 有朋自远方来[4],不亦乐乎[5]? 人不知而不愠[6],不亦君子乎[7]?"

【注释】

[1] 子:古代对男子的尊称,也指对老师的敬称。这里指孔子。《论语》中"子曰"的"子"均指孔子。

[2] 学:学习。内容指《诗》、《书》等古代文献和礼、乐、射、御等实践性科目。　时:时间名词,作状语,按时,在适当的时候。　习:本义指鸟反复地练习飞翔。《礼记·月令》:"鹰乃学习。"此处引申为反复温习。

[3] 亦:副词,作状语,表示相关情况之间的重复,语译为"也"。　说:"悦"的古字,高兴。

[4] 有朋:古本有的作"友朋"。朋,旧注:"同门曰朋。"指志同道合的人。

[5] 乐:快乐。《史记·孔子世家》:"故孔子不仕,退而修诗书礼乐,弟子弥众,至自远方,莫不受业焉。"学友相会,切磋学问,增益修养,乐趣盎然。

[6] 知:了解。　愠(yùn):恼怒,怨恨。

[7] 君子:指两类人:一类指有地位的人,通常指统治者;一类指有道德修养的人。这里指后者。

【译文】

　　孔子说:"学习了,然后按时复习,不也是很高兴吗? 有志同道合的人从远方来,不也是很快乐吗? 人家不了解自己,而自己却不怨恨,不也是君子吗?"

【点评】

　　孔子提出"学而时习之",即学习以后,通过及时复习,巩固深化所学,是一条重要的学习规律,也是孔子长期从事教学的经验总结,至今仍有实践意义。有志同道合的学友从远方来,齐聚一堂,研讨切磋,相互启迪,增益修养,是一大乐事,也是一种重要的教学方式。

1.2 有子曰[1]:"其为人也孝弟[2],而好犯上者,鲜矣[3];不好犯上,而好作乱者[4],未之有也[5]。君子务本[6],本立而道生[7]。孝弟也者[8],其为仁之本与[9]!"

【注释】

[1] 有子:孔子的学生,姓有,名若,字子有,春秋时鲁国人。《论语》中孔子的学生一般称字,只有对曾参、有若、冉有、闵子骞四人称"子",而曾参、有若一贯称"子"。

[2] 其为人也:他为人。也,表示停顿语气。 孝弟:孝顺父母,敬爱兄长。孝,伦理道德之一,指子女对父母应有的正确态度。弟,"悌"的古字。上古汉语兄弟的"弟"和敬兄的"悌"都用"弟"表示,后分化出"悌",专表弟弟敬爱兄长义。

[3] 好(hào)犯上者:名词性"者"字词组,表示"……的人",指喜好触犯长上的人。犯,触犯,违反。上,尊长。 鲜(xiǎn):少。

[4] 好作乱者:喜好造反的人。乱,有相反相成两种词义:"乱"与"治"。《泰伯》篇:"予有乱臣十人。""乱臣"是治理之臣。这里指前者。

[5] 未之有也:相当于"未有之也"。古代汉语否定句代词宾语前置。表示从来没有这样的人。

[6] 务:力求做到。 本:指树木的根。今成语有"本固枝荣"。引申为根基,根本。

[7] 本立而道生:根本确立了,道便会从中产生出来。道,本义指道路,引申为道理,原则。

[8] 孝弟也者:孝和悌这两种品德。也者,语气助词连用,用在主语后表示语气停顿。

[9] 其:句中语气助词,表示揣度语气,语译为"大概"。 仁:孔子倡导的道德标准,包括孝、悌、忠、恕、恭、宽、信、敏、惠、智、勇等内容,而孝悌则是仁的根本。 与(yú):疑问语气助词。

【译文】

有子说:"他为人孝顺父母,敬爱兄长,却是个喜好触犯尊长的人,这种人是很少的;不喜欢触犯尊长,却喜欢造反的人,这种人是从来没有过的。君子致力于根本,根本确立了,道便会从中产生出来。孝、悌这两种品德,大概就是仁的根本吧!"

【点评】

有若提出孝悌是为人的基本品德。儒家认为一个真正有道德修养的君子,必须做到孝敬父母,敬爱兄长。只有具备这两种品德,在社会上才能敬长合群,尽忠亲礼,维系以血缘关系为纽带的宗法秩序。所谓治国必先齐家,齐家必有孝悌,所以孝悌乃是仁道的根本。

今天,我国社会制度已发生根本的变化,但孝敬父母、尊重兄长的优良传统不能抛弃,而且应赋予新的内涵。"万善德为本,百行孝为先"。父母辛劳一生,抚育子女,实属不易。作为礼仪之邦的炎黄子孙应当成为孝亲敬长的模范。

1.3 子曰:"巧言令色[1],鲜矣仁[2]。"

【注释】

[1] 巧言：花言巧语。　令色：好的面孔。这里指伪善的面目。令，和善。色，面目表情。　朱熹《集注》："巧，好。令，善也。好其言，善其色，致饰于外，务以悦人。"

[2] 鲜矣仁：等于"仁鲜矣"。为了突出强调谓语而把"鲜"提到主语"仁"的前面。

【译文】

　　孔子说："花言巧语，伪善的面孔，这种人仁德是很少的。"

【点评】

　　"巧言令色，鲜矣仁"是孔子从长期社会实践中得出的结论。孔子崇尚为人正直，敦厚纯朴；反对花言巧语，口是心非。而且告诫人们要提高警觉，善于识别这种伪善的人，切勿被其假象所蒙蔽。

　　1.4　曾子曰[1]："吾日三省吾身[2]：为人谋而不忠乎[3]？与朋友交而不信乎[4]？传不习乎[5]？"

【注释】

[1] 曾子：孔子的学生，姓曾，名参(shēn)，字子舆，春秋时鲁国人，少孔子四十六岁，是孔门弟子中最小的一位。

[2] 日：时间名词，作状语。每日，每天。　三：这里指多次。古代汉语在动词前加"三"、"九"等数词，表示动作频数(pín shuò)，次数多。这里虽然反省的是三件事，只是巧合。　省(xǐng)：反省，省察。

[3] 为(wèi)：介词，引进行为的对象，相对于"替"、"给"。　谋：谋划，谋虑。这里指考虑事情。　忠：尽心竭力做好别人托付的事，对别人负责。上古汉语中"忠"字含义很广，不限于忠君。后来被统治阶级利用专指忠君。

[4] 交：交往，往来。　信：信实，诚实，对人的一种道德，真诚，不虚伪。这里不是相信义。

[5] 传(chuán)：动词用作名词，指老师传授的学业。

【译文】

　　曾子说："我每天多次反省自己：替别人办事没有尽心竭力吗？与朋友交往而不诚信吗？老师传授的学业没有复习吗？"

【点评】

　　曾参在孔门弟子中品学兼优，尤以孝道著称，威望很高，弟子们都尊称他为"曾子"。他每天能做到多次自我反省，充分表现了自我修养的主动性、自觉性。他围绕三个方面省察自身：为别人办事要做到尽心竭力，不偏私；与朋友交往要做到真诚信实，不虚伪；对师传学业要做到刻苦勤奋，不苟且。"三省吾身"体现了孔门弟子严于律己、一丝不苟的进取精神，也应成为我们修身自律的座右铭。

　　1.5　子曰："道千乘之国[1]，敬事而信[2]，节用而爱人[3]，使民以时[4]。"

【注释】

[1] 道:"導"的古字。简化为"导",引导。这里是治理的意思。　千乘(shèng):一千辆兵车。乘,名词,兵车。春秋时的兵车,一车四马。据《左传·僖公二十八年》载:"晋车七百乘。"城濮之战时晋文公有战车七百辆。到诸侯平丘之会,据《左传·昭公十三年》载:"甲车四千乘。"已发展到四千辆。也用作量词,一车四马称为一乘,《史记·陈涉世家》:"车六七百乘。"

[2] 敬事:敬,严肃认真。事,职业,工作。这里指政务。"敬事"常连用,表示严肃认真的工作态度。　信:信实。

[3] 节用:节省财政用度。　爱人:施惠人民。人,人民。　何晏《集解》引包咸注:"节用不奢侈,国以民为本,故爱养之。"敦煌写本作"节用而爱民","人"写作"民"。

[4] 使民:役使百姓。民,泛指庶民百姓,劳动者。　以时:按农时季节。介宾词组,作补语,语译时移到谓语前作状语。《孟子·梁惠王上》"不违农时",与此义同,均指在农闲之时役使百姓。

【译文】

　　孔子说:"治理拥有千馀辆兵车的国家,严肃认真地对待工作,信实不欺,节省用度,施惠人民,要在农闲时节役使百姓。"

【点评】

　　孔子提出五项治理国家的方略,即敬事、守信、节用、惠民、使民以时。这五项举措对春秋时的诸侯国都很重要。但当时的诸侯国不守信,奢侈无度,频发徭役,民不聊生,孔子是针对诸侯国存在的问题有感而发的。节省用度,可以减轻百姓负担。不违农时,有利于发展农业生产。

　　1.6　子曰:"弟子入则孝[1],出则弟[2],谨而信[3],泛爱众而亲仁[4]。行有馀力[5],则以学文[6]。"

【注释】

[1] 弟子:有两种含义:一指年纪幼小的人;一指学生。这里是第一种含义。　入:进入,指在家。　则:承接连词,可语译为"就"。

[2] 出:外出,指到社会。　弟:"悌"的古字。本指在家敬爱兄长,这里指出门在外也要尊敬长辈。

[3] 谨:言行谨慎。　信:诚实守信。

[4] 泛:广泛,宽泛。　众:众人,大众。　亲仁:亲近有仁德的人。在泛爱中有重点,更亲近有仁德的人,可见是有差等的爱,不是等同的爱。仁,指仁人。古汉语词汇常以人或事物的性质、特征来表示人或事物。

[5] 行:指做,实践。这里指孝、悌、谨、信、爱、亲等行为表现。　馀力:剩馀的精力。指上述各项都做到了,还有馀力。

[6] 以:介词,用。后面省略介词宾语"之",指代前文的"馀力"。　文:朱熹《集注》取郑玄的说法,认为"文"指古代贵族必修的礼(礼仪)、射(射箭)、御(驾车)、书(书法)、数(算术)等技艺。

【译文】

　　孔子说:"年少后生在家要孝顺父母,出门要敬重长辈,言行谨慎,诚实守信,博爱大众,亲近有仁德的人。这样身体力行,如果还有剩馀的精力,就去学习礼射等技艺。"

【点评】

　　孔子提出对年轻后生进德修业的基本要求。首先做到在家要孝顺父母,敬爱兄长,这是道德的基础。进一步扩大,博爱众人,而重点放在亲近仁德的人。足见这里的爱是有差等的,不是等同的。而且孔门治学把德育放在首位,把学习文化技艺放在第二位。

　　1.7　子夏曰[1]:"贤贤易色[2];事父母,能竭其力[3];事君,能致其身[4];与朋友交,言而有信。虽曰未学[5],吾必谓之学矣[6]。"

【注释】

[1] 子夏:孔子的学生,姓卜,名商,字子夏,春秋时卫国人,以文学著称。
[2] 贤贤:第一个"贤",形容词用作动词,尊崇,器重。第二个"贤",形容词用作名词,指优秀的品德。　易:动词,简慢,轻视。《左传·僖公二十二年》:"国无小,不可易也。"色:容貌。　贤贤易色,一说对妻子,重品德,不重容貌;一说尊重有贤德的人,而看轻貌美的女色。
[3] 竭:竭尽,用尽。　其:指代自己,作"力"的定语。
[4] 致其身:献出自己的生命。致,献出,送给。《子张》篇:"士见危致命。"现代汉语双音词有"致敬","致意"。身,身体,身躯。这里指生命。今成语有"以身殉职"。注意:"至"与"致"的区别:"至"是"到","致"是"使到来",二者不能互换。
[5] 未学:没有学习过〔《诗》、《书》、礼、乐〕。未,副词,表示动作、行为没有发生,相当于"没有","未曾"。
[6] 谓之学:说他已经学习过了。之,指代未学的人。

【译文】

　　子夏说:"看重妻子的品德,不看重她的容貌;侍奉父母,能够竭尽自己的能力;事奉君主,必要时能献出自己的生命;同朋友交往,说话诚实守信。〔这样的人〕虽然说自己没有学习过〔《诗》、《书》、礼、乐〕,我一定说他已经学习过了。"

【点评】

　　子夏所言,表达了孔门治学的原则,先要学会做人。他提出正确处理亲、君、友三方面的伦常关系:首先要处理好夫妻关系,因为这是"人伦之始";侍奉双亲要竭尽全力;事奉君主能致其身,必要时可献出生命;与朋友交往"信"字当头。子夏认为这几方面做好了,即使说自己没有学过《诗》、《书》、礼、乐,也认定是学习过了。

　　1.8　子曰:"君子不重[1],则不威[2],学则不固[3]。主忠信[4],无友不如己者[5],过则勿惮改[6]。"

【注释】

[1] 君子:指有道德修养的人。　重:指作风庄重。解作"厚重"亦可通,盖德性厚重,故能

生威。

[2] 则：承接连词，语译为"就"。 威：威严，威仪。
[3] 学：指学习，学业。 固：巩固，牢固。由于作风轻浮，不庄重，即使学习了，也不会把所学巩固下来。
[4] 主：意动用法，以……为主，把忠诚、信实作为主要的。
[5] 无：通"毋"。副词，表示禁戒。别，不要。 友：动词，交朋友。 不如己者：名词性"者"字词组，作"友"的宾语，表示不如自己的人。
[6] 过：动词，犯了过错。 勿：副词，作状语，不要。 惮（dàn）：害怕，畏惧。今成语有"肆无忌惮"。

【译文】

孔子说："君子不庄重，就没有威仪，即使学习，也不会把所学巩固下来。要把忠诚和信实这两种品德放在主要位置。不要和不如自己的人交朋友。有了过错，不要怕改正。"

【点评】

孔子谆谆教导弟子，举止要庄重，把握忠和信，有了错误不怕改正。其中特别珍贵的话是知过必改，而孔子做到言教身教。他曾说："丘也幸，苟也过，人必知之。"他为此也发出过慨叹："吾未见能见其过而内自讼者也。"人的一生错误难免，可贵的是知过必改，不拖延，不文过饰非。这条遗训，是我们中华民族宝贵的精神财富。至于"无友不如己者"，有其局限性。今天我们不但不拒绝与不如己者交友，而且还主动帮助后进者一同进步。

1.9 曾子曰："慎终[1]，追远[2]，民德归厚矣[3]。"

【注释】

[1] 慎终：谨慎地料理父母的丧事。慎，谨慎，慎重。终，生命完结，这里指父母死亡。何晏《集解》："孔（孔安国）曰：慎终者，丧尽其哀。"朱熹《集注》："慎终者，丧尽其礼。"
[2] 追远：追念远离人世的祖先。追，追思，追念。远，形容词用作名词，指远代的祖先。《集解》："〔孔曰：〕追远者，祭尽其敬。"《集注》："追远者，祭尽其诚。"
[3] 民德归厚：百姓的道德便会归于敦厚。德，道德，其中包括世风民俗。厚，敦厚，厚道。《泰伯》篇："君子笃于亲，则民兴于仁。"

【译文】

曾子说："谨慎地料理好父母的丧事，虔诚地追祭远代的祖先，百姓的道德便会归于敦厚了。"

【点评】

慎终追远，是生前孝亲的延续。父母活着时尽孝，临终时尽哀，即使过世的远祖也要祭祀缅怀。儒家倡导丧祭的目的，就是通过丧葬、追祭这种方式，使百姓道德敦厚，世风民俗归于纯朴。后来贵族统治者凭藉他们的地位和财富，发展成厚葬，走向了反面。百姓衣食尚忧，没有条件操办，只能从简，但哀亲真诚。孔子在《八佾》篇说过："丧，与其易也，宁戚。"是说丧事与其仪节周到，宁可尽情哀戚！

1.10　　子禽问于子贡曰[1]："夫子至于是邦也[2]，必闻其政，求之与[3]？抑与之与[4]？"子贡曰："夫子温、良、恭、俭、让以得之[5]，夫子之求之也[6]，其诸异乎人之求之与[7]？"

【注释】

[1] 子禽：姓陈，名亢，字子禽。他直称孔子为仲尼，从《子张》篇他与子贡对话中得知他不是孔子的学生。《史记·仲尼弟子列传》也没有记载此人。　子贡：孔子的学生，姓端木，名赐，字子贡，春秋时卫国人。在"四科十哲"中子贡属于"言语"科，他善于言辞，有经商才能。

[2] 夫子：皇侃《论语义疏》："《礼》：身经为大夫者，得称为夫子。孔子，鲁大夫，故弟子呼为夫子也。"沿袭下来，老师也称呼夫子，或专指孔子。　是：指示代词，这，这个。邦：与"国"义同，指诸侯国。

[3] 求之与：是求得政事的呢？之，指代听来的政事。与(yú)，表示疑问语气助词。

[4] 抑(yì)：连词，在疑问句中选择其一，使用"抑"，相当于"还是"。

[5] 夫子温、良、恭、俭、让以得之：等于"夫子以温、良、恭、俭、让得之"。俭，节制。《说文》："俭，约也。"温、良、恭、俭、让是联合词组，充当介词"以"的宾语，为突出强调而将它前置。可理解为：老人家用温和、善良、恭敬、节制、谦逊的态度得以听闻那个国家的政事。

[6] 夫子之求之也：老人家得以听闻政事的方法。第一个"之"是用于主谓之间的结构助词，标志该结构是分句。第二个"之"是代词，作动词"求"的宾语，指代政事。

[7] 其诸：表示不确定的推测语气，可译为"或者"，"大概"。　异：不相同，不一样。

【译文】

　　子禽向子贡问道："老人家每到一个国家，一定听取那个国家的政事，是求来的呢？还是别人主动告诉他的呢？"子贡说："老人家用温和、善良、恭敬、节制、谦逊的态度得闻那个国家的政事。老人家求得政事的方法，大概和别人求得政事的方法不相同吧？"

【点评】

　　孔子周游列国，每到一个国家，一定听取它的政治情况。由于他态度谦恭，因而取得信任，所到之国都愿意把本国的政事告诉给他。应该赞许孔子关心国政、积极入世的人生态度。然而各国均未采纳他的政见，恐怕是由于他的政见不合时宜。

1.11　　子曰："父在[1]，观其志[2]；父没[3]，观其行[4]；三年无改于父之道[5]，可谓孝矣。"

【注释】

[1] 在：指在世，活着的时候。

[2] 观其志：观察他的志向。志，志向，意愿，所追求的目标。

[3] 没(mò)：分化后作"殁"，专表死亡。

[4] 观其行：观察他的行为表现。行，指所作所为，行为表现。

[5] 三年：这里指较长时间。古代汉语数词"三"、"九"等常表示数量多，时间长，不确指。一说指三年守丧期，为实指。《宪问》篇："高宗谅阴，三年不言。"是说殷高宗住在

凶庐守丧,三年不讲话。 道:本义指道路,引申为道理、学说等。这里指父亲在世时候的行为准则。

【译文】

孔子说:"父亲活着的时候,要观察儿子的志向;父亲死了的时候,就要观察他的行为表现;如果很长时间不改变父亲在世时候的行为准则,就可以说是尽了孝道了。"

【点评】

孔子提出父与子的伦理关系和孝的标准。父亲在世的时候要尽孝,父亲死后不忘他正确的教导,长志气,走正路,这是应该的,是对得起父亲的。但不辨是非,要求晚辈长期遵守父道,不能加以改变,是有害的。谁能说父亲的思想行为都是正确的?子女只能择善而从。要求不辨是非、真伪,一概接受,是守旧的思想表现。社会要发展,青年要进步,子女与时俱进才是科学的,才是真正的孝!

1.12 有子曰:"礼之用[1],和为贵[2]。先王之道[3],斯为美[4];小大由之[5]。有所不行[6],知和而和[7],不以礼节之[8],亦不可行也。"

【注释】

[1] 礼:封建社会贵族等级制的行为标准、道德规范以及与之相应的礼节仪式。 用:指社会功用。
[2] 和为贵:以和谐为重要。贵,重要。儒家的礼治观念,要人们在维系等级制的前提下和睦相处。
[3] 先王:指前代圣明的君主。 道:治国的政道,实施礼制而达到社会和谐。
[4] 斯为美:实现社会和谐是美好的。斯,指示代词,指代先王之道所造成的"和"。
[5] 小大由之:大事小事都要遵循"和为贵"的原则处理。由,动词,经由,遵循。之,指代"和为贵"的原则。
[6] 有所不行:如果有行不通的地方。所不行,名词性"所"字词组,作"有"的宾语,表示行不通的地方。
[7] 知和而和:只知道和为贵而一味求和。知,了解,认识。后面的"和"是动词,求和。
[8] 以礼节之:用礼来节制行不通之处。节,节制,约束。

【译文】

有子说:"礼的应用,以和谐为重要。先代君主治理国家,好就好在这里,大事小事都遵循'和'的原则加以处理。如果遇有行不通的地方,只知道和为贵而一味求和,不用礼加以节制,那也是不可以的。"

【点评】

有子提出礼的应用,以社会和谐为贵。在一定历史条件下,对保持社会稳定,发展社会生产,维持百姓正常生活是有利的。所以那些开明的封建统治者,在实施礼的时候注重社会和谐,认为这是美好而宝贵的。但必须看到,这种"和"是在维系贵族等级制的前提下的"和"。如果超出这个范围,一味为和而求和是不允许的,就必须用礼来加以节制和约束。

1.13　有子曰："信近于义[1]，言可复也[2]。恭近于礼[3]，远耻辱也[4]。因不失其亲[5]，亦可宗也[6]。"

【注释】

[1] 信：信守的诺言。　近：接近，靠近。这里是"符合"的意思。　义：道义，指合宜的道德行为。《礼记·中庸》："义者，宜也。"邢昺《论语注疏》："人言不欺为信，于事合宜为义。"

[2] 言可复也：合乎道义的诺言便能够实践了。言，指符合道义的诺言。复，重复，这里指在行动中兑现诺言，即实践。朱熹《集注》："复，践言也。"这里强调信守的诺言要合乎义，只有合乎义的诺言才去实践，不合乎义的不应去做。《阳货》篇："好信不好学，其蔽也贼。"

[3] 恭近于礼：恭敬符合礼义。《阳货》篇："恭则不侮。"恭敬就不会受到侮辱。但恭敬必须用礼来节制，如果过分，就会流于"足恭"，是可耻的，《泰伯》篇上说："恭而无礼则劳。"

[4] 远（旧读 yuàn）：使动用法，使……远，即使耻辱远离，可以避开耻辱。

[5] 因：动词，依靠，凭借。这里指所依靠的人。　亲：指亲族里的人。

[6] 宗：宗主，引申为可靠。

【译文】

　　有子说："信守的诺言符合道义，这样的诺言便可以兑现，便可以实践了。恭敬符合于礼，就可以避免耻辱了。所依靠的人中没有失掉亲族里的人，也就靠得住了。"

【点评】

　　有子认为许下的诺言要合乎道义，对己、对人、对社会都有益处。合乎义的诺言叫作大信，这样的诺言方能付诸实践。不合道义的诺言去兑现是有害的。恭敬也要合乎礼，要发自内心的诚意，表里一致。不能只注重外在的容貌仪态，表现过分，流于虚伪的"足恭"，那将招致耻辱。在宗法亲亲的社会里，认为任用亲族中的人才可靠，具有明显的历史局限性。

　　今天我们决不可"任人唯亲"，而是"任人唯贤"，放眼五湖四海，坚持德才兼备、以德为主的用人原则。

1.14　子曰："君子食无求饱[1]，居无求安[2]，敏于事而慎于言[3]，就有道而正焉[4]，可谓好学也已[5]。"

【注释】

[1] 君子：这里指有道德的人。　无：副词，表示一般性否定，相当于"不"。　求：追求，贪求。　饱：形容词，吃足。这里是"满足"的意思。

[2] 居：指居住条件。　安：安适，舒适。

[3] 敏于事：对工作勤敏快捷。　慎于言：对言语却谨慎。

[4] 就：动词，走近，去到。　有道：指有德才的人。　正：动词，端正。

[5] 可谓好学：相当于"可谓〔之〕好学"。"谓"后省略兼语"之"，指代"君子"。全句意为可以说他是好学的了。

【译文】

孔子说:"君子饮食不贪求满足,居住不贪求舒适,对工作勤敏,说话谨慎,去到有德才的人那里端正自己,这样可以说他是好学的了。"

【点评】

孔子作为伟大的教育家,远在春秋时代,就提出作为真正有道德的人应该具备的素质:不计较生活艰苦,不贪图舒适享乐,做事勤敏,说话谨慎,虚心好学,主动到有德才的人那里接受教育,不断求得进步。这是一种崇高的精神。时代虽已变迁,但这种精神仍有生命力,值得我们发扬光大。

1.15 子贡曰:"贫而无谄[1],富而无骄[2],何如[3]?"子曰:"可也。未若贫而乐[4],富而好礼者也[5]。"子贡曰:"《诗》云[6]'如切如磋[7],如琢如磨[8]',其斯之谓与[9]?"子曰:"赐也,始可与言《诗》已矣[10],告诸往而知来者[11]。"

【注释】

[1] 无:副词,表示一般性否定,相当于"不"。 谄(chǎn):谄媚,巴结奉承。
[2] 骄:骄横,放纵。
[3] 何如:古代汉语凝固结构,表示疑问,作谓语,在《论语》中都可以语译为"怎么样"。
[4] 未:副词,作状语,表示事情还没有出现,可译为"不"。 若:动词,及,比得上。 贫而乐:皇侃《论语义疏》本在"乐"后有"道"字,在语句的结构上"乐道"与"好礼"相对应。"贫而乐道"表示虽然贫穷却乐于道。《雍也》篇中孔子称赞颜回:"贤哉,回也! 一箪食,一瓢饮,在陋巷,人不堪其忧,回也不改其乐。"
[5] 富而好礼:富有却谦虚好礼。 者也:语气助词连用。者,表示提示语气。也,表示确认语气。
[6] 《诗》:指《诗经》。后面的两句出自《诗经·卫风·淇奥》篇。 云:说。今成语有"人云亦云"。
[7] 切:把骨头加工成器物。 磋(cuō):把象牙加工成器物。《尔雅·释器》:"骨谓之切,象谓之磋。"
[8] 琢:把玉石加工成器物。 磨:把石头加工成器物。《尔雅·释器》:"玉谓之琢,石谓之磨。""切磋琢磨"比喻治学、修身深入研讨,精益求精。
[9] 其斯之谓与:相当于"其谓斯与"。意为《诗经》的"切磋琢磨"说的就是这个精益求精的意思吧?
[10] 始可与言《诗》:即"始可与〔之〕言《诗》"。是说现在可以同〔你〕讨论《诗经》了。 已矣:句尾语气助词连用。
[11] 告诸往:等于"告之于往",把从前的事告诉你。 来者:"者"字词组,作"知"的宾语,指未来的事,这里指未知的事。

【译文】

子贡说:"贫穷却不谄媚,富有却不骄横,怎么样?"孔子说:"可以了。但是还比不上虽然贫穷却自乐于道,即使富有却谦逊好礼呢。"子贡说:《诗经》上说:'像切骨、磋象、琢玉、磨石一样,〔精益求精。〕'大概说的就是这个意思吧?"孔子说:"赐呀,如今可以同你讨论《诗经》了,告诉你已知的一件事,你却能够推出未知的一件事。"

【点评】

　　本章生动地再现了孔子启发式教学的一个侧面,通过师生对话的形式来实现。子贡提出"贫而无谄,富而无骄",孔子说"可以"。但只是有所不为,高一个层次应该是"乐道"、"好礼"。在孔子启发下,子贡联想到《诗经·卫风·淇奥》篇上的"切磋琢磨",加工成器的过程便是精益求精的过程。可以说这是不断提高的必由之路,比喻治学、修身需要这种精神。孔子热情地肯定了子贡的恰当比喻。

　　我们从中应吸取有益的启示:治学、修身均须"切磋琢磨",精益求精。下定决心,十年寒窗,勤学苦练,铁杵磨针,就一定能攀登到学业的顶峰。

　　1.16　　子曰:"不患人之不己知[1],患不知人也[2]。"

【注释】

[1] 人之不己知:即"人之不知己"。别人不了解自己。古代汉语否定句代词作宾语要前置。"己"是代词,置于谓语"知"的前面。之,用于主语"人"和谓语"知"中间的结构助词,标志该结构是主谓词组,作"患"的宾语,充当句子的一个成分。
[2] 患不知人:等于说"患〔己〕不知人"。忧虑自己不了解别人。"〔己〕不知人"虽然也是否定句,但由于宾语"人"不是代词,所以没有前置。

【译文】

　　孔子说:"不忧虑别人不了解自己,却要忧虑〔自己〕不了解别人。"

【点评】

　　儒家一向主张作为君子要严格要求自己,向内下工夫,不要埋怨别人不了解自己。《学而》篇:"人不知而不愠。"《宪问》篇:"不患人之不己知,患其不能也。"说的都是这个意思。君子努力进德修业,自强不息,创造别人了解自己的条件。而且更应该把主动去了解别人挂在心上,以便见贤思齐,知人以自广。

为政第二

【本篇提要】

《为政》篇共二十四章。本篇孔子阐述的内容是多方面的,涉及政治、教化、学习、道德修养等。

开篇孔子提出德治主张,可以收到"众星共之"的效果。他将"德治"与"刑治"作了鲜明对比,阐明德治的优越性,发展了古代"明德慎罚"的重要思想,在当时的历史条件下,对百姓是有利的。孔子对历史上夏、殷的礼制作出正确评价,认为有继承,也有革新,符合辩证法。

孔子从不同角度回答了什么是真正的孝,孝的社会标准。强调诚信的重要意义,"人而无信,不知其可也"。在认识论上,他"知之为知之,不知为不知"的著名言论,盛传了两千多年。他还提出"学"与"思"的辩证关系,"故"与"新"的内在联系。他主张做人应倡导先做,做了再说,反对夸夸其谈。考察一个人要"视其所以,观其所由,察其所安",全面审视。孔子自述他个人成长、成熟的过程,他勤奋的一生,对后人有重要的启迪与教益。

篇中也反映了他的历史局限性,他认为《诗经》全部属"思无邪",不符合实际。对周礼的评价也有偏见,认为周礼完美无缺,即使传之一百代也是可以知晓的。

2.1 子曰:"为政以德[1],譬如北辰[2],居其所而众星共之[3]。"

【注释】

[1]为政以德:运用道德来治理国政。为,治理,实施。政,指国家的政事。以德,介宾词组,作补语,运用道德。以,介词,运用,凭藉。语译时移前作状语。

[2]譬如:如同,好像。 北辰:北极星。《尔雅·释天》:"北极谓之北辰。"又称极星、纽星、枢星,异名而实同。北极星是出现在天空北部的一颗亮星。从北半球观察,其位置几乎不变。由于它移动非常缓慢,古人以为北极星不动,故常用它来辨别方向。

[3]居其所:安静地处在它的星位上。居,居处,处在。其,指示代词,指代北极星。所,处所,这里指星位。 众星:指北极星周围的群星。 共:"拱"的古字。《左传·僖公三十二年》:"尔墓之木拱矣。"是说你坟上的树已经长到两手合抱那么粗了。由合抱的状态引申为环抱,环绕。 之:指代北极星。这里用北极星比喻实施德治的当政者,以众星比喻民众。

【译文】

孔子说:"运用道德治理国政,就好像北极星安静地处在它的星位上,而其他的星都环绕着它。"

【点评】

孔子主张用道德的力量感化人民,不用严刑重罚就可以治理好国家。这里他用生动的比喻,形象地展示出推行德治所达到的理想效果。北极星比喻当政者,众星比喻民众。众星环绕北辰,表明民众心悦,拥护当政者。孔子的德治主张,是针对统治者繁刑重罚提出的。在当时的历史条件下,对人民有利。

2.2 子曰:"《诗》三百[1],一言以蔽之[2],曰'思无邪'[3]。"

【注释】
[1]《诗》三百:《诗经》实有三百零五篇,说"三百"是取其整数。《诗》,即《诗经》,我国最早的诗歌总集,是周代前段五百多年间的诗歌选集。分为《风》、《雅》、《颂》三部分,《风》有十五国风,《雅》分大雅、小雅,《颂》分周颂、鲁颂、商颂。
[2]一言以蔽之:相当于"以一言蔽之"。用一句话概括它。一言,一句话。有时指一个字,如"五言诗"、"七言诗"。"一言"作"以"的宾语,为强调而前置。蔽,遮盖。这里是"概括"的意思。
[3]思无邪:思想纯正,没有邪念。这是《诗经·鲁颂·駉(jiōng)》上的一个诗句,孔子借用它来评价《诗经》的所有诗篇。

【译文】
孔子说:"《诗经》三百篇,用一句话来概括它,就是'思想纯正,没有邪念'。"

【点评】
孔子评价《诗经》,用"思无邪"一句话来概括它的全部思想内容,是不切实际的。其中不少反对剥削压迫的诗篇,属于"饥者歌其食,劳者歌其事"主题。如《诗经·魏风·伐檀》是伐木的劳动者,对养尊处优、不劳而获的贵族统治者的冷嘲热讽。《硕鼠》篇是农夫对沉重剥削的仇恨与控诉。《诗经·召南·野有死麇(jūn)》是大胆表露爱情的诗作。这些都不符合贵族的礼义。以上仅是举例,远非全诗的内容。

2.3 子曰:"道之以政[1],齐之以刑[2],民免而无耻[3];道之以德[4],齐之以礼[5],有耻且格[6]。"

【注释】
[1]道:"導"的古字,简化为"导",引导,训导。 之:指人民大众。 政:政令,法制。
[2]齐:形容词的使动用法,表示"使……齐",使百姓整齐。齐有"整治"的意思。 刑:刑罚。
[3]免:免除。先秦古籍中单独用"免"具有"免刑"、"免罪"的意思。这里指免除刑罚。无耻:没有廉耻。
[4]道之以德:用道德引导百姓。
[5]齐之以礼:用礼教使百姓整齐。
[6]格:来,到,引申为归服。《礼记·缁(zī)衣》:"夫民,教之以德,齐之以礼,则民有格心;教之以政,齐之以刑,则民有遯心。"这里"格心"与"遯心"相对应。"遯"同"遁",逃避义。而"格"在这里与"遁"是反义词,有亲近、归服义。

【译文】
孔子说:"用政令来训导百姓,用刑罚来整齐百姓,百姓只是暂时避免了刑罚,但并没有羞耻心;如果用道德来训导百姓,用礼教来整齐百姓,他们不但有了廉耻之心,而且人心还归顺。"

【点评】

孔子主张德治,并将德治与刑治作了鲜明的对比,阐明了德治的优越性。其中一个根本性的问题是人心的向背。滥施刑罚,虽然暂时得到所谓治理,但人心却背离。针对贵族统治者滥施刑罚,孔子提出的德治主张,使百姓受益,具有一定的历史进步意义。总观《论语》,孔子并不排斥必要的刑罚,而是主张以德治为主。

2.4　子曰:"吾十有五而志于学[1],三十而立[2],四十而不惑[3],五十而知天命[4],六十而耳顺[5],七十而从心所欲[6],不踰矩[7]。"

【注释】

[1] 有:通"又"。用在整数、零数之间。"十有五"表示十五岁。　志:立下志向。　学:学业,学问。
[2] 三十:到了三十岁。　立:这里指立足社会。立足社会的根基必须懂得礼,《季氏》篇:"不学《礼》,无以立。"
[3] 惑:疑惑,迷惑。掌握了各种知识就不致迷惑了。《子罕》篇:"知者不惑。"
[4] 天命:指上天的意志和命令;也指上天主宰下的人们的命运。这里指后者。
[5] 耳顺:耳朵一听到别人的言语,便能分辨其真伪、对错。何晏《集解》引郑玄注:"耳闻其言而知其微旨。"
[6] 从心所欲:顺从心里所想的念头。从,顺从,顺随。
[7] 不踰(yú)矩:〔任何念头〕不越出规矩。踰,今作"逾",越出,超越。矩,本指画直角或方形的曲尺,引申为法度,准则。

【译文】

孔子说:"我十五岁立志学习。三十岁〔懂得礼仪〕而立足社会。四十岁〔学得各种知识〕而不迷惑。五十岁而理解天命。六十岁〔一听别人的言语,〕便能分辨真假对错。到了七十岁,随心产生的各种念头,都不会越出规矩。"

【点评】

孔子概述他一生成长、成熟的过程。每隔十年进德修业达到预期的奋斗目标。刻苦研修是他不断进步的基础。掌握了礼仪方能立足社会,进而学得渊博知识而不迷惑,直到古稀之年老练成熟,使自己的思想行为完全符合道德规范。

2.5　孟懿子问孝[1]。子曰:"无违[2]。"樊迟御[3],子告之曰:"孟孙问孝于我[4],我对曰'无违'。"樊迟曰:"何谓也[5]?"子曰:"生,事之以礼[6];死,葬之以礼,祭之以礼。"

【注释】

[1] 孟懿(yì)子:鲁国大夫,姓仲孙,名何忌,"懿"是他的谥号。与季孙、叔孙并称"三家",很有权势。他父亲孟僖子将要死的时候,曾嘱咐他向孔子学礼。

[2] 无违:不要违背礼制。无,通"勿"。副词,表示禁戒,相当于"不要"。违,这里指违背礼。当时凡背礼的言行称"违"。
[3] 樊迟:孔子的学生,姓樊,名须,字子迟,春秋时齐国人。
[4] 孟孙:即孟懿子。
[5] 何谓:等于"谓何",说的是什么意思。古代汉语疑问代词"何"作宾语而前置。
[6] 生:指父母活着的时候。 事:服侍,侍奉。 之:指代父母。 以礼:介宾词组,作补语,按着规定的礼节。语译时移前作状语。

【译文】
　　孟懿子向孔子问孝道。孔子说:"不要违背礼仪。"一次,樊迟给孔子赶车,孔子告诉他说:"孟孙向我问孝道,我回答说:'不要违背礼仪。'"樊迟说:"这话是什么意思?"孔子说:"父母活着的时候,要按礼仪服侍他们;死了以后,要按礼仪安葬他们,按礼仪祭祀他们。"

【点评】
　　儒家重视孝道,认为是仁的根本。通过师生对话,孔子阐述了合乎礼仪的孝道,即父母在世时要尽服侍之孝;死后要尽安葬、祭祀之孝。这不仅使老人得到安慰,而且能净化社会风气,陶冶子女的道德情操。
　　尽孝,是做子女的义务,是做人的基本品德。凡对社会对国家能尽职尽忠者,一般都是孝子。在社会主义国度里,要营造养老、敬老的社会风气,它是建设和谐社会的重要内容。

2.6　孟武伯问孝[1]。子曰:"父母唯其疾之忧[2]。"

【注释】
[1] 孟武伯:鲁国大夫,姓仲孙,名彘(zhì),孟懿子的儿子,"武"是谥号。
[2] 父母唯其疾之忧:等于"父母唯忧其疾"。唯,范围副词,只是。其,指示代词,作定语,指儿女,表示他的、他们的。疾,疾病。古代汉语一般性的病叫"疾",重病重伤等叫"病"。这里的"疾"是"忧"的宾语,为突出强调而前置。朱熹《集注》:"言父母爱子之心,无所不至,唯恐其有疾病,常以为忧也。"另一解,子女忧虑父母疾病。王充《论衡·问孔》:"武伯善忧父母,故曰:'唯其疾之忧。'""其"所指代的不是儿子,而是父母。《论语注疏》马融注:"言孝子不妄为非,唯疾病然后使父母忧。"两说皆通,今采马融说。

【译文】
　　孟武伯向孔子问孝道。孔子说:"做父母的只是为子女的疾病发愁。"

【点评】
　　这是尽孝的一个方面。子女尽孝,不仅在衣食上关照老人,而在精神上还要让父母宽心。父母疼爱子女,无所不至,而最使父母挂牵的是儿女的疾病。《孝经》上说:"身体发肤,受之父母,不敢毁伤,孝之始也。"鉴于此,应爱护身体,力求不生病或少生病,使父母健康愉悦,无忧无虑。

2.7　子游问孝[1]。子曰:"今之孝者[2],是谓能养[3]。至于犬马[4],

皆能有养[5]；不敬，何以别乎[6]？"

【注释】

[1] 子游：孔子的学生，姓言，名偃，字子游。春秋时吴国人。在"四科十哲"中他属于"文学"科。
[2] 今之孝者：如今的所谓孝。者，表示提示的语气助词，有突出前文的作用。
[3] 是谓能养：这孝讲的是能养活父母。是，指示代词，指代前文的"孝"。养（旧读yàng），这里指养活父母，供给生活所需，使能生存。
[4] 至于：连词，紧接上文，表示另外提起一件事或者一种情况。《孟子·告子上》："惟耳亦然。至于声，天下期于师旷，是天下之耳相似也。"可译为"讲到"、"谈到"，也可以不译。
[5] 皆能有养：〔讲到狗马〕都能得到饲养。这一句尚有几种不同解法：一说犬马也能够养活人；一说犬马也能够养活自己的爹娘等。
[6] 敬：恭敬。　何以别乎：等于"以何别乎"。依据什么分别呢？

【译文】

　　子游请问孝道。孔子说："如今的所谓孝，讲的是能养活父母就行了。说到狗马都能得到人的饲养，如果孝顺父母不是发自内心恭敬，那养活父母和饲养狗马又从哪里加以分别呢？"

【点评】

　　孔子认为真正的孝亲，不在形式，不只是供养衣食，而应该突出一个"敬"字。这"敬"字含意深刻，指子女对双亲行孝要诚心诚意，发自内心，严肃认真。体会父母操劳一生，风里雨里，养育之恩重如泰山。到了晚年，父母在世之日不久，子女孝亲之日不长，更应及时尽孝。只有这样，才是真正的人的孝亲。

　　2.8　子夏问孝。子曰："色难[1]。有事，弟子服其劳[2]；有酒食，先生馔[3]，曾是以为孝乎[4]？"

【注释】

[1] 色难：指儿女服侍父母时始终保持和悦的容色最难。色，面目表情。非指色彩。没有真正的孝心，遇有不顺，就难以保持和颜悦色。《礼记·祭义》："孝子之有深爱者必有和气，有和气者必有愉色，有愉色者必有婉容。"
[2] 弟子：有两解：一指年轻人，包括儿女；一指门人，学生。这里指儿女。　服其劳：替父母操劳。服，承担。其，指示代词，指代父母。
[3] 先生：长辈。这里指父母。　馔（zhuàn）：饭食、菜肴。这里用作动词，指吃喝。
[4] 曾（zēng）：副词。一指曾经。时间副词，表示行为已经过去，读 céng；一指竟然。情态副词，表示行为不是意料中的。这里是后者。　是以为孝：等于"以是为孝"。以，动词，认为。是，指示代词，指代前文"有事，弟子服其劳；有酒食，先生馔"。为强调而提到"以"的前面。为，动词，当作，算是。

【译文】

　　子夏请问孝道。孔子说："〔儿女服侍父母始终保持〕和颜悦色最难。有了事情，儿女替父母操劳；有了酒食，让父母吃喝，竟然认为做到这样就算是孝了么？"

【点评】

孔子提出什么才是真正的孝。真正的孝,不只是替父母操劳,好吃好喝让父母享用,而是任劳任怨,始终保持和颜悦色。遇不顺心事,脸色骤变,甚至出口不逊,这不能算是好的孝子。做到和颜悦色,有一颗赤诚的孝子之心,这才是真正的孝。

2.9　子曰:"吾与回言终日[1],不违[2],如愚。退而省其私[3],亦足以发[4],回也不愚[5]。"

【注释】

[1] 与(yǔ):介词,跟,和。　回:颜回,孔子最得意的门生。姓颜,名回,字子渊,春秋时鲁国人。在"四科十哲"中他属"德行"科。　言:这里指讲学。　终日:一整天。
[2] 不违:不违背。指不提不同意见,完全认同。
[3] 退:退下,散学退回。　省(xǐng):观察,察看。　其:指示代词,指代颜回。　私:私下,独处。独自钻研和实践。
[4] 发:指发挥所学的内容。
[5] 也:句中语气助词,表示停顿语气。朱熹《集注》:"及退省其私,则见其日用动静语默之间,皆足以发明夫子之道,坦然由之而无疑,然后知其不愚也。"

【译文】

孔子说:"我整天给颜回讲学,他从来不提出不同意见,好像很愚笨。他退回去以后,考察他独自钻研和实践的情况,却也能够发挥所学。颜回呀,并不愚笨。"

【点评】

孔子高度称赞颜回。说他虚心向学,全心投入,不知疲倦。他貌似愚笨,实际是尊重老师的讲授,深刻理解孔子的学说,而且对孔子的学说还有所发挥。

2.10　子曰:"视其所以[1],观其所由[2],察其所安[3]。人焉廋哉[4]?人焉廋哉[5]?"

【注释】

[1] 视其所以:察看他现实的所作所为。以,动词,相当于"为"。朱熹《集注》:"以,为也。"另有将"以"解释为"因"。钱穆《论语新解》:"以,因义。因何而为此事,此指其行为之动机与居心言。"
[2] 观其所由:观察他以往的经历。观,仔细看,有目的地看。由,经由,经历。
[3] 察其所安:考察他在什么地方安心。察,考察,审度。安,动词,安心。
[4] 焉:疑问代词,作状语,就处所提出疑问,相当于"哪里"、"怎么"。　廋(sōu):隐匿,隐藏。　哉:表示感叹的语气助词。
[5] 人焉廋哉:重复此句,断言伪善者无处躲藏。

【译文】

孔子说:"察看他现实的所作所为,观察他以往的经历表现,考察他安心在什么方面,这个人哪里隐藏得了呢? 这个人哪里隐藏得了呢?"

【点评】

　　这是春秋时代孔子知人的方法。他从三个方面考察人:一是从他现实的所作所为考察;二是从他以往的一贯表现考察;三是从他心理倾向,即在什么方面安心考察。孔子认为,经过这样全面考察便能了解人,任何伪装都能被识破。

　　善任必先知人,知人必须考察,孔子提出的知人经验,今天仍有一定的借鉴意义。

　　2.11　子曰:"温故而知新[1],可以为师矣[2]。"

【注释】

[1] 温:温习,复习。　故:学过的知识。　知:了解,掌握。　新:新的知识,新的发现,新的领悟。　朱熹《集注》:"故者,旧所闻。新者,今所得。言学能时习旧闻,而每有新得。"

[2] 可以为师:可以做老师了。做老师有条件,不仅要有渊博的知识,而且还要有创造性的见解。《礼记·学记》:"记问之学,不足以为人师。"只背诵一些诗书的词句以待发问,无得于心,所知有限,就不能做老师。

【译文】

　　孔子说:"温习旧的知识,却能有新的体会,新的发现,〔这样的人〕便可以做老师了。"

【点评】

　　孔子提出"故"与"新"相互关系的命题。所谓"故"是指已经学过的知识。为什么还要温习?因为通过复习巩固所学,从而加深理解,有新的领悟,新的发现,也为接受新知识打下坚实的基础。学业的提高是循序渐进的,日积月累的,由量变到质变,到融会贯通,如子夏所说:"日知其所无,月无忘其所能。"要求"新"必须掌握已有知识,底子越厚,求"新"越实,培育起创造性思维。"温故而知新"符合辩证法。

　　2.12　子曰:"君子不器[1]。"

【注释】

　　[1] 不器:人的才能不能像器皿一样,〔只有单一的用途。〕器,器皿,器具。这里用作动词,指像器皿。运用修辞法,比喻人的才能像器皿。朱熹《集注》:"器者,各适其用而不能相通。成德之士,体无不具,故用无不周,非特为一才一艺而已。"孔子本身博学,多才多艺。《子罕》篇:"太宰问于子贡曰:'夫子圣者与? 何其多能也?'"

【译文】

　　孔子说:"君子不能像器皿一样,〔只有一种用途。〕"

【点评】

　　孔子治学主张培养多种才能,不能局限一技一艺。他曾评价子贡,说子贡像宗庙里的瑚琏,虽然贵重,但用途单一,非通才,不可取。也有人批评他"博学而无所成名",他仍坚持"君子不器"。因为掌握多种才能是社会的需要,今天我们还提倡"一专多能"、"多面手"、"文理渗透"等,这些符合当今的教育理念。事实上许多理工科院士,在人文方面也造诣颇深。

2.13 子贡问君子[1]。子曰:"先行其言而后从之[2]。"

【注释】

[1] 君子:指怎样才能做一个君子。
[2] 先行其言:先实行自己所要说的话。行,实行,实践。 而后从之:在实行之后再说出来。后,指实行、实践之后。从,跟从,这里指言语跟在行动后面,即做了再说。之,指言语之前的实践。 何晏《集解》引孔安国注:"疾小人多言而行之不周。"邢昺《注疏》:"君子先行其言,而后以言从之,言行相副,是君子也。"

【译文】

子贡问怎样才能做一个君子。孔子说:"先把自己要说的话实行起来,等待实行以后再把话说出来。"

【点评】

孔子一贯强调做一个有道德修养的人,要言行一致,做到"敏于事而慎于言"。不但要求说了便去做,而且要求先别说,等做完了再说,极为看重实践。尤其反对只说不做,说多做少,夸夸其谈,认为是一种不良作风。不但影响自身在群众中的声誉,而且误国误民。孔子曾批评弟子宰我不用功,白天睡大觉,言行不一。他说从前我是"听其言而信其行",打从宰我的表现,我改为"听其言而观其行"。

2.14 子曰:"君子周而不比[1],小人比而不周[2]。"

【注释】

[1] 周:周遍,周密。这里指人们的相互关系密切,即团结一致。 比(旧读 bì):本义指并列,紧靠。今成语有"比肩继踵"。引申为贬义,指相互勾结。今成语有"朋比为奸"。
[2] 小人:指品质恶劣的人。

【译文】

孔子说:"君子相互团结,却不勾结;小人相互勾结,却不团结。"

【点评】

孔子认为有道德修养的人,他们在人际关系上是"义"字当头,与人往来,不徇私情,光明磊落,团结互助;相反,小人在人际关系上是"利"字当头,彼此勾结,互相利用,于己于公都有害。

2.15 子曰:"学而不思则罔[1],思而不学则殆[2]。"

论
语
全
解

【注释】

[1] 学而不思：只学习而不思考，"学"与"思"相互脱节。应做到边学习，边动脑，真正消化，才有收获。　则：承接连词，可译为"就"。　罔（wǎng）：通"惘"，形容词，迷惑，昏乱。学习却不加思索，必然导致神情迷惘。

[2] 思而不学：只思考而不学习，"思"与"学"相互脱节，陷入空想的泥淖（nào），等于空转的机器，没有加工的原料。　殆：疑惑。本篇"多见阙（quē）殆"，上文说"多闻阙疑"，"殆"与"疑"是同义词。另有一义，《微子》篇"今之从政者殆而"，"殆"当危险讲。

【译文】

孔子说："只学习而不思考，就会迷惘昏乱；只思考而不学习，就会疑惑不解。"

【点评】

孔子从治学的切身实践中总结出"学"与"思"的辩证关系，指出二者不能脱节，不可偏废。

2.16　子曰："攻乎异端[1]，斯害也已[2]。"

【注释】

[1] 攻：攻治，钻研。　异端：儒家称其他学说、学派为异端，属于杂学、邪说、不正确的学说。

[2] 斯：指示代词，作主语，这。　害：祸害。　也已：语气助词连用。　另有一说："攻"解释为"攻击"、"批判"。"斯"是连词，译为"就会"。"也"是句中语气助词，表示停顿语气。"已"解释为动词，终止，消除。

【译文】

孔子说："钻研那些不正确的学说，这是祸害啊。"

【点评】

春秋时代虽然没有形成诸子百家，但不同学说、学派是存在的。这些学说、学派分别代表一定的社会思潮，自以为是，以他为非，视为异端邪说。孔子认为儒学是正确的，儒学以外杂学皆为异端，对个人和社会都会构成危害，所以告诫人们不要接近和研习它们。但历史上各派学说的功过是非，不能由某一派判定，更应避免门户之见。

2.17　子曰："由[1]！诲女知之乎[2]！知之为知之[3]，不知为不知，是知也[4]。"

【注释】

[1] 由：孔子的学生，姓仲，名由，字子路，又字季路。卞（biàn。今山东泗水县东五十里）人。在"四科十哲"中属于"政事"科。

[2] 诲（huì）：教诲，教导。　女（rǔ）：也作"汝"。第二人称代词，你。　知：知道，了解。

之:指代知或不知的正确态度。

[3] 为:动词,相当于判断词"是"。

[4] 是:指示代词,作主语,指代前文"知之为知之,不知为不知"。　知:"智"的古字。聪明,智慧。《雍也》篇:"知者乐水,仁者乐山。""知者"即"智者",指聪明的人。

【译文】

　　孔子说:"由!教给你知或不知的正确态度吧!知道就是知道,不知道就是不知道,这才是聪明智慧啊!"

【点评】

　　孔子"知之为知之,不知为不知"的训说极为珍贵,这便是实事求是的态度。对人对事对学问知道就是知道,不说不知道;不知道就是不知道,不能装知道。不夸大,不缩小,不走样。这种诚实的态度,表现了对国家和人民的高度负责,是最为宝贵的。当老实人,说老实话,办老实事,是我们永恒的信条!

　　2.18　子张学干禄[1]。子曰:"多闻阙疑[2],慎言其馀[3],则寡尤[4];多见阙殆[5],慎行其馀[6],则寡悔[7]。言寡尤,行寡悔[8],禄在其中矣。"

【注释】

[1] 子张:孔子的学生,姓颛(zhuān)孙,名师,字子张,陈国人。　干禄(lù):谋求官职。干,谋求,求取。禄,旧时官吏的薪俸。今成语有"高官厚禄"。

[2] 多闻:多听听。调查研究的方法之一。　阙(quē)疑:把有怀疑的地方空起来,姑且加以保留。阙,本指宫门外两边的楼台,中间有过道,引申为空缺。疑,指有疑问没有把握的地方。

[3] 慎言:谨慎地说出。　其馀:指除了有怀疑处之外有把握的部分。

[4] 则:承接连词,可译为"就"、"便"。　寡:少。　尤:过错,过失。

[5] 多见:多看看。调查研究的方法之一。　阙殆:与上文"阙疑"义同。殆,这里指疑惑。"疑"和"殆"是同义词,同义对举,互文见义。

[6] 慎行:谨慎地去做。　其馀:指有把握可以去做的部分。

[7] 悔:懊悔,悔恨。

[8] 行(旧读 xìng):名词,行动。

【译文】

　　子张向孔子学习谋求官职俸禄的方法。孔子说:"多听听,把有怀疑的地方姑且保留,谨慎地说出有把握的部分,就减少了错误。多看看,把有怀疑的地方姑且保留,谨慎地去做有把握的部分,就减少了懊悔。说话少了错误,行动少了懊悔,官职俸禄就在这里面了。"

【点评】

　　子张向孔子请教谋求官职的方法。孔子回答的关键是"多闻"、"多见",进行深入调查研究,尽量使主观符合客观实际。做到择实而言,适实而作,免得误言妄为,减少错误与懊悔。此外的关键点便是"慎言"、"慎行",要做到谨慎地说,谨慎地做,严格要求自己,是任职施政的基本条件。

2.19 哀公问曰[1]:"何为则民服[2]?"孔子对曰[3]:"举直错诸枉[4],则民服;举枉错诸直,则民不服。"

【注释】

[1] 哀公:鲁国国君,姓姬,名蒋,鲁定公之子,在位二十七年。"哀"是谥号。

[2] 何为:等于"为何",做些什么。何,疑问代词作状语而前置。为,含义广泛的动词,这里是"做"的意思。 则:承接连词,可译为"就"。

[3] 对曰:回答说。《论语》中凡属臣下回答君主的询问一定要用"对曰",以表示对君主的尊敬。

[4] 举直错诸枉:等于"举直错之于枉"。举直,选拔正直的人。举,推举,选拔。直,形容词,用作名词,指正直的人。错,通"措"。安放,放置。诸,"之于"的合音词。"之"作"错"的宾语。"于"是介词,与"枉"组成介宾词组,作补语。枉,邪曲。形容词,用作名词,指邪曲的人。

【译文】

鲁哀公问道:"要做些什么就能使百姓服从呢?"孔子回答说:"选拔正直的人,把他放在邪曲人之上,百姓就会服从了;若是选拔邪曲的人,把他放在正直人之上,百姓就不会服从了。"

【点评】

孔子主张选拔正直的人治国理政,百姓才能顺从,国家才能安宁。如果任用邪曲的人,就会害国乱政。任人唯贤是中华民族正确的用人路线。

2.20 季康子问[1]:"使民敬、忠以劝[2],如之何[3]?"子曰:"临之以庄[4],则敬;孝慈[5],则忠;举善而教不能[6],则劝。"

【注释】

[1] 季康子:姓季孙,名肥,鲁哀公时的正卿,是鲁国最有权势的人。"康"是谥号。

[2] 敬:严肃认真。 忠:尽心竭力。 以:连词,相当于"而"。 劝:勉励。古义指积极鼓励。今成语有"劝善惩恶"。今义指规劝,劝止。

[3] 如之何:古代汉语凝固结构,询问方式,充当谓语,怎么办。

[4] 临之以庄:用庄重的态度对待百姓。临,临近,靠近。这里有"对待"的意思。庄,言谈、举止端庄稳重。

[5] 孝慈:孝顺父母,慈爱幼小。

[6] 举善:选拔贤能的人。善,形容词,用作名词,指贤能的人。不能,动词性偏正词组,指没有能力的人。

【译文】

季康子问道:"使百姓严肃认真、尽心竭力而又互相劝勉,应该怎么办呢?"孔子说:"你用庄重的态度对待他们,〔他们对待你的政令〕就会严肃认真了;你孝敬父母,慈爱幼小,他们也就会对你尽心竭力了;选拔贤能的人,教育无能的人,他们也就会互相劝勉了。"

【点评】
　　季康子向孔子问政,怎样才能使百姓做到敬、忠、劝。孔子认为必须从当政者自身做起。当政者对百姓的事严肃认真,百姓自然会听从你的政令;当政者带头孝敬父母,慈爱幼小,百姓自然会尽心竭力;当政者选拔贤能的人理政,教育无能的人,百姓自然会互相劝勉。总之,当政者必须以身作则,身体力行。反映了孔子用道德的力量治理国家的一贯思想。

　　2.21　或谓孔子曰[1]:"子奚不为政[2]?"子曰:"《书》云[3]:'孝乎惟孝[4],友于兄弟[5],施于有政[6]。'是亦为政[7],奚其为为政[8]?"

【注释】
[1] 或:肯定性无定代词,有人。　谓……曰:对……说。
[2] 子:对孔子的敬称。　奚:疑问代词,为什么。　为政:从政,参与政治。为,从事,参与。
[3]《书》云:《尚书》上说。《书》,也称《尚书》、《书经》。以下三句引自《古文尚书·君陈》篇。
[4] 孝乎惟孝:孝呀,只有孝顺父母。乎,语气助词,用在句末,表示感叹,可译为"呀"。惟,范围副词,只有。
[5] 友于兄弟:对兄弟友爱。
[6] 施(yì)于有政:延及到政治上去。施,延及,延续。有,用在名词前面,充当词头,只是一个音节,无义,是古代汉语构词法的一种形态。
[7] 是亦为政:这也就是从事政治了。是,指示代词,作判断句主语,相当于"这"。亦,副词,作状语,表示相关情况之间的重复,可译为"也"。
[8] 其:指示代词,指代任职做官。　为为:第一个"为"字相当于判断词"是",算是,算作。第二个"为"字是动词,从事,参与。

【译文】
　　有人对孔子说:"你为什么不参与政治?"孔子说:"《尚书》上说:'孝呀,只有孝顺父母,对兄弟友爱,〔并将这种风气〕影响到政治上去。'这也算是参与政治了,为什么一定要做官才算参与政治呢?"

【点评】
　　孔子提出一个重要的观点,就是什么才算从政、参政。他认为从政是一个广泛的概念,不是非得做官任职才算从政、参政。他引经据典,诸如倡导孝顺父母,友爱兄弟,使社会风气纯朴敦厚,并把这种风气带到政治方面去,这就算是从政、参政了。
　　我们今天的精神文明建设,宣传模范人物的先进事迹,团结互助,无私奉献,树立起良好的道德风尚,这些都影响到政治,这也算是广义的参与政治活动。

　　2.22　子曰:"人而无信[1],不知其可也[2]。大车无輗[3],小车无軏[4],其何以行之哉[5]?"

【注释】
[1] 人而无信:作为一个人,却没有信实。而,连词,用在主谓之间,表示转折。信,本义指

言语真实,词义扩大,泛指真实,信实,信用。
[2] 其可:这怎么可以。其,指示代词,指代前文"人而无信"。
[3] 大车:指古代用牛拉的车。 輗(ní):大车车杠前端与横木相衔接的关键。"横木"是驾牲口处,如果没有輗把横木与车辕固定住,就无法套车行走。
[4] 小车:指古代用马拉的车。 軏(yuè):小车车杠前端与横木相衔接的关键。没有軏也无法套车行走。
[5] 其何以行之哉:车凭借什么行走呢? 其,指示代词,指代前文的大车、小车。何以,等于"以何",凭借什么。以,介词,凭借。何,疑问代词作介词"以"的前置宾语,什么。之,指代车。哉,表示感叹的语气助词。

【译文】
孔子说:"作为一个人,却没有信用,不知道这怎么能行。就好像大车没有固定横木的輗,小车没有固定横木的軏,车靠什么行走呢?"

【点评】
孔子用大车、小车的"輗"和"軏"来比喻人必须讲信、守信。车没有輗、軏不能行走;人而无信就不能立足社会,也就失去做人的资格。"信"是儒家提倡的社会公德之一,人与人之间如果不讲信、守信,甚至行诈欺骗,那社会必将解体。古语云一言既出,驷马难追,形容信诺的庄重性、严肃性。《颜渊》篇上孔子说:"自古皆有死,民无信不立。"所以"信"是作为一个人必须具备的品德。

2.23 子张问:"十世可知也[1]?"子曰:"殷因于夏礼[2],所损益[3],可知也;周因于殷礼[4],所损益,可知也。其或继周者[5],虽百世[6],可知也。"

【注释】
[1] 十世:十代。上古汉语父子相继为一世,称"世"不称"代"。自从唐人避唐太宗李世民的讳,才改"世"为"代"。
[2] 殷(yīn):朝代名,殷朝。公元前1300年商王盘庚迁都到殷(今河南安阳西北小屯村)后,商也称为殷。 因:动词,因袭,沿袭。 夏礼:夏朝的礼仪制度。
[3] 所损益:"所"字词组,指对夏礼所减损、所增加的部分。损,减损,废止。益,增益,增加。
[4] 周:朝代名,周朝。公元前1046年周武王所建,前772年周平王东迁洛邑(今河南洛阳)。历史上称东迁以前为西周,以后为东周。 殷礼:殷朝的礼仪制度。
[5] 或:有。 继周者:"者"字词组,表示"……的人",指继承周朝礼仪制度的当政人。
[6] 虽:连词,表示让步,即使。

【译文】
子张问道:"今后十代〔的礼仪制度〕可以知道吗?"孔子说:"殷代沿袭夏代的礼仪制度,所减损的,所增加的,是可以知道的;周代沿袭殷代的礼仪制度,所减损的,所增加的,也是可以知道的。那以后如有继承周代礼仪制度而当政的人,即使经历一百代,〔周代礼仪制度的基本情况〕也是可以知道的。"

【点评】

  孔子谈及夏、商、周三代礼制的沿革。礼在继承的基础上,淘汰不合时宜的,发展丰富当代需要的,揭示了礼制沿革的一般规律。他认为周代的礼仪制度是繁盛而完美的,将会永远传承下去,即使经历一百代,它的基本情况也是可以预知的。

  作为上层建筑的礼制,将会随着经济基础的变迁而调整,是不以人的意志为转移的,不会一百代保持不变,这不符合历史发展的辩证法。

  2.24 子曰:"非其鬼而祭之[1],谄也[2]。见义不为[3],无勇也。"

【注释】

[1] 鬼:迷信指人死后能脱离躯体而存在的灵魂。这里指已死的祖先,又称人神,与天神、地祇(qí)并称。

[2] 谄:谄媚,献媚。何晏《集解》引郑玄注:"非其祖考而祭之者,是谄求福。"《礼记·曲礼下》:"非其所祭而祭之,名曰淫祀。淫祀无福。"祭祀祖先,是缅怀,也是为了求福。古人认为不是自己的祖先而祭祀,不会得福。

[3] 义:公正合宜的道德行为。今成语有"见义勇为"、"舍生取义"、"义正词严"等。

【译文】

  孔子说:"不是自己的祖先而去祭祀他,这是谄媚。遇见应该维护正义的事,却没有挺身而出,这是胆怯。"

【点评】

  古人重视祭祀,认为是大事之一。祭祖的目的是为了缅怀祖先,也是为了祈福,求得祖宗的保佑。而且规定不能祭祀别家的祖先,否则称作"淫祀",淫祀是不会得福的。

  见义勇为是中华民族的传统美德。当敌寇入侵,面临民族危亡的紧要关头,多少志士仁人,奋不顾身,舍生取义,可歌可泣;和平时期,当人民的利益受到侵害时,挺身而出,与歹徒作英勇斗争,舍生忘死,战胜邪恶,使民族正气发扬光大。

八佾第三

【本篇提要】

《八佾》篇共二十六章。本篇集中阐述了孔子的礼乐学说,可以说本篇是孔子礼乐学说的专论。

孔子精通礼乐,系统地掌握了周代礼仪制度,拥戴周礼,反对任何违礼的僭越行为。他首先论述礼的实质,阐明礼与仁、礼与政的相互关系。对历史上的夏礼、殷礼很熟悉,也为文献不足而慨叹。他对周礼情有独钟,盛赞其美盛,热情地表明他"从周"的态度。进而对诸如君臣之礼、祭祀之礼、丧葬之礼以及古制传承下来的射礼、告朔之礼等,他都有所阐发。他之所以熟练地掌握礼制,和他虚心好学是密切相关的,"子入太庙,每事问",便是生动的体现。与礼并行的音乐,也有专章论述,指明音乐的思想内容与艺术形式的关系。论及"韶"乐与"武"乐的美与善,可以了解他以作品的思想内容为主导的艺术观。

篇中也表现了他的局限性,如"获罪于天,无所祷也"的天命思想,对春秋时代齐国改革家管仲的批评也有失偏颇。

3.1　孔子谓季氏[1]:"八佾舞于庭[2],是可忍也[3],孰不可忍也[4]?"

【注释】

[1] 谓:评论。在《论语》一些篇中"谓"都是此义,如《公冶长》篇的"子谓子产",《子罕》篇的"子谓颜渊"。　季氏:依据《左传·昭公二十五年》的记载,季氏可能指的是季平子,即季孙意如。身为卿大夫的季氏,操纵鲁国大权,鲁昭公极度不满,孔子批评他的僭越行径。

[2] 佾(yì):古代乐舞的行列。八人一行为一佾,八佾即八八行列的舞队。古制规定:天子八佾,诸侯六佾,大夫四佾,士二佾。季氏属大夫一级,应该用四佾。

[3] 忍:狠心,忍心。《贾子·道术》:"恻隐怜人谓之慈,反慈为忍。"又《孟子·梁惠王上》:"臣固知王之不忍也。"另外一解:容忍,忍耐。以前说为胜。

[4] 孰:疑问代词,作主语,就一般事物提出疑问,可译为"什么"。

【译文】

孔子论到季氏,说:"〔他用天子的礼仪规格,〕八佾之舞舞于庭。这件事都可以狠心做得出来,那什么事不能狠心做出来呢?"

【点评】

八佾是周天子用的舞蹈队列,只有在国家举行庆典时才能表演。身为大夫的季氏,竟用天子规格的舞蹈队列,是一种严重的僭越行径,孔子对此十分愤慨,"是可忍也,孰不可忍也"。春秋晚期,王权衰落,礼崩乐坏,诸侯、大夫违礼僭越之事频频发生,这是社会变革时期所产生的现象。在当时的历史条件下,孔子不可能认识这一点。

3.2 三家者以《雍》彻[1]。子曰:"'相维辟公[2],天子穆穆[3]',奚取于三家之堂[4]。"

【注释】

[1] 三家:鲁国当政的三卿:仲孙、叔孙、季孙。他们都是鲁桓公的后代,所以又称"三桓"。以《雍(yōng)》:介宾词组,作状语,唱着《雍》这首诗。《雍》,《诗经》中《周颂》的一篇,也写作"雝",是周王祭祀完毕撤去祭品时所唱的歌。《周礼·乐师》:"及撤,率学士而歌撤。"郑玄注:"彻者歌《雍》,是天子祭宗庙,歌之以彻祭也。" 彻:通"撤",指撤去祭品。

[2] 相(xiàng):助祭的人。 维:句中语气助词。 辟(bì)公:指诸侯。

[3] 天子:主祭的周王。 穆穆:形容词,严肃静穆的样子。

[4] 奚:疑问代词,作状语,为什么,怎么。 堂:祭祖的厅堂。

【译文】

仲孙、叔孙、季孙三家,在他们祭祀祖先的时候,唱着《雍》诗来撤除祭品。孔子说:"〔《雍》诗上面说〕,'助祭的是诸侯,天子严肃静穆地在那里主祭。'这诗句取哪一点内容能适合三家祭祖的厅堂呢?"

【点评】

本章与前章主题一致,均反映了孔子反对权贵僭越的思想。这里表现在祭祀方面。仲孙、叔孙、季孙三家祭祖严重超越礼仪规格,祭祀完毕,在撤除祭品时竟唱着《雍》诗。因为《雍》诗只有在天子主祭时撤除祭品、祭器时才能唱它。诗句明确表示"相维辟公,天子穆穆"。诸侯助祭,严肃静穆的天子在主祭。所以孔子才责问:这是周天子祭祀时用的诗,作为大夫你们为什么在祭祀的厅堂上也用这首诗?表明孔子维护礼制、反对僭越的立场。

3.3 子曰:"人而不仁[1],如礼何[2]?人而不仁,如乐何[3]?"

【注释】

[1] 人而不仁:作为一个人,却没有仁德。而,用在主语、谓语之间的连词,表示转折,有突出主语的作用。

[2] 如礼何:〔这样的人〕怎样对待礼仪呢?如……何,古代汉语凝固结构,表示处置,中间插入宾语"礼"。礼,区分尊卑贵贱等级制道德规范及与之相应的礼节仪式。何晏《集解》包咸注:"言人而不仁,必不能行礼乐。"

[3] 乐:音乐。《礼记·乐记》:"礼节民心,乐和民生,政以行之,刑以防之。礼乐刑政,四达而不悖,则王道备矣。"

【译文】

孔子说:"作为一个人,却没有仁德。〔这样的人〕怎样对待礼仪制度呢?作为一个人,却没有仁德,〔这样的人〕又怎样对待音乐呢?"

【点评】

孔子论述仁和礼、乐的相互关系。礼与乐的本质是"仁",是二者的核心。"仁"与"礼乐"的关系互为表里,密不可分。人有了仁德,才会自觉地循礼、守礼;才会亲乐、愉乐。而在循礼、守礼的实践中,就会培育起"仁"的品格。在亲乐、愉乐的活动中,就会潜移默化地经受陶冶,在思想感情上亲近仁德。

3.4 林放问礼之本[1]。子曰:"大哉问[2]! 礼,与其奢也,宁俭[3];丧,与其易也,宁戚[4]。"

【注释】

[1] 林放:姓林,名放,鲁国人。一说他是孔子的弟子。 本:本义指树木的根,引申为事物的根本。这里指礼的根本。

[2] 大哉问:相当于"问大哉"。谓语"大"为突出强调而前置。问,问题,指林放向孔子提出的问题。

[3] 礼:指礼节仪式。 与其……宁……:连词"与其"和"宁"相配合,构成抉择复句,在比较中肯定其中之一。"宁"字的分句是所选择的。 奢:奢侈铺张。 俭:俭约朴素。

[4] 易:整治,治理。《孟子·尽心上》:"易其田畴。"赵岐注:"易,治也。"指治理好农田。这里指将丧葬治理周全完备。 戚:从戈,古代兵器,状似大斧。假借表示悲戚,悲伤。为了区分,加"心"作"慼"或"慽"。今又淘汰二字,仍用假借的"戚"字表示悲戚、悲伤。《礼记·檀弓上》:"子路曰:'吾闻诸夫子:丧礼,与其哀不足而礼有余也,不若礼不足而哀有余也。祭礼,与其敬不足而礼有余也,不若礼不足而敬有余也。'"可以互参。

【译文】

林放问礼的根本。孔子说:"你问的问题意义重大! 就一般的礼仪说,与其奢侈铺张,宁可俭约节省;就丧礼而言,与其礼仪周全,宁可内心沉痛悲哀。"

【点评】

礼仪在当时被用来维护等级秩序和人与人的正常关系,以求社会安定。如果行礼时人无动于衷,礼仪排场却宏大,繁文缛节,流于形式,就会失去意义。孔子为了纠正礼仪徒具形式之偏,批评奢侈铺张,提倡简约俭朴。丧礼也如此。孔子认为只要真心哀悼亲人,丧礼即使简朴也无愧于亲人。

3.5 子曰:"夷狄之有君[1],不如诸夏之亡也[2]。"

【注释】

[1] 夷:我国古代居住在东方的少数民族。 狄:我国古代居住在北方的少数民族。

[2] 诸夏:指我国古代黄河中下游一带,即中原地区华夏族居住的各诸侯国。 亡(wú):通"无",没有。 邢昺《注疏》:"诸夏,中国也。亡,无也。"

【译文】

孔子说:"夷狄有君主,还赶不上中原各诸侯国没有君主。"

【点评】

孔子认为华夏是传统的礼仪之邦,发展较早,所以即使没有君主也比当时有君主的夷狄要强。应该历史地看待这个问题。"夷狄"受当时政治、经济、文化以及地理诸条件的限制,较中原地区发展缓慢也是可以理解的。历史证明,"夷狄"也在创造自己的物质文明和精神文明,表现出他们的智慧和才能。

3.6　季氏旅于泰山[1]。子谓冉有曰[2]:"女弗能救与[3]?"对曰:"不能。"子曰:"呜呼[4]！曾谓泰山不如林放乎[5]?"

【注释】

[1] 旅:动词,祭山。当时只有天子、诸侯才能祭祀名山大川。季氏是鲁国大夫,祭祀泰山是一种僭越行为。《礼记·王制》:"天子祭天下名山大川。"　泰山:在山东泰安市境内。古称"东岳",一称"岱山"、"岱宗"。
[2] 谓……曰:对……说。　冉有:孔子的学生,姓冉,名求,字子有。当时是季氏的家臣。
[3] 女(rǔ):也作"汝",第二人称代词,你。　弗:否定副词,作状语,不。　救:制止,阻止。何晏《集解》马融注:"救,犹止也。"非援救、援助义。
[4] 呜呼:也作"於乎"、"於戏",感叹词。表示叹息、谴责、赞扬等强烈感情。
[5] 曾(zēng):副词,表示行为不是意料中的。可译为"竟"、"竟然"。另外一义:时间副词,读céng,表示行为已经过去。可译为"曾经"。这里指前者。　泰山:指泰山之神。　林放:鲁国人。一说他是孔子的弟子。

【译文】

季氏将要到泰山去祭祀。孔子对冉有说:"你不能阻止吗?"冉有说:"不能。"孔子说:"哎呀！难道竟可以说,泰山之神还不如林放懂得礼〔居然接受这越礼的祭祀〕吗?"

【点评】

古代祭祀是有严格等级规定的,当时只有天子、诸侯才有资格祭祀名山大川。季氏不过是鲁国大夫,没有资格祭祀名山大川,他只能祭祀户、灶、中霤、门、行等五祀。季氏竟然越规祭祀泰山,是严重的僭越行为,破坏了周礼的等级秩序,况且泰山之神也不会接受他的祭祀,所以孔子对季氏严加批评。

3.7　子曰:"君子无所争[1]。必也射乎[2]！揖让而升[3],下而饮[4]。其争也君子[5]。"

【注释】

[1] 所争:"所"字词组,作"无"的宾语,表示可争的事情。
[2] 必也射乎:〔如果有所争,〕一定是射箭吧！射,射箭。这里指射礼,即周礼规定的射箭比赛。
[3] 揖让:相互拱手行礼,表示谦让。　升:登上。这里指登阶入堂,进入比赛场地。
[4] 下而饮:〔比赛完毕,〕走下堂来,作揖喝酒。"下"与"饮"属连动结构,连词"而"连接两个相序的谓语动词。
[5] 其争也:这种竞赛。　君子:指不失为君子之争。

【译文】

孔子说:"君子没有可争的事情。〔如果有所争,〕一定是比赛射箭吧!〔比赛开始时,〕相互作揖谦让,而后升堂;〔比赛完毕,〕走下堂来,相互作揖饮酒。"

【点评】

古代射礼有四类:一指大射,赛事在天子、诸侯、卿大夫等贵族阶层间进行。二指宾射,三指燕射,这两类是贵族在聘会、娱乐的场合进行。四指乡射,此类当在平民百姓间进行,以习射艺。本章当指大射。

孔子说"君子无所争",既不争权,也不夺利,即使射箭比赛也互尊互让,彬彬有礼。比赛射箭可能如此,但说他们不争权夺利,根本不切合实际,只能说是儒家的社会理想。在现实中,就其贵族内部而言,经常发生子弑其父、臣弑其君的事件。孔子所到的卫国,卫出公与其父蒯聩为争夺君位,竟兵戎相见,至于他们为过奢侈生活而对农夫横征暴敛更属常事。所以说君子没有可争的事情与事实完全不符。

3.8 子夏问曰:"'巧笑倩兮[1],美目盼兮[2],素以为绚兮[3]。'何谓也[4]?"子曰:"绘事后素[5]。"曰:"礼后乎[6]?"子曰:"起予者商也[7]!始可与言《诗》已矣。"

【注释】

[1]巧笑:笑得美好。巧,美好的样子。倩(qiàn):笑时两腮出现的酒窝。兮(xī):句尾语气助词,相当于"啊"、"呀"。

[2]美目:美丽的眼睛。盼:眼珠黑白分明。

[3]素以为绚(xuàn):即"以素为绚"。在洁白的底子上画上华丽多彩的画儿。素,白色的底子,作"以"的宾语。为,动词,这里指绘画。绚,华丽多彩。这里指华丽多彩的画儿。前两句诗出自《诗经·卫风·硕人》,第三句诗可能是逸诗。

[4]何谓:等于"谓何",说的是什么。何,疑问代词作宾语而前置。

[5]绘:绘画。后素:相当于"后〔于〕素",即在白色底子之后。是说先有白色底子,然后在它上面绘画。

[6]礼后乎:等于"礼后〔于仁〕乎"。在对话中而省略。意为是不是礼乐产生〔在仁义〕以后呢?

[7]起予者商也:判断句。启发我的人是卜商。起予者,名词性"者"字词组,作主语,启发我的人。商,子夏,姓卜,名商。

【译文】

子夏问道:"'有酒窝的脸颊笑得美啊,黑白分明的眼球真明亮啊,在洁白的底子上画着华丽多彩的画儿。'这些诗句说的是什么意思?"孔子说:"画画儿,先有白色底子,然后在上面画。"〔子夏〕说:"是不是礼乐产生〔在仁义〕以后呢?"孔子说:"启发我的人是卜商,现在可以同你讨论《诗经》了。"

【点评】

本章生动地再现了师生二人学术讨论的场面。子夏就《诗经·硕人》篇中的一些诗句,尤其是逸诗"素以为绚兮"的含意向老师请教。孔子回答"绘事后素",即先有洁白的底子,后有在它上面画绚丽多彩的画儿。子夏以创造性思维,引申发挥,联想到

"礼乐"与"仁"的关系,就如同先有白底,后有彩绘一样。先有仁义,后才有体现仁义的礼乐。换言之,仁义是礼乐的本质,礼乐是其外在的表现形式。子夏的发挥,深得孔子的称赞。

3.9　子曰:"夏礼,吾能言之[1],杞不足徵也[2];殷礼,吾能言之[3],宋不足徵也[4]。文献不足故也[5]。足,则吾能徵之矣[6]。"

【注释】
[1] 夏礼:夏代的礼制。"夏礼"是"言"的宾语,为突出强调而移至主语之前。
[2] 杞(qǐ):西周时分封的诸侯国,夏禹的后代,故城在今河南杞县。　徵(zhēng):作证,证明。
[3] 殷礼:殷代的礼制。
[4] 宋:西周时分封的诸侯国,商汤的后代,故城在今河南商丘南。
[5] 文献:古今词义有别。这里的文献,包括历史文件和当时的贤者。文,指历史典籍。献,指贤才,即熟悉历史掌故的人。今义只指历史文件、图书资料。
[6] 足:如果文献充足的话。　则:承接连词,可译为"就"。

【译文】
　　孔子说:"夏代的礼制,我能讲出来,〔但是它的后代〕杞国却不足以作证;殷代的礼制,我能讲出来,〔但是它的后代〕宋国却不足以作证。这都是他们的历史文件和贤才不够的缘故。如果文献足够的话,我就可以引来作证了。"

【点评】
　　本章表明孔子历史文化知识的渊博和治学态度的严谨。他具有《诗》、《书》、礼、乐的广博知识,对夏礼、商礼都能系统讲授,对我国古代文化的传承作出了历史性的贡献。同时也表明他治学态度的严谨。本来他对夏商两代的礼制有较深的造诣,但他还慨叹两代历史文献的不足,还要有历史文献的验证,还要向通晓礼制的贤才求证。这种科学严谨的治学态度,值得我们学习与继承。

3.10　子曰:"禘自既灌而往者[1],吾不欲观之矣。"

【注释】
[1] 禘(dì):祭名。古代只有天子才能举行这种祭祀祖先的大祭。仪式极其隆重,上自始祖,下及后代祖先,合祭列祖列宗,每五年举行一次。周成王因周公旦对周王室贡献大,允许他举行禘祭,其后鲁国之君都延续这一惯例。　灌:本作"祼"。灌祭,祭祀中的一个程序。古代祭祀,以活人代替受祭者,一般以幼小的童男童女充当,叫作"尸"。禘祭共向尸献酒九次,祭祀开始第一次献酒叫作"祼"。

【译文】
　　孔子说:"禘祭中从第一次献酒以后,我就不想再看了。"

【点评】

　　禘祭是天子主持的极为隆重的大祭,诸侯是没有资格举行的。不过因为鲁国的祖先对西周王朝贡献大,成王特允他可以举行禘祭,以后便一直延续下来。在孔子看来,这也是僭越行为。但是它和季氏违礼又有所不同:一则有成王准允;二则是国君,季氏是大夫身份。孔子是周礼的坚定维护者,对鲁君禘祭,虽然没有嘲讽与愤慨,也相当不满,所以第一次献酒以后,便不想看下去。

　　3.11　或问禘之说[1]。子曰:“不知也;知其说者之于天下也[2],其如示诸斯乎[3]!”指其掌[4]。

【注释】

[1] 或:肯定性无定代词,有人,有的人。　禘之说:关于禘祭的学说。
[2] 知其说者:“者”字词组,作主语,表示懂得禘祭道理的人。　于天下:对于治理天下。
[3] 其:指示代词,指懂得禘祭道理的人治理天下。　示:通“置(zhì)”,摆,放。
[4] 指其掌:指自己的手掌。其,指代孔子。

【译文】

　　有人向孔子请教有关禘祭的道理。孔子说:“不知道。懂得禘祭道理的人治理天下,它就像把东西摆放在这里一样容易吧!”〔一面说一面〕指着自己的手掌。

【点评】

　　承接前章之说。有人向孔子请教禘祭的学说,他故意说不知道,这是对鲁君的讳言,不便深说,蕴含着对鲁君僭越行为的不满。他认为维护禘祭的等级秩序,就是捍卫周王朝的统治,所以他强调了解禘祭之说的重要性。懂得禘祭之说而不僭越的人,对于治理国家就好像把东西放在手掌上那样容易。

　　3.12　祭如在[1],祭神如神在。子曰:“吾不与祭[2],如不祭[3]。”

【注释】

[1] 祭:指祭祀祖先。　如在:就像〔祖先〕在跟前。
[2] 与(yù):参与,参加。　祭:这里的祭祀包括祭祖与祭神。
[3] 如不祭:就如同没有祭祀一样。

【译文】

　　祭祀祖先,就好像祖先在跟前一样;祭祀神灵,就好像神灵在跟前一样。孔子说:“我若是不亲自参加祭祀,就好像没有祭祀一样。”

【点评】

　　祭祖、祭神在那个时代是相当普遍的活动。从本章看,孔子不一定真相信鬼神,他平日也“不语怪、力、乱、神”。他所以对祭祀如此严肃认真,主要是通过祭祀活动,教育活着的人,在社会上形成敬祖孝亲的风气,所以他主张祭祀时就像祖先在跟前一样。心要虔诚,祭要认真,而且要亲身参加,不能找替身,使他人代之。因为祭祀的过程,便是人们接受教育的过程。

3.13　王孙贾问曰[1]:"与其媚于奥,宁媚于灶[2],何谓也[3]?"子曰:"不然[4],获罪于天[5],无所祷也[6]。"

【注释】

[1] 王孙贾:卫国大夫,卫灵公的大臣。《太平御览》引郑玄注:"王孙贾自周出仕于卫。"《宪问》篇:"王孙贾治军旅。"
[2] 与其……宁……:选择复句中用于分句的两个连词,用"宁"字的分句是经过比较后而要选择的。如《左传·定公十三年》:"与其害于民,宁我独死。"　媚:谄媚,巴结。　奥(ào):屋内西南角的位置,是室内最尊贵的地方,古人认为那里有神。　灶:生火做饭的设备,这里指灶神。灶神的地位比奥神低,但认为灶神能通天。
[3] 何谓:相当于"谓何"。说的是什么意思?何,古代汉语疑问代词作宾语而前置。
[4] 然:指示代词,作谓语,相当于现代汉语的"这样"。
[5] 获罪于天:按句法结构对译,应该是"从上天那里得到罪罚",即得罪了上天。孔子意为上天管着奥神、灶神,干了坏事,得罪了上天,无论谄媚奥神或灶神都没有用。
[6] 所祷:"所"字词组,作"无"的宾语,表示所祈祷的神灵。

【译文】

王孙贾问道:"与其献媚于奥神,宁可献媚于比他低下的灶神,这话是什么意思?"孔子说:"不是这样。如果得罪了上天,那就没有可祈祷的神灵了。"

【点评】

本章有两种理解:一种理解是:奥神是一室之主,比喻卫灵公,也可以比喻他的宠姬南子,灶神是王孙贾自比。王孙贾启示孔子,你与其巴结卫灵公或南子,不如巴结我,我有实权。孔子回答他:我要做了坏事,巴结谁也没有用;我要不做坏事,谁也不巴结。　另一种理解是:王孙贾请教孔子。奥神比喻卫灵公,灶神比喻南子、弥子瑕,地位虽低,但颇有权势,所以与其巴结国君,不如巴结南子、弥子瑕,就此请教孔子。孔子回答:得罪了上天,巴结谁都没有用。也就是说,干了坏事,就得罪了上天,上天主宰一切,巴结谁都无济于事。

3.14　子曰:"周监于二代[1],郁郁乎文哉[2]!吾从周[3]。"

【注释】

[1] 监(jiàn):本义是照面的水盆,相当于镜子,古人用它来照面。后来有了铜镜,便产生了带"金"字旁的"鑑(鑒)",今简化为鉴。照面要审视洁垢,于是引申为借鉴义,总结历史上的经验教训。　二代:指夏、商两个朝代。
[2] 郁郁乎:文德繁盛的样子。乎,形容词词尾,增加形象化色彩,表示"……的样子"。《庄子·养生主》:"恢恢乎其于游刃必有馀地矣。"　文,这里指周朝的礼仪制度。
[3] 从周:我遵从周朝的。朱熹《集注》:"三代之礼,至周大备,夫子美其文而从之。"

【译文】

孔子说:"周朝的礼仪制度是借鉴夏、商两代制定的,多么繁盛美好啊! 我遵从周朝的。"

【点评】

周朝的礼仪制度是借鉴夏、商两代形成的,既有继承,又有革新,使其礼仪制度达到历史上的全盛期,所以令孔子赞叹不已。但也必须看到,社会是不断发展的,西周的礼仪制度,作为上层建筑的一部分,它必将随着新的经济基础的出现而加以扬弃。春秋晚期正处在社会大变动时期,对西周礼仪制度的变革是历史发展的必然。

3.15　子入太庙[1],每事问。或曰[2]:"孰谓鄹人之子知礼乎[3]? 入太庙,每事问。"子闻之,曰:"是礼也[4]。"

【注释】

[1] 太庙:帝王的祖庙。古代开国的君主称太祖,而太祖之庙称太庙。周公旦是鲁国始封的君主,所以鲁太庙就是周公庙。
[2] 或:肯定性无定代词,作主语,有人。
[3] 孰:疑问代词,此处就人提出疑问,谁。　鄹(zōu)人之子:指孔子。鄹,春秋时鲁国地名,又作"陬",故地在今山东曲阜县东南十里的西鄹集。鄹人,指孔子的父亲叔梁纥。他曾做过鄹邑的大夫,古代常把某地的大夫称作某人,这里把鄹邑的大夫称作"鄹人"。
[4] 是礼也:判断句,这就是礼啊。是,指示代词,作判断句主语,可译为"这"。不可理解为现代汉语判断词"是"。语译时要加上判断词"是"。

【译文】

孔子进入周公庙,每件事都要问一问。有人说:"谁说叔梁纥的儿子懂得礼呢? 进入太庙,每件事都要向别人问一问。"孔子听到了这话,便说:〔不懂便问,〕这正是礼啊。"

【点评】

本章最珍贵的一句话,便是"每事问"! 孔子幼年时代就演习礼,以后的岁月不断学习礼,可以说他对礼是精通的。而他进入太庙,对太庙中种种礼器与仪文不断向人请教,充分表现了他虚心好学、不耻下问的精神。

3.16　子曰:"射不主皮[1],为力不同科[2],古之道也[3]。"

【注释】

[1] 射:这里指比赛射箭。　不主皮:不以射穿箭靶子为主。主,主要的,重要的。这里用作动词,以……为主要的。皮,皮革。这里指用皮革做成的箭靶子。箭靶子古代叫"侯",有用皮做的,有用布做的。"侯"的中心便是射的目标,叫作"正"或"鹄"。这里是演习礼乐的射,不是军中的武射,只求射中,不求贯革。
[2] 为(wèi):因为。　科:等级,类别。

[3] 道:指规矩,规则。

【译文】

孔子说:"比赛射箭,不以能否射穿箭靶子为主,因为各人的力气不相同,这是古时候的规矩。"

【点评】

按照射礼的规矩,比赛射箭,以是否射中箭靶为准,不注重射穿其上的皮革,因为每个人的力气大小不同。春秋晚期,诸侯兼并战争剧烈,比箭崇尚贯革,不贵射者容体是否合于礼,其节奏是否合于乐。孔子看不惯,他推崇古代"射不主皮"的古礼,表现了孔子维护射礼,尚德不尚力的思想。

3.17 子贡欲去告朔之饩羊[1]。子曰:"赐也! 尔爱其羊[2],我爱其礼[3]。"

【注释】

[1] 去:去掉,废除。 告朔(shuò):指诸侯告朔之礼。按礼规定,每年秋冬之交,周天子把来年的历书颁发给诸侯。历书规定本年有无闰月,每月初一的日子,这叫作"颁告朔"。诸侯把历书藏于祖庙,每逢初一,杀一只羊祭于祖庙,叫作"告朔"或"告月"。祭祖庙以后,回朝听政,叫作"视朔"或"听朔"。在礼崩乐坏的春秋晚期,鲁君不但不亲临祖庙,也不回朝听政,只杀一只羊,告朔之礼流于形式。子贡以为事已至此,干脆把告朔的饩羊也免去。 饩(xì)羊:活羊。饩,活的牲畜。
[2] 尔:第二人称代词。你。 爱:吝惜,舍不得。如《孟子·梁惠王上》:"吾何爱一牛。"
[3] 礼:指诸侯的告朔之礼。 朱熹《集注》:"子贡盖惜其无实而妄费。然礼虽废,羊存,犹得以识之而可复焉。若并去其羊,则此礼遂亡矣,孔子所以惜之。"

【译文】

子贡要把每月初一祭祀祖庙的活羊去掉。孔子说:"赐啊! 你吝惜那只羊,我爱惜那个礼。"

【点评】

春秋晚期,礼崩乐坏,告朔之礼也不例外。诸侯对它早已不感兴趣,既不亲临,也不听朔,告朔之礼已名存实亡。在礼废的情势下,子贡主张免杀活羊,彻底废除。孔子则认为即使流于形式,也比完全废除要好。其实子贡的主张是合乎实际的,而孔子仍要维护业已崩坏的告朔之礼,不合时宜。

3.18 子曰:"事君尽礼[1],人以为谄也[2]。"

【注释】

[1] 事:事奉。 尽:竭尽,竭力。今成语有"人尽其才,物尽其用"。 礼:指臣对君应尽到的礼节。
[2] 以:动词,认为。

【译文】

孔子说："事奉君主,尽到做臣子的礼节,别人却认为这是谄媚。"

【点评】

当时的鲁国,"三桓"专权,公室弱,人附"三桓",君臣之礼已失。何晏《集解》引孔安国注:"时事君者多无礼,故以有礼者为谄。"可见孔子是针对现实有感而发的。在当时的历史条件下,臣事君,尽为臣之礼,是维系正常施政的需要。孔子尊重这一礼制,不能说是谄媚。

3.19 定公问[1]:"君使臣,臣事君,如之何[2]?"孔子对曰[3]:"君使臣以礼[4],臣事君以忠[5]。"

【注释】

[1] 定公:鲁国国君,姓姬,名宋,昭公之弟,在位十五年。"定"是谥号。约在定公九年至十二年孔子曾担任司寇。
[2] 如之何:古代汉语凝固结构,作谓语,询问方式,怎么做。
[3] 孔子对曰:《论语》中凡君主询问臣下,臣下回答君主,必定用"对曰"的语言形式。这里是孔子回答定公之问,所以用"对曰"作答。
[4] 以礼:介宾词组,作补语,用礼,按礼。语译时移前作状语。
[5] 忠:上古汉语指尽力做好分内的事,不限于忠君。后世被封建统治者利用,专指忠君。这里的"忠"也是指尽力做好臣下事奉君主的事。

【译文】

鲁定公问道:"君主使用臣下,臣下事奉君主,该怎样做呢?"孔子回答说:"君主按礼来使用臣下,臣下用忠心来事奉君主。"

【点评】

鲁定公向孔子询问怎样处理好君臣关系。孔子认为君主使用臣下,应该按周礼行事,不可随心所欲,颐指气使;臣下事奉君主,应该忠心耿耿,尽力而为,不可阳奉阴违,玩忽职守。应该注意:孔子提到的"忠"与后来封建时代的"忠"有区别,后世忠君,要求臣下无条件地服从君主,是为愚忠。

3.20 子曰:"《关雎》[1],乐而不淫[2],哀而不伤[3]。"

【注释】

[1] 《关雎(jū)》:《诗经》第一篇,主题是描写贵族青年男女爱情的诗作。
[2] 乐而不淫(yín):欢乐却不至放荡。淫,过分,无节制。如不该祭祀而祭祀叫"淫祀",过久的雨水叫"淫雨",滥用权威叫"淫威"等。这里指过度欢乐而流于放荡。
[3] 哀而不伤:哀怨却不至伤心。指诗篇含有哀怨情调却感情适度,不伤身心。

【译文】

孔子说:"《关雎》这首诗,欢乐却不至放荡,哀怨却不至伤心。"

【点评】
　　《关雎》是《诗经》的第一篇,是描写贵族男女青年爱情的诗作。孔子对《关雎》的评价,反映他的文艺观。他认为这首诗所表达的情感很适中,欢乐而不过分,哀怨却不伤心。强调感情应有节制,不可放任过度。这种适中、适度的思想是可取的。但孔子的评价与此诗的实际内容并不相符,似借诗发挥。诗中既没有"乐而不淫",也无"哀而不伤"。汉代以后的一些注家,由于受封建思想的影响,肆意曲解诗意,附会为"后妃之有美德,文王风化之始也",与诗的内容全然无涉。

　　3.21　哀公问社于宰我[1]。宰我对曰:"夏后氏以松[2],殷人以柏[3],周人以栗[4],曰使民战栗[5]。"子闻之,曰:"成事不说[6],遂事不谏[7],既往不咎[8]。"

【注释】
[1] 社:土地神。这里指祭祀时给土地神设立的木制牌位,这牌位叫主,古人认为主乃是神灵所凭依。如果有战争,必须载木主随军而行。　宰我:孔子的学生,姓宰,名予,字子我,在"四科十哲"中属"言语"科。
[2] 夏后氏:指禹受舜禅让而建立的夏王朝,也称"夏氏"、"夏后"。　以:动词,用。　松:松木。
[3] 柏:柏木。
[4] 栗:栗木。
[5] 战栗:因恐惧、紧张而颤抖。栗,通"慄",归并后又作"栗"。
[6] 成事:已经做过的事。
[7] 遂(suì):已经完成。　谏:规劝,劝止。
[8] 既往:已经过去的事。　咎(jiù):责备,怪罪。

【译文】
　　鲁哀公向宰我询问社主的事。宰我回答说:"夏代用松木,殷代用柏木,周代用栗木,意思是使百姓战栗。"孔子听到这话,说:"已经做过的事不用再提了,已经完成的事不要再劝止了,已经过去的事不要再责备了。"

【点评】
　　孔子对宰我回答鲁哀公的询问很不满。因为他一贯倡导说话要谨慎,尤其是对国君的回应,更不能信口开河,强不知以为知。周人木主用栗木的"栗"与战栗的"栗"谐音,便说其用意是让百姓望而生畏,恐惧战栗,言无实据,与事实不符,况且和孔子德政主张也相悖谬。

　　3.22　子曰:"管仲之器小哉[1]!"或曰[2]:"管仲俭乎?"曰:"管氏有三归[3],官事不摄[4],焉得俭[5]?""然则管仲知礼乎[6]?"曰:"邦君树塞门[7],管氏亦树塞门。邦君为两君之好[8],有反坫[9],管氏亦有反坫。管氏而知礼[10],孰不知礼?"

【注释】

[1] 管仲:春秋时齐国人,姓管,名夷吾,字仲,齐桓公的宰相,力主改革,国势大振,辅佐齐桓公,使之成为春秋时第一个霸主。 器:气度,度量。

[2] 或:肯定性无定代词,有人。

[3] 三归:解释有数家,众说纷纭,清人郭嵩焘解为市租,可取。郭氏《养知书屋文集》卷一在《释三归》中说:"此盖《管子》九府轻重之法,当就《管子》书求之。《山至》数篇曰'则民之三有归于上矣',三归之名,实本于此。是所谓三归者,市租之常例之归之公者也。桓公既霸,遂以赏管仲。《汉书·地理志》《食货志》并云,桓公用管仲设轻重以富民,身在陪臣,而取三归。其言较然明显。《韩非子》云,'使之有三归之家',《说苑》作'赏之市租'。三归之为市租,汉世儒者犹能明之,此又一证也。"

[4] 官事:指官府的行政事务。 摄(shè):兼差,兼职。

[5] 焉:疑问代词,作状语,怎么。

[6] 然则:上古汉语是指示代词"然"和承接连词"则"的连用。"然"是一个分句,指代前文的内容。"则"是承接连词,表示"然"与后文的关联。可译为"既然这样,那么"。 知:懂得。

[7] 邦君:指诸侯。 树:动词,树立。 塞门:在门口筑起的一道短墙,以隔开内外视线,相当于后来的照壁,也称影壁。

[8] 两君之好:指两国君主之间的友好会见。

[9] 反坫(diàn):在两楹之间用土堆成的放置器物的台子。

[10] 而:用于主谓之间的假设连词,假如,假若。

【译文】

孔子说:"管仲的器量狭小啊!"有人问:"管仲节制吗?"孔子说:"管仲有大量市租的收入,官府的政事,每人一职,不兼差,怎么能算是节制呢?"那人又问:"既然这样,那么管仲懂得礼节吗?"孔子说:"国君在宫殿门口树立照壁,管仲也树立照壁。国君为两国君主友好交往,在堂上设有回放酒器的台子,管仲也有这种台子。如果说管仲懂得礼节,还有谁不懂得礼节呢?"

【点评】

从全面看问题,孔子对管仲所建立的功业给予了很高的评价。在《宪问》篇中说:"桓公九合诸侯,不以兵车,管仲之力也。如其仁,如其仁。"又说:"微管仲,吾其被发左衽矣。"孔子竟以"仁"赞许。管仲是春秋时期齐国著名的政治家、改革家。他进行了一系列改革,尤其是经济方面的改革卓有成效,使齐国在较短时期内富强起来,齐桓公成为第一位霸主。这里孔子批评他器量小,违规越矩,是由于评判的立场和标准不同。

3.23　子语鲁大师乐[1],曰:"乐其可知也[2]:始作[3],翕如也[4];从之[5],纯如也[6],皦如也[7],绎如也[8],以成[9]。"

【注释】

[1] 语(yù):告诉。古代汉语"语"与"言"有别:"言"是自动跟人说话;"语"是告诉或谈论一件事情。 大(tài)师:古代主管音乐的官。大,"太"的古字。

[2] 乐其可知:音乐还是可以通晓的。其,句中语气助词,表示委婉语气。

[3] 始作:指开始演奏。作,演奏音乐。

[4] 翕(xī)如:五音和顺的样子。如,形容词词尾,增加形象化的色彩,表示"……的样子"。

下面的"如"与此同。

[5] 从(zòng)："纵"的古字。放纵,展开。

[6] 纯如：乐曲的旋律和谐美好的样子。

[7] 皦(jiǎo)如：音节分明的样子。

[8] 绎(yì)如：音律连续不断的样子。

[9] 成：演奏完毕。

【译文】

孔子把乐理告诉给鲁国的太师。他说:"音乐还是可以通晓的:开始演奏,音律整齐和顺;展开以后,音律纯正和谐,音节清越明晰,乐音悠扬不绝,从而演奏完毕。"

【点评】

孔子对我国古典音乐具有很深的造诣。他给弟子们讲授乐理,无论声乐、器乐,他都热爱,而且精通,还是欣赏音乐的行家里手,有时陶醉其中,竟"三月不知肉味"。《论语》很多章节谈论音乐方面的问题。

本章孔子给鲁太师讲述器乐演奏的过程以及演奏所表现的艺术美感。演奏伊始,五音整齐和顺,气氛热烈;展开以后,音调和谐美妙,音节铿锵清越;延续下去,乐音悠扬不绝,令人陶醉。

3.24 仪封人请见[1],曰:"君子之至于斯也,吾未尝不得见也。"从者见之[2]。出曰:"二三子何患于丧乎[3]? 天下之无道也久矣[4],天将以夫子为木铎[5]。"

【注释】

[1] 仪封人：仪,地名,卫邑,在今河南兰考县境内。封人,镇守边疆的官吏。封,边疆。《左传》中的颍谷封人、吕封人、祭封人等皆为守边之官。

[2] 从者：名词性"者"字词组,表示"……的人",指跟随孔子的学生。 见：动词的使动用法,使……接见。使孔子接见仪封人。

[3] 二三子：指诸位弟子。二三,不定数。这里表示诸位。子,对孔子弟子的敬称。 患：忧虑,担忧。 丧(sàng)：动词,丧失,失掉。这里指失掉官职。

[4] 天下：古代指全中国。 道：指好的政治措施和政治局面。

[5] 木铎(duó)：铜质木舌的铜铃。古代发布政令时便摇动木铎,召集众人来听。邢昺《注疏》:"武事振金铎,文事振木铎,此云木铎施政教时所振者,所以振文教是也。"

【译文】

仪地的边疆守官请求孔子接见他。他说:"凡是来到这个地方的君子,我从来没有不和他见面的。"跟随孔子的学生请求孔子接见了他。他会面后出来说:"诸位弟子为什么忧心没有官职呢? 天下黑暗的日子已经很久了,上天将把夫子当作木铎来引导百姓。"

【点评】

仪封人将孔子比喻为木铎,指望孔子能扭转乾坤,改变"无道"的局面。但事实并非如此。春秋时代是社会大变革的时代,是破除旧的社会秩序而建立新的社会秩序的时代。所谓"无道"是指不再遵循业已过时的礼仪制度,新的礼仪制度尚未形成,这是历史在前进中所产生的现象。

3.25　子谓《韶》[1]:"尽美矣[2],又尽善也[3]。"谓《武》[4]:"尽美矣,未尽善也[5]。"

【注释】

[1] 谓:评论。　《韶(sháo)》:相传虞舜时代的乐曲名。
[2] 尽:到达极限。　美:指乐曲旋律美好奇妙。
[3] 善:指歌词的思想美善。何晏《集解》引孔安国注:"《韶》,舜乐名。谓以圣德受禅,故尽善。"是说舜时的《韶》乐,其乐曲不仅艺术形式美,思想内容也好,舜以文德受尧之禅。
[4] 《武》:相传周武王时代的乐曲名。
[5] 尽美矣,未尽善也:歌曲的旋律美了,思想内容却没有达到完善。孔子认为武王是以征伐灭商,尚力不尚德。朱熹《集注》:"征伐非其所欲,所遇之时然尔。"

【译文】

孔子论及《韶》乐,他说:"歌曲旋律美极了,思想内容也好极了。"谈到《武》乐,他说:"歌曲旋律美极了,思想内容却没有达到完善。"

【点评】

孔子从思想内容和艺术形式两方面评价音乐艺术。思想内容好,艺术形式也优美,可以说这个作品尽善尽美。反之,艺术形式优美,思想内容差,这样的作品就不能说是尽善尽美。思想内容起决定作用。孔子对《武》乐的评价便是从思想内容考虑的。但是孔子对《武》乐的评价并不妥善,因为武王伐纣的时代与尧舜禅让的时代不同,当必须以武力解决社会矛盾时而一味强调文德,便会失掉时机。历史证明,不可将文德绝对化,用文用武,必须审时度势。

3.26　子曰:"居上不宽[1],为礼不敬[2],临丧不哀[3],吾何以观之哉[4]?"

【注释】

[1] 居上:身居上位,即处于统治地位。　宽:宽厚,实行德政。《论语》中反复强调"宽则得众",宽宏大量会得到大众的拥护。他同时也主张宽猛相济。
[2] 为礼:施行礼制,按礼治国。　敬:严肃认真。与现代义"恭敬"有别。《左传·僖公十一年》:"礼,国之干也;敬,礼之舆也。不敬则礼不行,礼不行则上下昏,何以长世?"行礼必以敬为本,没有敬,礼便难以贯彻施行。
[3] 临(lìn)丧:哭悼死者,吊丧。临,本义指从高处往低处看。引申为到来。这里指亲临哭丧。
[4] 何以:即"以何"。疑问代词"何",作介词"以"的宾语而前置。凭什么。　之:指"居上不宽,为礼不敬,临丧不哀"这样的人。　哉:表示感叹的语气助词。

【译文】

　　孔子说:"身居上位却不宽厚,行礼之时却不恭敬,参加丧礼却不悲哀,这种人我怎么能看得下去呢?"

【点评】

　　孔子的感慨是针对当时贵族统治者的不良作风而发的。孔子主张德治,对百姓要宽厚,"宽则得众"。反对高高在上,滥用刑罚,激化社会矛盾,不利于统治。孔子的主张,当时对百姓是有利的。他还强调在位者要以身作则,行礼要恭敬,不能敷衍了事。尤其参加丧事,不悲不哀,若无其事,孔子更是反感。

里仁第四

【本篇提要】

《里仁》篇共二十六章,论述的内容很广,涉及仁、孝、道、义、利以及事君交友的原则。

本章集中论述了"仁"的学说,从多方面阐释"仁"。孔子希望人人都能成为有仁德的人,只要主观努力,都能够成为仁人。他认为喜好仁德的人品德无比高尚,在任何艰苦险恶的环境中都能坚守信仰,一刻也离不开仁,就是在一顿饭工夫中也离不开,即使在颠沛流离中也不变心。他们对待富贵与贫贱,一身正气,绝不走歪门邪道。不仁的人则相反,身处贫困,久约必滥;身处安乐,久乐生淫。仁人爱人,但不是没有原则,他们爱憎分明,对不义的人是憎恶的,决不与之同流合污。孔子认为喜好仁德,只有好处,没有坏处。贯穿仁学的中心思想便是"忠"与"恕"。关于"道",孔子认为"道"便是真理,"朝闻道,夕死可矣",如果早晨获得真理,就是晚上死去,也没有遗憾。有志于道的人,却计较衣食,就不值得与之讨论道的学问。其中论"孝"也比较集中。孝乃仁学的根基,侍奉双亲应任劳任怨,要把父母的年纪放在心上,喜与忧兼具。对于"义"与"利",应以义为先,义是待人处事的准绳。作为人不能总是按私利行事,这必然招致众怨。志士仁人珍重义,必要时舍生取义。孔子有句著名的格言,即"见贤思齐"。见到好人好事,一心想着向他们学习;见到不好的人或事,能自觉反省,检查自己是否这样。孔子提倡言行一致,不讲大话,少说多做,对做不到的事不说,说了便一定兑现。事君交友,忠诚信实,适可而止。

4.1　子曰:"里仁为美[1],择不处仁[2],焉得知[3]?"

【注释】

[1] 里:古代百姓聚居的地方,泛指村落、街坊、里弄。这里用作动词,指居住。　仁:指有仁德的人。　美:美好,美善。

[2] 择:指"择居",选择住处。　处(chǔ)仁:指"与仁相处",即同有仁德的人住在一起。

[3] 焉:疑问代词,作状语,怎能,怎么能。　得:算得上。　知:"智"的古字,聪明,智慧。

【译文】

孔子说:"跟有仁德的人住在一起,互为邻里,才是美好的。选择住处,如果不是有仁德的人居住的地方,怎能算得上明智呢?"

【点评】

孔子强调选择居住环境的重要性。他认为跟有仁德的人为邻里,朝夕相处,对培养良好的道德风尚必将产生积极的影响,所谓"近朱者赤,近墨者黑"。尤其是对成长中的青少年更为重要,所以选择好的居住环境乃是明智之举。历史上孟母三迁的故事便是典型范例。

4.2　子曰:"不仁者不可以久处约[1],不可以长处乐[2]。仁者安仁[3]，知者利仁[4]。"

【注释】

[1] 不仁者："者"字词组，作主语，表示"……的人"，指没有仁德的人。　久处约：长久地处在穷困的生活中。约，简约，这里指穷困的生活，所谓"久约必滥"。
[2] 长处乐：长久地处在安乐的环境中，所谓"久乐生淫"。
[3] 仁者："者"字词组，有仁德的人。　安仁：相当于"安〔于〕仁"。在实行仁德上安心。
[4] 知者：明智的人。知，"智"的古字，聪明，明智。　利仁：相当于"利〔于〕仁"，在实行仁德上获利。

【译文】

　　孔子说："没有仁德的人，不能够长久地处在穷困的生活中，也不能够长久地处在安乐的环境中。有仁德的人，实行仁德便安心；明智的人，在实行仁德上获利。"

【点评】

　　本章反映了古代儒家的道德观。作为仁者可以长处约，也可以长处乐。《孟子·滕文公下》："富贵不能淫，贫贱不能移。"大丈夫应该有坚定的操守，在任何情况下不丧失崇高的气节。不仁者则相反，因为他们心术不正，穷困一久，便起歹心，胡作非为；又因为他们不守本分，安乐一久，忘乎所以，心生邪念，为非作歹。最终都没有好结果。以史为鉴，到任何时候，不论处于何种境遇，都要守住道德防线，真正做到久约不滥，久乐不淫。

　　4.3　子曰："唯仁者能好人[1]，能恶人[2]。"

【注释】

[1] 唯：范围副词，作状语，只有。　好(hào)：喜爱。
[2] 恶(wù)：动词。厌恶，憎恶。朱熹《集注》："唯仁者无私心，所以能好恶也。"

【译文】

　　孔子说："只有有仁德的人才能正确地喜爱什么人，憎恶什么人。"

【点评】

　　孔子提出有仁德的人喜爱好人，憎恶坏人，表明志士仁人具有鲜明的爱憎、明确的是非。由此可知，孔子提出的"仁者爱人"，不是爱一切人，喜爱的是好人，憎恶的是坏人，具有可贵的价值取向。

　　4.4　子曰："苟志于仁矣[1]，无恶也[2]。"

【注释】

[1] 苟：连词，一般用在复句偏句的前面，表示假设。可译为"如果"、"假如"。《史记·陈涉世家》："苟富贵，无相忘。"　志：动词，立定志向。

[2] 恶(è)：形容词,邪恶,坏处。 何晏《集解》引孔安国注："苟,诚也。言诚能志于仁则其馀终无恶。"

【译文】

孔子说："假如立定志向实行仁德了,便不会有坏处。"

【点评】

一个人立志实行仁德,就不会做损害他人的坏事。因为他有志气,有抱负,走正路,实践仁德,对己对人对社会只有好处,没有坏处。因此珍爱自己的荣誉,就要树立正确的思想,培养高尚的情操,一生做好事,不做损害他人的事。

4.5 子曰："富与贵[1],是人之所欲也;不以其道得之[2],不处也[3]。贫与贱[4],是人之所恶也[5];不以其道得之[6],不去也。君子去仁[7],恶乎成名[8]? 君子无终食之间违仁[9],造次必于是[10],颠沛必于是[11]。"

【注释】

[1] 富：财产多,与"贫"相对。 贵：本义指商品价格高,所以从贝。引申为社会地位高,做官为宦。
[2] 道：介词"以"的宾语,指手段,方法。
[3] 处(chǔ)：置身其中,即享有,享用。 何晏《集解》引孔安国注："不以其道得富贵,则仁者不处。"
[4] 贫：财产少,与"富"相对。 贱：本义指商品价格低,引申为社会地位低下,与"贵"相对。
[5] 恶：动词,憎恶,厌恶。
[6] 得之：应改为"去之",因上文衍误,指摆脱它,逃避它。
[7] 去：离开。古代汉语"去"是"离开"的意思,与现代汉语"去"义正相反。如"孟子去齐",是孟子离开齐国,不是去到齐国。
[8] 恶(wū)乎：等于"乎恶",介宾词组,作"成名"的状语。于何处,从哪里。
[9] 终食之间：一顿饭的工夫。 违：违反,背离。
[10] 造次：仓促,匆忙。《宋史·王岩叟传》："圣贤之学,非造次可成,须在积累。"
[11] 颠沛(diān pèi)：跌倒。这里指身处逆境,流离失所。

【译文】

孔子说："富和贵,这是人们所想得到的,不用正当的手段得到它,君子决不享用。贫和贱,这是人们所厌恶的,不用正当的手段摆脱它,君子决不逃避。君子离开了仁德,从哪里成就他的名声呢? 君子没有一顿饭的工夫离开过仁德,即使在仓促匆忙的时候也一定在仁德上,在颠沛流离的时候也一定在仁德上。"

【点评】

作为思想家的孔子,早在春秋时代就提出了正确的富贵观。强调对富与贵必须用正当手段获取,不搞歪门邪道。不是正道得来的,决不享用。对贫与贱也必须用正当手段摆脱它,否则决不逃避,真正做到不苟取,不苟去。孔子认为要做到这一点,一时一刻不能离开仁德,艰难危急之时不离开,颠沛流离之时也与仁同在。

4.6　子曰:"我未见好仁者[1],恶不仁者[2]。好仁者,无以尚之[3];恶不仁者,其为仁矣[4],不使不仁者加乎其身[5]。有能一日用其力于仁矣乎[6]? 我未见力不足者[7]。盖有之矣[8],我未之见也[9]。"

【注释】

[1] 好仁者:"者"字词组,作宾语,表示"……的人",爱好仁德的人。
[2] 恶(wù)不仁者:"者"字词组,厌恶不仁德的人。恶,动词,憎恶,厌恶。
[3] 无以尚之:相当于"无〔之〕以尚之"。〔在人品方面〕没有谁超过他的。无,即"无〔之〕",指没有谁。尚,超过。
[4] 其为仁:他从事仁德。
[5] 不使不仁者加乎其身:不让不仁德的东西加到自己的身上。
[6] 一日:一旦。　用其力于仁:把他的力量用在仁德上。
[7] 力不足者:"者"字词组,作"见"的宾语,指力量不够的人。
[8] 盖:副词,作状语,表示推测,不十分肯定。可译为"大概"。
[9] 我未之见:相当于"我未见之"。古代汉语否定句代词充当宾语而前置。我从来没有见过力量不够的人。

【译文】

孔子说:"我没有见过喜好仁德的人和厌恶不仁德的人。喜好仁德的人〔在人品上〕没有谁能够超过他;厌恶不仁德的人,他行仁德,只是不让那种不仁德的东西加到自己身上。有没有能够一旦把他的力量用在仁德的人呢? 我没有见过力量不够的。大概会有这样的人,只不过我从来没有见到过。"

【点评】

对待"仁"的态度,孔子提到两种人:一种人喜好仁德,有感情,积极行仁,认真实践,这是最优秀的;另一种人是厌恶不仁德的人,只是不使不仁德的东西加到自己身上,消极地拒绝不仁。孔子认为不论哪种人,只要主观上努力行仁,没有力量不够的,即"我欲仁,斯仁至矣"。

4.7　子曰:"人之过也[1],各于其党[2]。观过[3],斯知仁矣[4]。"

【注释】

[1] 过:过错,过失。
[2] 党:本指古代地方组织,五百家为一党。引申为类别,类型。这里指某类人。
[3] 观过:考察错误的性质。观,仔细地看。
[4] 斯:连词,则,就。　仁:同"人"。《后汉书·吴祐传》引此文作"人"。

【译文】

孔子说:"人们的错误,各自由不同类型的人所犯的。仔细考察某人所犯错误的性质,就可以知道他是什么样的人了。"

【点评】

孔子重视知人,知人方能善任。本章孔子提出知人的一条重要方法,即仔细考察某人所犯错误的性质,便可了解他属于什么样的人。换言之,什么类型的人就会犯有与之相应的错误。通过考察人的过错来认识人,所谓"观过,斯知人矣"。在这方面,古今有着共同的规律。

4.8　子曰:"朝闻道[1],夕死可矣[2]。"

【注释】

[1] 朝(zhāo):早晨。　道:本义指道路,引申为达到某种道德标准或思想标准的途径。这里指学说,真理。

[2] 夕:与"朝"相对。傍晚。

【译文】

　　孔子说:"早晨得知真理,就是当晚死去都可以。"

【点评】

　　孔子说早晨得知真理,就是当晚死去也心甘情愿,没有遗憾。从中可以看出他向往真理,渴求真理,热爱真理甚于生命!

4.9　子曰:"士志于道[1],而耻恶衣恶食者[2],未足与议也[3]。"

【注释】

[1] 士:古代居于大夫之下、庶民之上的贵族阶层。这里泛指读书人,知识分子。　志于道:立志追求真理。志,动词,立志。

[2] 耻恶(è)衣恶食者:"者"字词组,表示以穿破衣吃粗饭为耻辱的人。耻,动词的意动用法,以……为耻,即"认为……是耻辱"。恶,形容词,粗劣。

[3] 未足与议:即"未足与〔之〕议"。不值得同他议论、谋划。足,副词,值得。今成语有"不足挂齿"。与(yǔ),介词,跟。其后省略宾语"之",指耻恶衣恶食者。

【译文】

　　孔子说:"读书人立志追求真理,却以穿破衣吃粗饭为耻辱,这种人不值得跟他议论、谋划。"

【点评】

　　作为立志追求真理的知识分子,必须具有安贫乐道的思想品格,因为这是成就宏伟事业的需要。能否经得起艰苦生活的考验,乃是真假志士的试金石。为真理而奋斗无尚光荣,需要有坚定的信念,坚强的意志,以艰苦为荣的献身精神。如果贪图享受,意志消沉,以吃穿不如人为耻辱,就不是有志之士,便担负不起祖国和人民的重托。

4.10　子曰:"君子之于天下也[1],无适也[2],无莫也[3],义之与比[4]。"

【注释】

[1] 君子之于天下：君子对于天下的事情。君子，指有道德修养的人。之，结构助词，标志
该结构是词组。于天下，介宾词组，对于天下的事。
[2] 适：顺从，适从。
[3] 莫：不可，不肯。
[4] 比(bì)：挨着，靠拢。今成语有"比肩继踵"。

【译文】

孔子说："君子对于天下的事情，既不能盲目顺从，也不能盲目否定，怎么
合适就怎么干。"

【点评】

孔子强调处事要有灵活性，通权达变，没有固定的一成不变的做法，诚如《微子》
篇所说："无可无不可。"要依据客观形势而定。但无论怎么变，必须以义为准绳。义
者，宜也。紧紧靠近义，做到合适而恰当。

4.11　子曰："君子怀德[1]，小人怀土[2]；君子怀刑[3]，小人怀惠[4]。"

【注释】

[1] 君子：这里指在位的统治者。　怀：怀念，关心。　德：道德。
[2] 小人：这里指无地位的下层百姓。　土：乡土，田土。
[3] 刑：这里指法度，刑法。法律、法度义写作"㓝"，刑罚的"刑"作"荆"，从刀井。后归并
为"刑"。
[4] 惠：实惠，恩惠。

【译文】

孔子说："君子怀念道德，小人怀念田土；君子思念法度，小人关心实惠。"

【点评】

本章"君子"与"小人"的身份是明确的，从他们所怀念的内容便可看出。"君子"
是在位者，"小人"则是下层百姓，是劳动者，反映了春秋时代的社会现实。孔子将"君
子"与"小人"对比，褒贬分明，表现了他的历史局限性，这是不容讳言的。我们认为小
人怀念田土是自然的、正当的，田土是他们赖以生存的命根子，况且无小人无以养君
子。又说他们只关心小恩小惠，他们身处被剥削地位，他们期盼能像郑国开明的子产
那样给他们点实惠，真是可怜之至！有人竟然将"惠"改成"秽"，任意诬害"小人"，缺
乏应有的郑重和科学的态度。

4.12　子曰："放于利而行[1]，多怨[2]。"

【注释】

[1] 放(fǎng)：通"仿"。效仿，效法。这里是"依据"的意思。何晏《集解》引孔安国注：
"放，依也。每事依利而行。"
[2] 多怨：招致很多的怨恨。怨，注意古今词义的差别：今义埋怨，抱怨；古义一般指恨，词

义重。《左传·成公三年》:"子其怨我乎?"是说您恐怕会恨我吧? 朱熹《集注》:"欲利于己,必害于人,故多怨。"

【译文】

孔子说:"依据个人利益而行事,会招致很多的怨恨。"

【点评】

一个人在社会上行事,与他人交往,总是按照自己的私利,就势必招致很多的怨恨。因为一心追求私利,常与公利、与他人产生矛盾,十目所视,十手所指。贪利越多,矛盾越深,到头来不仅损害他人,也损害了自己。

4.13 子曰:"能以礼让为国乎[1]? 何有[2]? 不能以礼让为国,如礼何[3]?"

【注释】

[1] 礼让:礼仪、谦让。"让"是礼的内容、实质,"礼"是"让"的外在形式。"礼"与"让"是内容与形式的和谐统一。 为国:治理国家。

[2] 何有:即"有何"。疑问代词"何"作宾语而前置,有什么。这是春秋时代的常用语,是"有什么困难"的意思。

[3] 如礼何:古代汉语凝固结构,怎样对待礼仪? 朱熹《集注》:"让者,礼之实也。何有,言不难也。言有礼之实以为国,则何难之有? 不然,则其礼文虽具,亦且无如之何矣,而况于为国乎?"

【译文】

孔子说:"能够用礼让治理国家吗? 这有什么困难呢? 不能用礼让来治理国家,又怎样对待礼仪呢?"

【点评】

春秋晚期处于社会大变动时期,统治阶级内部争权夺利,臣弑君、子弑父时有发生,诸侯间兵戎相见。从当时的社会现实出发,孔子提出礼让治国的主张。"礼"指礼节仪式,"让"是"礼"的内容,"礼让"是内容与形式的统一体。如果没有谦让的内容,徒具礼仪形式,便失去意义。当时的社会现实,礼让是行不通的。

4.14 子曰:"不患无位[1],患所以立[2]。不患莫己知[3],求为可知也[4]。"

【注释】

[1] 患:忧虑,发愁。 位:职位。

[2] 所以立:名词性"所"字词组,作"患"的宾语。凭什么自立,即自立的本领。

[3] 莫己知:相当于"莫知己"。没有谁了解自己。否定句代词"己"充当宾语而前置。

[4] 求为可知:追求能被别人了解的真才实学。求,追求。何晏《集解》引包咸注:"求善道而学行之,则人知己。"

【译文】

孔子说:"不忧虑没有职位,只忧虑没有立足社会的本领;不忧虑没有人了解自己,只追求能被别人了解的真才实学。"

【点评】

孔子提出两个问题:一是不要忧虑自己没有职位,而要着眼于能立足社会的实际本领;二是不要担心别人不了解自己,关键在于求得别人了解自己的本事。孔子认为不在修身、向学上下工夫,奢望得到官位、盼出名声是不可能的。从中也可以看出孔子把名位看得很淡,强调务实,强调要有真才实学。

4.15　子曰:"参乎[1]!吾道一以贯之[2]。"曾子曰:"唯[3]。"子出,门人问曰[4]:"何谓也[5]?"曾子曰:"夫子之道[6],忠恕而已矣[7]。"

【注释】

[1] 参(shēn):曾参,孔子的学生,姓曾,名参,字子舆,春秋时期鲁国人。少孔子四十六岁。以"孝"著称,在孔子以后的儒经传授上有重要地位。
[2] 吾道:我的学说。道,本义指道路,引申为思想、学说。　一以贯之:即"以一贯之"。用一个基本思想贯穿它。贯,贯穿,贯彻。
[3] 唯:应答词,是,是的。
[4] 门人:古代称学生,弟子。也称门客,食客。
[5] 何谓:即"谓何"。古代汉语疑问代词"何"作宾语而前置。说的是什么。
[6] 夫子之道:老师的学说。夫子,孔门弟子尊称孔子,后泛指老师。
[7] 忠恕:忠道与恕道,孔子学说的中心思想,对待人与人之间关系的基本原则。忠,忠道。实心实意对待别人,能为他人着想,为人竭尽全力,所谓"己欲立而立人,己欲达而达人"。恕,恕道。推己及人,同情他人,对人宽厚体谅,所谓"己所不欲,勿施于人"。

【译文】

孔子说:"曾参啊!我的学说有一个基本思想贯穿其中。"曾子说:"是。"孔子出去以后,学生们问曾子说:"这话是什么意思?"曾子说:"老师的学说,不过忠和恕两个字罢了。"

【点评】

孔子谈及贯穿仁学的中心思想,即忠道与恕道。忠恕之道在仁学中体现两个方面,主要是讲人与人关系的基本原则。所谓"忠",是指实心实意为别人着想,尽心尽力为别人办事。用孔子的话说:"己欲立而立人,己欲达而达人。"是说自己在社会上站得住,也要帮助别人站得住;自己做事顺遂,也要让别人顺遂。"忠"是尽心尽力做事,没有后代"忠君"的意思。所谓"恕",是指推己及人,将心比心,对别人宽厚体谅,即"己所不欲,勿施于人"。是说自己不想让坏的东西加到自己身上,也不要把这类东西加到别人身上。忠恕之道乃中华文化的精华。

4.16　子曰:"君子喻于义[1],小人喻于利[2]。"

【注释】

[1] 喻：知晓，明白。今成语有"不言而喻"。 义：道义，指公正合宜的道德行为。

[2] 利：利益，好处。这里指私利。孔子并非不谈利，而是反对见利忘义。如《宪问》篇："见利思义。"《季氏》篇："见得思义。"反复强调这一原则。

【译文】

孔子说："君子晓得的是义，小人晓得的是利。"

【点评】

本章孔子提出"义"与"利"的命题。作为有道德的人，在利益面前，必以义为先。义者何也？义者宜也，以公正合宜作为道德准则，即见利思义，见得思义，不合义的利决不抉取。视义为神圣，重义甚于生命，必要时可舍生取义。可见孔子并非反对利，而是反对见利忘义，为私利而损害公益。后期儒学，将"义"与"利"对立起来，并非孔子的义利观。

4.17　子曰："见贤思齐焉[1]，见不贤而内自省也[2]。"

【注释】

[1] 贤：形容词，有德行，有才能。这里指有德行有才能的人。 思齐：想向他看齐。齐，动词，看齐，在德才方面达到贤人的水准。 焉：兼词，相当于"于之"，指向他。 朱熹《集注》："思齐者，冀己亦有是善。"

[2] 不贤：指不贤的人。 内：内心。 自省（xǐng）：自我反省。省，检查自己的思想行为。 皇侃《义疏》："言人若见贤者，当自思修砺与之齐等也。省，视也。若见人不贤者，则我更视我心内从来所行无此事不也。故范宁曰：顾探诸己谓之内省也。"

【译文】

孔子说："看见贤德的人，便应该想到向他看齐；看见不贤德的人，便应自己反省〔自己有没有和他一样的毛病〕。"

【点评】

这是孔子提出进德修业的一条重要途径，是具体的，可操作的。激励我们自觉主动地向贤者看齐，热心向贤者学习长处，提高自己的思想素养。反之，见到不贤者，首先省察自己有无同类毛病，如果有，不护短，即时改正。这样坚持不懈地做下去，定会使自己成为品德优秀的贤者。

4.18　子曰："事父母几谏[1]，见志不从[2]，又敬不违[3]，劳而不怨[4]。"

【注释】

[1] 几（jī）：轻微，婉转。 谏（jiàn）：古代指臣下、晚辈给君长、父母提意见或建议。

[2] 志：心意，意向。这里指父母的心意。 从：听从，采纳。

[3] 敬：恭敬如初。 违：违抗，触犯。

〔4〕劳：操劳。另有一解：忧愁。　怨：怨恨。

【译文】

孔子说："侍奉父母，〔父母有不对的地方〕委婉地劝说他们。看见父母的心意不听从规劝，仍然恭敬而不违抗，照常为他们操劳而不怨恨。"

【点评】

孔子提出对待父母的正确态度。父母是长辈，他们辛劳一生，抚育子女，实属不易。做儿女的，对待父母的一些过失，应委婉地加以规劝。即使未被采纳，也要谅解等待，不可急躁冒犯。仍应恭敬不违，侍奉如常，不能心怀怨恨。

4.19　子曰："父母在[1]，不远游[2]，游必有方[3]。"

【注释】

[1] 父母在：指父母在世，父母活着的时候。
[2] 远游：出远门，到远方游历，包括游学、游宦。
[3] 方：指去向，去处。邢昺《注疏》："方，犹常也。父母既存，或时思欲见己，故不远游，游必有常。"

【译文】

孔子说："父母在世，不要到远方游历。如果到远方游历，也必须要有一定去处。"

【点评】

古代信息阻隔，交通不便，父母年迈，且有晨昏请安之俗，提倡子女应在父母身边尽孝，所以说"不远游"。远游，儿女牵挂父母，父母也为游子分忧。

今天，信息畅通，交通便捷，儿女在外创业，父母一般可以释怀，与古代大不相同；但是儿女仍要想念父母，常通信息，逢年过节，常回家探亲。孝亲是中华民族传统美德，应不断发扬光大。

4.20　子曰："三年无改于父之道，可谓孝矣。"
已见《学而》篇。

4.21　子曰："父母之年[1]，不可不知也[2]。一则以喜[3]，一则以惧[4]。"

【注释】

[1] 年：年岁，年纪。
[2] 不可不知：不能不时时记在心里。知，知晓，指时时挂念父母年岁。
[3] 一：指一方面。　则：承接连词，表示分句间的关联。　以喜：相当于"以〔之〕喜"。

因为〔父母高寿〕而欢喜。以,介词,表示原因。下文"以惧"的"以"与此同。
[4] 惧:恐惧,忧惧。 朱熹《集注》:"既喜其寿,又惧其衰。"

【译文】

孔子说:"父母的年岁,不能不时时挂在心上。一方面因为〔父母高寿〕而欢喜,一方面又因为〔父母衰老〕而忧惧。"

【点评】

作为儿女应关注父母年岁。当双亲年事已高之时,会产生两种心情:从积极方面说,父母高寿,做儿女的满心欢喜;从消极方面说,父母衰老,接近谢世,心情又十分忧惧。在双亲有生之年,倍加关心侍奉。

4.22　子曰:"古者言之不出[1],耻躬之不逮也[2]。"

【注释】

[1] 古者:古时候。者,用在时间词后的助词。如"今者","昔者"。 言之不出:言语不轻易说出口。之,用在主谓之间的结构助词,标志该结构是分句。
[2] 耻:动词的意动用法。以……为耻,认为……可耻。 躬:身体。这里指自身,亲身。逮(dài):及,赶上。

【译文】

孔子说:"古时候言语不轻易说出口,就是因为怕身体力行赶不上而羞耻。"

【点评】

本章表达一种可贵的思想作风,就是我们的祖先十分珍重言行一致。他们说到做到,不说大话,不讲空话,他们认为说了不做的思想作风是可耻的。假如做不到,就别说,说了在行动上要兑现,不兑现是耻辱。

4.23　子曰:"以约失之者鲜矣[1]。"

【注释】

[1] 以约失之者:"者"字词组,作主语,表示"……的情况"。指用礼来约束自己而犯过失的情况。约,节制,约束。失,动词,犯过失,犯错误。 鲜(xiǎn):形容词,少。《史记·淮阴侯列传》:"听过计失而能久安者,鲜矣。"今成语有"鲜为人知"。

【译文】

孔子说:"用礼约束自己而犯过失的情况是很少的。"

【点评】

孔子强调严于律己的作风,用礼来约束自己,不违纪犯规,不违礼放纵,这样做是很少有过失的。每个时代都有特定的社会规范和行为准则,但严于律己的思想作风到任何时候都不过时。

4.24　子曰:"君子欲讷于言而敏于行[1]。"

【注释】

[1]君子:指有道德修养的人。　讷(nè):言语迟钝。这里指言语谨慎,避免言多语失。　敏:做事勤快敏捷。《学而》篇:"敏于事而慎于言。"二者意义一致。邢昺《注疏》:"言君子但欲迟钝于言,敏疾于行,恶(wù)时人行不副言也。"

【译文】

孔子说:"君子在言语上要谨慎迟钝,在做事上要勤快敏捷。"

【点评】

孔子提出的"讷言敏行"很有教益。"讷于言"从字面看是言语迟钝,表达不畅,但这里指的是说话谨慎,不夸夸其谈。"敏于行"是指做事尽心竭力,勤快敏捷。言语具有两面性:它可以使人加强团结,鼓舞斗志,促进工作;也可以惹是生非,危害社会。所以古代有"一言兴邦"、"一言丧邦"之说。总之,言语要谨慎,要养成少说多做的优良作风。

4.25　子曰:"德不孤[1],必有邻[2]。"

【注释】

[1]德:道德。这里指有道德修养的人。　孤:孤单,孤立。
[2]邻:古代居民组织单位,五家为邻。引申为住处靠近的人家,邻居,邻里。这里指志同道合的人。何晏《集解》:"方以类聚,同志相求,故必有邻,是以不孤。"邢昺《注疏》:"此章勉人修德也。有德则人所仰慕,居不孤特,必有同志相求,与之为邻也。"朱熹《集注》:"邻,犹亲也。德不孤立,必以类应。故有德者必有其类从之,如居之有邻也。"

【译文】

孔子说:"有道德的人不会孤单,一定会有志同道合的人来相伴。"

【点评】

有道德的人不会孤单,因为社会上有众多与他志同道合的人。这些正派的有德者乃是社会主体,他们支持美善,反对邪恶,成为社会主流。正如《集解》上说:"方以类聚,同志相求,故必有邻,是以不孤。"

4.26　子游曰:"事君数[1],斯辱矣[2];朋友数,斯疏矣[3]。"

【注释】

[1]数(shuò):频繁,屡次,与"疏"相对。事君频繁,不加节制,流于烦琐,适得其反。《礼记·祭义》:"祭不欲数(shuò),数则烦,烦则不敬。"一说"数"通"速"(sù),指性急。意谓事君过于性急。
[2]斯:连词,就。　辱:侮辱。表被动,这里指被侮辱。
[3]疏:疏远。表被动,这里指被疏远。

【译文】

　　子游说:"事奉君主过于烦琐,就会招致侮辱;对待朋友过于烦琐,就会反被疏远。"

【点评】

　　子游提出事君交友的基本原则。事君交友都不能过于烦琐。一方面,事君要忠诚,交友要诚信;另一方面,还要保持一定距离,疏密适当,否则效果相反,导致被侮辱,被疏远,实践中要把握好"度"。以古为鉴,与人交往,不可过密过频,适度为上。

公冶长第五

【本篇提要】

《公冶长》篇共二十八章,评价人物居多,兼及修养、教育、政事等问题。

在评论人物中,主要是孔门弟子及相关的一些历史人物。对弟子的评价个性鲜明而中肯。首推得意门生颜回,堪称品学兼优。评价子贱具有君子美德,子贡具有瑚琏之才。子路能躬亲实践,勇敢直率,但失于鲁莽。冉有擅长管理,公西赤优于外事。对蒙冤的公冶长,能主持公道,"以其子妻之"。但也批评一些弟子,申枨多欲少刚。对宰我责备较深,说他"朽木不可雕",使孔子由"听其言而信其行"转变为"听其言而观其行"。

孔子一般从正面评价某些历史人物。称孔文子"敏而好学,不耻下问"。尤其赞许郑国子产能行"君子之道",得到百姓拥护。他还褒奖楚国令尹子文"忠",齐国大夫陈文子"清"。表彰伯夷、叔齐宽厚,不念旧恶。孔子强调他与左丘明都以"巧言、令色、足恭"的伪善面目为羞耻。

孔子对"仁"的标准要求很高,不轻易以"仁"许人。孔子谈楚令尹子文"忠",齐国大夫陈文子"清",但不说他们已经具备"仁"。对子路、冉求、公西赤等虽推举有加,但对"仁"也不认可。就连"可使南面"的冉雍也不以"仁"许之。

篇中还生动展现孔子启发式教学的场面,以"各言尔志"为中心,师生互动交流,各抒自己的理想与愿望。孔子治学严谨,对"性"与"天道"尚未弄清,弟子"不可得而闻"。

5.1　子谓公冶长[1],"可妻也[2]。虽在缧绁之中[3],非其罪也[4]"。以其子妻之[5]。

【注释】

[1] 谓:评论,谈论。　公冶长:孔子的学生。姓公冶,名长,字子长,春秋晚期齐国人。一说鲁国人。

[2] 妻(旧读 qì):用作动词,嫁给某人做妻。

[3] 缧绁(léi xiè):古时捆绑犯人的绳索。这里指代监狱。

[4] 非其罪:不是他的罪过。

[5] 以其子妻之:把自己的女儿嫁给了他。子,古代儿子、女儿都称子。这里指女儿。

【译文】

孔子谈论公冶长,说:"可以把女儿嫁给他做妻子。他虽然被关在监狱中,并不是他的罪过。"于是把自己的女儿嫁给他。

【点评】

公冶长是孔子的学生,孔子说他虽在狱中,但他并没有罪,实属蒙冤入狱,说明孔子对公冶长的为人是了解的。但并没有说明导致公冶长入狱的详情,我们只能相信孔子的断语。

5.2　子谓南容[1]，"邦有道[2]，不废[3]；邦无道，免于刑戮[4]"。以其兄之子妻之。

【注释】

[1] 南容：孔子的学生，名适(kuò)，字子容，鲁国人，别名韬。王引之《春秋名字解诂》："鲁南宫括，字子容。一名韬。括者，包容之称也。韬亦容受之称。"

[2] 邦：古代诸侯的封国，也泛指国家，今成语有"治国安邦"，"邦"与"国"同义对举。这里指国家。　道：指好的政治局面或政治措施。

[3] 废：废止，废弃，不被任用。

[4] 刑戮(lù)：刑罚，杀戮。朱熹《集注》："以其谨于言行，故能见用于治朝，免祸于乱世也。"

【译文】

孔子谈论南容，说："国家政治清明，〔做官任职，〕不被废弃；国家政治昏暗，也能免遭刑罚。"于是把自己的侄女嫁给了他。

【点评】

本章表现南容明哲保身、比较稳健的处世态度。当国家政治清明之时，便出来做官，而且任职得体，始终不被罢免；当国家政治昏暗之时，谨慎稳健，巧避锋芒，免遭无谓之刑，以待清明之世。孔子赞同他的处世态度，才把侄女嫁给了他。

5.3　子谓子贱[1]，"君子哉若人[2]！鲁无君子者，斯焉取斯[3]"？

【注释】

[1] 子贱：孔子的学生，姓宓，名不齐，字子贱。

[2] 君子哉若人：相当于"若人君子哉"。为强调谓语"君子"而前置。若人，这人。若，指示代词，这。哉，表示感叹的语气助词。

[3] 斯焉取斯：他从哪里取得这样的好品德呢？斯，指示代词。第一个"斯"字，指代子贱。第二个"斯"字，指代好的品德。

【译文】

孔子谈论宓子贱，说："这个人是君子啊！如果鲁国没有君子，他从哪里学得这样的好品德呢？"

【点评】

孔子认为子贱之所以能够成为君子，具有君子的品德，是因为他生活在文化繁盛的鲁国社会里，受到礼乐的熏陶，良好的教育，君子的言传身教，所以良好的家庭和社会环境是一个人健康成长的要素。

5.4　子贡问曰[1]："赐也何如[2]？"子曰："女，器也[3]。"曰："何器也？"曰："瑚琏也[4]。"

【注释】

[1] 子贡：孔子的学生，姓端木，名赐，字子贡，卫国人。是孔门中有才干的弟子。

[2] 赐：子贡的名。子贡自称其名以示谦卑，表示对老师的敬意。 何如：即"如何"，怎么样？

[3] 器：器皿，器具。比喻子贡是有用之才。

[4] 瑚琏（hú liǎn）：又音 hú niǎn。古代宗庙中用以盛粮食的祭器，一般用竹制成，以玉装饰，贵重而华美。

【译文】

　　子贡问道："我是一个怎样的人？"孔子说："你好比是个有用的器皿。"子贡说："什么器皿？"孔子说："宗庙里盛黍稷的瑚琏。"

【点评】

　　瑚琏在宗庙里属贵重的祭器，孔子用瑚琏比喻子贡，虽然不能算是全才，但肯定子贡是可重用的优秀人才。

　　5.5　或曰[1]："雍也仁而不佞[2]。"子曰："焉用佞[3]？御人以口给[4]，屡憎于人[5]。不知其仁[6]，焉用佞？"

【注释】

[1] 或：肯定性无定代词，有人，有的人。

[2] 雍：孔子的学生，姓冉，名雍，字仲弓，鲁国人。在"四科十哲"中属德行科。 仁而不佞：有仁德却没有口才。佞，能言善辩。 朱熹《集注》："仲弓重厚简默，而时人以佞为贤，故美其优于德，而病其短于才也。"

[3] 焉：疑问代词，作状语，可译为"怎么"、"何必"。

[4] 御：防御。这里指以言语同人驳辩。 口给：快嘴话多，口齿敏捷。给，形容词，丰足，富裕，引申为言词不穷，应对驳辩。

[5] 屡憎于人：常常被别人憎恶。屡，副词，屡次，常常，表示行为的频数。

[6] 不知其仁：不晓得他是不是仁人。这里孔子不是不知道，只是用一种委婉的方式表示否定，冉雍还没有达到"仁"的标准。

【译文】

　　有人说："冉雍这个人有仁德，却没有口才。"孔子说："何必要有口才呢？用快嘴利舌同人家驳辩，常常被别人憎恶。不知道他是否称得上仁人，但为什么一定要有口才呢？"

【点评】

　　孔子一贯提倡谨言慎行，反对夸夸其谈，强词夺理。连冉雍这样注重品德修养的人，孔子都不轻易以"仁"相许，足见他对"仁"的标准是相当严格的。

　　5.6　子使漆彫开仕[1]。对曰："吾斯之未能信[2]。"子说[3]。

【注释】

[1] 漆彫开：孔子的学生，姓漆彫，名开，字子开，一说字子若，鲁国人。《韩非子·显学》："自孔子之死也，有子张之儒，有子思之儒，有颜氏之儒，有孟氏之儒，有漆雕氏之儒，有仲良氏之儒，有孙氏之儒，有乐正氏之儒。"儒分八派，漆彫氏是其中的一派。

[2] 吾斯之未能信：即"吾未能信斯"。我对这件事还没有信心。否定句代词宾语前置。

[3] 说(yuè)：通"悦"。喜悦，高兴。

【译文】

孔子让漆彫开去做官。漆彫开回答说："我对这件事还没有信心。"孔子听了很高兴。

【点评】

孔子高兴的原因，主要是称赞漆彫开谦虚谨慎、实事求是的作风和对工作认真负责的态度。漆彫开对任职这件事，思考颇多，能否胜任，没有把握，信心不足。而不是轻率大意，夸耀张扬。孔子对漆彫开的这种表现很高兴。

5.7　子曰："道不行[1]，乘桴浮于海[2]，从我者[3]，其由与[4]？"子路闻之喜。子曰："由也好勇过我[5]，无所取材[6]。"

【注释】

[1] 道不行：孔子的主张行不通。道，这里指孔子的政治主张。

[2] 桴(fú)：用竹子或木头编成当船用的簰(pái)。这种水上的交通工具，大的叫筏(fá)，小的叫桴。筏、桴一声之转。

[3] 从我者："者"字词组，作主语，表示"……的人"，跟随我的人。

[4] 其：句首语气助词，表示揣度，估计。可译为"大概"，"或许"。　由：子路的名。

[5] 好勇过我：这是一种断句。还有一种断句，即"好勇过"，指好勇过头。"我"字断于下句。《经典释文》注："一读'过'字绝句。"

[6] 无所取材：即"无所取哉"，没有什么可取的了。所取，名词性"所"字词组，作"无"的宾语，表示所取用的地方。材，通"哉"。表示感叹的语气助词。何晏《集解》引郑玄注："古字材、哉同。"有人将"材"解为木材，没有地方取木材，不能造桴。另外有人将"材"解为"剪裁"，意为子路好勇，不知节制。以上两说均不取。

【译文】

孔子说："主张行不通了，我便乘坐小筏到海外去，能跟随我的人，大概是仲由吧？"子路听到这话，很高兴。孔子说："仲由好勇超过了我，这便没有什么可取的了。"

【点评】

春秋时代是社会大变动时代，孔子的政治主张不合时宜，虽经游说，也不被诸侯国采纳。孔子深感自己的政治主张行不通，于是产生到海外去的念头，而实际是不能去的。

通过孔子对子路的褒抑，也表现了孔子因材施教的教育理念。一面赞扬子路见义勇为，随师前往；一面见他好胜自喜，又批评他好勇过头，应以礼加以节制。

5.8　孟武伯问子路仁乎[1]？子曰："不知也。"又问。子曰："由也，千乘之国[2]，可使治其赋也[3]，不知其仁也。"

"求也何如？"子曰："求也，千室之邑[4]，百乘之家[5]，可使为之宰也[6]，不知其仁也。"

"赤也何如[7]？"子曰："赤也，束带立于朝[8]，可使与宾客言也[9]，不知其仁也。"

【注释】

[1] 孟武伯：姓仲孙，名彘(zhì)，孟懿子的儿子，"武"是谥号。

[2] 千乘(shèng)：一千辆兵车。古代车战，以兵车多寡衡量一个国家的国力。乘，量词，一辆兵车称一乘，由四匹马拉。

[3] 赋：本指田地税。《春秋·宣公十五年》："初税亩。"《公羊传·宣公十五年》："初者何？始也。税亩何？履亩而税也。"按田亩多寡和质量收税。废除井田制，开始征收田地税，即田赋。这是一次具有历史意义的变革。引申为兵赋，即古代的兵役制度，包括军政工作。

[4] 千室之邑：具有千户人口的大邑。邑，古代人口聚居的地方。有宗庙的称都，无宗庙的称邑。邑有大小，小者十室之邑，大者可以上万家。这里千家之邑，当属大邑。邑有公邑、私邑之分，这里当属公邑，由诸侯直接统辖。

[5] 百乘之家：拥有一百辆兵车的采邑。家，古今都指家庭，但古代又指大夫所统辖的区域，叫"采邑"。采邑由大夫派人管理，收当地租税，还具有军事力量，这里的家就有一百辆兵车。采邑属私邑。《公羊传·昭公五年》："不以私邑累公邑。"

[6] 宰(zǎi)：古代泛指地方长官，一县、一邑之长皆为宰。大夫采邑的总管也叫宰，即家臣。

[7] 赤：孔子的学生，姓公西，名赤，字子华，亦称公西华，鲁国人。

[8] 束带：整束衣带。古人平时衣带松缓，低在腰部。在庄重的场合要束带，高在胸部。这里以"束带"表示穿戴好衣冠。

[9] 宾客："宾"与"客"散文义同，对文有别。一般指贵客叫宾，天子、诸侯的客人属于这一类人；一般的客人叫客。这里的"宾客"已是复音词，不再分别。

【译文】

孟武伯问道："子路有仁德吗？"孔子说："不知道。"他又问。孔子说："仲由这个人，拥有一千辆兵车的国家，可以让他掌管军事，至于他有没有仁德就不知道了。"

孟武伯又问："冉求怎么样？"孔子说："冉求啊，具有一千户居民的大邑，可以让他做邑长；拥有百辆兵车的大夫采邑，可以让他当总管，至于他有没有仁德就不知道了。"

接着又问："公西赤怎么样？"孔子说："公西赤啊，穿上礼服，站在朝廷之中，可以让他接待宾客，办理外交，至于他有没有仁德就不知道了。"

【点评】

孔子评价三位弟子，表明他知人善任，对弟子有深入的了解，于其个性和特长了如指掌。子路善于治军，冉求适合从政，公西赤擅长外交。他们都具有一定的专长，胜任某一方面的工作，已成为孔门中优秀人才。但对三位弟子是否具备仁，孔子以"不知其仁"委婉作答，说明他对"仁"的标准要求很高。

5.9　子谓子贡曰[1]："女与回也孰愈[2]?"对曰："赐也何敢望回[3]?回也闻一以知十[4],赐也闻一以知二。"子曰："弗如也[5];吾与女[6],弗如也。"

【注释】

[1] 谓……曰:对……说。
[2] 孰愈(yù):谁更强些。孰,疑问代词,就人提出疑问,谁,哪一个。愈,胜过,较好。
[3] 望:仰视,仰望。这里表示比较,含有谦卑义。
[4] 一:指一件事。下文的"十"、"二"则指十件事、两件事。表示触类旁通,举一反三。
[5] 弗如:不如他,比不上他。弗,否定副词,常用于动词前作状语,表示一般性否定,可译为"不"。
[6] 与(yǔ):动词,赞许,赞同。一说"与"为连词,是说我和你都不如颜回,不确。

【译文】

孔子对子贡说:"你和颜回两个人,谁更强些?"子贡回答说:"我啊,怎敢和颜回相比? 颜回听到一件事,就能推知十件事;我呢,听到一件事,只能推知两件事。"孔子说:"赶不上他啊;我同意你的话,赶不上他啊!"

【点评】

颜回是孔子的得意门生。孔子问子贡,与颜回相比谁更强些,孔子也想听听子贡对颜回的评价。子贡是孔子的优秀学生,但在品德、学业方面尚不如颜回。子贡有自知之明,说颜回"闻一以知十",而自己仅能"闻一以知二"。孔子对子贡的回答很满意,认为子贡谦虚,评价中肯,充分肯定子贡的说法。

5.10　宰予昼寝[1]。子曰:"朽木不可雕也[2],粪土之墙不可杇也[3],于予与何诛[4]?"子曰[5]:"始吾于人也[6],听其言而信其行;今吾于人也,听其言而观其行。于予与改是[7]。"

【注释】

[1] 昼寝:白天睡觉。寝,本义指内室,卧室。卧室是睡觉处所,引申为睡、卧。动词。今成语有"废寝忘食"。
[2] 雕(diāo):猛禽的统称。字从隹(zhuī),短尾鸟。借表雕刻,雕琢。今成语有"精雕细刻"、"雕龙画凤"。
[3] 杇(wū):泥瓦工用以涂墙壁的工具,俗称瓦刀。用以涂墙的动作也叫杇,粉刷,涂饰。
[4] 于予与:对宰予啊。与,句中语气助词,表示停顿。　何诛(zhū):即"诛何",责备〔他〕什么呢? 意为值不得责备。诛,责备,谴责。从言。今成语有"口诛笔伐"。引申为杀戮,词义重。今成语有"罪不容诛"。
[5] 子曰:以下的话也是针对"宰予昼寝"而发的,但却是孔子在后来的时间说的,所以用"子曰"加以区别。
[6] 始吾于人:起初我对于人。等于"吾始于人","始于人"修饰谓语"听"与"信"。下句结构与此同。
[7] 于予与改是:从宰予这件事以后我改变了态度。　是:指示代词,指"听其言而信其行"的态度。

【译文】

宰予白天睡大觉。孔子说:"腐朽的木头不能雕刻,粪土打的墙不能粉刷,对于宰予,责备他什么呢?"又说:"起初我对于人,听到他的话就相信他的行动;如今我对于人,听到他的话却要观察他的行动。从宰予这件事以后,我改变了态度。"

【点评】

孔子从宰予白天睡大觉中发出感叹,深感宰予言行脱节:说的可能振振有辞,志向宏伟,但行动却和说的有很大差距。孔子要求弟子是很严格的,要成才,就必须刻苦学习,不能懒懒散散,孔子看不惯,很失望。从宰予言行不一事件中,孔子悟出一个道理:从前听其言便信其行,以为完全能付诸实践。而现实中并非如此,宰予便是活生生的实例。因此还必须"听其言而观其行",更重要的是"观其行"。不仅听他怎么说,还要看他怎么做。孔子一贯主张言行一致,言必信,行必果,无信不立,甚至强调少说多做。对心口不一、言行脱节的思想作风一向责备。孔子的遗训对今天也有很深的教益。

5.11 子曰:"吾未见刚者[1]。"或对曰:"申枨[2]。"子曰:"枨也欲[3],焉得刚[4]?"

【注释】

[1] 刚者:"者"字词组,作宾语,表示"……的人"。指刚毅的人。
[2] 申枨(chéng):孔子的学生,姓申,名枨,字周,鲁国人。申枨即《史记·仲尼弟子列传》中的"申党"。"枨"和"党"古音相同。韵母均属阳部字。
[3] 欲:本作"慾",归并为"欲"。欲望,贪欲。今成语有"欲壑难填"。
[4] 焉:疑问代词,作状语,哪里,怎么。

【译文】

孔子说:"我没有见过刚毅的人。"有人回答说:"申枨就是这样的人。"孔子说:"申枨贪欲太重,怎么能刚毅不屈?"

【点评】

首先必须明白,孔子并不反对正当的欲望,他自己就想过"富而可求"。这不但无害,而且成为社会发展的推动力。孔子只是反对人的私欲太盛。这样的人当面临公私考验时,就会屈从于私欲,损公肥私,身陷欲海而不能自拔,谈何刚毅不屈!要想真正做到刚毅,必须具有崇高的精神境界,公而忘私,为了国家和人民的利益而甘于奉献!

5.12 子贡曰:"我不欲人之加诸我也[1],吾亦欲无加诸人[2]。"子曰:"赐也,非尔所及也[3]。"

【注释】

[1] 人之加诸我:指别人把不好的东西加到我身上。主谓词组,作动词"欲"的宾语。

[2] 亦：副词，表示相关情况之间的重复，译为"也"。 无：否定副词，相当于"不"。
[3] 所及：所能做到的。及，达到，做到。

【译文】

　　子贡说："我不愿别人把不好的东西加到我身上，我也不愿把不好的东西加到别人身上。"孔子说："赐啊，这不是你所能做到的。"

【点评】

　　子贡谈到自己的心愿：不愿意别人把不好的东西加到自己身上，将心比心，自己也不愿把不好的东西加给别人。子贡的思想体现了孔子倡导的"恕"道，即"己所不欲，勿施于人"，要有宽待别人的善心。至于别人把不好的东西加给自己，就难以预料了。因此孔子才对子贡说"非尔所及"。

　　5.13　　子贡曰："夫子之文章[1]，可得而闻也[2]；夫子之言性与天道[3]，不可得而闻也。"

【注释】

[1] 文章：本指错杂的彩色或花纹。《庄子·胠箧（qū qiè）》："灭文章，散五采。"引申为文字写成的著作。指诗、书、史、礼等文献典籍以及相关的知识。孔子曾经整理古代文献，成为他教学的主要科目。
[2] 可得而闻：能够听到这方面内容。可见孔子给学生讲授文献典籍及相关学问。
[3] 性：指人的本性。《阳货》篇："子曰：'性相近也，习相远也。'"他认为人生下来其本性即自然属性是相近的。关于性的问题，就当时的认识水平，认为高深莫测，很难谈清楚，所以孔子很少跟学生谈及这个问题。 天道：天意，指决定人间吉凶福祸的上天意志。《尚书·汤诰》："天道福善祸淫，降灾于夏。"与"性"同样难以阐释。当时也有人对"天道"持否定态度。《左传·昭公十八年》记载子产的话："天道远，人道迩（ěr），非所及也。"是说天道遥远，人道切近，两者不相关，怎能由天道而知人道。

【译文】

　　子贡说："老师关于文献典籍的学问，我们是能够听到的；老师关于人性和天道的言论，我们却听不到。"

【点评】

　　孔子对性与天道没有跟学生们讲，因为这两个问题当时认为深奥莫测，很难讲清楚。孔子说过："盖有不知而作之者，我无是也。"他主张调查研究，"多闻阙疑"，"多见阙殆"，多听听，多看看，不明白的，暂时放在一边，取审慎态度。

　　5.14　　子路有闻[1]，未之能行[2]，唯恐有闻[3]。

【注释】

[1] 闻：听闻。这里指有关进德修业方面的道理。
[2] 未之能行：相当于"未能行之"。否定句代词宾语前置。主语承前省略，指子路。之，

作"行"的宾语,指代听闻的善道。行,实行,实践。将听到的善道付诸实践。

[3] 唯:范围副词,只,仅,单单。 有闻:又听到新的道理。有,通"又"。

【译文】

　　子路听到有益的教诲,还没有来得及付诸实践,只怕又有新的听闻。

【点评】

　　本章表达一种宝贵的品行,即子路闻善立即付诸行动,在实践中兑现。这种真诚果决的实践精神,令人赞叹不已!今天我们实践的内容尽管与古代有别,但这种知行统一的精神应该发扬光大。

　　5.15　子贡问曰:"孔文子何以谓之'文'也[1]?"子曰:"敏而好学[2],不耻下问[3],是以谓之'文'也[4]。"

【注释】

[1] 孔文子:姓孔,名圉(yǔ),卫国大夫。 文:谥(shì)号。古代对帝王、贵族、大臣以及其他有地位的人死后加给的称号。《逸周书·谥法解》:"经纬天地曰文,道德博厚曰文,勤学好问曰文,慈惠爱民曰文,愍(mǐn)民惠礼曰文,锡民爵位曰文。"孔文子的谥号当是其中的"勤学好问"。因为取"文"的谥号义项较多,所以子贡才问孔子。 何以:即"以何"。介宾词组,作状语。凭什么。 谓之文:称他为"文",指加给他"文"的谥号。

[2] 敏:聪敏,敏捷。

[3] 不耻下问:不以下问为耻辱。耻,意动用法,以……为耻,即认为……是耻辱的。下问,向比自己地位低的人请教。朱熹《集注》:"位高者多耻下问。"可见"下问"是一种谦逊的美德。

[4] 是以:即"以是",介宾词组,作状语。因此,凭着这些长处。

【译文】

　　子贡问道:"孔文子凭什么称他为'文'呢?"孔子说:"他聪敏好学,不以向下请教为耻辱,凭这些长处所以用'文'来称他的谥号。"

【点评】

　　孔文子的谥号之所以称"文",是因为他"敏而好学,不耻下问"。《逸周书·谥法》:"勤学好问曰文。"一是勤奋学习,二是不耻下问。这是中华民族传统美德,激励无数学子走上成才之路。

　　5.16　子谓子产[1]:"有君子之道四焉:其行己也恭[2],其事上也敬[3],其养民也惠[4],其使民也义[5]。"

【注释】

[1] 谓:指评论,谈论。 子产:春秋时郑国大夫,姓公孙,名侨,字子产,郑穆公之孙。在郑简公、郑定公之时执政二十二年,是郑国贤相,我国古代杰出的政治家。

[2] 其行己：主谓词组，作主语。他对自己的行为表现。 也：句中语气助词，表示停顿。 恭：严肃谦恭。

[3] 其事上：结构同前。他服事君上。上，指君主。 敬：认真负责。

[4] 其养民：他抚养人民。养，抚养，教养。 惠：用作动词，给人恩惠。

[5] 其使民：他役使人民。 义：适宜，合理。

【译文】

孔子评论子产，说："他有四种行为符合君子之道：他自己的表现严肃谦恭，他对君上认真负责，他教养人民有恩惠，他役使人民合乎情理。"

【点评】

春秋时代的子产是一位杰出的政治家。在当时的历史条件下，他能减轻人民负担，给百姓一定的恩惠，缓和阶级矛盾。在执政期间，他能倾听百姓呼声。郑国大夫然明要毁掉乡校，他说百姓早晚在这里议论执政的好坏，好的坚持实行；不好的，就改正，怎么能毁掉？当时的郑国在晋、楚大国的双重压迫下获得安定，并受到各国尊重，子产作出了突出的贡献，深受国人的拥护，他的四种美德也深得百姓的称赞。

5.17 子曰："晏平仲善与人交[1]，久而敬之[2]。"

【注释】

[1] 晏平仲：姓晏，名婴，字仲，"平"是他的谥号。齐国大夫，齐灵公、齐庄公、齐景公时执政。其事迹见《晏子春秋》、《史记·管晏列传》。 善与人交：善于和别人交朋友。

[2] 久而敬之：交往越久，别人越尊敬他。之，指晏婴。一说指所敬之人。以第一说为宜。皇侃《论语义疏》："久而人敬之。"

【译文】

孔子说："晏平仲善于同别人交朋友，交往越久，别人就越发尊敬他。"

【点评】

晏平仲善于交友，时间越久，友谊越深，朋友对他的敬重不减。说明交友有道，这道便是对朋友以诚相待，以心换心，谦让和善，敬意不渝。这样才赢得朋友的敬重，可以说他是古代交友的典范。

5.18 子曰："臧文仲居蔡[1]，山节藻棁[2]。何如其知也[3]？"

【注释】

[1] 臧文仲：姓臧孙，名辰，字文仲，鲁国大夫，"文"是他的谥号。历仕鲁庄公、鲁闵公、鲁僖公、鲁文公四朝。 居蔡（cài）：把大乌龟藏在房子里。居，动词的使动用法，使……居住。蔡，指大乌龟。邢昺《注疏》："蔡国君之守龟，出蔡地，因以为名焉，长尺有二寸。居蔡，僭也。"因出蔡地所以叫"蔡"。只有国君才能有这样的大龟，臧文仲"居蔡"是违礼行为。这里乌龟实际是龟壳。古人迷信，遇事用龟壳占卜。古人认为龟越大越灵，所以臧文仲把大龟壳藏在豪华的房子里。

[2] 山节藻（zǎo）棁（zhuō）：指雕梁画栋的房屋。山节，指斗拱雕成山形。山，修饰斗拱，

指斗拱雕刻得像山一样。节,柱子上的斗拱。藻梲,指梁上短柱绘有水草图案。藻,藻草,生于水中的一种绿色植物。梲,梁上短柱。山节藻梲乃天子装饰宗庙才能用,这是一种严重的僭越行为。

[3] 知:"智"的古字。明智。《左传·文公二年》中孔子说他不明智处有三:"作虚器,纵逆祀,祀爰居。""作虚器"指养乌龟越礼;"纵逆祀"指纵容不合顺序的祭祀;"祀爰居"指不该使国人祭祀海鸟"爰居"。

【译文】

孔子说:"臧文仲把大乌龟壳藏在雕梁画栋的房子里,柱上斗拱雕成山形,梁上短柱画有水草图案。这个人怎么能算是明智呢?"

【点评】

臧文仲是鲁国大夫,时人认为他明智,而孔子却批评他不明智。为什么? 他热心宝龟,深陷迷信,说明他很糊涂。况且只有国君才能养这样蔡龟,是一种僭越行为。他给龟盖这样豪华房子,竟与君主相比,这种严重的僭越,必有后患。由此看来,他并不明智。

5.19　子张问曰:"令尹子文三仕为令尹[1],无喜色[2];三已之[3],无愠色[4];旧令尹之政[5],必以告新令尹[6]。何如?"子曰:"忠矣[7]。"曰:"仁矣乎[8]?"曰:"未知[9],焉得仁[10]?""崔子弑齐君[11],陈文子有马十乘[12],弃而违之[13]。至于他邦[14],则曰:'犹吾大夫崔子也。'违之。之一邦[15],则又曰:'犹吾大夫崔子也。'违之。何如?"子曰:"清矣[16]。"曰:"仁矣乎?"曰:"未知,焉得仁?"

【注释】

[1] 令尹:官职名,楚国的宰相。《尚书·益稷》伪孔传引薛瓒注:"诸侯之卿,惟楚称令尹,馀国称相。"　子文:姓斗(dòu),名谷於菟(gòu wū tú),字子文。　三仕:三次做令尹的官。三,古代汉语常表示多次,不一定实指。下文"三已"的"三"与此同。仕,指做官。如《微子》篇:"君子之仕也,行其义也。"

[2] 色:指面目表情,不当色彩讲。

[3] 已:动词,止,这里是"被免职"的意思。

[4] 愠(yùn)色:恼怒的表情。

[5] 旧令尹之政:指旧时子文任令尹的行政措施。

[6] 必以告新令尹:即"必以〔之〕告新令尹"。

[7] 忠:忠诚,忠于职守。上古汉语"忠"的常用义是尽力做好分内的事,不限于忠君。后世逐渐演化为主要指忠君。

[8] 矣乎:语气助词连用。矣,表示"将然"语气。乎,表示疑问语气。

[9] 未知:不晓得,不知道。这里不是真的不知道,而是委婉地表示否定的另一种方式。

[10] 焉得仁:怎么能够算是仁呢? 得,能够。

[11] 崔子:崔杼(zhù),齐国大夫。　弑:词义具有等级性,特指臣杀君、子杀父、下杀上的行为。　齐君:指齐国国君齐庄公,姓姜,名光。

[12] 陈文子:齐国大夫,名须无。当崔杼杀死齐庄公时他离开齐国,后来又回到了齐国。　十乘(shèng):这里指十辆兵车的马。春秋时一辆兵车用四匹马拉,十辆兵

论语全解

车共四十匹马。《礼记·曲礼下》:"问大夫之富,数马以对。"

[13] 违之:离开齐国。之,代词,指齐国。

[14] 他邦:别的国家。他,旁指指示代词,和现代汉语的"他"完全不同,不是第三人称代词。可译为"别"。

[15] 之:动词,往,到……去。

[16] 清:清白,清廉。

【译文】

子张问道:"楚国宰相子文,三次出任令尹,没有喜悦的表情;三次被免职,也没有怨恨的表情。〔在交接之时〕一定把自己执政时期的政令全部告诉给新接位的令尹。这个人怎么样?"孔子说:"可算得上对国家尽心尽责了。"子张又问:"算不算仁呢?"孔子说:"不知道,这怎么能算得上仁呢?"子张又问:"崔杼杀了齐庄公,陈文子有四十匹马,舍弃不要,离开了齐国,到了另一个国家,就说:'〔这里的执政者〕和我国的大夫崔杼是一样的。'于是又离开了这个国家。又到了一个国家,就又说:'还是和我国崔杼一个样。'于是又离开了这个国家。这个人怎么样?"孔子说:"清白得很。"子张又问:"算得上仁吗?"孔子说:"不知道,这怎么能算得上仁呢?"

【点评】

子文相楚,三仕,三已,无喜怒之色,且认真移交,孔子许其"忠";文子有财富,宁肯舍弃,且几易国度,决不与崔杼同流合污,孔子许其"清"。这"忠"和"清"也是难得的。孔子能准确评价二人的长处,但认为他们并未达到仁的标准。子文未尽大忠,文子只是洁身避奸,所以孔子不轻易以"仁"相许。

5.20 季文子三思而后行[1]。子闻之[2],曰:"再[3],斯可矣[4]。"

【注释】

[1] 季文子:姓季孙,名行父,"文"是谥号。鲁国大夫,历仕文公、宣公、成公、襄公四朝,孔子生于襄公二十二年,文子死于襄公五年,孔子所言,已在文子死后很久。 三思:思考多次。三,表示动量,古代汉语常表示行为的多次。

[2] 之:指"季文子三思而后行"这件事。

[3] 再:即"再思",承前省略"思",唐《石经》作"再思",不省。古代汉语"再"一般用作副词,表示两次,第二次。古人表示动作的量,从一次到十次,除"二"而外都用一般的数字,唯独两次不用"二",而用"再"。如《左传·庄公十年》:"一鼓作气,再而衰,三而竭。"在"一"、"三"之间用"再"表示"二"。现代汉语的"再"相当于古代的"复",古今词义有显著差别。如"三年再会",不是三年以后再见,而是三年之内会面两次。

[4] 斯:连词,则,就。

【译文】

季文子〔遇事〕思考多次而后才去行动。孔子听到了,说:"思考两次也就可以了。"

【点评】

"三思而后行"已成为格言警句。在生活或工作中,遇到难事,需要深入思考,谨慎从事,避免莽撞,误思误判,常以"三思"警戒劝勉,受益匪浅。这里孔子否定季文子的"三思",是因为他徇一己之私,思虑过度,世故太深。朱熹《集注》:"宣公篡立,文子乃不能讨,反之为使齐而纳赂焉。"所以孔子讥之。

5.21 子曰:"宁武子邦有道则知[1],邦无道则愚[2]。其知可及也[3],其愚不可及也。"

【注释】
[1] 宁武子:姓宁,名俞,"武"是谥号。卫国大夫,仕于卫成公。 邦有道:指国家政治清明。道,封建社会认为好的政治局面。 知:"智"的古字,聪明,智慧。
[2] 邦无道:指国家政治昏暗。 愚:愚蠢,愚笨。何晏《集解》引孔安国注:"佯愚似实。"朱熹《集注》:"邦无道,能沈晦以免患。"
[3] 及:本义是追赶上,引申为抽象义,聪明才智赶得上。

【译文】
孔子说:"宁武子当国家政治清明的时候,便聪明机智;当国家政治昏暗的时候,便佯装呆傻。他的聪明机智,别人可以赶得上;他的佯装呆傻,别人就赶不上了。"

【点评】
孔子对宁武子的处世态度是赞许的。当国家政治清明之时,能发挥聪明才智;当国家政治昏暗之时,就佯装呆傻。视世道清浊而屈伸,对具体问题应作具体分析,区别对待。国家政治昏暗,邪恶势力嚣张,为保存实力,躲避风险,不作无谓牺牲,装呆装傻,等待时机,是可以的。但当国家处于危难之时,需要挺身而出,就不能顾及个人安危,所以不能一概而论。

5.22 子在陈[1],曰:"归与[2]!归与!吾党之小子狂简[3],斐然成章[4],不知所以裁之[5]。"

【注释】
[1] 陈:古国名,姓妫(guī),周武王灭商后所封。封君是妫满,相传是舜的后代。陈的都城是宛丘,今河南淮阳县。春秋时其国土拥有河南开封以东、安徽亳(bó)县以北一带地方。公元前478年被楚国所灭。孔子周游列国,一度困于陈、蔡之间。
[2] 归与:回去吧! 与,句尾语气助词,表示感叹,可译为"吧"。邢昺《注疏》:"孔子在陈既久,言其欲归之意也。与,语辞。再言'归与'者,思归之深也。"
[3] 党:古代地方基层行政组织,五百家为一党,这里指鲁国。 小子:孔子对弟子的称呼。 狂简:狂放不羁(jī),志向远大。简,大,这里指志大。
[4] 斐(fěi)然:文采鲜明的样子。然,形容词词尾,表示"……的样子",能增加形象化的色彩。 章:彩色,花纹。柳宗元《捕蛇者说》:"永州之野产异蛇,黑质而白章。"黑色的底子,白色的花纹。这里形容弟子们文采可观,才干显赫。
[5] 不知所以裁之:一时不知道用什么方法引导他们。所以,"所"字词组,用什么方法。裁,剪裁。这里指裁决,裁断。

【译文】

孔子在陈国,说:"回去吧!回去吧!我们那里的学生志向远大,文采鲜明可观,但行为狂放,我一时不知道用什么方法引导他们。"

【点评】

孔子周游列国,深感道已不行,于是产生急切返回鲁国的念头。他欣喜随行的弟子志向远大,文采斐然,但他也发现其狂放不拘的弱点。他爱护弟子,想使他们克服成长中的弱点,思考如何加以引导,但一时还拿不定切实方案。

5.23 子曰:"伯夷、叔齐不念旧恶[1],怨是用希[2]。"

【注释】

[1] 伯夷、叔齐:商末孤竹君的两个儿子。伯夷,名允,字公信。"夷"是谥号。叔齐,名智,字公达。"齐"是谥号。其父临死,立其弟叔齐。父死,叔齐让伯夷。伯夷因父命,不肯立,出走。叔齐不自立,也出走。二人都奔周文王。武王伐纣,他们反对"以暴易暴",拦住车马谏止。周朝灭殷,统一天下,二人以食周粟为耻,饿死在首阳山。 旧恶:从前的怨恨。恶,仇恨,怨恨。
[3] 怨:怨恨。古代汉语"怨"词义重。 是用:即"用是",因此。用,介词,相当于"以",表原因。是,指示代词,指"不念旧恶"。 希:少。

【译文】

孔子说:"伯夷、叔齐不念记从前的怨恨,因此别人对他们的怨恨就很少。"

【点评】

孔子称赞伯夷、叔齐为人宽厚,不念昔日的仇恨,因此很少树敌。就此而言,对今天也有教益。在人民内部,同事之间难免有些矛盾,但应以团结为重,不计私怨,宽宏大量,这种高尚的品德应该发扬光大。但对恶人,又当别论。至于如何历史地看待伯夷、叔齐,要具体分析。他们反对武王伐纣,不食周粟,饿死首阳山,这种所谓的气节便不值得提倡,因为武王伐纣,统一天下,是历史的进步。

5.24 子曰:"孰谓微生高直[1]? 或乞醯焉[2],乞诸其邻而与之[3]。"

【注释】

[1] 孰:疑问代词,可译为"谁"。 微生高:姓微生,名高,鲁国人。一说微生高便是尾生高,古音"微"、"尾"音近。相传他是一个守信的人。据《庄子》、《战国策》等书记载:他与一位女子相约,商定在桥下见面。到时候女子未来,他还等待,眼看水涨了,他仍不走,最后抱柱被水淹死。
[2] 或:肯定性无定代词,有人,有的人。 乞:乞求,求取。今成语有"望乞恕罪"。 醯(xī):醋。
[3] 诸:"之于"的合音词。之,作"乞"的宾语,指代醋。于,介词,与"其邻"组成介宾词组,作补语,向微生高的邻居。语译时提前作状语。 与(yǔ):动词,给予,交给。

【译文】

孔子说:"谁说微生高直爽?有人向他要点醋,〔他不说自己没有,〕而是向邻居要来点醋交给了他。"

【点评】

传说微生高是守信的典型。他与一女子在桥下相约,女子未来,他一直等待,眼看水不断上涨,他还守约不走,最后竟抱柱被水淹死。《战国策·燕策一》:"信如尾生,廉如伯夷,孝如曾参,三者天下之高行也。"

5.25　子曰:"巧言[1],令色[2],足恭[3],左丘明耻之[4],丘亦耻之。匿怨而友其人[5],左丘明耻之,丘亦耻之。"

【注释】

[1] 巧言:花言巧语。
[2] 令色:伪善的面孔。
[3] 足恭:过分的恭顺。邢昺《注疏》:"巧言令色以成其恭,取媚于人也。"
[4] 左丘明:姓左,名丘明。一说复姓左丘,名明。鲁国人,春秋时史学家,双目失明,曾任鲁国太史,与孔子同时或较早于孔子。相传曾著《左传》,又说他还著有《国语》。司马迁《报任安书》:"左丘失明,厥有《国语》。"关于这两部书的作者问题学术界认识并不一致。　耻:意动用法,以……为耻。以巧言、令色、足恭为耻辱。
[5] 匿(nì)怨:隐藏怨恨。匿,隐藏,隐瞒。怨,怨恨,词义重。

【译文】

孔子说:"花言巧语,伪善的面孔,过分的恭顺,左丘明认为这种态度可耻,我也认为这种态度可耻。隐藏内心的怨恨,表面上却同他友好,左丘明认为这种态度可耻,我也认为这种态度可耻。"

【点评】

孔子和左丘明志同道合,爱憎一致。他们都认为伪善者、两面派的行径可耻。花言巧语,装作笑脸,奴颜卑膝以及心藏怨恨却与之友善的种种怪态,是这类人的特征,应善于识别,且不受影响。立志作光明磊落、直爽正派的人。

5.26　颜渊、季路侍[1]。子曰:"盍各言尔志[2]?"子路曰:"愿车马衣轻裘与朋友共敝之而无憾[3]。"颜渊曰:"愿无伐善[4],无施劳[5]。"子路曰:"愿闻子之志。"子曰:"老者安之,朋友信之,少者怀之[6]。"

【注释】

[1] 侍(shì):站在尊者旁边陪着。《论语》有三种方式:单用"侍"字,表示孔子坐着,弟子站着;用"侍坐",表示孔子和弟子都坐着;用"侍侧",表示弟子在旁边坐着或站着。
[2] 盍(hé):"何不"的合音词。
[3] "衣"后的"轻"字是衍文,唐以前本子均无此字。可能后人据《雍也》篇"乘肥马,衣轻裘"而妄加。　裘(qiú):皮衣。　共敝之:一同用坏了它。　憾:古代汉语词义有轻

论语全解

有重。重指怨恨,轻指不满。这里指后者。

[4] 伐:自我夸耀。"伐"表示征伐、进攻义,是中性词,但进军时有钟鼓,表明军事行动是公开的,正当的。由此引申为炫耀,夸耀。

[5] 施劳:夸耀自己的功劳。施,张扬。朱熹《集注》:"施,亦夸大之意;劳,谓有功。"《淮南子·诠言训》:"功盖天下,不施其美。"

[6] 安之、信之、怀之:使动用法,使之(老人)安适、使之(朋友)信任、使之(年轻人)怀念。

【译文】

颜渊、季路侍立在孔子身旁。孔子说:"何不说说你们各自的志向?"子路说:"愿意把自己的车马衣裘跟朋友一同使用,即使用坏了也不埋怨。"颜渊说:"愿意不夸耀自己的好处,不表白自己的功劳。"子路说:"希望听听您的志向。"孔子说:"能使老年人安适,使朋友信任我,使年轻人怀念我。"

【点评】

师生三人的志向都很可贵。子路表现不计个人得失,有福同享的情怀;颜渊的愿望是一心奉献,不声张,不表白;孔子则希望老人能得到安适,能获得朋友的信任,年轻人因受到教诲而怀念自己。

5.27　子曰:"已矣乎[1]！吾未见能见其过而内自讼者也[2]。"

【注释】

[1] 已矣乎:算了吧！已,动词,止,罢了。矣乎,语气助词连用。矣,表示已然,相当于"了"。乎,表示感叹。

[2] 能见其过而内自讼(sòng)者:"者"字词组,表示能够发现自己的过错而内心责备自己的人。讼,责备。

【译文】

孔子说:"算了吧！我没有见过能够发现自己的过错而内心能责备自己的人。"

【点评】

知错认错是一个人的高尚品德。一般总是容易发现别人的过错,而难于自觉认识自己的过错,甚至护短,文过饰非。这样对自己进步十分不利。人应有广阔的胸襟,贵有自知之明,经常省察自身,发现错误,立即改正,做到躬自厚而薄责于人。

5.28　子曰:"十室之邑[1],必有忠信如丘者焉[2],不如丘之好学也。"

【注释】

[1] 十室:指十户人家。　邑(yì):古代人口聚居的地方。有大邑,有小邑。大邑可以千户以上,还可以指国都。小邑相当于村落,这里只有十户人家。一般是大称都,小称邑。

[2] 忠信如丘者:"者"字词组,表示忠诚信实像我这样的人。

【译文】

孔子说："十户人家的小邑，一定有像我这样忠诚信实的人，只是不像我这样用功好学罢了。"

【点评】

本章表明孔子的好学精神。他具备忠诚信实的品德。具有这种品德的人，即使在"十室之邑"的小村落里也能找到，但像孔子这样勤奋好学的人很难找到。孔子学无常师，靠自学成才，"发奋忘食"、"韦编三绝"就是这种精神的生动写照。

雍也第六

【本篇提要】

《雍也》篇共三十章,广泛涉及政治、哲学、人性、人才等方面的问题,集中反映了孔子的一些重要思想,并继续评论弟子。

孔子深入阐述仁学,"己欲立而立人,己欲达而达人",昭示仁学是人生必备的品德修养,好比出外必经门户一样。比"仁"更高的层次便是"圣",做到"博施于民而能济众"。致力于仁德,能使人心胸开阔,乐观豁达,所谓"仁者乐山"、"仁者寿"。孔子论及"文"与"质"的关系,提出"质胜文则野,文胜质则史",礼乐为文,仁义为质,内容决定形式,做到内容与形式的和谐统一。孔子认为中庸乃是最高的道德,调和,适中,无过,无不及,广泛应用于社会实践。他对鬼神持怀疑态度,"敬鬼神而远之",不可沉溺于淫祀。此外,孔子提出周急不继富的思想,知之不如好之、好之不如乐之的格言警句等。

孔子继前篇继续评论弟子,尤其颜回。他高度赞誉颜回,"不迁怒,不贰过",做到其心三月不违仁,孔子发出"贤哉回也"的赞叹!孔子对子路、子贡、冉求的才能给予充分的肯定。他对弟子的教育是严格的,坚持"博学于文,约之以礼"。告诫子夏要做"君子儒",批评冉求停滞不前。他热爱弟子,怀有深厚的情谊。伯牛病重,孔子探慰,惋惜之至!

但孔子的历史观有些方面是保守的。觚的形制变化,他看不惯。希望改革中的齐国,能变到传统礼制最集中的鲁国的模样。也希望鲁国成为周礼的样板。这些思想不合乎春秋大变动时代的历史潮流。

6.1　子曰:"雍也可使南面[1]。"

【注释】

[1] 雍:孔子的学生,姓冉,名雍,字仲弓。　也:句中语气助词,表示停顿。　可使南面:相当于"可使〔之〕南面"。承前省略兼语"之",指代冉雍。南面,动词性词组,面朝南。南,方位名词,作状语,向南。面,动词,面对着,朝着。古代坐北朝南是尊位,天子、诸侯、卿大夫听政之时都面朝南而坐。于是"南面"就成为古代任职做官的专用词语。

【译文】

孔子说:"冉雍这个人,可以让他做官。"

【点评】

冉雍在"四科十哲"中属于德行科,说明他的品德是优秀的,所以孔子才认为冉雍有任职做官的条件。做官不仅有治才,还要有好的思想品德,真正做到德才兼备,而且把德放在首位,这是古今一致的要求。

6.2　仲弓问子桑伯子[1]。子曰:"可也,简[2]。"仲弓曰:"居敬而行简^[3]，以临其民^[4]，不亦可乎？居简而行简^[5]，无乃大简乎^[6]？"子曰："雍之言然^[7]。"

【注释】

[1] 子桑伯子：人名，生卒年已无从可考。有人认为他是《庄子》中的子桑户，可备一说。《庄子·大宗师》："子桑户死，未葬。孔子闻之，使子贡往事焉。"

[2] 可：还可以。　简：简易，不烦琐。朱熹《集注》："事不烦而民不扰，所以为可。"

[3] 居敬：心存严肃认真。居，存心，怀着某种念头。　行简：实行时简要不繁。

[4] 临：本义指由高向低处看。封建统治者居上位，下临其民，治理民众，于是"临"引申有"治理"、"统治"的意义。今成语有"君临天下"。

[5] 居简：心存简约粗略。　行简：行事笼统单一。

[6] 无乃：副词，岂不是。跟疑问语气助词相呼应，表示反问。　大："太"的古字。

[7] 雍之言然：冉雍说的话是对的。言，作主语，指冉雍说的话。然，指示代词，作谓语，表示肯定性回答，对。

【译文】

仲弓问子桑伯子这个人。孔子说："还可以，做事简易不繁。"仲弓说："居心严肃认真，行事简要不繁，以此来治理百姓，不也是可以吗？居心简慢大意，行事简单粗放，不是太简单了吗？"孔子说："冉雍，你的话是对的。"

【点评】

孔子师生的问答涉及方法论问题。这里有两种态度：一是居敬而行简；二是居简而行简。居敬而行简，做事之前，心存严肃认真，考虑周全，行事时能抓住关键，精要不繁；居简而行简，做事之前，粗心大意，实行起来简单粗放，从简单到简单。两种态度，行事结果相反。应该区分两个"行简"，字面相同，实际内容不同。因为子桑伯子的"行简"前面没有"居敬"，故冉雍不同意孔子"可也"的评价。

6.3　哀公问："弟子孰为好学^[1]？"孔子对曰："有颜回者好学，不迁怒^[2]，不贰过^[3]，不幸短命死矣^[4]，今也则亡^[5]，未闻好学者也。"

【注释】

[1] 孰为好学：哪一个是好学的。孰，疑问代词，就人提出疑问，谁，哪个。

[2] 不迁怒：不将自己的愤怒发泄到别人身上。迁，迁移，转移。

[3] 不贰过：不重犯同样的错误。贰，重复，再。

[4] 短命：据《公羊传》记载，颜渊死于鲁哀公十四年，其时孔子七十一岁，《史记·仲尼弟子列传》言颜渊少孔子三十岁，可知其死时年四十一岁，当算是短命。

[5] 亡(wú)：通"无"，没有。贾谊《论积贮疏》："生之有时而用之亡度，则物力必屈。"

【译文】

鲁哀公问："你的学生当中哪个好学？"孔子回答说："有个叫颜回的人好学，他从来不把愤怒发泄到别人身上，从来不重犯同样的错误，不幸短命死了，如今再也没有这样的人了，再也没有听过好学的人了。"

【点评】

　　颜回是那个时代品学兼优的典范,是孔门弟子中的杰出代表,深得孔子的厚爱与赞许。"不迁怒"是对他人的敬重;"不贰过"是对自己人格的珍护。这只是举例,值得称颂之处还很多,所以使得孔子由衷地赞佩。

　　6.4　　子华使于齐[1],冉子为其母请粟[2]。子曰:"与之釜[3]。"请益[4]。曰:"与之庾[5]。"冉子与之粟五秉[6]。子曰:"赤之适齐也[7],乘肥马[8],衣轻裘[9]。吾闻之也:君子周急不继富[10]。"

【注释】

[1] 子华:孔子的学生,姓公西,名赤,字子华。　　使于齐:出使到齐国。于齐,介宾词组,作补语,表处所。

[2] 冉子:孔子学生,姓冉,名求,字子有,鲁国人。长于政事,多才艺,是孔门中最有政治才干的人物之一。《论语》中对孔子弟子称"子"的有曾参、有若、闵子骞、冉有等几个人。　　粟(sù):谷子。通常的说法,没有去皮的谷粒叫粟,去皮后叫小米。也泛指粮食。晁错《论贵粟疏》:"欲民务农,在于贵粟。"

[3] 釜(fǔ):古代容量单位,一釜相当于当时的六斗四升。

[4] 益(yì):动词,增加,添加。

[5] 庾(yú):古代容量单位,一庾相当于当时的二斗四升。

[6] 秉(bǐng):古代容量单位,相当于当时的十六斛(hú)。十斗为一斛。"五秉"合八十斛。

[7] 适:到……去。

[8] 乘肥马:乘坐肥马驾的车。不能理解为骑着肥马。春秋时代马和车不分离,不单独骑马。直到战国时代,赵武灵王为便于作战,才学习骑马射箭。

[9] 衣(旧读 yì):动词,穿。

[10] 周:周济,救济。　　继:接继,增益。

【译文】

　　公西华出使齐国,冉有替他的母亲请求小米。孔子说:"给她一釜。"〔冉有〕请求再增加一些。孔子说:"再给她一庾。"冉有竟给她小米五秉。孔子说:"公西赤到齐国去,乘坐肥马驾的车,穿着轻暖的皮袍。我听说这样的事:君子只救济急需救济的人,而不去接济富裕的人。"

【点评】

　　孔子提出"君子周急不继富"的重要观点,具有时代的进步意义。他曾说"均无贫,和无寡,安无倾",这样社会才能安定。他主张首先应该周济贫困的人,要雪中送炭;反对周济富人,使其富上加富,锦上添花,使社会贫富悬殊。孔子的这种观点在今天也有一定的借鉴意义。

　　6.5　原思为之宰[1],与之粟九百[2],辞[3]。子曰:"毋[4]!以与尔邻里乡党乎[5]!"

【注释】

[1] 原思:孔子的学生,姓原,名宪,字子思,鲁国人。　为:动词,充当,担任。　宰:官名,卿大夫的家臣。这里指孔子做鲁司寇时原思曾做他家的总管。

[2] 九百:量词省略,不知是斗是斛,还是别的容器,无从可考。

[3] 辞(cí):推辞,辞谢。

[4] 毋(wù):副词,作状语,表示劝阻,可译为"不要"、"别"。其后承前省略动词"辞",意为不要推辞。

[5] 以与尔邻里乡党:是"以〔之〕与尔邻里乡党"的省略。把〔多馀的小米〕送给你的邻里乡党,古代居民行政组织单位。五家为邻,二十五家为里,一万二千五百家为乡,五百家为党。

【译文】

　　原思担任孔子家的总管,孔子给他小米九百作为俸禄,〔原思嫌多,〕辞谢不受。孔子说:"不要推辞!把〔多馀的小米〕送给你的邻里乡亲吧!"

【点评】

　　这里体现了孔子"周急不继富"的思想。给原思九百小米,是按总管俸禄的标准。原思觉得多,推辞不受。孔子坚持不减。为什么孔子一定让他收下?与上章情况不同,上章是"继富",本章是"周急"。所以孔子建议他把多馀的小米送给贫穷的乡亲。

　　6.6　　子谓仲弓曰[1]:"犁牛之子骍且角[2],虽欲勿用,山川其舍诸[3]?"

【注释】

[1] 谓……曰:对……说。

[2] 犁牛:耕牛。犁,用作动词,用犁耕田。这里可以看出用牛耕田已经普遍实行。从古人名和字的关系上也可以得到印证,如孔子的学生,冉耕字伯牛,司马耕字子牛,均表明耕与牛的联系。此外,《国语·晋语》:"中行、范氏子孙将耕于齐,宗庙之牺,为畎亩之勤。"说明将祭祀用的牺牛用来耕田。　骍(xīn)且角:长着红色的毛和周正的角。骍,红色。用作动词,指长着红色的毛。周朝以红色为贵,所以祭祀用红色的牲畜。且,连词,用在两个动词中间,表示并列关系。角,用作动词,长着周正的角。

[3] 山川:这里指山川之神。比喻上层统治者。　其:通"岂",副词,难道。　诸:"之乎"的合音词。

【译文】

　　孔子对仲弓说:"耕牛生的小牛犊,长着红色的毛和周正的角,虽然想不用它〔作为祭祀的牺牛〕,山川之神难道肯舍弃它吗?"

【点评】

　　据《史记·仲尼弟子列传》记载:仲弓的父亲是"贱人",在等级森严的社会里是受歧视的,而仲弓确有从政的才干。古代用作祭祀的牺牲不用耕牛,当然耕牛之子也不配作祭祀的牺牛。但是耕牛之子长着红色的毛和周正的角,符合牺牛的条件,山川之神是会接受祭享的。这是在比喻仲弓。仲弓的父亲是"贱人",而他的儿子仲弓德才出众,孔子认为是不会影响任用仲弓的。

6.7 子曰："回也,其心三月不违仁[1],其馀则日月至焉而已矣[2]。"

【注释】

[1] 三月:一个季度。这里并非实指,而是表示很长时间。《述而》篇:"子在齐闻《韶》,三月不知肉味。"这"三月"也不是实指三个月,而是概言很长时间。 违:背离,离开。《里仁》篇:"君子无终食之间违仁。"

[2] 其馀:指颜回以外的弟子。 日月:一天或一月。这里也非实指,而是概言短暂的时间。 至焉:想到仁德。至,到达。这里指想到,念及。焉,兼词,相当于"于之"。邢昺《注疏》:"此章称颜回之仁。三月为一时,天气一变,人心行善亦多随时移变,唯回也其心虽经一时复一时而不变移。违,去仁道也。其馀则暂有至仁时或一日、或一月而已矣。"

【译文】

孔子说:"颜回啊,他的心能够长久地不离开仁德;其馀的学生只不过短时间内想起仁德罢了。"

【点评】

通过孔子对颜回与其馀弟子的比较,可以看出他们之间的差距:颜回能做到使其心长久不离开仁德,别的学生只能短时间内念及仁德。它昭示人们:只要真心实意,自觉修身,定会长久保持高尚情操。如果忽冷忽热,一曝十寒,就只能在低标准上徘徊。

6.8 季康子问[1]:"仲由可使从政也与[2]?"子曰:"由也果[3],于从政乎何有[4]?"曰:"赐也可使从政也与?"曰:"赐也达[5],于从政乎何有?"曰:"求也可使从政也与?"曰:"求也艺[6],于从政乎何有?"

【注释】

[1] 季康子:季孙氏,名肥,鲁国大夫,鲁哀公时任正卿。"康"是谥号。

[2] 可使从政:是"可使〔之〕从政"之省。从政,从事政治,治理政事。

[3] 果:果敢决断。

[4] 于从政乎何有:对于治理政事有什么困难?

[5] 达:通晓,明白。这里指通达人情事理。

[6] 艺:指才能技艺。

【译文】

季康子问道:"仲由可以让他治理政事吗?"孔子说:"仲由果敢决断,对于治理政事有什么困难呢?"又问:"端木赐可以让他治理政事吗?"孔子说:"端木赐通达事理,对于治理政事有什么困难呢?"又问:"冉求可以让他治理政事吗?"孔子说:"冉求有才干,对于政事有什么困难呢?"

【点评】

孔子各用一个词点出仲由、端木赐、冉求三位弟子的特长。仲由果敢决断,端木赐通达事理,冉求多才多艺。足见孔子对自己的教育对象是有深入了解的,真正做到知人善任。从中启示我们:善任必先知人,知人越深入,了解越准确,任人才会适才适所。

6.9　季氏使闵子骞为费宰[1]。闵子骞曰:"善为我辞焉[2]!如有复我者[3],则吾必在汶上矣[4]。"

【注释】

[1]闵子骞(qiān):孔子的学生,姓闵,名损,字子骞,鲁国人。　费(旧读 bì):季氏的封邑,在今山东省费县西北二十里。何晏《集解》引孔安国注:"费,季氏邑。季氏不臣,而其邑宰数叛,闻闵子骞贤,故欲用之。"　宰:采邑的行政长官,即大夫家的总管。

[2]善:好好地。　为我:替我。为(wèi),介词,替。

[3]复我:再来召我。

[4]汶(wèn)上:指大汶河以北。古代以水的北面为阳,凡言水上皆指水北。汶上指汶水以北,属齐地。闵子骞不接受季氏委任,恐遭祸患,所以想逃奔齐国。汶,水名,山东的大汶河。

【译文】

季氏使闵子骞做费邑的长官。闵子骞对来请他的人说:"好好地替我辞掉吧!如果有人再来找我,那我一定逃到汶水以北去了。"

【点评】

作为季氏采邑的总管,待遇优厚,而闵子骞毅然回绝,乃基于对季氏专权、僭越行为的不满。不为官位引诱而与之合流,而且态度坚决,甚至准备去齐国避之。

6.10　伯牛有疾[1],子问之[2],自牖执其手[3],曰:"亡之[4],命矣夫[5]!斯人也而有斯疾也[6]!斯人也而有斯疾也!"

【注释】

[1]伯牛:孔子的学生,姓冉,名耕,字伯牛,鲁国人。　疾:古代汉语"疾"与"病"词义轻重不同。"疾"指一般的病,"病"指重病。《子罕》篇:"子疾病。"是说孔子病了,病得很重。这里从上下文看,"疾"当指重病。

[2]问:问候,慰问。非指一般的询问。今成语有"吊死问疾"。

[3]牖(yǒu):窗户。　执:握持,握着。

[4]亡之:指死亡。之,结构助词,构成复音词,充当一个音节。不是代词,也不是"亡"的宾语。

[5]命矣夫:这是命啊!矣夫,语气助词连用。矣,表示"已然"。夫,表示感叹。

[6]斯:指示代词,作定语,这。"斯人"指这样的人。"斯疾"指这样的病。

【译文】

伯牛得了重病,孔子去问候他,从窗户外握着他的手,说:"要死了,这是命啊!这个人竟得了这样的病!这个人竟得了这样的病!"

【点评】

通过孔子探慰伯牛,感到他对学生慈父般的爱,对伯牛的病极度惋惜,反复念述"斯人也而有斯疾也",至情流露在字里行间,表明他与学生有着亲密而融洽的师生关系。

6.11　子曰:"贤哉,回也[1]!一箪食[2],一瓢饮[3],在陋巷[4],人不堪其忧[5],回也不改其乐。贤哉,回也!"

【注释】

[1] 贤哉,回也:即"回也,贤哉!"感叹句,为突出颜回的贤德,表达赞叹之情而将谓语提到主语之前。哉,表示感叹的语气助词。

[2] 箪(dān):古代用以盛饭的圆形竹器,类似筐。今成语有"箪食壶浆"。

[3] 饮:用作名词,指喝的水。

[4] 陋巷:陋室,简陋的房屋。另一解为街巷。王引之《经义述闻·通说上》:"陋巷,谓隘狭之居,即《儒行》所云'一亩之宫,环堵之室'也……今之说《论语》者以陋巷为街巷之巷,非也。"

[5] 堪(kān):经得起,能忍受。今成语有"不堪重负"。

【译文】

孔子说:"多么贤德啊,颜回!一筐饭,一瓢水,住在陋室里,别人忍受不了那样的忧苦,而颜回却不改变自己的快乐。多么贤德啊,颜回!"

【点评】

孔子反复赞叹"贤哉,回也",深表对颜回的赞美之情!这里"苦"与"乐"形成强烈对比:生活极度艰苦,别人难以忍受,而颜回却保持豁达乐观的情怀。在那个时代可以称为楷模。是何种力量能支撑他不屈不挠,不同凡俗?是进德修业的远大志向促使其不懈追求。这种安贫乐道的崇高精神是中华民族自强不息、不畏艰险、敢于胜利的宝贵品格。

6.12　冉求曰:"非不说子之道[1],力不足也。"子曰:"力不足者[2],中道而废[3]。今女画[4]。"

【注释】

[1] 说:"悦"的古字。高兴,喜欢。　道:指孔子的儒家学说。

[2] 者:语气助词,表示停顿。

[3] 中道:即"道中"。指半道,半途。　废:废止,停步不前。今成语有"半途而废"。

[4] 女(rǔ):第二人称代词,你。　画:划地为界,这里表示停止前进。朱熹《集注》:"谓之画者,如画地以自限也。"这里孔子批评冉求知难而退的思想。

【译文】

冉求说:"不是不喜欢您的学说,是我力量不够。"孔子说:"如果力量不够的话,会走到半道再也走不动了。现在你却是画线为界,根本没有起步。"

【点评】

孔子批驳冉求"力不足"的观点。他认为人人都有条件培育自己的仁德,他说过"有能一日用其力于仁矣乎?我未见力不足者"。只要立定志向,决心向仁,百折不回,就一定获得成功。孔子认为冉求以"力不足"为借口,根本没有起步。而且他确有知难而退的弱点,在《先进》篇孔子说过"求也退,故进之",从中也可以看出孔子是引导学生不断进步的导师。

6.13　子谓子夏曰[1]：“女为君子儒[2]，无为小人儒[3]。”

【注释】

[1] 谓……曰：对……说。
[2] 女(rǔ)：第二人称代词，你。　为：动词，做。　君子儒：指品学兼优的儒者。君子，指有道德修养的人。儒，春秋时代指有专门知识、技能的学者，即知识分子。
[3] 小人儒：指品学低下的儒者。小人，当时指两种人：一指地位低下的平民百姓，与在位的统治者相对；一指人品低下的人。这里指后者。

【译文】

　　孔子对子夏说：“你要做一个品学兼优的儒者，不要做人品低下的儒者。”

【点评】

　　本章表现孔子对弟子子夏的热切期待，同时也体现他因材施教的教学原则。他发现子夏只注重知识，热衷小道，忽视道德修养，于是有针对性地加以引导。严肃地告诫子夏，要做品学兼优的君子儒，不要做人品低下的小人儒，说明他在施教过程中总是注重培育学生的道德人品，对学生高度负责。

6.14　子游为武城宰[1]。子曰：“女得人焉耳乎[2]？”曰：“有澹台灭明者[3]，行不由径[4]，非公事，未尝至于偃之室也[5]。”

【注释】

[1] 武城：鲁国的城邑，在今山东省费县境内。
[2] 得人：指得到人才。　焉：兼词，相当于“于之”。于，介词，表所在。之，指武城。“于之”指在武城这地方。　耳：表示限止语气。通行本作“尔”，唐《石经》、宋《石经》、皇侃《义疏》皆作“耳”。“尔”、“耳”相通。　乎：疑问语气助词。
[3] 澹(tán)台灭明：姓澹台，名灭明，字子羽，武城人。《史记·仲尼弟子列传》将他列为孔门弟子，从本章内容看非是，也可能后来成为孔子的学生。
[4] 径：小路。
[5] 尝：常用作时间副词，作状语，表示行为已经过去。《说文解字·段注》：“凡经过为尝，未经过者为未尝。”　偃(yǎn)：即子游，自称其名。

【译文】

　　子游做武城县的长官。孔子说：“你在这里得到人才了吗？”他说：“有个叫澹台灭明的人，走路不抄小道，不是公事，从不到我屋里来。”

【点评】

　　孔子来到武城，首先关心的是子游是否得到人才，这是治理好地方的关键所在，说明孔子是非常注重选拔人才的。澹台灭明“行不由径”，比喻他为人正直，不走邪路，光明磊落。“未尝至于偃之室”，说明他不阿谀，不巴结，走正路，这是被选人的首要条件。

6.15　子曰：“孟之反不伐[1]，奔而殿[2]，将入门[3]，策其马[4]，曰：‘非

论语全解

敢后也[5],马不进也[6]。'"

【注释】

[1] 孟之反:《左传·哀公十一年》作"孟之侧",鲁国大夫。 伐:夸耀。
[2] 奔:指军队败走。鲁军在抵御齐师的战役中,右军溃败奔逃。《左传》:"右师奔,齐人从之。" 殿:殿后。右军溃败,孟之反为大军撤退作掩护,不顾个人安危,独在军后。军败殿后是勇敢的表现。
[3] 门:指鲁国国都城门。
[4] 策:竹制马鞭。用作动词,指用策击打。
[5] 非敢后也:不是我敢于殿后。敢,谦敬副词,作状语,以自我谦卑表示尊敬。后,动词,落在后面,即殿后。
[6] 马不进也:马不肯往前走。孟之反不自伐其功,把在军后拒敌,掩护大军撤退,说成由于马慢走而落在后面。何晏《集解》引马融注:"殿在军后,前曰启,后曰殿。孟之反贤而有勇,军大奔,独在后为殿。"

【译文】

孔子说:"孟之反不夸耀自己,〔他在抵御齐军的战役中,右军〕奔逃,他在最后〔掩护全军撤退〕,将进入城门,便用竹鞭击打马匹,说:'不是我敢于殿后,是马不肯前进的缘故。'"

【点评】

孔子表彰孟之反顾全大局、有功不居的精神。他作为统帅之一,在右军溃退之时,不顾个人安危,勇于殿后拒敌,掩护全军,功勋卓著。然而他不居功自夸,竟以"马不进"来掩藏殿后拒敌的功绩。

6.16　子曰:"不有祝鮀之佞[1],而有宋朝之美[2],难乎免于今之世矣[3]。"

【注释】

[1] 不有:假若没有。不,副词,表示事情尚未实现,相当于"没"。 祝鮀(tuó):卫国大夫,字子鱼,仕卫灵公。《左传·定公四年》作"祝佗"。"鮀"、"佗"同音。记载他善于言辞,游说周敬王大夫苌弘,在召陵的盟会上终于把原先蔡国在卫国之前的位次改为在卫国之后。 佞(nìng):口才好,善于辩论,没有贬义。
[2] 宋朝:宋国的公子,名朝,有美貌,出奔卫国,任卫国大夫,因其淫荡而惹祸端,出奔晋。
[3] 难乎免于今之世:在当今的社会里难于免除祸患。乎,介词,相当于"于"。免,指免除祸患。

【译文】

孔子说:"假使没有祝鮀的口才,却有宋朝的美貌,在当今的社会里难于免遭祸患。"

【点评】

这里的"佞"指口才,没有贬义。祝鮀凭着他的口才,维护了卫国的利益。相反,以貌取人,沉溺声色,必然带来祸患。宋朝得到卫灵公及其夫人南子宠幸便是典型的事例。因此,对国有利者应该受到重用;宠幸声色者,后患无穷。

6.17　子曰:"谁能出不由户[1]? 何莫由斯道也[2]?"

【注释】

[1] 由:经由,经过。　户:古代指单扇门。《说文解字》:"户,护也。半门曰户。象形。"也泛指房屋的出入口。《玉篇·户部》:"户,所以出入也。一扉(fēi,门扇)曰户,两扉曰门。"

[2] 何:疑问代词,为什么。　莫:没有。　斯道:指仁义之路。斯,指示代词,指代仁义。既然人出屋必须经过门户,人生就像经过门户一样,也应遵循仁义之路,换言之,仁义之路乃人生必经之路。

【译文】

　　孔子说:"谁能出屋不经过门户? 人们为什么不经由这条仁义之路行走?"

【点评】

　　孔子用出屋必经门户作比喻,指出人生应有做人的准则,那就是仁义、仁道。

6.18　子曰:"质胜文则野[1],文胜质则史[2],文质彬彬[3],然后君子[4]。"

【注释】

[1] 质:质朴,朴实,指内在的本质。今成语有"质朴无华"。　胜:超过,胜过。　文:文采,华丽。与"质"相对,指外在的形式。　野:粗野,粗俗。

[2] 史:词藻(zǎo)华丽,浮夸不实。朱熹《集注》:"史,掌文书,多闻习事,而诚或不足也。"意为执掌文书的史官,常有虚浮的弊端。

[3] 彬彬:又作"斌斌"。文采与质朴恰当配合的样子。何晏《集解》引包咸注:"彬彬,文质相半之貌。"后用以形容文雅。今成语有"彬彬有礼"。

[4] 然后:词组,不同于现代汉语的连词。这样以后。然,指示代词,指代"文质彬彬"。

【译文】

　　孔子说:"质朴胜过文采就会粗俗,文采胜过质朴就会浮华,文采和质朴配合得当,这样以后才可以成为君子。"

【点评】

　　孔子提出"文"与"质"关系的哲学命题,要求二者必须搭配恰当,质朴胜过文采则流于粗俗;文采胜过质朴则显现虚浮。因此,必须使二者和谐统一,恰到好处。二者的关系当是内容与形式的关系。就儒学而言,仁义是质,礼乐是文。仁义必须有恰当礼乐来表现,礼乐内在的本质是仁义,"过"与"不及"均不恰当。

6.19　子曰:"人之生也直[1],罔之生也幸而免[2]。"

【注释】

[1] 人之生也直:人们生存靠的是正直。之,用于主谓之间的结构助词,取消句子独立性,

论语全解

使"人之生"成为主谓词组,充当主语。也,句中语气助词,表停顿。直,形容词,正直。

[2] 罔(wǎng):通"枉",邪曲,不正直。这里指不正直的人。 幸:侥幸,获得意外的成功或免去不幸。 免:指免除灾祸。

【译文】

　　孔子说:"人们生存靠的是正直,不正直的人也能生存,那是他一时侥幸而免除灾祸。"

【点评】

　　孔子提出一个庄重而严肃的问题,即人的一生应该做怎样的人?是做正直的人还是做邪曲的人?做正直的人,襟怀坦荡,光明磊落,问心无愧,俗语说:"为人不做亏心事,半夜敲门心不惊",一生光荣;做邪曲的人,进入歧途,终日提心吊胆,与灾祸相伴。

　　6.20　子曰:"知之者不如好之者[1],好之者不如乐之者[2]。"

【注释】

[1] 知之者:"者"字词组,作主语,表示懂得它的人。之,既指学问,也指仁德。 好(hào)之者:表示喜好它的人。好,喜好,爱好。 朱熹《集注》:"知而不能好,则是知之未至也。"

[2] 乐之:以之为乐,把它当做快乐的事。乐,意动用法,以……为乐。 何晏《集解》引包咸注:"学问知之者不如好之者笃,好之者不如乐之者深。"

【译文】

　　孔子说:"〔对于进德修业〕懂得它的人不如喜好它的人,喜好它的人不如以它为乐〔陶醉其中〕的人。"

【点评】

　　本章孔子谈到进德修业的经验。要获得学问和增进品德,人们对它的态度至关重要。如果只是对它一般性了解,那肯定不会深入,浮于表面;如果打心眼里喜欢它,那会全神贯注,掌握肯定会快,而且踏实;还有一个更高的境界,即增进品学不但不把它当作负担,而以它为一大乐事,陶醉其中,那效率、效果不言而喻,必然是事半而功倍。

　　6.21　子曰:"中人以上[1],可以语上也[2];中人以下,不可以语上也。"

【注释】

[1] 中人:指具有中等才智的人。

[2] 语(yù):告诉。注意古代汉语"语"与"言"的区别:"言"是自动说话;"语"是和人谈论某事。 上:这里指高深的学问。

【译文】

孔子说:"具有中等智力以上的人,可以给他讲高深的学问;具有中等智力以下的人,不可以给他讲高深的学问。"

【点评】

应该承认人的智力是有差异的,这是客观存在。依据智力的差异,在施教过程中循序渐进,才不会脱离学生的实际,贯彻教育学上的可接受性原则。但孔子认为智力差异是生来就有的,不可改变的,他在《阳货》篇中说:"唯上知与下愚不移。"实践证明,中等以下智力的学生,经过循序渐进的培养,多数是可以上进的,有的还能成栋梁之材,所以把智力差异绝对化,认为其不可改变,是形而上学的观点。

6.22　樊迟问知[1]。子曰:"务民之义[2],敬鬼神而远之[3],可谓知矣。"问仁。曰:"仁者先难而后获[4],可谓仁矣。"

【注释】

[1] 樊迟:孔子的学生,姓樊,名须,字子迟,齐国人。　知:"智"的古字。聪明,智慧。
[2] 务民之义:努力做好为百姓应该做的工作。务,努力做到。义,合宜,合理。这里指为百姓应该做的事。
[3] 敬:严肃认真。　远之:疏远鬼神。远,用作动词。疏远,不接近。《礼记·表记》:"周人尊礼尚施,事鬼敬神而远之。"朱熹《集注》:"专用力于人道之所宜,而不惑于鬼神之不可知,知者之事也。"
[4] 先难:先经由困难的实践,付出艰苦的努力。　后获:然后收获成果。　何晏《集解》引孔安国注:"先劳苦而后得功。"

【译文】

樊迟问怎样才算聪明。孔子说:"努力做好为百姓应做的工作,严肃地对待鬼神,但又不去接近他,可以说是聪明了。"又问怎样才算是仁。孔子说:"有仁德的人总是先付出艰苦努力,而后收获成果,可以说是有仁德了。"

【点评】

孔子突出强调人事的重要,尽力做好对百姓合宜的工作。对待鬼神要敬而远之,既不否定鬼神,也不去亲近他。他在《先进》篇中说:"未能事人,焉能事鬼。"总是把人事放在前面。在迷信盛行的古代,这种观点很可贵。说到"仁",孔子强调不能坐享其成,而必须经过自己的艰苦努力。不能知难而退,更不能不劳而获。

6.23　子曰:"知者乐水[1],仁者乐山[2]。知者动,仁者静。知者乐[3],仁者寿[4]。"

【注释】

[1] 知者:名词性"者"字词组,作主语,表示"……的人",智慧的人。知,"智"的古字。乐:喜欢,喜爱。智慧的人通达事理,似水流布,所以乐水。以水比喻知者的性情。
[2] 仁者乐山:仁者,仁德的人。乐山,喜爱山。仁德的人深信仁学,厚重不迁,所以乐山。

以山比喻仁者坚定的信仰。

[3] 知者乐:智慧的人快乐。因为知者不惑,聪明开朗,所以达观快乐。

[4] 仁者寿:仁德的人长寿。因为仁者不忧,心胸博大,人和脉舒,所以延年益寿。 朱熹《集注》:"知者达于事理而周流无滞,有似于水,故乐水;仁者安于义理而厚重不迁,有似于山,故乐山。动、静以体言,乐、寿以效言也。动而不括故乐,静而有常故寿。"

【译文】

孔子说:"智慧的人喜欢水,仁德的人喜欢山。智慧的人经常活动,仁德的人稳重沉静。智慧的人快乐,仁德的人长寿。"

【点评】

孔子用山水比喻智者、仁者,既形象,又深邃。智者通达事理,思维活跃,像水一样奔放流布,所以以水为喻。仁者深信仁学,稳重不迁,像山一样巍然屹立,所以以山为喻。喜水好动,喜山好静。智者不惑,达观快乐;仁者不忧,延年益寿。

6.24　子曰:"齐一变[1],至于鲁[2];鲁一变[3],至于道[4]。"

【注释】

[1] 齐一变:齐国一经变革。齐,指桓公称霸后富强的齐国。孔子肯定齐国的强盛。《宪问》篇:"管仲相桓公,霸诸侯,一匡天下,民到于今受其赐。"变,齐国在发展中对周的礼乐制度有所扬弃,孔子认为需要变革,恢复周代的礼制。

[2] 至于鲁:达到鲁国礼乐之邦的水平。春秋时的鲁国,保存周代文化最多的国家,韩宣子说:"周礼尽在鲁矣。"孔子希望齐国能以鲁国为样板,达到鲁国的水平。

[3] 鲁一变:鲁国一经变革。鲁国已经是礼乐之邦,但在发展中对周代的礼制也有所破坏,所以也需要变,变到完善的地步。

[4] 道:周道,即文武周公之道。

【译文】

孔子说:"齐国一经变革,就会达到鲁国礼乐之邦的水平;鲁国一经变革,就会达到礼乐完善的周道。"

【点评】

孔子希望齐变、鲁变,对此应作具体分析。孔子自幼生长在礼乐之邦的鲁国,受周代礼乐的熏陶至深。齐国经社会变革发展成为东方强国,在发展过程中对周代礼制必然加以扬弃。孔子希望齐变,是要恢复西周鼎盛时期的礼乐制度。但他并不反对改革后的齐国成为经济大国,对齐国的强大给予充分肯定。鲁国已经是礼乐之邦,还变什么呢?孔子认为鲁国尽管是礼乐之邦,但也不如从前,希望鲁国能恢复当年完备的礼乐制度。因此,孔子也希望鲁变。能不能达到齐鲁俱变的目的呢?不能!因为齐鲁在发展中对周礼的扬弃是符合社会发展规律的。经济基础的变革,必然带动上层建筑变革。

6.25　子曰:"觚不觚[1],觚哉[2]!觚哉!"

【注释】

[1] 觚(gū)：古代盛酒器皿，青铜制，长身细腰，口呈喇叭状，腹部有四条棱角，足部也有四棱，盛酒容量当时为二升。第二个觚，动词，前面有否定副词修饰，是"像个觚"的意思。

[2] 觚哉：判断句，承前省略主语，相当于"〔此〕觚哉"，这还是个觚吗！哉，表示感叹的语气助词。

【译文】

孔子说："觚不像个觚，这还是个觚吗！这还是个觚吗！"

【点评】

孔子感叹酒器觚，可能有两个原因：一是感叹觚的形制变化。原先腹部有四个棱，如今变成了圆形，已经名实不符。二是感叹容量的变化。此器所以名觚，乃谐音"孤"，寡少之意，只容二升或三升。目的是让人少饮，勿沉湎于酒。如今容量远超此数，故孔子发出感叹。孔子对失去古制、古法看不惯，正像对"君不君，臣不臣，父不父，子不子"一样，不能容忍。

6.26　宰我问曰[1]："仁者[2]，虽告之曰：'井有仁焉[3]。'其从之也[4]？"子曰："何为其然也[5]？君子可逝也[6]，不可陷也。可欺也，不可罔也[7]。"

【注释】

[1] 宰我：孔子的学生，姓宰，名予，字子我，在"四科十哲"中属"言语"科。

[2] 仁者：指仁德的人。

[3] 井有仁焉：井里有位仁人在那里。仁，指仁德的人。

[4] 从之：跟着他下到井里。

[5] 何为(wèi)：即"为何"，为什么。疑问代词"何"作介词"为"的宾语而前置。　其：指被告知的仁人。　然：指示代词，充当谓语，这样做。

[6] 逝(shì)：往，去到某地。何晏《集解》引孔安国注："逝，往也。言君子可使往视之耳，不肯自投从之。"《诗经·邶风·谷风》："毋逝我梁。"意为不要到我捕鱼的石堰去。

[7] 罔(wǎng)：诬罔。这里指被无理的言辞所陷害。

【译文】

宰我问道："有仁德的人，如果告诉他说：'在那井里掉下一位仁人。'他会跟着他跳下去吗？"孔子说："为什么他要这样做呢？可以让君子到井边去看看，却不可以陷害他；可以用近乎情理的言辞欺骗他，却不可以用不近情理的言辞陷害他。"

【点评】

宰我对仁学不甚相信，对"仁者爱人"、"杀身成仁"表示怀疑，所以提出"井有仁焉，其从之也"的问题，考验仁者能否敢于跳下，舍生相救。孔子认为仁者当然要"爱人"，关键时刻需要牺牲时当然要"杀身成仁"。只是不能毫无价值，盲目妄为，受骗上当，被人无理陷害。

6.27　子曰:"君子博学于文[1],约之以礼[2],亦可以弗畔矣夫[3]!"

【注释】

[1] 博学:广泛地学习。博,宽广,广大。今成语有"博学多闻"。　文:这里指《诗》《书》、礼、乐等古代文献。
[2] 约之以礼:用礼约束君子。约,制约,约束。
[3] 亦(yì):副词,表示相关情况的重复,可译为"也"。　弗畔:畔,通"叛"。指离经叛道。何晏《集解》引郑玄注:"弗畔,不违道。"

【译文】

　　孔子说:"君子广泛地学习文献,再用礼仪约束他们,也就可以不离经叛道了啊!"

【点评】

　　孔子为了培养仁学的坚定信仰者,从两方面施教:一是使学员广泛地学习《诗》、《书》、礼、乐等古代文献,具备广博的文化知识,打下坚实的理论基础。二是用礼仪来约束弟子的行为举止,塑造他们的思想情操,实践"非礼勿视,非礼勿听,非礼勿言,非礼勿动"的行为准则。

6.28　子见南子[1],子路不说[2]。夫子矢之曰[3]:"予所否者[4],天厌之[5]! 天厌之!"

【注释】

[1] 南子:卫灵公夫人,把持卫国政权,并有不正当行为,名声很坏。何晏《集解》引孔安国注:"〔南子〕淫乱,而灵公惑之,孔子见之者,欲因以说灵公,使行治道。"
[2] 说:"悦"的古字,高兴,喜悦。
[3] 矢:通"誓",发誓。
[4] 予所否者:"所……者"结构。"予所否"是"所"字词组,与代词"者"结合,"者"是中心词,"予所否"相当于定语。否,不是,不对。这里指做了不合礼义的事情。意为假如我做了不合礼义事的话。
[5] 天厌之:天厌弃我吧! 厌,注意古今词义的区别:这里指讨厌,厌弃,古今义一致。但还常用作满足义。《左传·隐公元年》:"姜氏何厌之有?"是说姜氏有什么满足的? 不能释为讨厌。

【译文】

　　孔子会见了南子,子路不高兴。孔子发誓说:"假如我做了不合礼义事情的话,天厌弃我吧! 天厌弃我吧!"

【点评】

　　孔子见南子,不是主动去见,而是南子想利用孔子这位贤人,主动请见。孔子辞谢,后来推辞不了,不得已而见之,也是为了师生在卫国的生存活动。子路不高兴,是因为南子名声不好,老师去见,有失身份。孔子认为完全是出于主宾之礼,身正不怕影斜。尽管如此,权衡利弊,还是不见为好,以免招致不应有的误会。

6.29 子曰:"中庸之为德也[1],其至矣乎[2]!民鲜久矣[3]。"

【注释】

[1] 中庸:儒家的政治、哲学思想。中,持中。主张待人处事不偏不倚,无过,无不及,不走极端。庸,平常。邢昺《注疏》:"中谓中和,庸,常也,鲜罕也,言中和可常行之德也。"

[2] 至:形容词,指到达顶点的,最高的。这里指中庸是最高的道德标准。

[3] 民鲜久矣:百姓缺乏这种道德已经很久了。鲜,少。如《卫灵公》篇:"知德者鲜矣!"

【译文】

孔子说:"中庸作为一种道德,它是至高无上的了,百姓缺少它已经很久了。"

【点评】

中庸是儒家政治、哲学思想,孔子认为它是最高的道德准则。它主张待人处事恰当适中,不走极端,既不过头,也不未及,孔子将它概括为"过犹不及"。在认识论上这是孔子的一大发现,是有历史意义的,即使今日也有一定的现实意义。

但是在阶级社会里,真正做到中庸是不容易的,所以"民鲜久矣"。尤其当社会变革、旧制度向新制度转变,社会矛盾激化之时,强调中庸,对变革将会起到阻碍作用。应该留意,孔子以后的儒学和孔子的中庸思想已有相当距离,而后又演化为平庸、妥协、保守、不求上进等负面的消极思想。

6.30 子贡曰:"如有博施于民而能济众[1],何如[2]?可谓仁乎?"子曰:"何事于仁[3]!必也圣乎[4]!尧舜其犹病诸[5]!夫仁者[6],己欲立而立人[7],己欲达而达人[8]。能近取譬[9],可谓仁之方也已[10]。"

【注释】

[1] 博施:广泛地施舍。博,广泛,普遍。 济众:救济大众。

[2] 何如:即"如何",古代汉语凝固结构,怎么样?

[3] 何事于仁:其事何止于仁。博施广济已经超过了仁。

[4] 圣:圣德。比仁更高一个层次的德行。

[5] 尧:陶唐氏,名放勋,史称唐尧。 舜:有虞氏,名重华,史称虞舜。 其:句中语气助词,表示委婉语气。 犹:副词,作状语,可译为"还"。 病:担忧,为难。 诸:古代汉语"之乎"的合音词。之,指博施于民而能济众。乎,表示感叹的语气助词。

[6] 夫(fú):句首语气助词,表示要发表议论。 者:主语后的语气助词,表示提顿。

[7] 己欲立:自己要站得住。 立人:使动用法,使人立,让别人也站得住。

[8] 己欲达:自己要事事通达。 达人:使动用法,使人达,让别人也事事通达。达,通达,顺畅。

[9] 能近取譬(pì):能从自身的事选取推己及人的事。取,选取。譬,比喻,比方。指打比方的事物。如自己生活好的事,也让别人具有这种事,即推己及人。

[10] 仁之方也已:〔这〕是实践仁的方法了。仁,指实践仁道。也已,语气助词连用。也,表示确认语气。已,同"矣",表示决定语气。

【译文】

子贡说:"假如有人广泛地给予百姓好处,而且能够救济大众,怎么样?

可以说这是仁德了吗?"孔子说:"哪里仅仅是仁德!那必定是圣德了!就连尧舜恐怕还难以做到呢!说到仁,自己要站得住,也让别人站得住;自己要事事通达,也让别人事事通达。能够从自身选取事例推己及人,可以说这是实践仁道的方法了。"

【点评】

　　孔子提出两个重要问题:一是区分"仁"与"圣";二是怎样实践仁。"仁"是推己及人,己所不欲勿施于人。"圣"是不顾自己,广泛施与,救济苦难大众。"圣"比"仁"要高一个层次。孔子给"圣"以高度评价,把它作为毕生追求的目标。怎样实践仁是对仁学的进一步阐发,指出实践仁的方法。要求从身边做起,自己能得的,也让别人能得;自己过上好生活,也让别人过上好日子。一步步做下去,就能达到仁的境界。

述而第七

【本篇提要】

《述而》篇共三十八章,广泛论及教育、治学、修养等方面的内容。

孔子提出造就德才兼备人才的教育纲领,"志于道,据于德,依于仁,游于艺"。阐明"有教无类"的办学宗旨,只收一点见面薄礼便可施教。以文、行、忠、信为教学内容。开创启发式的教学方法,"不愤不启,不悱不发",树立"诲人不倦"的师风。

在治学方面,孔子堪称楷模。他发奋忘食,乐以忘忧,竟不觉自己已接近老年。他注重多闻多见,接触实际,治学严谨,他说"盖有不知而作之者,我无是也"。全神贯注进德修业,忧心"德之不修,学之不讲,闻义不能徙,不善不能改"的社会风气。他五十学《易》,传说他用功之至,竟韦编三绝。他提出精辟向学的格言"三人行,必有我师焉"。他的学问是"学而不厌"、"敏而求之"得来的。

孔子具有谦虚的美德,弟子尊他为圣人,社会上也称他为圣者,然而他明确表示"若圣与仁,则吾岂敢"。就连君子他也认为自己不够标准,"躬行君子,则吾未之有得",是说我还没有成功。他教导弟子,切莫"亡而为有,虚而为盈,约而为泰",要谦虚谨慎。他为追求真理,甘吃粗粮,喝凉水,乐也在其中了。他反对奢侈,提倡节俭。有人给他指出过错,他看作是幸运。平时言行庄重严谨,不语怪、力、乱、神。孔子极富同情心,在有丧事的人旁边吃饭,从来没有吃饱过。当天哭泣,就不再唱歌。他所关切的三件事是斋、战、疾,因为这些与百姓的安危息息相关。

篇中也反映了他的天命论思想,"天生德于予",即天把道德降在我身上。晚年已觉衰老,流露感伤心绪,慨叹不复梦见周公。

7.1 子曰:"述而不作[1],信而好古[2],窃比于我老彭[3]。"

【注释】

[1] 述:阐述,陈述。这里指阐述历史上已有的文化成果。 而:转折连词。 作:创作,创立新说。
[2] 信而好古:相当于"信古而好古",双动一宾结构。信古,相信古代文化。好(hào),喜好,喜爱。
[3] 窃:谦敬副词,作状语,对人表示尊敬。私下,私自。 比:比拟,类比。 老彭:殷商时代的贤大夫彭祖,说他喜欢阅览古籍,传述古事。

【译文】

孔子说:"传述而不创作,相信并喜爱古代文化,我私下把自己比作老彭。"

【点评】

孔子相信并喜爱古代文化,传授《诗》、《书》等古代典籍,定礼乐,修《春秋》,对传承古代文化作出了历史性贡献。他学识渊博,在阐发古代文化中有他自己的见解,创立了影响深远的儒家学说。当然在述古过程中有其保守的一面,影响了创新能力的发展。

7.2　子曰:"默而识之[1],学而不厌[2],诲人不倦[3],何有于我哉[4]?"

【注释】

[1] 识(zhì):记住。今成语有"博闻强识"。
[2] 厌:满足。本义指饱,引申为满足。饱义后来写作"饜",简化作"餍"。一说厌烦。以"满足"义为宜。
[3] 诲(huì):教诲,教导。《诗经·大雅·抑》:"诲尔谆谆。"
[4] 何有:即"有何",有什么。疑问代词"何"作宾语而前置。《诗经·邶风·谷风》:"何有何亡,黾勉求之。"　于我:介宾词组,作补语,表示对我,语译时移前作状语。意为除了这些对我来说还有什么呢? 另外一说:这些对于我做到了哪些呢? 意为什么也没有做到。恐不合宜。"学而不厌,诲人不倦"是孔子治学、教学的宝贵经验和突出表现,其他章节也得到印证。　哉:表示感叹的语气助词。

【译文】

孔子说:"〔对所学的知识〕默默地记在心里,勤奋学习而不满足,教诲别人永不疲倦,〔除了这些〕对我来说还有什么呢?"

【点评】

孔子"学而不厌,诲人不倦"已成为人们称颂的至理名言。他对己,"学而不厌",勤奋学习,永不满足;对人,"诲人不倦",热心施教,永不疲倦。

7.3　子曰:"德之不修[1],学之不讲[2],闻义不能徙[3],不善不能改,是吾忧也。"

【注释】

[1] 德:道德,品德。　修:指品德方面的修养。
[2] 学:学问,学业。　讲:研究,商讨。上古汉语"讲"字没有讲话、演讲义。
[3] 义:合宜。指合理的事,应该做的事。跟仁一样,是古代伦理道德之一。　徙(xǐ):迁移。这里指付诸实践。

【译文】

孔子说:"品德不能修养,学问不能研习,听到合理的事不能亲身去做,有了错误也不能改正,这些都是我忧虑的啊。"

【点评】

孔子的忧虑,是春秋末期社会现实的反映,作为古代教育家的孔子,深为这些问题而忧心,表现了他忧国忧民的博大胸襟。

7.4　子之燕居[1]，申申如也[2]，夭夭如也[3]。

【注释】

[1] 燕居：即"宴居"，指在家闲居。燕，通"宴"。安静，闲适。
[2] 申申如：整洁舒适的样子。如，形容词词尾，表示"……的样子"，增加形象化色彩。如
　　《史记·司马相如列传》："天下宴如也。""宴如"指安定平静的样子。古人用"……貌"
　　表示"……的样子"。
[3] 夭夭如：表情和舒的样子。

【译文】

　　孔子在家闲居，整洁舒适，和悦安详。

【点评】

　　短短数句，从一个侧面扼要描写孔子家居的生活方式。他在忙于公务之余，回家
闲居，放松体态，舒缓精神。既整洁舒适，又和悦安详。表现出他热爱生活的精神风
貌和高雅健康的人文素养。

7.5　子曰："甚矣吾衰也[1]！久矣吾不复梦见周公[2]！"

【注释】

[1] 甚矣吾衰也：即"吾衰也甚矣"。甚，厉害，过分。谓语，为突出强调而移至主语前面，
　　加强感叹的效果。
[2] 久矣吾不复梦见周公：即"吾不复梦见周公久矣"。吾不复梦见周公，主谓词组，充当
　　主语。复，副词，再。周公，姓姬，名旦，周文王的儿子，武王的弟弟，成王的叔父，鲁国
　　的始祖，曾协助武王灭商。武王死后，成王年幼，他辅佐成王，制礼作乐，对巩固西周
　　王朝作出了卓越的贡献，是孔子所敬仰的古代圣贤之一。久，形容词，时间长。作谓
　　语，为突出强调而提到主语前面。

【译文】

　　孔子说："我衰老得多么厉害呀！我有很长时间没有再梦见周公了！"

【点评】

　　西周的礼乐盛世，是孔子所追求的政治理想。周公制礼作乐，对西周王朝贡献
大，是历史上著名的政治家，也是孔子所敬仰的古代圣贤，即使在梦里也想见到他。
然而晚年的孔子，深感无法实现周公之道而无限叹惋！

7.6　子曰："志于道[1]，据于德[2]，依于仁[3]，游于艺[4]。"

【注释】

[1] 志：立志，确定追求的人生目标。　道：真理。这里指政治理想。
[2] 据：根据，据守。　德：道德修养。
[3] 依：依循，遵循。　仁：仁道，仁爱学说。

［4］游：游学。这里指广泛地学习。　艺：古代六种教学科目，即礼、乐、射、御、书、数。

【译文】

　　孔子说："确立政治理想的人生目标，以道德修养作为终身处世的根据，依循仁义作为行动准则，广泛学习文化技艺。"

【点评】

　　孔子提出了培养德才兼备人才的施教纲领。其中"道"是根本，立志将实现政治理想作为人生追求的目标，为实现这一目标必须紧紧地把握品德修养，没有品德保证，难以实现这一目标，所谓"执德不弘，信道不笃"。同时还必须依循仁义，将仁义作为行为准则。以上三项是进德修业的主体，处于主导地位。但只有主体还不能完成培养目标，还必须在道、德、仁的引导下掌握文化技艺。只有使主从紧密结合，处置得当，方可造就德才兼备的人才。

7.7　子曰："自行束脩以上[1]，吾未尝无诲焉。"

【注释】

［1］束脩(xiū)：一束干肉。脩，从月(肉)，攸声。干肉，又叫脯(fǔ)。每条脯叫一脡(tǐng)，十脡为一束，即十条干肉。束脩是古代初次拜见的微薄礼物。后来专指学生送给老师的酬金。

【译文】

　　孔子说："主动送给我十条以上干肉的人，我从来没有对他不教诲的。"

【点评】

　　本章反映了孔子"有教无类"的思想。孔子以前只有贵族子弟才有受教育的机会，平民子弟没有这种机会。孔子第一次打破"学在官府"的局面，开创私人讲学的先河，功莫大焉。"有教无类"的"类"，指种类、族类。"无类"即不分贵贱，同样给予教育。入学交"束脩"，是十分微薄的礼物。只要交一点学费便施教，是"有教无类"的生动体现。

7.8　子曰："不愤不启[1]，不悱不发[2]。举一隅不以三隅反[3]，则不复也[4]。"

【注释】

［1］愤：烦闷，引申为憋闷，即苦思冥想而仍然领会不了的样子。非愤怒义。朱熹《集注》："愤者，心求通而未得之意。"　启：本义指开门。《左传·隐公元年》："夫人将启之。"指姜氏将要打开城门。引申为抽象意义的开导。

［2］悱(fěi)：心里想说而口又说不出来的样子。朱熹《集注》："悱者，口欲言而未能之貌。"　发：启发。

［3］隅(yú)：角落。朱熹《集注》："物之有四隅者，举一可知其三。"　反：类推。　今成语有"举一反三"。

［4］则：承接连词，可译为"就"、"便"。　不复：指不再教了。复，再，又。

【译文】

孔子说:"〔教导学生〕不到他苦思冥想而仍然领会不了的时候,不去开导他;不到他想说而又说不出来的时候,不去启发他。举出一个方面〔是什么样儿〕,却不能推知其他三个方面〔是什么样儿〕,就不再教他了。"

【点评】

启发式的教学方法,两千多年前就由孔子在教学实践中总结出来。"不愤不启",教导学生开动脑筋,调动学生学习主动性、积极性,不忙着把知识一股脑儿地灌输给学生,而使其独立思考,让他憋一憋,再开导他,不但使学生理解深,而且记忆牢,收获大。"不悱不发",学生急于表达自己的领会而又一时找不到恰当词语,这时才去启发他,使他豁然开朗。而且还要培养他的逻辑推理、散发思维、触类旁通的认识能力。

7.9　子食于有丧者之侧[1],未尝饱也[2]。

【注释】

[1] 于有丧者之侧:介宾词组,作补语,表示"在……的旁边"。表处所。有丧者,"者"字词组,作"侧"的定语,指有死了亲属的人。
[2] 未尝:副词,作状语,表示"曾经"的否定,可译为"没有"、"不曾"。

【译文】

孔子在死了亲属的人旁边吃饭,从来没有吃饱过。

【点评】

这里充分表现了孔子富有同情心,将他人之丧,视为自己之丧,连饭都吃不下,感同身受,将心比心,是孔子仁爱学说的具体体现。

7.10　子于是日哭[1],则不歌[2]。

【注释】

[1] 于是日:在这一天。介宾词组,作状语。是,指示代词,作"日"的定语,这。表时间。
[2] 则:承接连词,可译为"就"、"便"。　歌:动词,歌唱。《礼记·曲礼上》:"哭日不歌。"又《礼记·檀弓上》:"里有殡,不巷歌。"

【译文】

孔子在这一天哭泣,就不再唱歌了。

【点评】

孔子是位重感情、恪守礼的长者,他遇有伤心事而哭泣。朱熹《集注》:"哭,谓吊哭。一日之内,馀哀未忘,自不能歌也。"这里是为吊丧而哭。但也时有为其他哀痛之事而哭,如颜回之死,孔子极度悲痛。当日不歌,也是信守"哀乐不同日"的古训。

7.11 子谓颜渊曰："用之则行[1]，舍之则藏[2]，惟我与尔有是夫[3]！"子路曰："子行三军[4]，则谁与[5]？"子曰："暴虎冯河[6]，死而无悔者[7]，吾不与也[8]；必也临事而惧，好谋而成者也[9]。"

【注释】

[1] 用之：任用我。 则：承接连词，可译为"就"、"便"。 行：做，从事。这里指出任公职。
[2] 舍：不用，舍弃。 藏：退隐。这里指退居民间。
[3] 惟：范围副词，作状语。只，只有。 尔：第二人称代词，指颜渊。 是：指示代词，指代前文"用之则行，舍之则藏"。 夫：句尾语气助词，表示感叹。
[4] 行：用法相当灵活的动词，在不同的语言环境中具有不同意义。这里是"统帅、指挥"的意思。又如《汉书·食货志上》："世之有饥穰，天之行也。""行"表示事物的规律。《仪礼·大射》："公又行一爵。""行"谓斟酒等。 三军：周朝的制度，大国有三军，即中军、上军、下军或中军、左军、右军。每军一万二千五百人。这里泛指军队。
[5] 谁与：跟谁共事。与(yù)，动词，参与，参加。这里指共事。
[6] 暴虎冯(píng)河：空手打虎，徒身渡河。邢昺《注疏》："空手搏虎为暴虎，无舟渡河为冯河。"《诗经·小雅·小旻》："不敢暴虎，不敢冯河。"打虎不拿兵器，渡河不靠舟船。比喻有勇无谋，冒险行事。
[7] 死而无悔者："者"字词组，表示"……的人"。死了都不后悔的人。
[8] 吾不与也：我不跟这样的人共事。
[9] 必也临事而惧，好谋而成者也：这是一个判断句，主语在对话中省略，即我所共事的人。判断句谓语是名词性"者"字词组，表示"……的人"，一定是面临任务戒惧谨慎，善于谋划而取得成功的人。"者"字词组虽然文字长些，但它是一个整体，作判断句谓语。临事，面临任务。临，面临，面对。惧，戒惧谨慎。好谋，善于谋划。成，成功。

【译文】

孔子对颜渊说："如果任用我，就出来工作；如果不用我，就退隐藏身。只有我和你才能做到这样吧！"子路说："如果您统帅三军，那么跟谁共事呢？"孔子说："赤手空拳打虎，不用船只过河，死了都不后悔的人，我是不跟他共事的。〔我所共事的人〕一定是面临任务而戒惧谨慎，善于谋划而取得成功的人。"

【点评】

本章阐明两种态度，一是孔子的处世态度：被任用，积极从业，施展才华，实现抱负；不被任用，则洁身自好，等待时机，采取既谨慎又灵活的原则；二是智勇双全的入世态度：遇事戒惧，讲究谋略，争取成功，反对有勇无谋，轻举妄动，鲁莽行事。

7.12 子曰："富而可求也[1]，虽执鞭之士[2]，吾亦为之[3]。如不可求，从吾所好[4]。"

【注释】

[1] 富：用作名词，指财富。 而：假设连词。如果，假如。 可求：能够求得。
[2] 虽：连词，表示让步，即使。 执鞭之士：拿着鞭子的小吏。这种人有两类差事：一是给统治者开道，使过往行人让路。《周礼·秋官·条狼氏》："王出入则八人夹道，公则

六人,侯伯则四人,子男则二人。"一是市场的守门人。这两种差事皆属贱职。文中写求财,当是市场的守门人。

[3] 为(wéi):含义广泛的动词。做,干。

[4] 从:从事。 吾所好(hào):我所喜好的事。

【译文】

　　孔子说:"财富如果能求得,即使做市场上的守门人,我也愿意干。如果不能求得,还是从事我所喜好的事。"

【点评】

　　孔子不反对发家致富,如果通过正当途径,采取合法手段,付出辛勤劳动而取得财富是应该鼓励的,所以即使是执鞭之士的贱职也愿意去做。但孔子认为取得财富的原则必须合乎道义,不能不择手段,发不义之财,他曾说过:"不义而富且贵,于我如浮云。"

　　7.13　子之所慎[1]:齐、战、疾[2]。

【注释】

[1] 子之所慎:名词性"所"字词组,作判断句主语,指孔子所谨慎对待的事。

[2] 齐(zhāi)、战、疾:判断句谓语,指孔子所慎重对待的三件事,即斋戒、战争、疾病。齐,通"斋",斋戒。古人在祭祀或其他典礼前整洁身心,以示庄敬。疾,疾病。上古汉语"疾"指一般的病;"病"指重病,包括重伤、严重疲劳等。

【译文】

　　孔子所慎重对待的三件事:斋戒,战争,疾病。

【点评】

　　这三件事均属大事。《左传·成公十三年》:"国之大事在祀与戎。"指的是祭祀与战争。祭祀之前必须斋戒,表示严肃、庄重。《乡党》篇:"斋必变食,居必迁坐。"不饮酒,不吃荤,迁到外寝,离开妻室,可见多么重视。战争乃关乎国家安危存亡,也关乎人民的生死寿夭,不可轻忽。至于疾病更是直接威胁人的健康,与人民的利益息息相关。孔子对这三件事的关切,深表忧国忧民的思想感情。

　　7.14　子在齐闻《韶》[1],三月不知肉味[2],曰:"不图为乐之至于斯也[3]。"

【注释】

[1] 韶(sháo):传说中虞舜时代的乐曲名。《八佾》篇:"子谓《韶》,尽美矣,又尽善也。"

[2] 三月:指很长时间,非确指三月。 邢昺《注疏》:"《韶》,舜乐名。孔子在齐闻习《韶》乐之盛美,故三月忽忘于肉味而不知也。"反映了孔子对《韶》乐的欣赏与陶醉。

[3] 图:料想,预料。 为:创作。 之:结构助词,标志该结构是分句。 至:达到。 于斯:介宾词组,作补语。斯,指示代词,这种境界。

【译文】

孔子在齐国听到《韶》乐，很长时间尝不出肉的滋味，说："想不到古人创作的音乐竟达到这种迷人的境界。"

【点评】

孔子在齐国欣赏《韶》的乐章，竟长时间尝不出肉的滋味，入神入迷，说明《韶》乐艺术精湛，思想美善，反映了我们祖先在遥远的古代音乐艺术方面造诣之深。孔子欣赏音乐，痴迷陶醉，达到极致，说明他对音乐喜爱，也说明他对音乐艺术具有很高的鉴赏水平。

7.15　冉有曰："夫子为卫君乎[1]？"子贡曰："诺[2]，吾将问之。"入，曰："伯夷、叔齐何人也[3]？"曰："古之贤人也。"曰："怨乎[4]？"曰："求仁而得仁[5]，又何怨[6]？"出，曰："夫子不为也。"

【注释】

[1] 为：赞助，赞成。　卫君：卫灵公的孙子，卫出公，名辄（zhé）。其父蒯聩（kuǎi kuì），因得罪卫灵公夫人南子，事败，逃到晋国。灵公死后，卫立辄为君。晋送蒯聩回国，与儿子争夺君位。卫拒绝蒯聩回国。他们父子互争君位，和伯夷、叔齐兄弟互让君位恰好形成鲜明对照。孔子称赞伯夷、叔齐，就知道孔子不赞成卫出公。此时约在鲁哀公六年，孔子由陈回到卫国之后。

[2] 诺（nuò）：应答词。表示同意。今成语有"唯唯诺诺"。

[3] 伯夷、叔齐：殷末孤竹君的两个儿子。孤竹君遗命立叔齐。孤竹君死后，伯夷遵父命，让位于叔齐，叔齐不肯，谁也不即位，都逃离了自己的国家。

[4] 怨：怨恨。他们互相让位，谁也没有当成国君，后来是否后悔怨恨。

[5] 求仁而得仁：〔伯夷、叔齐〕追求仁德而得到了仁德。仁，这里指二人谦让君位，实践了孝悌之道，而孝悌又是仁的根本，所以说求仁而得仁。

[6] 何怨：即"怨何"。怨恨什么？何，疑问代词作宾语而前置。

【译文】

冉求说："老师赞成卫君吗？"子贡说："好吧，我去问问他。"子贡去到孔子屋里，说："伯夷、叔齐是什么样的人？"孔子说："是古代的贤人。"子贡又说："〔他们互相让位，都没有当成国君〕后来是不是怨恨呢？"孔子说："他们追求仁德而得到了仁德，又怨恨什么呢？"子贡走出来，说："老师不赞成卫君。"

【点评】

孔子称赞伯夷、叔齐，因为他们实践了仁德，即求仁而得仁。当年孤竹君立小儿子叔齐继承君位，伯夷遵父命，不与弟争位，逃到周国。而叔齐定要让兄继位，也逃到了周国。伯夷体现了孝道，叔齐体现了悌道，而孝与悌乃是仁的根本，所以得到孔子的称赞。相比之下，卫国的蒯聩与其子蒯辄争夺君位，为私利而相残，完全背离了仁德，更违背了孔子"礼让为国"的政治主张，所以孔子不满，不赞成卫君。

7.16　子曰："饭疏食饮水[1]，曲肱而枕之[2]，乐亦在其中矣。不义而富且贵[3]，于我如浮云[4]。"

【注释】

[1] 饭：用作动词，吃。 疏食：粗粮。古代以稻、粱为细粮，以稷为粗粮。 饮水：喝凉
水。古代汉语"水"、"汤"相对而言，"水"指凉水，"汤"指开水。
[2] 曲：使动用法，使……弯曲。 肱（gōng）：指由肩到肘的部位。这里泛指胳膊。 枕
（zhèn）：动词，以头枕物。今成语有"枕戈待旦"。
[3] 义：合乎正义的，正当的。 富：形容词，指财物多。 贵：形容词，指地位高。
[4] 浮云：飘浮的云彩。孔子用"浮云"作喻，表示对"不义而富且贵"轻蔑、鄙视的态度。

【译文】

孔子说："吃粗粮，喝凉水，弯着胳膊当枕头，快乐也就在这艰苦生活中。
用不正当的手段而得来的富贵，对我来说就好像天上的浮云一般。"

【点评】

本章表现了孔子安贫乐道的人生观、幸福观。他倡导循仁德、走正路的人生，即
使粗茶淡饭，穷得拿胳膊当枕头，也乐在其中。做人贵在清廉正直，问心无愧。用歪
门邪道得来的富贵，他视如浮云，鄙夷不慕。

7.17 子曰："加我数年，五十以学《易》[1]，可以无大过矣[2]。"

【注释】

[1] 五十：用作动词，指到了五十岁。 以：连词，相当于"而"。
[2] 无大过：没有大的过错。孔子说："五十而知天命。"五十学《易》与知天命联系在一起。

【译文】

孔子说："增加我几年寿数，到五十岁时学习《易经》，便可以没有大的过
错了。"

【点评】

《易》又称《周易》，产生于西周初年，本是一部占卜用书，它在宗教迷信的外衣下
却保存了古代人某些朴素辩证法思想，反映了上古社会多种情况，有较好的认识价
值，是先秦时代一部宝贵的思想史料。孔子对《易》高度重视。据《史记》所载："〔孔
子〕读《易》，韦编三绝。"穿竹简的皮条断了多次，足见孔子下了多么大的工夫！朱
熹《集注》："学《易》则明乎吉凶消长之理，进退存亡之道，故可以无大过。"从中可以
受到某些认识上的启迪，趋利避险，开阔视野，增长智慧，对生活有一定的警示
作用。

7.18 子所雅言[1]，《诗》、《书》、执礼[2]，皆雅言也[3]。

【注释】

[1] 雅言：雅正之言，同方言土语相对，是当时在中国通行的语言，类似今天的普通话。

[2]《诗》：指诵《诗经》。 《书》：指读《尚书》。 执礼：主持礼仪的场合使用的语言。
[3] 皆雅言：都说的是这种通行的语言。

【译文】

  孔子用通行语言的时候，诵《诗经》，读《尚书》，主持礼仪，都用这种通行的语言。

【点评】

  春秋时代诸侯国地域相隔，各自为政，于是形成地方上的方言土语。许慎在《说文解字·叙》上说："分为七国，田畴异亩，车途异轨，律令异法，衣冠异制，言语异声，文字异形。"其中的"言语异声"便指当时各国语音上的分歧。这里虽然说的是战国，但语言具有极大的保守性，可以想见春秋时代的情况。然而在政治、经济、文化等方面各国需要交往，于是便形成了各国通行的雅言。孔子在教学和执礼的场合使用的就是这种雅言，类似今天的普通话。

7.19　叶公问孔子于子路[1]，子路不对。子曰："女奚不曰[2]：其为人也，发愤忘食[3]，乐以忘忧，不知老之将至云尔[4]。"

【注释】

[1] 叶(旧读 shè)公：楚国大夫沈诸梁，字子高，是叶地县长，所以称他叶公。《左传》定公、哀公期间都有一些关于他的记载，当时他是楚国的一位贤者。叶，楚国地名，今河南省叶县南三十里有古叶城。
[2] 女(rǔ)：第二人称代词，你。 奚：疑问代词，为什么？
[3] 发愤忘食：用起功来便忘记了吃饭。发愤，为排除修业的艰难而奋发努力。上古汉语"愤"与"怒"词义差别很大，"发愤"跟"发怒"意义全不相干。
[4] 老之将至：衰老之年将要到来。主谓词组，作"知"的宾语。 云尔：凝固结构，"云"是代词，如此。"尔"同"耳"，句尾语气助词，而已，罢了。

【译文】

  叶公向子路询问孔子是怎样的一个人，子路不回答。孔子对子路说："你为什么不这样说：他为人，用起功来便忘记了吃饭，快乐时便忘记了忧愁，甚至不觉得衰老之年将要到来，如此罢了。"

【点评】

  孔子概述了他奋发治学、乐道忘忧的人生态度。他有着高远的志向，刻苦攻读的进取精神，信守善道，乐观豁达的广阔胸襟，不知老期将至的忘我情怀，为子孙后代树立了进德修业的楷模。

7.20　子曰："我非生而知之者[1]，好古[2]，敏以求之者也[3]。"

【注释】

[1] 生而知之者："者"字词组，作判断句谓语，表示生下来就懂得文化知识的人。

[2]好(hào)古：喜好古代文化。

[3]敏以求之者："者"字词组，作判断句谓语，表示通过勤奋学习而求得文化知识的人。

【译文】

孔子说："我不是生来就懂得知识的人，我喜欢古代文化，是通过勤奋学习而求得知识的人。"

【点评】

孔子肯定自己不是生而知之的人，他之所以成功，是靠勤奋学习得来的。爱之不如好之，他喜好古代文化，继承前代丰富的文化遗产，并通过教学传递下去，使民族文化得以发扬光大，他是春秋时期学术渊博的大师。但他也承认有生而知之者，表现了思想上的不彻底性。

7.21 子不语怪[1]、力[2]、乱[3]、神[4]。

【注释】

[1]语(yù)：动词，与人谈论。古代汉语"语"和"言"有别："语"指和别人谈话；"言"指自动地说。《乡党》篇："食不语，寝不言。" 怪：怪异，奇怪。如迷信讲山精、水怪、木石之怪等。

[2]力：强力。孔子语德不语力。《孟子·公孙丑上》："以力服人者，非心服也。"

[3]乱：暴乱。孔子反对暴乱，《泰伯》篇："勇而无礼则乱。"邢昺《注疏》："乱谓臣弑君、子弑父也。"

[4]神：指鬼神。孔子对鬼神是否存在持怀疑态度。 朱熹《集注》："圣人语常而不语怪，语德而不语力，语治而不语乱，语人而不语神。"

【译文】

孔子从不谈论有关怪异、强力、暴乱和鬼神的事情。

【点评】

孔子不谈论怪、力、乱、神，他谈论的是《诗》、《书》、礼、乐，这在迷信盛行的时代是难能可贵的。他对鬼神持怀疑态度，他说"敬鬼神而远之"，又说"未能事人，焉能事鬼"。他把人事摆在前面，但还不能说他是无神论者。因为他的态度是矛盾的，他称赞夏禹"菲饮食而致孝乎鬼神"。不过在那个时代对鬼神不笃信而持怀疑态度，应该说是很大的进步。

7.22 子曰："三人行，必有我师焉[1]：择其善者而从之[2]，其不善者而改之。"

【注释】

[1]焉：特殊的指示代词。用在句尾，既是指示代词，又兼语气助词。表示行为的处所，可以用现代汉语介宾词组对译，相当于"于之"，指"在三人之中"。

[2]择：选择。 其善者："者"字词组，作"择"的宾语，表示三人中值得学习效法的人。

论语全解

而:连词。连接"择"和"从"两个谓语动词。　从之:向其善者学习。

【译文】

　　孔子说:"三人同行,其中一定有值得我取法的人:我选择其中值得取法的人向他学习,对那些不好的方面〔如果自己也有〕就加以改正。"

【点评】

　　"三人行,必有我师焉"是我们耳熟能详的名句。它虽然与我们已相距两千多年,仍常提常新。每个人都有长处,可学习的范围很广,就在周围,就在身边。只要虚心,到处都有老师。学人长处,久而久之,思想境界在潜移默化中得到提升。这是孔夫子留给我们的宝贵精神财富。即使对不良表现,也会引起警觉,如有类似缺点,及时加以改正。由此看来,正反面都是老师。

7.23　子曰:"天生德于予[1],桓魋其如予何[2]?"

【注释】

[1] 德:道德。这里指周代道德。孔子高度评价周德,《泰伯》篇:"周之德,其可谓至德也已矣。"周的道德,可以说是至高无上的道德了。而这种道德是上天赋予的。　于予:介宾词组,作"生"的补语,表示在我身上。予,人称代词,我。

[2] 桓魋(tuí):姓向,名魋,宋国的司马,是古代主管军事行政的长官,因是宋桓公的后代,所以又称"桓魋"。　其:句中语气助词,表示测度语气。　如予何:古代汉语凝固结构,作谓语,询问方式。可译为"把我怎么样"。

【译文】

　　孔子说:"上天在我身上生了这样的品德,桓魋能把我怎么样?"

【点评】

　　据《史记·孔子世家》记载:"孔子去曹,适宋,与弟子习礼大树下。宋司马桓魋欲杀孔子,拔其树。孔子去。弟子曰:'可以速矣!'孔子曰:'天生德于予,桓魋其如予何?'"这里的"天"指上天,孔子认为他的德行是上天赋予的,他传播文化也是上天赋予的使命。既然如此,桓魋岂敢违抗上天旨意,所以孔子认为他加害不了自己。殷周时代生产力不很发达,人们对自然、社会的认识还很有限,将认识不了的归之于天命是不足为怪的,孔子的天命思想是时代的产物。

7.24　子曰:"二三子以我为隐乎[1]? 吾无隐乎尔。吾无行而不与二三子者[2],是丘也[3]。"

【注释】

[1] 二三子:指众弟子。二三,不定数,众多。子,古代对男子的尊称。　以我为隐:认为我有所隐瞒。

[2] 行:含义广泛的动词。做,这里指所做的事。　与(yù):参与,在一起。意为做任何事都和你们在一起,不背着你们,都是公开的。

[3] 是:指示代词,作判断句主语。语译为"这"。指代前文什么事都向弟子公开的光明磊

落的表现。不要理解为现代汉语判断词"是"。 丘：孔子，判断句谓语。这里指孔子的为人。

【译文】

孔子说："你们认为我对你们有所隐瞒吗？我对你们没有任何隐瞒。我做的任何事情没有不向你们公开的，这就是我孔丘的为人。"

【点评】

孔子语重心长地向弟子们表示没有任何事情是隐瞒的。朱熹《集注》："诸弟子以夫子之道高深不可几及，故疑其有隐，而不知圣人作、止、语、默无非教也，故夫子以此言晓之。"针对弟子的误会，孔子主动向弟子们坦诚交心，自己在学术上没有什么保留和隐瞒，说明孔子的为人是光明正大的。

7.25 子以四教[1]：文[2]，行[3]，忠[4]，信[5]。

【注释】

[1] 以：动词。用，拿。 四教：指四项教育内容。这四项内容德才兼备，其中的行、忠、信属于德育，文属于才。从科目的结构看，孔子的教学始终把德育放在首位。
[2] 文：历代文献典籍，指《诗》、《书》、礼、乐等文化技艺。
[3] 行(旧读 xìng)：用作名词。指以礼义为中心的社会实践。
[4] 忠：指待人做事忠诚、忠厚。上古汉语"忠"与封建社会忠君义的"忠"有别，主要是对人忠诚，认真做好分内的事。
[5] 信：本义指言语真实，词义扩大，泛指真实，信实。不虚伪，不欺诈。待人、办事信实不欺。

【译文】

孔子用四种内容教育学生：历史文献典籍，以礼义为中心的社会实践，待人忠诚，办事信实。

【点评】

这四项是孔子教学的主要内容，其施教的指导思想是培养德才兼备的人才。当然德才兼备的标准具有时代性。孔子始终把德育放在首位，四项中有三项属德育内容，行、忠、信均属德育范畴；文属于才。德与才既统一，又有主次之分。目标是培养德才兼备的君子儒，不能培养道德缺失的小人儒。

7.26 子曰："圣人[1]，吾不得而见之矣[2]；得见君子者[3]，斯可矣。"子曰："善人[4]，吾不得而见之矣；得见有恒者[5]，斯可矣。亡而为有[6]，虚而为盈[7]，约而为泰[8]，难乎有恒矣。"

【注释】

[1] 圣人：上古时代指道德智能极高的人。"博施于民而能济众"就是这样的人。他比仁人的德智更高。《雍也》篇第三十章已有明确表述。就语言来说，"圣"是形容词，上古

汉语指通达事理,没有神秘色彩。如《诗经·邶风·凯风》:"母氏圣善。"后世儒家却将"圣"神秘化,成为不学而知、不学而能的概念,称封建帝王为"圣人",他的旨意为"圣旨"。

[2] 得:能够。

[3] 君子:古代主要指三种人:一是春秋时代贵族男子的通称。二指在位统治者。三指有道德修养的人。这里指第三者。　者:句尾语气助词。

[4] 善人:指有道德善良的人。善,跟"恶"相对,指好,有道德。

[5] 有恒者:"者"字词组,作宾语,表示有恒心向善的人。恒,恒常,长久。这里指恒心。《子路》篇:"人而无恒,不可以作巫医。"

[6] 亡(wú):通"无",没有。　而:转折连词,却。

[7] 虚:虚浮,空虚。　盈:充足,充满。

[8] 约:俭约,贫乏,指钱财少。　泰:形容词,奢侈,豪华。

【译文】

孔子说:"圣人,我是不能见到了,能够见到君子也就可以了。"孔子又说:"善人,我是不能见到了,能够见到有恒心向善的人,也就可以了。没有却装作有,空虚却装作充足,贫穷却装作奢侈,〔这样的人〕便难于有恒心向善了。"

【点评】

春秋晚期"礼崩乐坏",孔子慨叹已经见不到他所理想的圣人、善人。于是求其次,还能见到君子与有恒者。这两类人都是有道德修养的人。然而社会上尚存有不少伪善者,他们"亡而为有,虚而为盈,约而为泰"。对这些不良现状,孔子甚为忧虑。他企盼人们能修德,守道,行善,并能坚持不懈,持之以恒。只要这样做,便能成为君子与有恒者,进而成为善人、圣人。

7.27　子钓而不纲[1],弋不射宿[2]。

【注释】

[1] 纲:网上的大绳。这里用作动词,指用大绳横拦水流,绳上再用生丝系钩,用这种方式取鱼叫纲。

[2] 弋(yì):带有丝绳射鸟的箭。这里指用带生丝的箭射鸟。　宿(sù):住宿,过夜。这里指归巢歇宿的鸟。《大戴礼·曾子大孝》:"草木以时伐焉,禽兽以时杀焉。"贾谊《新书·礼》:"不合围,不掩群,不射宿,不涸泽。"

【点评】

我们的祖先很早就知道爱护自然,倡导取之有时,用之有节,不许野蛮劫掠。《孟子·梁惠王上》:"数罟(cù gǔ,密网)不入洿(wū)池。"又"斧斤以时入山林。"不许用密网打鱼,要按季节入山林砍柴。孔子身体力行,不竭泽而渔,不忍射宿鸟,反映了他爱惜自然,取之有度的美德。

7.28　子曰:"盖有不知而作之者[1],我无是也。多闻,择其善者而从之,多见而识之[2],知之次也[3]。"

【注释】

[1] 盖：副词，大概，表示对情况的推测。　不知而作之者："者"字词组，作宾语，表示"……的情况"，指自己不知却凭空创作的情况。

[2] 识(zhì)：记忆，记住。今成语有"博闻强识"。　之：指多见而获得的知识。

[3] 知之次：〔学而知之的〕知〔比生而知之的知〕是次一等的。《季氏》篇："生而知之者，上也；学而知之者，次也。"实际上是没有"生而知之者"。

【译文】

孔子说："大概有自己不知却凭空创作的情况，我没有这种情况。多多地听，选择其中好的东西而遵从它；多多地看，把它牢牢地记在心里。这样的知〔比生而知之的知〕是次一等的。"

【点评】

孔子阐述他获取知识的途径与方式，值得赞许和发扬光大。他厌恶"不知而作"的虚浮学风，倡导亲身实践的朴实学风。他主张用自己的感官接触外部事物，多闻，多见，直接获取知识，而且将获取的感性认识，通过大脑加工，去伪存真，择其善者而吸收；他对观察中获得的知识，入脑入心。

7.29　互乡难与言[1]，童子见[2]，门人惑[3]。子曰："与其进也[4]，不与其退也，唯何甚[5]？人洁己以进[6]，与其洁也，不保其往也[7]。"

【注释】

[1] 互乡：这里指互乡地方的人。

[2] 见：指被接见。

[3] 门人：指孔门众弟子。　惑：迷惑，疑惑。

[4] 与(yǔ)：赞许，赞成。　其进：主谓词组，作"与"的宾语，指童子进步。其，指示代词，作主谓词组的主语，指被孔子接见的童子。

[5] 唯：句首语气助词。　何：疑问代词，作状语，为什么。　甚：形容词，过分。

[6] 洁己：使自己干净。洁，形容词的使动用法，使……洁，使……干净。　以：连词，相当于"而"。

[7] 保：保守，拘守。　往：从前，过去。这里指以前的污点。今成语有"既往不咎"。

【译文】

互乡地方的人，难于同他们交谈。有一个童子被孔子接见，弟子们疑惑不解。孔子说："赞成他的进步，不赞成他的退步，为什么那么过分？人家弄干净自己以求进步，就应当赞成他干净的一面，不要总是盯着人家过去不干净的一面。"

【点评】

孔子接见互乡的童子，表现其与人为善的宽宏大度，他认为别人只要有一点进步，就应给予鼓励，不应总是看人家的缺点毛病；而且还要从发展的角度看问题，不管从前有什么缺点错误，只要有了认识，如今已经改正，积极求得进步，就不要总是纠缠以往，给当前进步泼冷水。总之，与人为善，注重发展，是待人的正确态度。

论语全解

7.30　子曰:"仁远乎哉[1]? 我欲仁[2],斯仁至矣[3]。"

【注释】

[1] 远:用作动词,远离。　乎哉:语气助词连用。乎,表示疑问。哉,表示感叹。
[2] 欲:能愿动词,想要得到。
[3] 斯:连词,表示承接。可译为"就"、"便"。

【译文】

　　孔子说:"仁德离我们很远吗? 我想要仁,仁就来了。"

【点评】

　　孔子这话很宝贵,包含很深的哲理。他说仁德离我们远吗? 回答肯定是不远。仁德并非高不可攀,使人望洋兴叹! 只要钟爱自身,真心实意成为有仁德的人,充分发挥主观能动性,通过修养实践,就能达到预期目的。

7.31　陈司败问[1]:"昭公知礼乎[2]?"孔子曰:"知礼。"孔子退,揖巫马期而进之[3],曰:"吾闻君子不党[4],君子亦党乎? 君取于吴[5],为同姓[6],谓之吴孟子[7]。君而知礼[8],孰不知礼[9]?"巫马期以告[10]。子曰:"丘也幸[11],苟有过[12],人必知之。"

【注释】

[1] 陈司败:陈国主管司法的官。一说齐国大夫,姓陈,名司败。其详情已无法知道。
[2] 昭公:鲁昭公,名裯(chóu),襄公庶子,继襄公为君。"昭"是谥号。
[3] 揖(yī):双手抱拳行礼。　巫马期:姓巫马,名施,字子期,鲁国人。　进之:使之进,让巫马期走近自己。
[4] 君子不党:指君子不偏袒。党,动词,用于贬义,偏袒,袒护。
[5] 取:"娶"的古字,娶妻。　于吴:介宾词组,作补语,从吴国。语译时移前作状语。
[6] 为同姓:指鲁昭公和夫人都为姬姓。鲁是周公的后代,姬姓;吴是太伯的后代,也是姬姓。古礼同姓不婚。
[7] 吴孟子:春秋时代国君夫人的称号,一般是取自出生国的国名加上本人的姓。鲁昭公娶于吴,他夫人的名字当叫吴姬。《礼记·曲礼上》:"取妻不取同姓。"昭公取于吴,显然是违背周礼的,所以改称吴孟子,孟子可能是她的字。
[8] 而:用在主谓之间的连词,表示假设,可译为"如果"。
[9] 孰:疑问代词,用于询问人,谁,哪个。
[10] 以告:即"以〔之〕告"。把〔这番话〕转告给孔子。介词"以"后承前省略宾语"之"。之,指代陈司败所说的话。
[11] 丘:孔子自称其名,表示谦卑。　也:句中语气助词,表示停顿。　幸:幸运。
[12] 苟:连词,假如,如果。　过:过错,错误。

【译文】

　　陈司败问:"鲁昭公懂得礼吗?"孔子说:"懂得礼。"孔子走了出来,〔陈司败〕向巫马期作了个揖,请他走到自己面前,说:"我听说君子不徇私偏袒,难道君子也偏袒吗? 鲁君从吴国娶了位夫人,因为是同姓,所以讳称为吴孟子。

鲁君如果懂得礼节,那还有谁不懂得礼节呢?"巫马期把这话转告给孔子。孔子说:"我很幸运,假若有了过错,人家会知道它,给指出来。"

【点评】

本章所传递的信息有三:一是暴露鲁国统治者凭着自己的权势地位,公然违背他们口口声声要人们遵守的周礼,表现出虚伪性。二是孔子处于矛盾状态:他一面强调"非礼勿动",并以此谆谆教导弟子;一面又"为尊者讳",对昭公违礼之事,明知不对,却不表态,而且是自觉的行为。三是孔子对陈司败对自己的批评,态度是严肃的,诚恳的,把别人发现自己的错误看成一种幸运,这在当时的历史条件下是难能可贵的。

7.32　子与人歌而善[1],必使反之[2],而后和之[3]。

【注释】

[1] 歌:动词,唱歌。　善:形容词,好听,旋律优美。
[2] 必使反之:相当于"必使〔之〕反之",省略兼语"之"。一定请他把这首歌再唱一遍。反,反复,再唱一遍。兼语"之",指代歌者。后面的"之",指代优美的歌。
[3] 和(hè):动词,一起唱。

【译文】

孔子同别人一起唱歌,如果歌声优美,一定请他把这首歌再唱一遍,然后同他一起唱。

【点评】

本章可以看出孔子对音乐的喜爱,他不仅精通乐理,而且还擅长声乐。《论语》中多次提到他这方面的专长。孔子在伤心哭泣时就不再唱歌,说明他平时经常唱歌。他重视礼,也重视音乐艺术对人性情的熏陶。此外,还可以看出孔子虚心好学的精神,发现别人音乐水平高超,一定向人请教,而且一直到学会为止。

7.33　子曰:"文,莫吾犹人也[1]。躬行君子[2],则吾未之有得[3]。"

【注释】

[1] 文莫:文,文献,指《诗》《书》等文化知识。莫,大概,大约。另一解"文莫"连读,联绵词,又作"忞慔(mín mò)"。《说文》:"忞,彊也。""慔,勉也。"忞慔,自强努力。今从前说。　犹:动词,如同,好像。
[2] 躬:自身,亲自。　行:做,实践。
[3] 吾未之有得:即"吾未有得之"。古代汉语否定句代词作宾语而前置。意为我还没有取得成为君子的成就。之,指躬行君子的成就。

【译文】

孔子说:"就书本知识来说,我大约和别人差不多。至于身体力行做君子,我还没有取得这方面的成就。"

【点评】

从孔子对自己评价中,不难看出他具有谦虚的美德。无论是文的方面,还是在品德修养方面,他都为人师表,得到众弟子的景仰。可是他还认为躬行君子没有成就,没有达到君子的水平。一则说明他要求自己严格,一则说明他定的标准高。可谓越是有德才的人越是谦虚谨慎。

7.34　子曰:"若圣与仁[1],则吾岂敢[2]？抑为之不厌[3],诲人不倦[4],则可谓云尔已矣[5]。"公西华曰:"正唯弟子不能学也[6]。"

【注释】

[1] 若:连词,表示提出另外一个话题。可译为"至于"。
[2] 岂:副词,作状语,表示反问。　敢:谦辞,敢当。
[3] 抑:连词,表示轻微的转折,可译为"只不过"。　为之:做起学问。　厌:满足。
[4] 诲(huì):教诲,教导。
[5] 云尔:多用于谈话场合,如此,这样。　已矣:语气助词连用,罢了。
[6] 唯:语气助词,帮助判断。

【译文】

孔子说:"至于圣和仁,那我怎么敢当？只不过学习起来不满足,教导别人不厌倦,就可以说如此罢了。"公西华说:"这正是我们弟子不能学到的。"

【点评】

"圣与仁"指在德智方面已达到很高的境界。《孟子·公孙丑上》中子贡说:"学不厌,智也;教不倦,仁也。仁且智,夫子既圣矣。"可见当时的学生已经把孔子看作圣人了。然而孔子却不敢当,说自己学而不厌,诲人不倦,只是往"圣与仁"的方向努力,从不以"圣与仁"轻许自己,这是值得后人学习的。

7.35　子疾病[1],子路请祷[2]。子曰:"有诸[3]？"子路曰:"有之[4]。诔曰[5]:'祷尔于上下神祇[6]。'"子曰:"丘之祷久矣。"

【注释】

[1] 子疾病:孔子病了,病得很重。古代汉语指一般的病叫"疾",重病叫"病"。
[2] 祷(dǎo):向神灵乞求福佑。
[3] 有诸:相当于"有之乎"。有这回事吗？诸,"之乎"的合音词。之,指子路为孔子祈祷的事。乎,表疑问的语气助词。
[4] 有之:有这回事。与上句"有诸"相呼应。
[5] 诔(lěi):古代文体的一种,用于祈祷,故称祈祷文。本应作"讄"。和哀悼死者的"诔"有别。
[6] 神:天神。　祇(qí):地神。

【译文】

孔子得了重病,子路请求祈祷。孔子说:"有这回事吗？"子路说:"有这回事。诔文上说：'为你向天神地祇祈祷。'"孔子说："我早就祈祷过了。"

【点评】

从这一段对话中，我们了解到，孔子对鬼神的存在是持怀疑态度的，他不相信通过祈祷便可治好病。但他对诔文上说的话未作正面否定，只是用一种婉辞拒绝祈祷。

7.36　子曰："奢则不孙[1]，俭则固[2]。与其不孙也，宁固[3]。"

【注释】

[1] 奢（shē）：奢侈，豪华。　则：连词，表示承接。　孙（xùn）：通"逊"。谦让，恭顺。
[2] 俭：俭省，节俭。　固：固陋，简陋。
[3] 与其：连词，表示选择，与"宁"配合，构成复句，比较两件事的得与失，而决定取舍。

【译文】

孔子说："奢侈豪华就显得傲慢，俭省朴素就显得寒酸。与其傲慢，宁肯寒酸。"

【点评】

奢侈常带来傲慢，简陋导致寒酸。这些都是表面现象。我们要问他为什么能奢侈？奢侈者往往都是当时的贵族。因为他们以钱财地位作后盾，反映在政治道德层面上盛气凌人，颐指气使。至于简陋寒酸常是广大劳动者，处境十分艰难，奢侈与他们无缘。正如《诗经·豳风·七月》上说："无衣无褐（hè），何以卒岁？"在饥寒交迫中，不简陋将奈何？孔子不赞成奢侈，选择节俭。朴素节俭是中华民族的传统美德，奢侈、挥霍、摆阔对社会有害，于人于己都不利。

7.37　子曰："君子坦荡荡[1]，小人长戚戚[2]。"

【注释】

[1] 坦荡荡：心胸平坦宽广。坦，平坦。荡荡，博大，宽广。朱熹《集注》："坦，平也。荡荡，宽广貌。"今成语有"荡荡无涯"。
[2] 戚戚：忧惧的样子。何晏《集解》引郑玄注："坦荡荡，宽广貌。长戚戚，多忧惧。"

【译文】

孔子说："君子心胸平坦而宽广，小人心胸却狭窄而忧惧。"

【点评】

这两句是古今盛传的格言，经常被人们所引用。孔子将君子与小人的心境作了鲜明对比：君子之所以心胸坦荡，是因为他光明磊落，心地坦诚，走得正，行得正，问心无愧，没有个人忧惧烦恼。小人则不然，其私心重，心胸褊狭，患得患失，为物所役，弄得满怀惆怅。

7.38　子温而厉[1]，威而不猛[2]，恭而安[3]。

【注释】

[1] 温：温和。　厉：严厉。

[2] 威：威严，威仪。　猛：凶猛。

[3] 恭：庄严，庄重。　安：安静，安详。

【译文】

孔子温和而严厉，威严而不凶猛，庄重而安详。

【点评】

本章集中描写孔子仪态的一些特点。通过孔门弟子对老师长期观察，准确而细腻地描写了孔子的性情举止，即温和而又严厉，威严而不凶猛，庄重而又安详，富于个性，生动传神，仿佛两千多年前的孔子出现在面前。不仅是孔子外部的形貌表现，也体现出与之相应的内心世界。

泰伯第八

【本篇提要】

　　《泰伯》篇共二十一章，集中称颂古代圣贤尧、舜、禹，论述士的气节壮志，礼的功用，孝的人品以及施政、道德修养等。

　　孔子高度评价原始公社时代的尧、舜、禹。"大哉！尧之为君"，深受百姓拥戴。舜不把天下视为己有，只为百姓操劳，表现了那个时代民选为民的风范。尤其称颂大禹勇挑治水重担，历经艰辛，"三过家门而不入"的献身精神。孔子称赞泰伯无私让位乃是"至德"！

　　篇中庄重论述士的气节壮志，"士不可不弘毅"，为实现理想，鞠躬尽瘁，"死而后已"，人们深受震撼与激励！尤其当国家、民族遭遇艰险，不顾个人安危，挺身而出，表现出"临大节而不可夺"的英雄气概。这种壮举，成为世代中华儿女的宝贵品格。

　　孔子对礼的功用有深入的阐述，礼指导恭、慎、勇、直等道德行为。如果没有礼的指导约束，很可能流于劳、葸、乱、绞等弊端。篇中赞扬曾子孝的人品，他为当代后世树立了孝亲的榜样。父母操劳一生，做儿女的养老，敬老，尽一份孝心，乃是做人的基本道德。告诫在位的君子，其举止言谈对百姓要尊重，要有正派的官风。在品德修养上，切忌骄吝，染上这种毛病，即使有周公之才之美也难掩其丑。要始终保持谦虚谨慎，"有若无，实若虚"，要有向不如自己的人请教的气度。

　　孔子提到的"民可使由之，不可使知之"，表现了他的历史局限性，反映了那个时代的英雄史观。

　　8.1　子曰："泰伯[1]，其可谓至德也已矣[2]。三以天下让[3]，民无得而称焉[4]。"

【注释】

[1] 泰伯：也作"太伯"。周朝祖先周太王古公亶父的长子。他有两个弟弟，仲雍和季历。季历的儿子是周文王姬昌。传说古公亶父预见姬昌有圣德，决定不把君位传给长子泰伯，而传给幼子季历，由季历传给姬昌。古公亶父得了重病，泰伯为实现父亲的意愿，便偕同仲雍出走荆蛮之地，自号勾吴，成为吴国的始祖。古公亶父死后，立季历为君，后传位给姬昌，即周文王。

[2] 其：指示代词，指泰伯。主语"泰伯"，为突出强调而提到句首，在原来位置上用代词"其"复指。　至德：最高的道德。至，形容词，修饰"德"，表示到达顶点的，最高的。　也已矣：语气助词连用。

[3] 三：动量词，表示屡次，多次，非实指。　以天下：介宾词组，作"让"的状语，把天下。天下，这里指统治天下的王位。

[4] 无得：不能够。无，副词，表示否定，可译为"不"。这里指不能够找出恰当词语。　称：称颂，称赞。　焉：兼词，相当于"于之"，对泰伯。

【译文】

　　孔子说："泰伯，他可以说是具有最高道德的了。多次把天下让给弟弟季历,百姓简直不能够找出恰当词语来称赞他。"

【点评】

孔子主张"孝悌"与"礼让"。泰伯为实现父亲的愿望,而把王位让给弟弟,做到了孝悌。那个时代统治阶级内部,为争夺王位,臣弑君,子弑父,大有人在,而泰伯能做到多次让位,堪称礼让的楷模,所以得到孔子的盛赞。从中也可以看出孔子并不拘于嫡长子继位的宗法制度。

8.2　子曰:"恭而无礼则劳[1],慎而无礼则葸[2],勇而无礼则乱[3],直而无礼则绞[4]。君子笃于亲[5],则民兴于仁[6];故旧不遗[7],则民不偷[8]。"

【注释】

[1]恭:恭敬。　无礼:没有礼的指导,不符合礼,所谓"足恭"。劳:劳倦,忧烦。
[2]慎:谨慎。　葸(xǐ):畏惧,畏缩。
[3]勇:勇敢。　乱:闯祸作乱。
[4]直:直率。　绞:说话尖刻。
[5]笃(dǔ):感情深厚。　亲:同姓亲族。《学而》篇:"因不失其亲。"
[6]兴:兴起,兴盛。　仁:仁德,仁德素养。
[7]故旧:外姓旧交,老友。《左传·宣公十二年》:"其君之举也,内姓选于亲,外姓选于旧,举不失德,赏不失劳。"　遗:遗弃。
[8]偷:感情淡薄,不厚道。

【译文】

孔子说:"恭敬而没有礼规范就会忧烦劳倦,谨慎而没用礼引导就会畏缩懦弱,勇敢而没有礼约束就会闯祸作乱,直率而没有礼限制就会尖刻伤人。在上位的人如果用深厚的感情对待亲族,百姓就会兴起仁德之风;在上位的人如果不遗弃故交、老友,百姓就不会冷漠待人。"

【点评】

本章论述礼对道德的指导作用与领导者的榜样作用。恭、慎、勇、直是好的品德,但没有礼来指导,就会产生劳、葸、乱、绞等流弊。就古代而论,在位的统治者,如果胡作非为,会给社会造成恶劣影响;如果作出好的榜样,也会形成好的社会风气。

8.3　曾子有疾[1],召门弟子曰[2]:"启予足[3]!启予手!《诗》云[4]:'战战兢兢,如临深渊[5],如履薄冰[6]。'而今而后[7],吾知免夫[8]!小子[9]!"

【注释】

[1]曾子:孔子的学生,姓曾,名参,字子舆,鲁国人,以孝著称。相传《大学》是他所著。封建统治者尊他为"宗圣"。

[2] 门弟子:曾子门下的学生。
[3] 启:繁体作"啓"。本义是开门,词义扩大,泛指开。这里指掀开被衾看曾子的手和脚。另一说,"啓"同"晵"。《说文》:"晵,视也。"从后一说。
[4]《诗》:指《诗经》。诗句引自《诗经·小雅·小旻(mín)》篇。
[5] 临:本义指由高处向低处看,引申为临近,靠近。渊(yuān):深潭。
[6] 履:动词,踩,踏。战国以前,"履"只用作动词;战国以来,逐渐表示"鞋"义。
[7] 而今而后:从今以后。
[8] 免:指免于灾害刑戮。《孝经》:"身体发肤,受之父母,不敢毁伤,孝之始也。"曾子以孝著称,注重保全身体。
[9] 小子:旧时长辈称晚辈或老师称学生。

【译文】
　　曾参病了,把他的学生召集来,说:"看看我的脚!看看我的手!《诗经》上说:'小心谨慎呀!好像站在深潭旁边,好像踩在薄冰上面。'从今以后,我才知道自己可以免除伤害了!学生们!"

【点评】
　　封建时代曾子是孝亲的典型,为当代和后世作出了榜样。他在临终前召集弟子们阐述儒学的孝和他对孝的实践。今天,我们将"孝"赋予新的内涵。我们敬重父母养育之恩,作为礼仪之邦的后代应该具有这一美德。

　　8.4　曾子有疾,孟敬子问之[1]。曾子言曰:"鸟之将死[2],其鸣也哀[3];人之将死,其言也善[4]。君子所贵乎道者三[5]:动容貌[6],斯远暴慢矣[7];正颜色[8],斯近信矣[9];出辞气[10],斯远鄙倍矣[11]。笾豆之事[12],则有司存[13]。"

【注释】
[1] 孟敬子:姓仲孙,名捷,鲁国大夫,孟武伯之子。　问:探视,看望。
[2] 之:用于主谓之间的结构助词,标志该结构是分句。
[3] 其:指示代词,指将死的鸟。　也:句中语气助词,表示停顿。
[4] 其:指示代词,指将死的人。　善:善意。因没有顾忌,其言真实而有价值。
[5] 君子所贵乎道者:"者"字词组,作主语,表示"……的事"。君子在待人接物方面所应注重的事情。贵,重视,崇尚。道,从内容看,既有思想作风问题,也有方式方法问题,所以释为待人接物。　三:谓语,指三件事。
[6] 动容貌:整肃面容,使庄重严肃。动,变动,整肃。
[7] 远:动词,远离,避开。　暴:粗暴。　慢:怠慢。
[8] 正颜色:端正面部表情。正,动词,端正,端庄。色,面部表情。不要理解为色彩。
[9] 近信:接近诚信。近,动词,接近。
[10] 出辞气:说出来的话语。辞气,言辞和口气。
[11] 鄙(bǐ):鄙陋,粗野。　倍:通"悖(bèi)"。悖理,错误。
[12] 笾(biān)豆之事:笾,古代祭祀或宴会时用以盛放果实、干肉等食物的竹器,高脚,圆口,碗状。豆,古代食器,形似高脚盘,有的有盖,用以盛肉食等食物。"笾豆之事"泛指礼仪中的具体细节。
[13] 有司:主管具体事务的小吏。

论语全解

【译文】

　　曾参得了重病,孟敬子来看望他。他对孟敬子说:"鸟在快死的时候,它的叫声悲哀凄惨;人在快死的时候,他的话是中肯善意的。君子在待人接物方面所应注重的事情有三件:整肃面容,就会避免粗暴和怠慢;端正面部表情,就会接近诚信;说话多注意言辞口气,就会远离粗野和错误。至于笾豆之类的礼仪细节,自有主管人员在那里操持。"

【点评】

　　这是曾参临终前对孟敬子说的一席善言。他语重心长地告诫君子应注意的"道"有三点:"动容貌"、"正颜色"、"出辞气"。这三点今天看既有思想作风问题,又有工作的方式方法问题。有什么样的脸色,说什么样的话语,用什么样的口气,都不是小事,都表现施政者的道德修养和工作态度,都应该做到严肃、庄重、谦逊和忠诚。

　　8.5　曾子曰:"以能问于不能,以多问于寡[1];有若无[2],实若虚[3],犯而不校[4],昔者吾友尝从事于斯矣[5]。"

【注释】

[1] 寡:知识少的人。与多相对。

[2] 有:指有知识学问。　无:没有知识学问的人。

[3] 实:指知识渊博。　虚:知识贫乏的人。

[4] 犯:被侵犯,被欺侮。　校(jiào):计较,报复。邢昺《注疏》:"校,报也。言其好学持谦,见侵犯而不报也。"

[5] 吾友:我的朋友。从前注者多认为是颜回。朱熹《集注》:"颜子之心,惟知义理之无穷,不见物我之间,故能如此。"

【译文】

　　曾参说:"凭着自己有能力的身份向没有能力的人请教,凭着自己知识渊博的身份向知识少的人请教,有学问却像没有学问的人一样,知识丰富却像知识贫乏的人一样,被人欺侮也不计较,从前我的一位朋友曾经这样做过。"

【点评】

　　曾参通篇谈的是作为有品德有学问的士人应该具有的谦逊品格。其可贵之处:自己有能力有学问却能不耻下问,向能力差学问少的人请教。有若无,实若虚。这种胸怀若谷的精神值得后人学习。尤其是别人一时欺侮了自己,却能宽宏大量,不予计较,更是难能可贵。

　　8.6　曾子曰:"可以托六尺之孤[1],可以寄百里之命[2],临大节而不可夺也[3]。君子人与[4]? 君子人也[5]。"

【注释】

[1] 托六尺之孤:指受前君之命辅佐幼主。托,托付,交付。六尺,古代尺短,约合今市尺四尺一寸四分。身长六尺一般指十五岁以下的人。孤,孤儿。幼年丧父或父母双亡称孤。

[2] 寄：寄托，委托。　　百里：指方圆百里的诸侯国。命，指国家的命运。
[3] 临：面临，面对。　　大节：重大关头，指国家的安危存亡。何晏《集解》："大节，安国家，
　　定社稷。"　夺：改易，动摇。
[4] 君子人与：〔这种人〕是君子人吗？主语承前省略。
[5] 君子人也：〔这种人确实〕是君子人啊！

【译文】

　　曾参说："可以把幼主托付给他，可以把国家的命运委托给他，面临〔国家安危存亡的〕紧要关头而不能动摇他的坚贞气节，〔这种人〕是君子人吗？〔这种人确实〕是君子人啊！"

【点评】

　　本章是气节篇。曾参谈的是有气节的古代君子，可以把幼主托付给他，可以把国家命运交付给他，在国家面临生死存亡的紧要关头，将个人安危置之度外，坚持节操毫不动摇，确实是真正的君子！

　　8.7　曾子曰："士不可以不弘毅[1]，任重而道远[2]。仁以为己任[3]，不亦重乎？死而后已[4]，不亦远乎[5]？"

【注释】

[1] 士：古代读书人的通称。　　弘（hóng）：刚强。此"弘"字即今之"强"字。　　毅：坚毅，毅力。
[2] 任重：担子沉重。任，名词，负担，担子。从上下文看，这个担子就是"仁"。朱熹《集注》："非弘不能胜其重，非毅无以致其远。"
[3] 仁以为己任：即"以仁为己任"。把在天下实现仁道作为自己的任务。
[4] 已：动词，停止，休止。表示奋斗终生，贡献一切。
[5] 何晏《集解》引孔安国注："以仁为己任，重莫重焉。死而后已，远莫远焉。"

【译文】

　　曾参说："读书人不能不刚强而有毅力，因为他担子沉重，路途遥远。把实现仁道作为自己的任务，不也是很沉重吗？一直到死奋斗才休止，这一路程不也是很遥远吗？"

【点评】

　　曾参这番话，可以贯通古今，影响深远，起着极大鼓舞激励作用。它催人立志，勇于担负起重大历史责任，并为实现它而不懈奋斗。时代不同，内容有别，但精神一致。在前进道路上，我们会遇到各种艰难险阻，因此要自觉锻炼意志品质，刚强坚毅，百折不挠，这样方能无往而不胜。

　　8.8　子曰："兴于《诗》[1]，立于礼[2]，成于乐[3]。"

【注释】

[1] 兴：兴起，发生。何晏《集解》引包咸注："兴，起也。言修身当先学《诗》。"

[2] 立:立身,在社会上站得住。 礼:指周礼。何晏《集解》引包咸注:"礼者,所以立身。"
[3] 成:完成,成功。朱熹《集注》:"〔音乐〕可以养人之性情,而荡涤其邪秽,消融其渣滓(zǐ)。故学者之终,所以至于义精仁熟而自和顺于道德者,必于此而得之。"

【译文】

　　孔子说:"〔修身〕从学习《诗经》开始,立足社会在于礼,完成修养在音乐。"

【点评】

　　本章孔子讲述学习的内容与过程。首先,从学习《诗经》始。孔子曾说:"不学《诗》,无以言。"学《诗》可以开阔视野,认识社会和自然。其次,强调学习礼。他曾说:"不学礼,无以立。"只有熟悉礼,才能在社会上站住脚,否则寸步难行。最后,学习音乐。音乐具有强大的社会效应,可以陶冶人的情操,使人向上,完成修养,所以孔子把音乐作为最后阶段的教学科目。

　　8.9　子曰:"民可使由之[1],不可使知之[2]。"

【注释】

[1] 民可使由之:即"可使民由之"。兼语"民",既是"使"的宾语,又是"由"的主语。这里为强调兼语而将"民"指到句首。民:指百姓。由,经由,遵循。
[2] 不可使知之:即"不可使〔民〕知之"。兼语"民"承前省略。知,知晓,了解。

【译文】

　　孔子说:"老百姓可以让他们遵照要求去做,不必让他们了解为什么这样做。"

【点评】

　　本章明确表示:老百姓只能按照指使如此这般去做,不必让他们知道为什么这样做。因为他们如《雍也》篇所说,属于"中人以下",不必同他们商量。然而有的注者总觉得此话于"圣人"不妥,煞费苦心加以回护,诸如改变句子的语法结构,有的说"民"指孔子弟子等。其结果反而歪曲了孔子本意。我们必须坚持实事求是的原则,在那个历史阶段,孔子有这种思想并不奇怪,不能把现代人的观点强加给古人,不能认为孔子的所有思想全对,这不符合客观实际。那个时代,不但孔子有这种思想,稍后的西门豹、公孙鞅等也都有类似的思想。如《史记·滑稽列传》:"民可以乐成,不可与虑始。"又《商子·更法》:"民不可与虑始,可与乐成。"是说开始怎么干,不必同百姓商量,就这么干,等干成了,可以同他们一起享受。这些都反映了那个时代的英雄史观。

　　8.10　子曰:"好勇疾贫,乱也[1]。人而不仁[2],疾之已甚[3],乱也。"

【注释】

[1] 好(hào)勇:喜好勇敢。 疾贫:厌恶贫困。疾,厌恶,憎恨。 乱:判断句谓语,祸乱的根源。 朱熹《集注》:"好勇而不安分,则必作乱。"何晏《集解》引包咸注:"好勇之人

而患疾已贫贱者,必将为乱。"

[2] 人而不仁:做为一个人却不仁德。而,用于主谓之间的连词,表示转折,可译为"却"。
[3] 之:指"人而不仁"的人。　甚:形容词,厉害,过分。　朱熹《集注》:"恶不仁之人而使之无所容,则必致乱。"

【译文】

孔子说:"喜好勇敢却憎恶自己的贫困,会造成祸乱。人却不仁,如果对他憎恨太过分,也会造成祸乱。"

【点评】

孔子指出两种情况是祸乱的根源:一是喜勇好斗而又不安于贫困的人,凭恃武力,铤而走险;一是对不仁的人憎恨过分,而又没有自新出路。孔子忠告官府,为了社会安宁,除了提倡安贫乐道,还必须使百姓能维持生存。对于不仁的人,当然应有是非爱憎,但不能憎恨失当,不给出路,激化矛盾,酿成祸乱。以史为鉴,治国理政,要深入了解社会矛盾,制定恰当的政策,并用正确的思想引导梳理,化解矛盾,方可使社会和谐安定。

8.11　子曰:"如有周公之才之美[1],使骄且吝[2],其馀不足观也已[3]。"

【注释】

[1] 周公:西周初年政治家。姓姬,名旦,周文王的儿子,武王的弟弟,成王的叔父,鲁国的始祖,因采邑在周(今陕西岐山北),故称周公。　才:才能。　美:美质。
[2] 使:假使,假如。　骄:骄傲,放纵。　且:连词,用在两个形容词中间,表示并列关系。　吝:吝啬。
[3] 不足观:不值得一看。　也已:语气助词连用。也,表示确认。已,通"矣"。表示决定。

【译文】

孔子说:"假如有周公那样的才能,那样的美质,如果骄傲而且吝啬,他其馀的部分再好也不值得一看了。"

【点评】

周公是西周政治家,协助武王灭商,辅佐成王,平定叛乱,制礼作乐,功勋卓著,为孔子所景仰。然而孔子告诫人们,即使有周公的才能和贡献,若身染骄吝,其他方面再好,也不值得赏识,因为它和仁德背道而驰。我们从中可以得到启示:越是有才能,越要谦虚谨慎,警惕骄吝浸蚀。

8.12　子曰:"三年学[1],不至于谷[2],不易得也[3]。"

【注释】

[1] 三年学:指学习多年。

[2] 至：动词，达到。这里指意念所至。《雍也》篇："回也其心三月不违仁，其馀则日月至焉而已矣。""至"与此词义相同。 榖：简化为"谷"。指俸禄。古代以谷米为俸禄，这里指任职做官。

[3] 不易得：〔这种读书不为追求俸禄的人〕是不容易得到的。

【译文】

孔子说："学习多年，还没有想到做官受禄，〔这种人〕是不容易得到的。"

【点评】

本章的重要思想是树立正确的学习目的。学习多年，已经具有一定的本领，然而却没有做官的念头，一心深造，孔子慨叹这样的人不多。孔子并不反对做官，而是强调做官之前必须充分学习，方能胜任，不能仅为个人受禄而学。

8.13 子曰："笃信好学[1]，守死善道[2]。危邦不入[3]，乱邦不居[4]。天下有道则见[5]，无道则隐[6]。邦有道，贫且贱焉[7]，耻也；邦无道，富且贵焉[8]，耻也。"

【注释】

[1] 笃（dú）信：忠实信仰。笃，忠实，忠厚。
[2] 守死善道：终生坚守真理。善道，正确的学说。《里仁》篇："朝闻道，夕死可也。"
[3] 危邦：危难的国家。危，危难，不安定。邦，指国家。今成语有"治国安邦"，"国"与"邦"同义对举。
[4] 乱邦：动乱的国家。 居：居住。
[5] 有道：指好的政治措施和政治局面。 见（xiàn）："现"的古字，显现，指出来做官。
[6] 无道：指政治昏乱的局面，国家不太平。 隐：隐藏，隐居。
[7] 贫：指缺少金钱财富。 且：连词，而且，表示并列关系。 贱：指社会地位低下。
[8] 富：与"贫"相对，财产充裕。 贵：与"贱"相对，社会地位高。

【译文】

孔子说："忠实信仰，勤奋学习，终生坚守真理。不进入危难的国家，不居住动乱的国家。天下政治清明就出来做官，政治昏乱便退隐。国家政治清明，如果贫贱，便是耻辱；国家政治昏乱，如果富贵，便是耻辱。"

【点评】

孔子对士人提出要求：忠实于信仰，勤奋学习，终生坚守仁学善道。他进而阐述了他的处世哲学和财富观。不进入、不居住危乱之邦；政治清明便出仕，否则便退隐。对上述主张要具体分析，如果国家遭遇灾难，便远离而去，邪恶当道，便退隐山林，这是不符合儒学之道的。应坚持闻义而能徙，临大节不可夺，有杀身以成仁的道德规范，不可明哲保身，一走了之。

8.14 子曰："不在其位[1]，不谋其政[2]。"

【注释】

[1] 位：这里指官位，职位。

[2] 谋：思虑，考虑。　政：指特定职位下的政事。

【译文】

孔子说："不处在那个职位上，就不去考虑那个职位上的政事。"

【点评】

"不在其位，不谋其政"是在长期施政过程中提出的重要守则。政事上明确分工，各司其职，做到不错位，不侵权，集中精力各自做好分内的事，使施政有条不紊。这一原则今天也适用。不过不等于不关心其他方面的政事，不等于不与相关部门沟通协调，交流经验，建言献策。绝不是各人自扫门前雪，不管他人瓦上霜。

8.15　子曰："师挚之始[1]，《关雎》之乱[2]，洋洋乎盈耳哉[3]！"

【注释】

[1] 师挚(zhì)：鲁国的太师，乐官之长，名挚。　始：乐曲开端，即序曲。古代奏乐，开端叫"升歌"，一般由太师演奏，所以说"师挚之始"。

[2] 《关雎(jū)》：《诗经》首篇，《诗经》中的诗都配上乐曲，这里指乐章。　乱：乐曲的终了，尾声。始者，乐之始；乱者，乐之终。由始至乱，叫作"一成"。"乱"是多种乐器的合奏，犹如当今的合唱。当合奏之时，演奏的是《关雎》的乐章，所以说"《关雎》之乱"。

[3] 洋洋乎：形容词，形容乐曲优美盛大的样子。乎，形容词词尾，增加形象化色彩，表示"……的样子"，作"盈"的状语。　盈耳：〔优美的乐音〕充满耳朵。盈，动词，充盈，充满。

【译文】

孔子说："从太师挚开始演奏升歌，直到结尾演奏《关雎》的合乐，满耳充盈优美盛大的乐音，好听极了！"

【点评】

孔子盛赞中国古典音乐的优美与盛大，"洋洋乎盈耳哉"。演奏《关雎》等乐章，有声乐、器乐；有独唱、合唱；也有独奏、合奏。有音乐造诣很深的太师挚，也有在他率领下的演出团队。孔子所欣赏的《关雎》是演奏的乐谱。这种乐谱今已失传，乐词便是《诗经》中的诗篇。《关雎》合乐，包括六篇诗，即《周南》中的《关雎》、《葛覃》、《卷耳》，《召南》中的《鹊巢》、《采蘩》、《采蘋》，举《关雎》以该诸篇。

8.16　子曰："狂而不直[1]，侗而不愿[2]，悾悾而不信[3]，吾不知之矣。"

【注释】

[1] 狂：狂妄，狂放。　直：耿直，直率。

[2] 侗(tóng)：幼稚无知。　愿：谨慎老实。

[3] 悾(kōng)悾：叠音词，诚恳的样子。　信：诚信，信实。

【译文】

孔子说："狂妄而不直率，幼稚无知而不老实，表面诚恳而不信实，我不知道这种人怎么会这样的。"

【点评】

直率、诚实、守信这三种品德是为人必须具有的基本品德。每个人都应该自觉地守住这三种品德，千万不能丢失，否则对自己和社会都没有好处。狂妄、幼稚、伪善向来是孔子所反感的，要时刻警示自己，不能沾染它。

8.17　子曰："学如不及[1]，犹恐失之。"

【注释】

[1] 学：指做学问。　如：好像，像似。　及：本义是追赶上。《说文》："及，逮(dài，到达)也。"引申为一般意义的追赶。

【译文】

孔子说："做学问好像总是赶不上似的，〔赶上了〕还恐怕丢掉它。"

【点评】

孔子谈他做学问的一些体会。做学问他总感到赶不上。赶上了一个目标，就又直奔下一个目标。不停地追赶，不断地收获。自我激励，永不停歇，充分表现了他孜孜不倦的进取精神和坚强毅力。获得知识后，又忙于深化和巩固，生怕丢失。为此，就必须全力以赴，不敢有丝毫的自满与懈怠。这是学习上的宝贵经验，值得后人借鉴。

8.18　子曰："巍巍乎[1]！舜禹之有天下也而不与焉[2]。"

【注释】

[1] 巍巍乎：崇高的样子。以山的巍峨喻人格的崇高。乎，形容词词尾，表示"……的样子"。
[2] 舜：传说中父系氏族社会部落联盟首领。姓姚，名重华，有虞氏，史称虞舜。　禹：传说中古代部落联盟首领。姓姒，一说名文命，鲧(gǔn)之子，奉舜命治理洪水，建立了伟大功勋，被舜选为继承人。　之：用于主谓之间的结构助词，标志该结构是主谓词组。　与(yù)焉：参与到其中。与，参与。

【译文】

孔子说："舜禹多么崇高啊！他们得到天下，〔只为百姓操劳，〕却不把天下视为己有。"

【点评】

孔子盛赞舜禹，称赞他们像高山那样伟大。他们只为百姓操劳，却不顾及自己，不把天下视为己有。大禹治水，通河修渠，发展农业，三过家门而不入。这种大公无私的美德，博得历代称颂。舜禹的崇高人格与当时诸侯恰成鲜明对照，所以深得孔子的敬重。

8.19　子曰："大哉尧之为君也[1]！巍巍乎！唯天为大[2]，唯尧则之[3]。荡荡乎[4]！民无能名焉[5]。巍巍乎其有成功也[6]，焕乎其有文章[7]！"

【注释】

[1] 大哉尧之为君也：即"尧之为君也大哉"。尧作为君主真伟大啊！尧之为君，主谓词组，作主语。之，用于主谓之间的结构助词，标志该结构是词组。大，伟大。为强调谓语而提前。哉，表示感叹的语气助词。
[2] 唯天为大：只有天是最高大的。唯，范围副词，作状语，只有。
[3] 则：效法。
[4] 荡（dàng）荡乎：形容词，广大的样子。乎，形容词词尾，表示"……的样子"。
[5] 民无能名焉：百姓简直无法用语言称赞他。名，动词，说出，表达，即称赞。
[6] 巍巍乎其有成功也：即"其有成功也巍巍乎"。他取得的功绩多么伟大啊！巍巍乎，作谓语，为强调而提到主语前，表示功绩伟大。成功，指功劳业绩。
[7] 焕乎其有文章：即"其有文章焕乎"。他的礼乐制度多么光彩啊！文章，本指错杂的色彩，这里指典章制度。注意古今词义的区别，与现在文章的意义不同。焕乎，形容词，作谓语。鲜明，光亮。

【译文】

孔子说："尧作为君主真伟大啊！他真高大得很啊！只有天是最高大的，只有尧能效法天。他的恩惠真广博啊！百姓简直无法用语言称赞他。他取得的功绩多么伟大啊！他的典章制度又是多么光彩啊！

【点评】

孔子以极为美好的词语称颂尧，尧是儒家尊崇的古代贤君。尧作为我国原始公社时代的首领，是人们推举产生的，只为大众办事，没有后代君主家天下的观念。当时实行民主禅让制，所以到时让位给舜。传说他功绩卓著，对百姓广施恩惠，百姓都无法用恰当的语言来称颂他。他建立起适应那个时代的典章制度，所谓"焕乎其有文章"！尧在民间广为传颂，家喻户晓，成为古代贤君的样板，是中华儿女所敬重的远祖。

8.20　舜有臣五人而天下治[1]。武王曰[2]："予有乱臣十人[3]。"孔子曰："才难[4]，不其然乎[5]？唐虞之际[6]，于斯为盛[7]。有妇人焉[8]，九人而已[9]。三分天下有其二[10]，以服事殷[11]。周之德，其可谓至德也已矣。"

【注释】

[1] 五人：指禹、稷、契（xiè）、皋陶（gāo yáo）、伯益。　治：形容词，指安定太平。这里指国家治理得很好。

[2] 武王：周武王。姓姬，名发，继承周文王遗志，率军东征，牧野之战取得决定性胜利，遂灭商，建立西周王朝。

[3] 乱臣：治理之臣。乱，《说文》："乱，治也。"《尔雅·释诂》："乱，治也。"《尚书·顾命》："其能而乱四方。"蔡沈注："乱，治也。"上古汉语"乱"包括治与乱两个相反相成词义，切忌以今律古。　十人：指周公旦、召公奭（shì）、太公望、毕公、荣公、大颠、闳（hóng）夭、散宜生、南宫适（kuò）、文母（周文王妃大姒）。

[4] 才难：人才难得。

[5] 不其然乎：难道不是这样吗？其，语气助词，用在状语与谓语之间，表示反问，可译为"难道"。然，指示代词，作谓语，相当于现代汉语的"这样"。

[6] 唐虞之际：指唐尧、虞舜这段时间。际，本指空间的缝隙，这里指时间的空隙，特定的一段时间。

[7] 盛：兴盛，指人才济济。

[8] 妇人：指文母，即文王妃大姒。

[9] 九人而已：男人不过九人罢了。而已，罢了。

[10] 三分天下有其二：把天下分为三分，周文王已占有其中的二分。相传当时天下有九州，周文王已得六州。

[11] 以服事殷：即"以〔之〕服事殷"。以臣子的身份服事殷商。

【译文】

　　舜有贤臣五人，而天下安定太平。周武王说："我有十位治理天下的臣子。"孔子说："人才难得，难道不是这样吗？唐尧、虞舜时代以及周武王时代，人才最为昌盛。在十人当中有一位妇女，男人不过九人罢了。周文王得了天下的三分之二，仍然以臣子的身份服事殷商。周朝的道德，可以说是最高尚的了。"

【点评】

　　本章核心问题是人才。从尧舜到文王、武王人才济济，才使事业获得成功。舜有贤臣五人治理好天下，周武王灭商，建立西周王朝，也有十位杰出人才辅佐。要想治理好国家，必须有方方面面的人才。

　　8.21　子曰："禹，吾无间然矣[1]！菲饮食而致孝乎鬼神[2]，恶衣服而致美乎黻冕[3]，卑宫室而尽力乎沟洫[4]。禹，吾无间然矣。"

【注释】

[1] 间（jiàn）然：空隙之处。间，空隙，疏漏。用作动词，找空隙之处，即找对禹可批评的地方。

[2] 菲（fěi）：菲薄，微薄。　致孝：献出孝心。　乎鬼神：介宾词组，作补语，向鬼神。何晏《集解》引马融注："菲，薄也。致孝鬼神，祭祀丰洁。"

[3] 恶（è）：形容词。粗劣，难看。与"美"相对。　致美：做得很华美。　黻（fú）：祭祀穿的礼服。　冕（miǎn）：祭祀戴的礼帽。　邢昺《注疏》："黻冕皆祭服也。言禹降损其常服以盛美其祭服也。"

[4] 卑宫室：使房屋低矮，即建造低矮的房屋。卑，形容词的使动用法，使……低矮。宫，先秦时代指一般房屋，百姓住房也称宫，秦汉以后专指帝王的住宅。　沟洫（xù）：田间的水渠。小的称"沟"，大的称"洫"。这里泛指农田水利。

【译文】

孔子说："禹,我对他没有可批评的地方了。他自己吃得很简单,却拿丰盛的祭品向鬼神献出孝心;自己穿着粗劣的衣服,却把祭祀的礼服做得很华美;自己居住低矮的房屋,却竭尽全力用在兴修水利上。禹,我对他没有可批评的地方了。"

【点评】

孔子高度称赞大禹。在遥远的上古,洪水泛滥,威胁百姓的生存,大禹在环境极为艰险的条件下,毅然挑起治水重担,疏导江河,兴修沟渠,发展农业,在外奔走十三年,三过家门而不入,全身心投在治水上,建立了历史性丰功伟绩,代代传颂。然而他有功不居,吃的是粗劣饭食,住的是低矮房屋。严于律己,甘于艰苦,忘我操劳。

子罕第九

【本篇提要】

《子罕》篇共三十一章,从多角度称颂孔子,涉及教育、品德修养、思想方法等方面。

篇中称颂孔子学识渊博,多才多艺,"吾少也贱,故多能鄙事"。写他富于同情心,对服丧者感同身受,肃然起立,趋避。他罕言利,但并不反对利,而是以义为前提,具有正确的义利观。他坚持循礼原则,不谋私利,身辞大夫之职,决不私设家臣,为此曾严厉批评子路。他回到鲁国后,热心于古代文化的整理,使《诗经》各部分各得其所。他所从事的教育具有开创性,主张为师者要循循善诱,由浅入深,环环相扣,使学生欲罢不能。他始终重视人的品德修养,提倡做人要像松柏那样,坚守气节,要有"匹夫不可夺志"那样的坚韧,做到智、仁、勇三者和谐统一。他强调从事任何职务,要如以土堆山,日积月累,顽强奋斗,不可半途而废,功亏一篑。篇中不少论述,富于哲理,使人深受启迪。他以奔流不息、永不复返的河水,警示人们珍惜时光。他主张既要有原则性,又要有灵活性,通权达变。在思想方法上杜绝主观主义四种毛病,做到"毋意,毋必,毋固,毋我"。用发展观看问题,提出后生可畏,后来居上的观点。这些闪光的思想,符合朴素唯物论和辩证法。

篇中也反映了他守旧的思想。他坚守对君"拜下"的惯例,慨叹"凤鸟不至,河不出图",流露对自己前程绝望的感伤情怀!

9.1 子罕言利[1],与命[2],与仁。

【注释】

[1] 罕(hǎn):副词,作状语,表示动作的频率。稀少。 利:利益。
[2] 与(yǔ):动词,赞许,赞同。下句"与"与此义同。《述而》篇:"与其进也,不与其退也。""与"也是"赞许、赞同"的意思。 命:命运。《为政》篇:"五十而知天命。"

【译文】

孔子很少谈到利,却赞同命运,赞同仁德。

【点评】

本章对文字理解存在分歧。下面理解较为合理:"子罕言利,与命,与仁。"孔子确实很少谈到"利",但并非少谈"命"与"仁",尤其是"仁",谈得很多,而且都很郑重,说孔子很少谈"仁",不符合实际。孔子并不否认功利,也谈富贵、富民、利民,但必须以"义"为先。《述而》篇:"不义而富且贵,于我如浮云。"反映了孔子重义轻利的思想。"与"是动词,赞许、赞同义,《论语》中不乏其例。况且连词"与"不能连续用在几个并列成分间。

此外,还有下面几种理解:一、同意原有断句,即孔子很少谈到利益、命运和仁德。二、子罕言利与命,与仁,即孔子很少谈到利益和命运,却赞同仁德。后面的"与"是动词。三、子罕言利与命、与仁,即孔子很少谈到利益与命运、利益与仁德的关系。上述解说可作参考。

9.2　达巷党人曰[1]："大哉孔子[2]！博学而无所成名[3]。"子闻之，谓门弟子曰："吾何执[4]？执御乎[5]？执射乎[6]？吾执御矣。"

【注释】

[1] 达巷党：以达巷命名的乡里。朱熹《集注》："达巷，党名。"党，古代地方行政组织，五百家为一党，又指乡里。
[2] 大哉孔子：即"孔子大哉"。为强调谓语"大"而提到句首。孔子真伟大啊！
[3] 博学：用作动词，具有广博的学识。　而：连接动词或形容词的连词。　无所成名：没有成就名声的专长。
[4] 吾何执：即"吾执何"。执，本义指拘捕，引申为执持，从事。
[5] 执御乎：从事赶车呢？御，驾驭车马。
[6] 执射乎：从事射箭呢？射，指射箭。"御"与"射"是古代六艺中的科目。六艺指礼、乐、射、御、书、数。"御"在六艺中属于不高的技艺，于是有人认为孔子言"执御"乃自谦之辞。

【译文】

达巷地方的一个人说："孔子真伟大啊！有广博的学识，就是没有成就名声的专长。"孔子听了这话，便对学生们说："我从事什么呢？是从事赶车呢？还是从事射箭呢？我赶车好了。"

【点评】

达巷党人对孔子的评价有是有非。说孔子伟大、博学符合实际，说明已在社会广为传播。说孔子没有专长，不符合实际。孔子确实主张"君子不器"，要有广博的知识和多种才能，以适应社会的需要。但他在渊博的基础上具有自己的专长。孔子是我国学术史上"博"与"专"相统一的学者，他《诗》、《书》、礼、乐等传统文化功底精湛，创立了儒家学派，培养了三千多弟子，七十二贤人，怎能说"无所成名"？至于提到"执御"、"执射"乃孔子一时之言，不必深究。

9.3　子曰："麻冕[1]，礼也[2]；今也纯[3]，俭[4]，吾从众[5]。拜下[6]，礼也；今拜乎上[7]，泰也[8]。虽违众，吾从下[9]。"

【注释】

[1] 麻冕：麻布制成的礼帽。冕，古代帝王、诸侯、卿大夫等所戴的礼帽。
[2] 礼：指合乎传统的礼。
[3] 今也纯：如今使用丝料。今，如今。时间名词作状语。纯，黑色的丝。用作动词，使用丝料。
[4] 俭：俭省，节省。做麻冕所使用的麻布，依据规定，要用二千四百根经线。麻的质料较粗，必须织得细密，很费工耗时。要是用丝，丝的质料精细，容易织成，会俭省些。
[5] 从：随从，跟随。　众：指大家的做法，去麻用丝。
[6] 拜下：相当于"拜〔于〕下"。在朝堂下叩拜。古代臣见君，先在朝堂下叩头，升堂以后又叩头，这才符合传统的礼。拜，古代表示敬意的一种礼节。行礼时下跪，低头与心平，两手至地。后来用作行礼的通称。
[7] 拜乎上：在朝堂上叩拜。上，指朝堂上。
[8] 泰：骄纵，傲慢。

[9] 吾从下：我仍然依从老规矩在朝堂下叩拜。

【译文】

　　孔子说："用麻布做的礼帽，是合乎传统礼的；如今都用丝料做，这样工料会俭省些，我随从大家的习俗。臣见君，先在朝堂下面叩拜，是合乎传统礼的，如今都只在朝堂上叩拜，这是骄纵的表现。虽然违反大家的做法，我仍然依从老规矩在朝堂下叩拜。"

【点评】

　　孔子在两种礼仪上持有不同态度：一是由麻冕改为丝冕，工料俭省，他从众。二是臣见君，改为只在朝堂上叩拜，他违众。

　　为什么持有两种态度？因为改为丝冕，只是原料不同，与礼的本质无关，所以孔子采取灵活变通的态度；至于臣见君，缩减见君礼仪，牵涉到对君主是否尊重，事关伦理中的"大伦"，所以孔子坚持堂下叩拜。

　　9.4　子绝四[1]：毋意[2]，毋必[3]，毋固[4]，毋我[5]。

【注释】

[1] 绝：杜绝，断绝。　四：指四种毛病。
[2] 意：揣测，猜疑。词义分化后，这个意义写作"臆"。
[3] 必：必定。绝对肯定，死钻牛角。
[4] 固：固执。拘泥成见，不肯变通。
[5] 我：自我。自以为是，主观武断。

【译文】

　　孔子杜绝了四种毛病：不凭空揣度，不绝对肯定，不拘泥固执，不自以为是。

【点评】

　　反映了孔子实事求是，通达权变的思想方法：不凭空揣度，不绝对肯定，不拘泥固执，不自以为是。在春秋时代孔子就能揭示这四种毛病，不搞主观主义，颇具朴素唯物主义思想，不愧为古代伟大的思想家。

　　9.5　子畏于匡[1]，曰："文王既没[2]，文不在兹乎[3]？天之将丧斯文也[4]，后死者不得与于斯文也[5]；天之未丧斯文也，匡人其如予何[6]？"

【注释】

[1] 子畏于匡(kuāng)：孔子在匡邑被围困。畏，通"围"。何晏《集解》引包咸注："匡人误围夫子，以为阳货。"《吕氏春秋·劝学》："孔子畏于匡。"陈奇猷《校释》："畏乃'围'之假字，畏、围古音同部，自可假借……《淮南子·主术训》作'孔子围于匡'，尤为畏、围通之明证。"孔子由卫去陈，途经匡邑，被匡人围困。因为匡人曾经遭受过鲁国阳货的残

害,孔子相貌颇似阳货,所以匡人将孔子围困。匡,匡邑,今河南长垣县西南十五里有匡城,可能是当年孔子被围之地。

[2] 文王:周文王,姓姬,名昌,商纣时为西伯,国势逐渐强盛,建都丰邑(今陕西西安西南沣水西岸),在位五十年,为建立西周王朝奠定了基础。 没:死亡。词义分化后,表死亡义写作"殁"。

[3] 文:指古代礼乐典章制度等文化。 兹(zī):指示代词,这,这里。

[4] 丧:消灭,毁灭。

[5] 后死者:名词性"者"字词组,作主语,表示"……的人",后死的人,指孔子自己。 得:可能,能够。 与(yù):接触,得到。

[6] 其:句中语气助词,表示委婉语气,可译为"将"。 如予何:古代汉语凝固结构,把我怎么样?

【译文】

孔子在匡邑被围困,说:"文王已经死了,这些文化遗产不都在我这里吗?天如果想消灭这种文化,那我这后死的人便不能得到这种文化;天如果不想消灭这种文化,匡人将把我怎么样呢?"

【点评】

本章有两个基本点:一是孔子经过匡邑,遭到匡人围困,在死亡威胁的危难时刻,不容讳言,孔子寄希望于上天保佑。他认为周文王死后,文化遗产全在他这里,上天不会消灭这种文化,靠天之威力,定会保住自己。在那个时代,孔子有这种思想并不奇怪。

另外一点,孔子以周文化继承者自许,认为周文化全在他身上,是周文化当然代表。应该说这种看法并不为过,在历史上孔子确实是中国文化的继承者,对中国传统文化的继承与发展产生巨大影响。

9.6 大宰问于子贡曰[1]:"夫子圣者与[2]? 何其多能也[3]?"子贡曰:"固天纵之将圣[4],又多能也。"子闻之,曰:"大宰知我乎? 吾少也贱[5],故多能鄙事[6]。君子多乎哉? 不多也。"

【注释】

[1] 大宰:即"太宰"。大,"太"的古字。官名,殷代始置,掌管家务和家奴。西周时沿置,掌管国君宫廷事务。邢昺《注疏》:"周礼大宰六卿之长,卿即上大夫也。"太宰究竟是何人,属哪个国家已不可知。

[2] 圣者:圣人。"圣"是最高的道德标准,在"仁"之上。

[3] 多能:多才多艺。

[4] 固:副词,本来。 纵:纵使。 将圣:成为圣人。

[5] 少(shào):指少年。注意:上古汉语"少"包括现代的少年和青年,凡未满三十岁都可以称"少"。 贱:社会地位低下,这里指贫苦。

[6] 鄙(bǐ)事:粗俗的技艺。鄙,粗俗,浅薄。事,这里指技艺。

【译文】

太宰向子贡问道:"孔老夫子是位圣人吗?为什么这样多才多艺呢?"子贡说:"这本是上天纵使他成为圣人,而且使他多才多艺。"孔子听说后,说:

"太宰了解我吗？我小时贫苦，所以学会了许多不值得称道的技艺。君子会有这么多技艺吗？是不多的。"

【点评】

通过太宰对孔子的质疑，引出一个重要的历史课题：即什么是圣人，什么是君子。太宰、孔子都认为圣人、君子是在上位的统治者，不屑掌握贱者技艺。只不过孔子少时家贫，为谋生孔子不得不掌握这些技艺。由于太宰对孔子少时经历不了解，才产生疑问，认为圣人是不必有这些技艺的。足见其等级观念根深蒂固！子贡对太宰的回答是唯心的，孔子并未认同子贡的说法，而是实事求是道出了实情，"吾少也贱，故多能鄙事"。是在实践中获得的，不是上天赐予的。

9.7　牢曰[1]："子云：'吾不试[2]，故艺[3]。'"

【注释】

[1] 牢：人名。何晏《集解》引郑玄注："牢，弟子，子牢也。"郑玄认为牢是孔子学生，但《史记·仲尼弟子列传》中并无此人，可能是漏记。《孔子家语·七十二弟子解》："琴牢，卫人，字子开，一字子张。"不可信。
[2] 吾不试：被动句。我不曾被任用。试，试用，任用。这里指被任用。
[3] 艺：动词，本义是种植。种植要有技术、技巧，于是引申为才能，技能，技艺。这里指学得技艺。朱熹《集注》："试，用也。言由不为世用，故得以习于艺而通之。"

【译文】

子牢说："孔子说：'我不曾被国家任用，所以学会了许多技艺。'"

【点评】

承接前章，孔子继续说明自己掌握技艺的原因。前章说的是由于家贫；本章是由于没有做官为宦，才有时间集中精力去掌握各种技艺。掌握技艺，不在于技艺本身，更重要的是深入生活，接触社会，经受磨炼，在生产实践中劳其筋骨，锻炼意志，克服各种困难，更深入了解社会，为孔子后来成为古代圣贤奠定了基础。

9.8　子曰："吾有知乎哉[1]？无知也。有鄙夫问于我[2]，空空如也[3]。我叩其两端而竭焉[4]。"

【注释】

[1] 知：知识。　乎哉：语气助词连用。乎表示疑问。哉表示感叹。
[2] 鄙(bǐ)夫：郊野的人，即农夫。没有贬义。鄙，本义指边邑，引申为郊野。由于地处偏远，又引申为鄙陋，见识短浅。由农夫在郊野种田，所以称"鄙夫"。
[3] 空空如：形容词，什么都没有。如，形容词词尾，表示"……的样子"。
[4] 叩(kòu)：叩问，询问。　其：指示代词，指鄙夫所提的问题。　两端：指正反两方面。朱熹《集注》："两端，犹言两头。言终始、本末、上下、精粗，无所不尽。"　竭：竭尽，尽量。这里指孔子把所知道的尽量告诉农夫。

【译文】

孔子说:"我有知识吗?没有知识啊。有个农夫问我,我一无所知。但我从问题正反两方面盘问探究,〔弄清楚以后〕便毫无保留地告诉给他。"

【点评】

孔子十分谦虚。他本来博学,却说自己无知;对农夫提出的问题,竟说"空空如也",一无所知,极为坦诚,体现他所倡导的"不知为不知"的求实学风。此外,他十分注重调查研究,了解问题的方方面面,弄清问题的真相,反映了他两点论的思想方法和启发式的教育方法。

9.9　子曰:"凤鸟不至[1],河不出图[2],吾已矣夫[3]!"

【注释】

[1] 凤鸟:凤凰。古代传说中的百鸟之王。雄的叫凤,雌的叫凰,通称为凤。《说文》:"凤,神鸟也。"又《礼记·礼运》:"麟、凤、龟、龙,谓之四灵。"古人认为凤鸟乃祥瑞的象征,它的出现象征太平盛世。
[2] 河:黄河。　图:传说伏羲时有龙马背负图画从黄河而出,称作龙图,也是一种祥瑞的象征。《周易·系辞上》:"河出图,洛出书,圣人则之。""洛"指洛水。孔子以为没有瑞兆,盛世难再,颇有绝望之叹!
[3] 已:动词,完结,完毕。这里指孔子一生的完结。　矣夫:语气助词连用。矣,表示"将然",夫,表示感叹。

【译文】

孔子说:"凤凰不飞来了,黄河也不出现图画了,我这一生就要完结了吧!"

【点评】

孔子到了晚年,深感"道已不行"。他奔波十几年,游说诸侯,推行他的政治主张,由于处于社会大变动时代,他所倡导的仁政,因不合时宜而不被诸侯采纳,他才说出这些消极的话。凤鸟不至,河不出图,用以比喻社会昏暗,恢复西周盛世已经无望,孔子对此十分叹惋,觉得已经走到了人生尽头!

9.10　子见齐衰者[1],冕衣裳者与瞽者[2],见之,虽少[3],必作[4];过之[5],必趋[6]。

【注释】

[1] 齐衰(zī cuī)者:名词性"者"字词组,作宾语,表示"……的人"。穿丧服的人。齐衰,古代丧服,用熟麻布制成,下边要缝齐。齐衰服轻,服期又分三年、一年、三月等。比齐衰重的是斩衰,用粗生麻布制成,左右和下边都不缝齐。它是最重的丧服,子对父,臣对君,要服丧三年。言齐衰可包括斩衰,言斩衰不包括齐衰。
[2] 冕衣裳者:戴礼帽、穿礼服的人。冕,礼帽。古代帝王、诸侯、卿大夫所戴。衣裳,古代上曰衣,下曰裳。"裳"指下衣,裙子。古代男子也穿裙子。不能理解为今天所说的衣

裳。　瞽(gǔ)者：盲人。

[3] 少：年轻。上古汉语的"少"，包括少年、青年，凡三十岁以下都可称"少"。《史记·陈涉世家》："陈涉少时，尝与人佣耕。"

[4] 作：起来。《先进》篇："舍瑟而作。"

[5] 过之：从他们面前走过。

[6] 趋：快步走。古代的一种礼节，表示恭敬。

【译文】

孔子遇见穿丧服的人、戴礼帽穿礼服的人以及盲人，见到他们，即使年轻，也必定肃立起敬；从他们面前走过，必定要快步走。

【点评】

孔子以行动实践礼。见到穿丧服的人，便同情人家的不幸，感同身受；见到盲人，也同情其身残之苦；至于见到"冕衣裳者"，那是贵族，官位在大夫以上。对以上三种人，孔子都很恭敬，都肃然起立，尽礼而趋。前两者是出于同情心，后者是出于对官位的敬重。这一切说明孔子尊崇礼，是礼的忠实实践者。

9.11　颜渊喟然叹曰[1]："仰之弥高[2]，钻之弥坚[3]。瞻之在前[4]，忽焉在后[5]。夫子循循然善诱人[6]，博我以文[7]，约我以礼[8]，欲罢不能[9]。既竭吾才[10]，如有所立[11]，卓尔[12]。虽欲从之[13]，末由也已[14]。"

【注释】

[1] 喟(kuì)然：叹息的样子。然，形容词词尾，表示"……的样子"，作状语。

[2] 仰：仰望。　弥(mí)：副词。越发，更加。

[3] 钻：钻研。　坚：坚实。

[4] 瞻(zhān)：向前看。今成语有"瞻前顾后"。

[5] 忽焉：忽然。焉，通"然"。形容词词尾，表示状态。

[6] 循循然：有次序的样子。　诱：诱导，引导。已形成成语"循循善诱"。

[7] 博：动词。丰富，扩充。　文：指文献典籍。

[8] 约：约束，节制。　礼：指言行遵循的规矩制度。

[9] 罢：罢休，停止。

[10] 竭：竭尽，用尽。　才：才能，才力。

[11] 所立："所"字词组，作"有"的宾语，指所创立的新的学说。

[12] 卓尔：形容词，高超的样子。卓，高超，不平凡。今成语有"远见卓识"。尔，形容词词尾，表示"……的样子"。

[13] 虽欲从之：虽然想要追上它。从，追逐，追赶。之，指新的学说。

[14] 末：副词，相当于"无"，没有。　由：途径，引申为措施，办法。　也已：语气助词连用。已，通"矣"。

【译文】

颜渊赞叹地说："老师的学说，越往上看，越觉得高超；越钻研，越觉得坚实。往前看它似乎在前面，忽然又到后面去了。老师循序渐进地善加引导，用各种文献典籍丰富我的知识，用礼仪规章约束我的言行，就是想要停止学习都不可能。我已经用尽我的才力,如又有了新的学说,又那么高超。〔在这种情况下,〕虽然想要赶上它,但又没有办法了。"

【点评】

　　颜渊以亲身体验赞叹老师的学问。他在学习中越发感到老师学问高深、坚实;他用忽而前、忽而后来形容老师哲理的深奥,一时难以捉摸,不易理解与掌握。孔子施教的具体内容有两项:一是用文献典籍丰富学生的知识,扩大学生的视野,打下坚实的功底;一是讲授礼仪制度,而且要求付诸实践,约束弟子的言行。在教学方法上,善于循循善诱,环环相扣,步步引导,充分调动学生的学习积极性,使他们达到欲罢不能的程度。而且进一步展示学无止境,有更新的学说呈现在学生面前,要更加努力方能获取。难度之大,连颜渊这样的弟子都感到吃重。

　　9.12　　子疾病[1],子路使门人为臣[2]。病间[3],曰:"久矣哉,由之行诈也[4]!无臣而为有臣[5]。吾谁欺[6]?欺天乎[7]?且予与其死于臣之手也[8],无宁死于二三子之手乎[9]!且予纵不得大葬[10],予死于道路乎!"

【注释】

[1] 疾病:古代汉语"疾"指一般的病,"病"指重病。按辞句解释,当是孔子得了病,而且病得很重。何晏《集解》引包咸注:"疾甚曰病。"

[2] 门人:门生,指孔子的学生。　为臣:充当孔子的家臣。这里指充当治丧之臣。按礼的规定,大夫以上才有家臣,孔子已经退位,只能享受士的待遇。子路竟让孔子学生充当家臣,这是违礼的僭越行为。

[3] 病间:病情逐渐好转。间,指病间断,即痊愈。

[4] 久矣哉,由之行诈也:等于"由之行诈也,久矣哉"。久,为强调谓语而提前。指子路在孔子有病期间组织弟子们的治丧活动已经很久。矣哉,语气助词连用。矣,表示已然。哉,表示感叹。由之行诈,主谓词组,作主语,子路进行欺诈。之,用在主谓之间的结构助词,取消句子独立性,标志该结构是词组,充当句子中的一个成分,即主语。

[5] 无臣:〔我〕没有家臣。孔子已退位,不是大夫,所以没有家臣。而子路竟以门人做家臣,受到孔子的严厉批评。

[6] 吾谁欺:即"吾欺谁"。疑问代词充当宾语而前置。我欺骗谁?朱熹《集注》:"我之不当有家臣,人皆知之,不可欺也。"

[7] 欺天乎:欺骗上天吗?宾语"天"不是疑问代词,而没有前置。《集注》:"人而欺天,莫大之罪。"

[8] 且:连词,况且,表示推进一层。　与其:连词,表示选择。与下文"无宁"相配合,构成选择复句,比较利害得失而决定取舍。　于臣之手:介宾词组,作补语,在治丧之臣手里。

[9] 无宁:也作"毋宁",不如。　二三子:你们这些学生。二三,不定数。子,对对方的敬称。

[10] 纵:连词,表示让步,相当于"纵然"、"即使"。　大葬:隆重的葬礼。邢昺《注疏》:"大葬,谓君臣礼葬。"

【译文】

　　孔子得了重病,子路使孔子的学生充当治丧的家臣。后来孔子的病情有了好转,说:"仲由进行欺诈已经很久了啊! 我不该享有治丧之臣,却一定设置治丧之臣。我欺骗谁呢? 欺骗上天吗? 况且我与其死在治丧之臣的手里,还不如死在你们学生的手里。我纵然不能用隆重的葬礼,我难道会死在道路上吗?"

【点评】

本章可以看出孔子严格要求自己,他守礼不肯越雷池一步。他所以大发脾气,严厉批评子路,就是因为子路违背了礼的规定。孔子已经退位,不是大夫职位,子路却按大夫规格办理丧事。本来没有治丧之臣,子路却组织孔子学生充当治丧之臣。这是孔子绝对不能接受的。孔子一生谨慎,忠诚实践礼,在礼的问题上不允许有半点差错。

9.13 子贡曰:"有美玉于斯[1],韫椟而藏诸[2]? 求善贾而沽诸[3]?"子曰:"沽之哉! 沽之哉! 我待贾者也。"

【注释】

[1] 斯:指示代词,指代处所,这里。
[2] 韫椟(yùn dú):相当于"韫〔于〕椟"。放在柜子里。韫,蕴藏,收藏。椟,木柜。
[3] 善贾(gǔ):指识货的商人。"贾"又是"价(今作"价")"的古字,指价钱。"善贾"表示好价钱。这里取前一义。 沽(gū):通"酤"。卖。

【译文】

子贡说:"假如这里有块美玉,是把它放在柜子里藏起来呢? 还是找一个识货的商人把它卖掉呢?"孔子说:"卖掉它! 卖掉它! 我正等待识货的买主呢。"

【点评】

古人重玉,视玉为珍宝。玉有多种美质,是纯洁、高尚、美好的象征。因此,古代贵族男子都佩玉,标志其身份和地位,无缘无故,玉不离身。子贡与老师孔子的一席话,全是比喻。子贡以美玉比喻老师孔子,比喻他有像美玉一样高贵的品德和治国才能。美玉不能白白放在柜里,应该求善贾使其在人间发挥作用。老师有美玉般的德才,应该积极入世,发挥其治国才干。孔子心领神会,表示急切入世的态度。

9.14 子欲居九夷[1]。或曰[2]:"陋,如之何[3]?"子曰:"君子居之,何陋之有[4]?"

【注释】

[1] 九夷(yí):古时称东夷有九种,故称"九夷"。夷,古时对东方各族的泛称,亦称"东夷"。《史记·李斯列传》:"惠王用张仪之计,拔三川之地,西并巴蜀,北收上郡,取汉中,包九夷。"何晏《集解》引马融注:"九夷,东方之夷,有九种。"
[2] 或:肯定性无定代词,有人,有的人。
[3] 陋:简陋。这里指居住条件太差。 如之何:古代汉语凝固结构,作谓语,询问方式,

怎么办。

[4] 何陋之有：即"有何陋"，有什么简陋的？疑问代词"何"作宾语"陋"的定语，宾语"陋"也前置。之，前置宾语的标志，语译时当舍弃。

【译文】

孔子想搬到九夷地方居住。有人说："那地方太简陋，怎么住得了？"孔子说："君子住在那里，有什么简陋的？"

【点评】

九夷是中国古代东方部族，由于开发晚，发展不平衡，相对落后于中原。然而孔子并无轻视之意，还要去那里居住。有人说那里环境简陋，居住条件差，还是不去为好，而孔子并不在意。迁居九夷，不是为了舒适享受，而是为了传播中原文化。孔子坚信只要"言忠信，行笃敬"，就一定会取长补短，实现友好交流。

9.15　子曰："吾自卫反鲁[1]，然后乐正[2]，《雅》、《颂》各得其所[3]。"

【注释】

[1] 卫：指卫国。　反："返"的古字，返回。孔子返鲁当在鲁哀公十一年冬（公元前484年）。《史记·孔子世家》："〔季康子〕以币（bì，泛指礼物）迎孔子，孔子归鲁。孔子之去（离开）鲁凡十四岁而反乎鲁。"孔子结束了长达十四年的游历生活。

[2] 然后：词组，两个词，不等于现代汉语的连词"然后"。然，指示代词，指返回鲁国。后，时间词，以后。　乐正：音乐文献得到整理和厘正。

[3] 《雅》、《颂》：我国第一部诗歌总集《诗经》，共三百零五篇，由《风》、《雅》、《颂》三部分组成。《雅》分《大雅》、《小雅》；《颂》分《周颂》、《商颂》和《鲁颂》。《风》、《雅》、《颂》本于音乐得名，每首诗都配以乐曲，诗句便成了歌词，而且每首诗都可以演唱，诗和曲和谐统一，不能分离。《史记·孔子世家》："三百五篇，孔子皆弦歌之。"　各得其所：指《雅》、《颂》的诗篇及其乐曲各自都得到适当的位置。何晏《集解》引郑玄注："是时道衰乐废，孔子来还乃正之，故《雅》、《颂》各得其所。"

【译文】

孔子说："我从卫国回到鲁国，乐章得以订正，使错乱的《雅》、《颂》各自都得到适当位置。"

【点评】

孔子回到鲁国以后，把注意力转移到文献整理方面。这里指《诗经》中的《雅》与《颂》。关于《雅》、《颂》的分类包括两方面：一是指《诗经》内容的分类；一是指乐曲的分类。内容的分类今天能看得见；乐曲的分类，由于给《诗经》谱写的乐曲失传，已经无法得知。孔子订正《雅》、《颂》，有三种理解：一是指订正篇章；二是指订正乐曲；三是两者兼指。我们取后者。因为春秋时代诗篇及其乐章不可分离，所谓《雅》、《颂》各得其所，包括篇章各得其所，也包括谱写它的乐曲各得其所。

9.16　子曰："出则事公卿[1]，入则事父兄[2]，丧事不敢不勉[3]，不为酒困，何有于我哉[4]？"

【注释】

[1] 出：出仕，做官。　公卿：原指三公九卿，后泛指朝廷中的高级官吏。

[2] 入：在家，闲居。

[3] 勉：勤勉，尽力去做。

[4] 何有于我哉：即"于我有何哉"，对我来说〔除此以外〕还有什么呢？何，疑问代词作宾语而前置，相当于"有何"，有什么。于我，介宾词组，作补语，表示所对，对我来说。语译时移前作状语。哉，表示感叹的语气助词。

【译文】

　　孔子说："出仕就服事公卿，在家就侍奉父兄，办丧事不敢不尽力，不被酒困扰，对我来说〔除此以外〕还有什么呢？"

【点评】

　　孔子自述他的主要行事内容，这些行事表明他是一位周礼的忠实维护者与实践者。他出仕做官服事公卿，这是"尽忠"；他在家侍奉父兄，这是"尽孝"。生活上严格要求自己，不被酒困扰，努力做君子的榜样。

　　9.17　子在川上[1]，曰："逝者如斯夫[2]！不舍昼夜[3]。"

【注释】

[1] 川上：指在河边。

[2] 逝者："者"字词组，作主语，流逝的时光。《阳货》篇："日月逝矣，岁不我与。"　斯：指示代词，指奔流不息的河水。　夫：表示感叹的语气助词。

[3] 不舍昼夜：白天黑夜都不停歇地奔流。舍，客舍。用作动词，住宿，引申为停留，停歇。

【译文】

　　孔子站在河边，感叹地说："流逝的时光就像这河水一般，白天黑夜不停地奔流。"

【点评】

　　孔子触景生情，见奔流的河水，引发无限思绪。慨叹时光流逝，有如此水，一去永不复返。不及早警醒，便会韶光已老，壮志难遂，留下诸多憾事。本章警训虽短，教育颇深，今人应当惜时如金，奋发向上，抓紧进德修业，以不虚度此生！

　　9.18　子曰："吾未见好德如好色者也[1]。"

【注释】

[1] 未：副词，作状语，表示事情还没有出现。可译为"没有"。　好德如好色者："者"字词组，表示"……的人"，喜好仁德像喜好美色那样的人。色，指美色，女色。《卫灵公》篇："已矣乎！吾未见好德如好色者也。"与此章意义一致。何晏《集解》："疾时人薄于德而厚于色，故发此言。"

【译文】

　　孔子说："我还没有见过喜好仁德像喜好美色那样的人。"

【点评】

　　道德是做人的根本,任何时代都应放在首位。轻视道德而追求美色,心术不正,后果必然堪忧。当时的社会现实,轻德重色,本末倒置。尤其是那些诸侯、卿大夫好色轻德,引发孔子有此慨叹。据《史记·孔子世家》记载:孔子居卫,卫灵公与淫荡夫人南子同车,而让孔子坐次乘,招摇过市,孔子慨叹说:"吾未见好德如好色者也。""于是丑之"。这种情况深刻反映了封建统治者好色轻德、生活奢靡的现状。

　　9.19　子曰:"譬如为山[1],未成一篑[2],止,吾止也[3]。譬如平地[4],虽覆一篑[5],进,吾往也[6]。"

【注释】

[1]譬(pì):比喻,比方。　为(wéi):动词,堆积。
[2]未成一篑(kuì):相当于"未成〔于〕一篑",只差一筐土没有堆成山。《尚书·旅獒
　　(áo)》:"为山九仞,功亏一篑。"篑,盛土的筐子。
[3]止:这里指停止造山的工程。
[4]平地:这里指在平地上堆土造山。
[5]虽:连词,即使,纵然。　覆(fù):倾覆,倾倒。
[6]吾往:这是我主动前进。

【译文】

　　孔子说:"好比堆土造山,只差一筐土没有堆成。如果停工不干,这是我主动停止的。又好比在平地上堆土造山,即使刚倒下一筐土,如果努力前进,这也是我主动前进的。"

【点评】

　　本章从相反的一组事例,激励人们做事要有自强不息的精神。他们都是堆土造山,前者眼看就要成功,只差一筐土,就打"退堂鼓",坚持不下去,导致功亏一篑。后者虽然只倒一筐土,离成功遥远,但人的精神状态好,一直堆土不止,坚持到土山堆成。这两例论条件都能成功,差的是顽强的毅力、坚定的意志。

　　9.20　子曰:"语之而不惰者[1],其回也与[2]!"

【注释】

[1]语(yù)之而不惰者:"者"字词组,判断句主语,表示"……的人",同他讲话而始终不懈
　　怠的人。语,动词,与人谈话。《乡党》篇:"食不语,寝不言。"古代汉语"语"和"言"是有
　　区别的:"语"是和人谈论一件事;"言"是自动说话。惰,怠惰、懈怠。
[2]其:句首语气助词,表示对情况的推测,可译为"恐怕"、"大概"。　与:也作"欤"。表
　　示疑问语气助词。　邢昺《注疏》:"此章美颜回也。惰,谓懈惰也。言馀人不能尽解,
　　故有懈惰于夫子之语。时其语之而不懈惰者,其唯颜回也。"

【译文】

　　孔子说:"同他讲话而始终不懈怠的,大概只有颜回一个人吧!"

【点评】

　　这里孔子从一个侧面盛赞颜回学习的严肃性、积极性。听老师讲学,能始终聚精会神,保持旺盛的精神状态,表现他对老师传道授业的敬重,也说明他之所以能达到品学兼优的原因。

　　9.21　子谓颜渊[1],曰:"惜乎[2]!吾见其进也[3],未见其止也[4]。"

【注释】

[1] 谓:评说,评论。
[2] 惜乎:可惜啊!惜,具体指孔子惋惜颜回死得早。乎,表示感叹的语气助词。何晏《集解》引包咸注:"孔子谓颜渊,进益未止,痛惜之甚!"
[3] 其进:他不断地进步。主谓词组,作"见"的宾语。其,指示代词,指颜回。
[4] 未见其止:没有看见他停止不前。朱熹《集注》:"颜子既死而孔子惜之,言其方进而未已也。"

【译文】

　　孔子谈到颜回,说:"这个人可惜死了!〔活着的时候,〕我只看见他不断地进步,我从来没有看见他原地停止过。"

【点评】

　　孔子慨叹他的得意门生颜回死得过早,他满怀深情地评价颜回的一生,说他自始至终不断地进步。一筐饭,一瓢水,住在陋巷,在如此艰苦条件下乐观向上,奋发学习,从来没有停止过前进的脚步。在孔门几千弟子中颜回出乎其类,拔乎其萃,成为公认的品学兼优的门生,深受同学的敬重、孔子的喜爱。

　　9.22　子曰:"苗而不秀者有矣夫[1]!秀而不实者有矣夫[2]!"

【注释】

[1] 苗而不秀者:名词性"者"字词组,作主语,表示"……的物",秧苗生长了却不开花吐穗的庄稼。苗,用作动词,指秧苗生长。而,连词,连结两端动词"苗"和"秀"。秀,庄稼吐穗扬花。
[2] 实:用作动词,结实,有籽粒。朱熹《集注》:"谷之始生曰苗,吐华曰秀,成谷曰实。盖学而不至于成,有如此者,是以君子贵自勉。"

【译文】

　　孔子说:"秧苗虽然长起来了却不开花吐穗的庄稼是有的吧!虽然开花吐穗了却不结实的庄稼也是有的吧!"

【点评】

　　孔子以庄稼生长过程中出现的一些自然现象为喻,警示人们在成才过程中避免出现"不秀"、"不实"的现象。通过发奋学习，打好坚实的成才基础，就不会"苗而不秀"。由此再接再厉，进一步深造，具备真才实学，就不会"秀而不实"。

9.23　子曰："后生可畏[1]，焉知来者之不如今也[2]？四十、五十而无闻焉[3]，斯亦不足畏也已[4]。"

【注释】

[1] 后生：指青少年。　畏(wèi)：敬畏，敬佩。

[2] 焉：疑问代词，作状语，怎么。　来者之不如今：主谓词组，作"知"的宾语。来者，"者"字词组，表示"……的人"，后来的人。之，用在主谓之间的结构助词，标志该结构是词组。今，指现在的人。

[3] 闻：用作名词，指名声，声望。

[4] 足：值得。

【译文】

孔子说："年轻人是让人敬畏的，怎么能知道后来的人赶不上现在的人呢？一个人到了四五十岁还没有声望，也就不值得敬畏了。"

【点评】

孔子提出"后生可畏"的命题，是极为宝贵的思想。他放眼未来，指出后来人要胜过当今的人，后生要比我们强，是符合社会发展规律的，所谓长江后浪推前浪，一代更比一代强。同时孔子还强调进德修业要趁早及时，少壮就要树雄心，立大志，珍惜时光，锐意进取，方能有所成就。

9.24　子曰："法语之言[1]，能无从乎[2]？改之为贵[3]。巽与之言[4]，能无说乎[5]？绎之为贵[6]。说而不绎，从而不改，吾末如之何也已矣[7]。"

【注释】

[1] 法语(yù)之言：严肃正告的话。法，严正，严肃。语，告诉，告诫。

[2] 无：副词，作状语，表示一般性否定，可译为"不"。　从：顺从，听从。

[3] 改之为贵：改正错误才是可贵的。

[4] 巽与(xùn yù)之言：顺从恭维的话。巽，通"逊"，谦恭。与，称许，赞许。

[5] 说："悦"的古字。喜悦，高兴。

[6] 绎(yì)：本义指抽丝，引申为寻究事理，分析鉴别。

[7] 末：副词，作状语，表示否定，可译为"没有"。　如之何：古代汉语凝固结构，怎么办。
　也已矣：语气助词连用，表示肯定的语气，兼有感叹的意味。

【译文】

孔子说："严肃正告的话，能不听从吗？但切实改正错误才是可贵的。顺从恭维的话，能不高兴吗？但分析鉴别才是可贵的。只知高兴，不加分析；表面听从，实际不改，这种人我对他是没有办法的了。"

【点评】

孔子告诫人们善于听言,正确对待。对于有益却又逆耳之言,要能听得进去,不但表面顺从,而且入脑入心,切实改正错误,不可阳奉阴违,从而不改,真正改正极为可贵。对于恭维顺耳之言,不能因其顺耳好听而只顾高兴,失去警觉,要冷静分析真伪是非,切勿感情用事,上当受骗。真能做到分析鉴别,善莫大焉。

9.25　子曰:"主忠信[1],毋友不如己者[2],过则勿惮改[3]。"

【注释】

[1] 主:意动用法,以……为主。把忠诚、信实作为主要的。
[2] 毋:副词,表示禁戒,可译为"不要"。　友:动词,交朋友。　不如己者:"者"字词组,表示"……的人",不如自己的人。
[3] 过:动词,犯了过错。　勿:副词,表示禁戒,可译为"不要"、"别"。　惮(dàn):害怕。

【译文】

孔子说:"要把忠诚、信实作为主要的,不要和不如自己的人交朋友,犯了过错不要怕改正。"

本章已见《学而》篇第八章。

9.26　子曰:"三军可夺帅也[1],匹夫不可夺志也[2]。"

【注释】

[1] 三军:周制,诸侯大国可以拥有三军。中军最尊,上军次之,下军又次之。一军有一万二千五百人,三军合三万七千五百人。这里是军队的通称。　帅:军队中的统帅,主将。
[2] 匹夫:古代指平民中的男子。这里指寻常的个人,普通的百姓。今成语有"天下兴亡,匹夫有责"。　志:意志,志向。

【译文】

孔子说:"一国的军队可以被夺去主帅,普通的百姓却不能强迫他改变志向。"

【点评】

孔子用对比的语句,强调人的志向的重要。大国军队,人多势众,在强大攻势下,由于种种原因,有可能被夺去主帅;而匹夫虽然只是一人,由于他有崇高的气节,坚定的志向和钢铁般的意志,任凭高压摧折,环境险恶,也不能使之屈服,放弃对真理的信仰。儒家崇尚人格的尊严,孟子豪迈地说:"富贵不能淫,贫贱不能移,威武不能屈。"

9.27　子曰:"衣敝缊袍[1],与衣狐貉者立[2],而不耻者[3],其由也与[4]?'不忮不求[5],何用不臧[6]?'"子路终身诵之[7]。子曰:"是道也[8],何足以臧[9]?"

【注释】

[1] 衣(yì):动词,穿。 敝:破烂,破败。 缊(yùn)袍:旧丝棉的袍子。缊,旧絮。古代没有草棉,"絮"指丝棉。

[2] 衣狐貉(hé)者:"者"字词组,作介词"与"的宾语,表示"……的人"。穿狐貉皮裘的人。衣,动词,穿。狐,狐狸,毛皮珍贵。这里指狐狸皮裘。貉,哺乳动物,外形似狐,尾较短,毛棕灰色。这里指貉皮裘。

[3] 不耻者:"者"字词组,不感到耻辱的人。其实从"衣敝缊袍"到"而不耻者"是一个大的"者"字词组,表示"……的人",作判断句主语。

[4] 其由也与:大概只有仲由吧?其,句首语气助词,表示委婉的测度语气,大概。也与,语气助词连用。全句作判断句谓语。

[5] 不忮(zhì)不求:不嫉妒,不贪求。

[6] 何用不臧(zāng):为什么不好?何用,即"用何"。因为什么。用,介词,引进行为的原因。何,疑问代词,作介词"用"的宾语而前置。"不忮不求,何用不臧"引自《诗经·邶风·雄雉》篇。

[7] 诵之:吟诵《诗经》上这两句诗。

[8] 是道:这是一种做人的道理。是,指示代词,这。指《诗经》两句诗的意义。

[9] 何足以臧:怎么够得上完好呢?何,疑问代词,作状语,怎么。足,副词,够得上。以,连词。连结状语与中心词。

【译文】

孔子说:"穿着破烂絮做的旧丝棉的袍子,与穿着狐貉皮裘的人站在一起,而又不感到羞耻的人,大概只有仲由吧?《诗经》上说:'不嫉妒,不贪求,为什么不好?'"子路把它当作终生箴(zhēn)言经常吟诵它。孔子说:"这固然是一种做人的道理,但又怎么够得上完好呢?"

【点评】

孔子所言,其主旨在于倡导有出息的士人应安贫乐道,不可一意追求物质享受。孔子所以称赞子路,正是因为他不以穿戴寒酸为羞辱,他所追求的是真理,他自信比衣着华丽的贵族及其子弟精神富有。况且老师教导子路要"士志于道",不以恶衣恶食为耻。子路忠心实践老师的教诲。但子路也受到批评和激励,指出不应局限于"是道",满足现状,沾沾自喜;而应放眼未来,树立大志,成就恢宏的伟业。

9.28　子曰:"岁寒[1],然后知松柏之后彫也[2]。"

【注释】

[1] 岁寒:一岁中到了寒冷季节。

[2] 彫(diāo):通"凋"。凋零,凋落。这里指树木落叶。何晏《集解》:"大寒之岁,众木皆死,然后知松柏小彫伤。平岁则众木亦有不死者,故须岁寒而后别之。喻凡人处治世亦能自修整,与君子同;在浊世然后知君子之正,不苟容。"

【译文】

孔子说:"一年中到了寒冷季节,然后才知道松柏树是最后落叶的。"

【点评】

这是一句古今传诵的格言。全章运用比喻。岁寒,比喻环境艰苦,形势险恶;松柏,比喻忠贞之士,像松柏巍然屹立,不向困难低头,不向邪恶屈服,顶天立地,坚守节操,在生死攸关面前经得起考验,所谓"士穷见节义,乱世识忠臣"。

9.29 子曰:"知者不惑[1],仁者不忧[2],勇者不惧[3]。"

【注释】

[1] 知者:"者"字词组,作主语,聪明的人。知,"智"的古字。聪明,智慧。

[2] 仁者:有仁德的人。 忧:忧愁,忧虑。

[3] 勇者:勇敢的人。 惧:畏惧,惧怕。 朱熹《集注》:"明足以烛理,故不惑;理足以胜私,故不忧;气足以配道义,故不惧。此学之序也。"

【译文】

孔子说:"聪明的人不疑惑,仁德的人不忧愁,勇敢的人不畏惧。"

【点评】

孔子推崇三种人,具有智、仁、勇的品德。《礼记·中庸》:"知、仁、勇,三者天下之达德也。"所谓"达德"乃普遍而全面的德行。智者不惑,是由于有丰富的知识和阅历,对社会的各种现象,有明晰的认识和理解。仁者不忧,因为仁德的人,实践己所不欲,勿施于人,能为他人着想,私欲少,所以达观,没有忧愁。勇者不惧,要作具体分析。在阶级社会里勇者是有区别的。如能伸张正义,为民除害,无所畏惧,这样的勇者才值得称赞。

9.30 子曰:"可与共学[1],未可与适道[2];可与适道,未可与立[3];可与立,未可与权[4]。"

【注释】

[1] 可与共学:即"可与〔之〕共学"。与,介词,其后省略宾语"之",指代一起学习的人。以下各句谓语动词前的"与"字均为介词,后面均省略介词宾语"之"。

[2] 适:动词,到〔某地〕去。《子路》篇:"子适卫。"引申为抽象意义的到达。

[3] 立:立足社会。将学得的道应用于立身处世之中。

[4] 权:本义指秤锤。用它来衡量轻重,引申为权宜,变通。

【译文】

孔子说:"可以跟他一起学习,但未必可以跟他一起达到道;可以跟他一起达到道,但未必可以跟他一起立足社会;可以跟他一起立足社会,但未必可以跟他一起通权达变。"

【点评】

本章讲述了学道的三个层次,由低级到高级,步步深化。第一步是学习。通过学习才能获得道。在学习过程中出现参差,一起学习的学友,不一定都能将道学到手。

第二步是应用道。在实践中应用所学的道。能将所学的道应用到立身处世之中,便能立足社会,不能应用的,便不能立足社会。第三步是变通。即使学好了道,也能立足社会,但还要求将学得的道,根据形势,灵活权衡,通权达变,这是学道的最高境界。

9.31 "唐棣之华[1],偏其反而[2]。岂不尔思[3]?室是远而[4]。"子曰:"未之思也[5],夫何远之有[6]?"

【注释】

[1] 唐棣(dì)之华:唐棣,植物名,一种果树。又写作"棠棣"、"常棣"。华,"花"的古字。一般树木开花,先苞后开,而唐棣开花则先开后合。

[2] 偏其反而:偏,通"翩"。反,同"翻"。翩翩,形容唐棣之花随风摇摆翻转的姿态。其,句中语气助词。而,句尾语气助词。

[3] 岂不尔思:即"岂不思尔"。否定句由代词充当宾语而前置。尔,第二人称代词,作宾语,你。岂(qǐ),副词,表示反问,难道。意为难道不想念你?

[4] 室是远:因为家住得太远。室,室家,住的地方。

[5] 未之思:即"未思之"。否定句代词宾语前置。之,指没有被想念的人。未,副词,作状语,可译为"没有"。意为从来就没有想念他。

[6] 夫:句首语气助词,表示要发议论,也叫发语词。 何远之有:即"有何远"。疑问代词"何"作"远"的定语,宾语"远"也提到谓语前。之,前置宾语的标志,语译时可以舍弃不译。意为有什么遥远呢?朱熹《集注》:"夫子借其言而反之,盖前篇'仁远乎哉'之意。"

【译文】

古诗上说:"唐棣树的花朵,翩翩地摆动翻转。难道我不想念你?只因为你家太远。"孔子说:"从来没有想念他,果真想念,有什么遥远呢?"

【点评】

这四句乃古代逸诗。前两句是诗的艺术手法"赋、比、兴"中的"兴"。开篇起兴引起下文。后两句的大意是我不是不想念你,只是因为你家太远。孔子批评说:你从来就没有想念人家,以家远作借口。正如有人说,我不是不喜欢仁,而是力量不足。孔子说的"夫何远之有",就是指仁德离我们并不遥远。他曾说:"仁远乎哉?我欲仁,斯仁至矣。"只要真心想修养仁德,那仁德便来到你的身边。

乡党第十

【本篇提要】

《乡党》篇共二十七节。主要内容是写孔子实践礼的方方面面,对了解孔子和礼的概貌很有价值。

篇中写孔子的主要活动,在朝廷彬彬有礼,谨言慎行。对国君、同僚各行其宜,行为举止恰到好处。尤其对待君命,不俟驾急行。对外交使命,尽心尽责,干练胜任。对国君的赏赐,感恩尽礼。从他的言行中真正体现"臣事君以忠"的信条。从中也深刻反映出君权的威严和君与臣之间那种主与仆的关系。连孔子都小心翼翼,有时甚至心有余悸!

写孔子在家乡、家居的生活,生动而形象地展示其生活的诸多细节。写他在家的谦和,家居的舒展,饮食的讲究。写他珍重朋友间情谊,对不幸者感同身受,极富同情心。马棚失火,急问人的安危,表现他人本主义思想。总之,《乡党》篇具有珍贵的文献价值。

10.1　孔子于乡党[1],恂恂如也[2],似不能言者[3]。其在宗庙朝廷[4],便便言[5],唯谨尔[6]。

【注释】

[1] 乡党:古代地方行政组织。按周制,一万二千五百家为乡,五百家为党。后以"乡党"借指家乡。
[2] 恂恂(xún xún)如:形容词,温和恭顺的样子。如,形容词词尾,增加形象化色彩,表示"……的样子"。以下"如"字与此同。
[3] 似不能言者:名词性"者"字词组,表示"……的人",好像是个不会说话的人。朱熹《集注》:"乡党,父兄宗族之所在,故孔子居之,其容貌辞气如此。"
[4] 宗庙:古时天子、诸侯、王公贵族祭祀祖先的场所。
[5] 便便(pián pián):形容词,指语言明晰畅达。
[6] 唯:范围副词,作状语,只是。　尔:句尾语气助词,表示限止语气。可译为"罢了"。

【译文】

孔子在家乡,温和恭顺,好像是个不会说话的人。他在宗庙和朝廷,说话明晰畅达,只是谨慎罢了。

【点评】

孔子在家乡和在宗庙、朝廷上言谈举止各异。在家乡,他平易近人,谦恭和顺,谨言慎行,表现一个学者在乡亲跟前应有的修养。在宗庙、朝廷则不同。宗庙祭祖,为表达对祖先的缅怀之情,不能缄口无语。在朝廷议政,关乎国家大事,要充分发表政见,而且严肃认真,把握分寸,谦虚谨慎。

10.2　朝[1],与下大夫言[2],侃侃如也[3];与上大夫言[4],訚訚如也[5]；君在，踧踖如也[6]，与与如也[7]。

【注释】

[1] 朝：动词，上朝的时候。

[2] 与(yǔ)：介词，跟，同。　下大夫：古代职官名。周王室及诸侯各国卿以下设上大夫、中大夫、下大夫。下大夫是大夫中较低的职官。

[3] 侃侃(kǎn kǎn)如：形容词，温和而快乐的样子。

[4] 上大夫：职官名。大夫中最高的一级。《朝非子·外储说左下》："故晋国之法，上大夫二舆二乘，中大夫二舆一乘，下大夫专乘，此明等级也。"

[5] 訚訚(yín yín)如：形容词，恭敬而正直的样子。

[6] 踧踖(cù jí)如：形容词，恭敬而不安的样子。

[7] 与与如：形容词，行步安舒的样子。

【译文】

孔子上朝时，同下大夫说话，温和而快乐的样子；跟上大夫说话，恭敬而和悦的样子；君主到了，恭敬而不安的样子，行步安舒的样子。

【点评】

孔子上朝，与下大夫、上大夫、君主各表现出不同的言语、仪态，这是符合周礼的。同下大夫说话，温和而快乐，比较自如，孔子也属下大夫一级。同上大夫说话，便有所不同，因为是对上级，所以要和悦而恭敬。至于君主到位，因为他是一国之君，与孔子属于君臣关系，言谈举止倍加严谨，不可疏忽。不仅仪态恭敬，而且还有一种不安的心理。这对我们了解那个时代等级森严的礼制是有认识价值的。

10.3　君召使摈[1]，色勃如也[2]，足躩如也[3]。揖所与立[4]，左右手[5]，衣前后[6]，襜如也[7]。趋进[8]，翼如也[9]。宾退，必复命曰："宾不顾矣[10]。"

【注释】

[1] 君召使摈(bìn)：相当于"君召使〔之〕摈"。"使"后省略兼语"之"，指孔子。召，召唤，特指上对下的召唤。摈，分化字。接待宾客。"宾"为名词，指宾客。接待宾客的人叫"傧"。用作动词，接待宾客，写作"傧"或"摈"。《说文》："傧，导也。或从手。""摈"同"傧"。

[2] 色：面目表情。　勃如：形容词，矜(jīn)持庄重的样子。

[3] 躩(jué)如：形容词，快步行走的样子。表示对君命的敬重。皇侃《义疏》引江熙注："躩，速貌也。"

[4] 揖(yī)：双手抱拳行礼。　所与立：名词性"所"字词组，作"揖"的宾语，"与"后省略介词宾语"之"，指孔子。指同孔子并立的人。

[5] 左右手：向左右拱手。左右，方位名词，作状语，向左，向右。手，用作动词，指拱手。

[6] 衣前后：衣裳随着作揖时身体俯仰而前后摆动。前后，方位名词，用作动词，向前向后摆动。

[7] 襜(chān)如：形容词，整齐的样子。朱熹《集注》："襜，整貌。"钱穆《新解》："襜如，整貌，衣裳摆动而不乱也。"

[8] 趋进：快步前进。趋，快步走，特指礼貌性的快走。《季氏》篇："〔孔子〕尝独立，鲤趋而

过庭。"是说孔鲤从父亲面前恭敬地快步走过。

[9] 翼如：形容词，快步的动作像鸟儿展翅一样端庄美好。

[10] 宾不顾：贵宾不再回头看了。意为已经走远了。顾，回头看。

【译文】

鲁君召见孔子，让他接待宾客。孔子表情现出矜持庄重的样子，脚步也快了起来。向同他并立的人作揖，向左拱手，向右拱手，衣裳随着作揖时身体俯仰而前后整齐摆动。快步向前走，姿态像鸟儿展开双翅一般端庄美好。宾客辞退以后，一定向国君回报说："宾客不再回头看望了。"

【点评】

本节生动地展示孔子的一次外交活动。从受命到复命，写他这次活动的全过程。受命之时，表情严肃而凝重，态度矜持而庄重，脚步也变得紧张而急速，充分表现他对君命的敬重和高度负责的精神。对与他一起工作的同事，作揖拱手，彬彬有礼，谦让和睦。其中着意写他接待宾客时"趋进"的细节，那种纯熟的仪态，颇像鸟儿展翅一般端庄而优美。宾客辞退，他热情相送，直至行远，而且必向君主复命，整体活动，善始善终。这一过程，充分显示出他对仪礼的精熟，并在实践中得到完美体现。

10.4　入公门[1]，鞠躬如也[2]，如不容[3]。立不中门[4]，行不履阈[5]。过位[6]，色勃如也，足躩如也，其言似不足者[7]。摄齐升堂[8]，鞠躬如也，屏气似不息者[9]。出，降一等[10]，逞颜色[11]，怡怡如也[12]。没阶[13]，趋进，翼如也。复其位[14]，踧踖如也[15]。

【注释】

[1] 公门：朝廷的正门。

[2] 鞠躬如：形容词，谨慎恭敬的样子。注意："鞠躬"不当弯腰曲身讲。弯腰曲身、弯腰行礼为后起义。

[3] 如不容：像没有容身之地。朱熹《集注》："公门高大而若不容，敬之至也。"

[4] 立不中门：站立时不站在门的中间。中门，相当于"中〔于〕门"，在门的中间。朱熹《集注》："君出入处也。为臣不能在此站立。"

[5] 行不履阈(yù)：行走时不能踩门坎。履，动词，践，踩。战国以前，"履"只用作动词；战国以后，引申为鞋义。今成语有"削足适履"。阈，何晏《集解》引孔安国注："阈，门限。"即门坎。

[6] 过位：经过君主的坐位。经过之时，君主不在，坐位是空的。虽为空位，也要表现出恭敬的神态。

[7] 其言似不足者：他说话像气力不足似的。其，指示代词，指孔子。

[8] 摄齐(zī)：提起衣服的下摆。摄，提起。齐，缝了边的衣裳下摆。据礼，将升堂，两手提衣，离地一尺，以防踩衣跌倒失容。

[9] 屏(bǐng)气：憋着气息。屏，抑制，抑止。息，呼吸时进出的气。这里用作动词，呼吸。

[10] 等：台阶的层级。《吕氏春秋·召类》："土阶三等，以观节俭。"

[11] 逞(chěng)：解除，放松。　颜色：面容，容貌。

[12] 怡怡(yí yí)如：形容词，怡然自得的样子。

[13] 没(mò)阶：走完了台阶。没，尽，终。

[14] 复其位：回到自己的位置。

[15] 踧踖(cù jí)：恭敬而不安的样子。

【译文】

　　孔子走进朝廷的正门，谨慎恭敬的样子，好像没有自己容身的地方。他站立时不站在门的中间，行走时不踩门坎。经过君主的座位，表情立刻庄重，脚步也加快起来，说话像气力不足似的。提起下摆，登阶升堂，表现恭敬谨慎，憋着气息好像不能呼吸似的。走了出来，下了一级台阶，面容便放松，显出怡然自得的样子。下完了台阶，快步前进，就像鸟儿舒展双翅一样端庄美好。回到自己的位置上，表现恭敬而不安的样子。

【点评】

　　孔子从进朝到复位，种种表现，历历在目。他一进朝门，便谨慎而恭敬，如无容身之地。君主所过之门，他从不站立。经过君位，即使是空位，也立刻改变心态、举止，连说话都像没有气力。提摆升堂，紧张得屏住呼吸。即便复位，还有所不安。

　　孔子的心态，举止，说明两个问题：一则表明孔子对君主敬重而敬畏，行君臣之礼一丝不苟，忠诚不二；一则表明等级制度森严，君权的严厉，对臣民实行专制统治。这一节具有较深的认识价值。

　　10.5　执圭[1]，鞠躬如也，如不胜[2]。上如揖[3]，下如授[4]，勃如战色[5]，足蹜蹜如有循[6]。享礼[7]，有容色[8]。私觌[9]，愉愉如也[10]。

【注释】

[1] 圭(guī)：古代的一种玉器，长条形，上圆，或剑头形，下方。举行典礼时君臣都执圭，不同身份的人手执不同的圭。使臣聘问邻国，执君主之圭作为信物。

[2] 如不胜(旧读 shēng)：好像拿不动似的。胜，动词，经得住，能承受。手持轻圭如不胜，表示敬慎。《礼记·曲礼下》："凡执主器，执轻如不克。"

[3] 上如揖：执圭向上好像在作揖。上，向上。方位名词，作状语。标明向上举圭的位置。

[4] 下如授：执圭向下好像交给别人。按古礼，执圭的位置有严格规定：执圭一般与心平，上位如作揖，下位如授物。过高过低均失礼。

[5] 勃如：改变面色。　战色：呈现战战兢兢的表情。

[6] 蹜蹜(suō suō)：同"缩缩"。小步走路，踵趾相接，每迈一步，微抬前趾，脚不离地，拖着后踵而行。《礼记·曲礼下》："〔执主器〕行不举足，车轮曳踵。"指脚像车轮一样不离地，蹭地而行。　如有循：好像沿着一条线走。循，顺着，沿着。

[7] 享礼：古代诸侯派遣使臣出国访问叫聘问，到达访问的国家，便首先举行聘问礼。前面"执圭"一段文字便是举行聘问礼时孔子行礼的仪态。聘问礼以后，举行献享之礼，即"享礼"，使臣将带来的礼品陈列满庭。享，进献。

[8] 容色：和颜悦色。

[9] 私觌(dí)：指以私人身份和外国君臣会见。觌，会见。

[10] 愉愉如：形容词，轻松愉快的样子。

【译文】

　　孔子出使外国。在举行聘问之礼的时候，他手持玉圭，恭敬谨慎，好像拿不动的样子。执圭向上，好像在作揖；执圭向下，又好像在交给别人。表情矜持庄重，小步行走，微抬前趾，拖着后踵，好像沿着一条直线前行。举行献礼的时候，满脸笑容。以私人身份和外国君臣会见，显得轻松愉快。

【点评】

前文记述孔子接待外宾的外事活动,是在国内;这次是行聘问之礼,是在国外。这次活动展示了春秋时代诸侯间的聘问之礼。具体记述了三项礼仪:聘问之礼,献享之礼以及私人会见之礼。其中以聘问之礼为重。通过孔子在典礼上的表现,我们了解到许多这方面的知识。孔子执君圭,如不胜,表示谨慎敬重。执圭的行为举止有礼的要求,上下的位置有严格规定。双足小步沿直线行走,也都有行为规范。孔子行礼完全到位。可贵之处,展示了许多形象化细节。后两项礼记述简括,也都有所交代。

10.6　君子不以绀緅饰[1],红紫不以为亵服[2]。当暑,袗絺绤[3],必表而出之[4]。缁衣[5],羔裘[6];素衣,麑裘[7];黄衣,狐裘[8]。亵裘长[9],短右袂[10]。必有寝衣[11],长一身有半[12]。狐貉之厚以居[13]。去丧[14],无所不佩。非帷裳[15],必杀之[16]。羔裘玄冠不以吊[17]。吉月[18],必朝服而朝[19]。

【注释】

[1] 绀緅(gàn zōu):绀,色彩名。一种深青透红的颜色。緅,色彩名。一种黑中透红的颜色,比"绀"黑多红少,更显得暗些。古代礼服用黑色,上面两种颜色近黑,所以不用它们给衣领衣袖镶边。　饰:边饰。用作动词,做边饰,镶边。

[2] 红紫不以为亵(xiè)服:即"不以红紫为亵服"。为强调介词宾语"红紫"而前置。意为红色紫色不用来做平常在家穿的衣服。红,古今词义不同,上古汉语指浅红,正红是"朱"色,都是很贵重的颜色。紫,与"红"相近,也是很贵重的颜色。"红"与"紫"是正服之色,不能用来做亵服。　亵服:指家常衣服。

[3] 袗(zhěn):单衣。这里用作动词,指穿单衣。　絺(chī):细葛布。　绤(xì):粗葛布。

[4] 表:穿在外面的衣服。这里用作动词,穿在外面。　而:连结动词"表"与"出"的连词。出:出门在外。

[5] 缁(zī)衣:黑色的罩衣。

[6] 羔裘:黑色羊羔皮袍,即今天的紫羔。古代讲究里外衣服的颜色相搭配,那时穿皮衣毛朝外,所以外面要穿罩衣,这罩衣叫裼(xī)衣。穿黑色的皮袍,外面配上黑色的罩衣。

[7] 麑(ní)裘:白色小鹿皮袍。麑,小鹿,其毛白色,所以外面配以素衣,即白色的罩衣。

[8] 狐裘:黄色狐狸皮袍。外面配以黄色罩衣。

[9] 亵裘长:在家穿的皮袄要长一些,是为了保暖。古代男子上身穿衣,下身穿裳。"裳"是裙子,古代男子也穿裙。"衣"和"裳"不相连,所以上身穿的皮袄可以长些。

[10] 短右袂(mèi):使右袂短,把右边的袖子做短些。短,形容词的使动用法,使……短。袂,袖子。袖子短是为了做事方便。

[11] 寝(qǐn)衣:被子。古代大被叫"衾(qīn)",小被叫"被"。

[12] 长一身有半:指一身半长。有,用于整数与零数之间的助词。

[13] 狐貉(hé)之厚:指狐貉皮毛长。貉,哺乳动物,外形似狐而较胖,尾较短,毛棕灰色。厚,指厚毛。　以居:即"以〔之〕居",用狐貉厚毛做坐垫。以,介词,用。居,坐。这里指做坐垫。

[14] 去丧:离开丧期,即丧期已满。古制一般服丧三年,也有缩短为一年,墨子则服丧三月,所谓"薄葬短丧"。

[15] 帷裳:上朝或祭祀穿的礼服。用整幅布做成,不加剪裁,多馀的布加以折叠,像百

褶裙。

[16] 杀(shài)之：裁去多馀的布。杀，减少，裁掉。因不是礼服，在缝制之前便把多馀布裁掉，省工省料。

[17] 玄冠：黑色礼帽。玄，黑色。因为"羔裘玄冠"都是黑色，黑色是吉服色，丧乃凶事，所以不能穿戴它们去吊丧。

[18] 吉月：每月初一。又程树德《论语集释》释"吉"为"始"义，吉月为正月。

[19] 必朝服以朝：一定穿上上朝的礼服去上朝。

【译文】

君子不用深青透红或黑中透红的颜色给衣领衣袖镶边，不用红色紫色做平常在家穿的衣服。正值夏天，穿粗的或细的葛布单衣，出门在外，里边一定穿上衬衣，葛布单衣穿在外边。黑色罩衣，内配紫羔皮袍；白色罩衣，内配小鹿皮袍；黄色罩衣，内配狐狸皮袍。平时在家穿的皮袄做得要长些，右边的袖子做得要短些。睡觉一定有被子，要有一身半长。用毛厚的狐貉皮做坐垫。服丧期满，脱下丧服，什么样的装饰品都可以佩戴，如果不是上朝或祭祀穿的礼服，一定要裁去多馀的布料。紫羔皮袍和黑色礼帽不能穿戴它们去吊丧。每月初一，一定要穿着上朝的礼服去上朝。

【点评】

本节生动地叙述了春秋时代相关的服制与礼制。当时的服制是深受礼制制约的。诸如：不能用黑色和近乎黑色的布给衣领衣袖镶边，因为黑色是礼服之色。红与紫的颜色与正红的朱色较为贵重，不用来做家居的衣服。夏天穿的单衣是用葛布做的，那时尚无草棉。出门时里面必穿衬衣，外穿葛布衣，因为遮体要严。古代里外衣服的颜色讲究一致，黑色罩衣，内配紫羔皮袍等等。现代汉语复音词"衣裳"，是指衣服。古代不同，古代上衣叫"衣"，下衣叫"裳"。"裳"是裙子，古代男子也穿裙。平时在家穿的皮袄，为保暖，做得长些；为便于做事，右袖做得短些。古代为亲人服丧，一般要三年，期满后什么饰物都可以佩戴。黑色既然是吉服，就不能穿戴紫羔玄冠去吊丧。朝臣每逢初一必穿朝服上朝面君。所有这些给我们增加许多古代服制和礼制方面的知识。

10.7　齐[1]，必有明衣[2]，布[3]。齐必变食[4]，居必迁坐[5]。

【注释】

[1] 齐(zhāi)：通"斋"。动词，斋戒。古人在祭祀或其他典礼之前整洁身心，不喝酒，不吃荤，不与妻妾同居，以示诚敬。

[2] 明衣：浴衣。斋戒时沐浴用的浴衣。

[3] 布：古今质料有别。古代没有草棉，布指麻布、葛布。今天的布是指棉、麻、棉型化学短纤维织物和混纺织物的统称。这里用作动词，用布制作。

[4] 变食：改变平日的饮食。斋戒之日不饮酒，不吃荤腥，不吃葱、蒜、韭等浓烈气味的蔬菜。

[5] 居：指住处。　迁坐：由内屋迁移到外屋，即由燕寝迁移到正寝。古代上层统治者平时和妻室居住燕寝，斋戒时则迁居正寝，不与妻室同房。

【译文】

斋戒，沐浴时一定要有浴衣，用布做的。斋戒时一定要改变平时的饮食，

论语全解

居住也一定改换地方〔,到外屋去住〕。

【点评】
　　古代大事有祭祀与戎之说。祭祀既然是大事,那么祭祀前的斋戒就势必严肃而庄重。斋戒是祭祀前洁净身心的准备活动,要求沐浴更衣,不吃荤腥,与妻室分居,以示斋戒者的虔诚。只有发自内心的虔诚,才能收到所谓感应之效。

　　10.8　食不厌精[1],脍不厌细[2]。食饐而餲[3],鱼馁而肉败[4],不食。色恶[5],不食。臭恶[6],不食。失饪[7],不食。不时[8],不食。割不正[9],不食。不得其酱[10],不食。肉虽多,不使胜食气[11]。唯酒无量,不及乱[12]。沽酒市脯不食[13]。不撤姜食[14],不多食。

【注释】
[1] 食不厌精:粮食不满足舂得精,即舂得越精越好。食,指粮食。厌,满足。精,精华,精粹。
[2] 脍(kuài)不厌细:鱼和肉不满足切得细,即切得越细越好。脍,切得很细的鱼或肉。
[3] 饐(yì):形容词,食物经久而发臭。餲(ài):形容词,食物放久而变味。
[4] 馁(něi):鱼腐烂。　败:肉腐烂。
[5] 色恶(è):颜色变坏。
[6] 臭(xiù)恶:气味难闻。臭,古今义有别:古义泛指气味,包括好闻的,难闻的。后词义缩小,专指难闻的气味。
[7] 失饪(rèn):烹调失当。饪,做饭菜。
[8] 不时:不是吃饭的时候。古时一日三餐,朝、日中、夕。《吕氏春秋·尽数》:“食能以时,身必无灾。”
[9] 割不正:不按正确方法宰割。割,指按一定方法分解猪、牛、羊等的肢体。
[10] 不得其酱:没有得到合适的酱。酱,种类很多,如肉酱、芥酱等。古人吃鱼吃肉都要佐以合宜的酱。如吃鱼,佐以芥酱。何晏《集解》引马融注:“鱼脍,非芥酱不食。”
[11] 胜:胜过,超过。　食气(sì xì):饭料,粮食,主食。气,繁体作“氣”,“餼”的古字。指赠送人的粮食,后泛指粮食。
[12] 乱:神志昏乱,指酒醉。高亨《周易·古经今注》:“乱者神志昏乱也。”
[13] 沽(gū):通“酤”。动词,买。　市:亦买义。　脯(fǔ):熟肉干。
[14] 不撤姜食:即不撤掉姜。

【译文】
　　粮食舂得越精越好,鱼和肉切得越细越好。饭食放久了变味发臭,鱼和肉腐烂了,都不吃。食物的颜色变坏了,不吃。气味难闻了,不吃。烹调失当,不吃。不到进餐的时候,不吃。肉不按正确的方法宰割,不吃。没有得到合宜的酱,不吃。席上的肉虽多,但吃它不能超过主食的量。只有酒不限量,但不至于喝醉。买来的酒和肉干不吃。虽不撤掉姜,也不多吃。

【点评】
　　本节详细介绍了饮食的方方面面,罗列了八不吃,表明孔子对饮食卫生十分注重。从养生角度看,孔子的八不吃,多数是合理的,对健康是有益的。从另外角度看,当时广大劳动群众生活极为贫困,尚无温饱可言,饥不择食,哪能奢谈八不吃,怎敢奢望桌上肉多酒盈。我们应该历史地看待这个问题,孔子当时属于大夫阶层,应该享有合乎身份的待遇,对此应有正确的理解。

10.9　祭于公[1],不宿肉[2]。祭肉[3],不出三日[4]。出三日,不食之矣。

【注释】

[1] 祭于公:〔孔子〕参加国家的祭祀典礼。于公,介宾词组,作补语,表示祭祀的规格。公,国家或集体,这里指国家。国君举行祭典,孔子助祭。

[2] 不宿肉:不把祭肉留到第二天。宿,动词,隔夜。古代大夫、士都能参加国君举行的祭祀,为助祭,而且携带助祭之肉。天子、诸侯的祭祀,当天清早便宰杀牲畜,然后举行祭典。第二天又祭祀一次,叫作"绎(yì,连续)祭"。绎祭以后,助祭者可以把助祭之肉带回,而且还能分到天子、诸侯的祭肉。这些祭肉仍要往下分,以广授神惠。因宰牲已两日,况且不能拖延神惠,所以分赐祭肉不得过宿。

[3] 祭肉:这里指家祭用过的肉。

[4] 不出三日:不能超过三天。出,超出,超过。

【译文】

　　参加国家的祭祀典礼,不能把祭肉留到第二天。家祭的祭肉也不能超过三天。超过三天,便不能吃它了。

【点评】

　　本节介绍了古代的助祭制度。大夫、士都可以参加国君举行的祭典。特别提及对祭肉的处理。祭肉象征神惠,神把恩惠渗入祭肉中,让群臣分享。这不仅是口腹之福,而是通过这种形式,把神、君的恩惠赏赐臣下,像纽带一样,密切君臣之间的关系。

10.10　食不语[1],寝不言[2]。

【注释】

[1] 食不语(yù):吃饭的时候不交谈。食,动词,吃饭。语,与别人交谈。

[2] 寝不言:睡觉的时候不说话。寝,动词,睡觉。今成语有"废寝忘食"。言,与"语"词义有别:"言"指一般的说。"语"指与别人交谈。

【译文】

　　吃饭的时候不交谈,睡觉的时候不说话。

【点评】

　　这是孔子良好的生活习惯,也是人们养生的格言,一直承传至今。吃饭应该静静用餐,以利消化,符合饮食卫生的要求。睡眠不再讲话,以免兴奋,延迟入睡,从而保证睡眠质量。

10.11 虽疏食菜羹[1]，必祭[2]，必齐如也[3]。

【注释】

[1] 虽：连词，表示让步，虽然。　　疏食：粗米饭。疏，形容词，粗糙，粗劣。　　菜羹：带汁的菜，是穷人所食，也不是后代的汤。羹，上古指带汁的肉。《左传·隐公元年》："公赐之食。食舍肉。"郑庄公招待颍考叔羹食，他把肉挑出来留给老母。因为老母"未尝君之羹"。可见羹不是汤。中古以后羹才有汤义。王建《新嫁娘》诗："三日入厨下，洗手作羹汤。"

[2] 必祭：一定要祭祀。唐石经作"瓜祭"，指用瓜作祭品。这类祭祀是饭前将席上的食品少量取出，放在食器中间，祭祀最初发明饮食的人。

[3] 齐（zhāi）如：形容词，像斋戒一样。如，形容词词尾，表示"……的样子"。

【译文】

虽然是粗米饭、蔬菜羹，也一定要祭上一祭，而且一定要像斋戒一样严肃认真。

【点评】

古代祭祀盛行，祭祖，祭神，祭自然，不外是报恩、求福、保平安。祭祀的范围相当广泛，这里是饭前祭祀，不论吃好吃赖都要祭。主要是感激最初发明饮食的人，缅怀他们的功德，告诫人们饮食来之不易，切勿忘本。

10.12 席不正[1]，不坐[2]。

【注释】

[1] 席：席子。古代没有今天的椅子、凳子，地上铺席，人们坐在席子上。席子一般用蒲苇、竹篾、草等为质料。如今朝鲜、韩国、日本还保留古代席地而坐的习惯。邢昺《注疏》："凡为席之礼，天子之席五重，诸侯之席三重，大夫再重。"　　正：端正。坐席要摆正，才符合正席之礼。本篇第十六节："君赐食，必正席先尝之。"朱熹《集注》："圣人心安于正，故于位之不正者，虽小不处。"

[2] 坐：古今坐的姿势有别，古人席地而坐，坐时两膝着地，臀部压在脚跟上。

【译文】

坐席不端正，不坐。

【点评】

古代坐席的安排要符合礼制。坐席要整洁端正，以表示恭敬。坐席的质料、样式、规格以及摆放的方位是分尊卑贵贱的，象征等级秩序。席子不端正不能入坐，必摆正然后坐，这已经形成了古人的一种修养。

10.13 乡人饮酒[1]，杖者出[2]，斯出矣[3]。

【注释】

[1] 乡人饮酒：指古代乡饮酒礼。周代乡学三年业成，选择德艺优异的推荐给诸侯，临行

时乡大夫设酒宴相送。这里指地方官按时举行的一种敬老仪式,乡亲们聚会饮酒。
[2] 杖者:"者"字词组,作主语,表示"……的人",拄手杖的人。《礼记·王制》:"五十杖于家,六十杖于乡,七十杖于国,八十杖于朝。"古代在乡里六十岁的人就可以拄杖。宴饮时以年纪为序,年纪最大者坐上席。
[3] 斯:承接连词,则。 何晏《集解》引孔安国注:"乡人饮酒之礼,主于老者,老者礼毕出,孔子从而后出。"

【译文】

参加乡人饮酒之礼,宴饮完毕,等老年人出去以后,自己才出去。

【点评】

敬老爱幼是中华民族的优良传统。古代有乡饮酒礼制度,按时由地方官主持这种宴饮,这是一种敬老仪式,为历代所传承。宴饮时以年纪为序,年纪最大者坐上席。古制规定,在乡里六十岁便可以拄杖,享受老年待遇。孔子参加乡饮酒礼,宴饮完毕,要等老人全出去,他才出去,以身作则,表示对长者的敬重。

10.14　乡人傩[1],朝服而立于阼阶[2]。

【注释】
[1] 傩(nuó):古代迎神以驱逐疫鬼的民俗活动。据《周礼·夏官·方相氏》记载:"掌蒙熊皮,黄金四目,玄衣朱裳,执戈扬盾,帅百隶而时傩。"意为方相氏的职务是蒙着熊皮,戴着黄金四目的假面具,穿着黑色上衣和大红的裙子,举着戈盾,率领众隶,驱逐疫鬼。
[2] 朝服:动词词组,穿着朝服。 阼(zuò)阶:东面的台阶。

【译文】

乡人举行迎神以驱逐疫鬼的宗教仪式,孔子穿着朝服站在东面的台阶上。

【点评】

本节写孔子参加的一次民俗活动。在科学尚不发达的古代,有了瘟疫灾情,人们认为是疫鬼作祟,于是迎神以逐疫鬼。这种民俗在解放前的湖南犹存,名之曰"冲傩"。随着社会的进步,科学的普及,将会逐渐消失。当时孔子参加了这一活动,他身穿朝服,站在庙堂的东阶上,表明他平易近人,入乡随俗,尊重民众的态度。

10.15　问人于他邦[1],再拜而送之[2]。

【注释】
[1] 问人于他邦:〔托人〕到别的国家问候人。问,问候,慰问,也包括送礼表达情意。他,旁指示代词,可译为"别的",不是第三人称代词。邦,古代诸侯的封国,后泛指国家。"邦"与"国"是同义词,但"邦"不当"国都"讲。
[2] 再拜:拜了两次。再,副词,作状语,两次,第二次,不同于现代汉语的"再",不当"又"讲。《左传·庄公十年》:"一鼓作气,再而衰,三而竭。"第一通鼓,士气大振;第二通鼓,士气有所减弱;第三通鼓,士气衰竭。"再"用在一、三之间,表示第二次。拜,古代表

示敬意的一种礼节。行礼时两膝跪地,两手抱拳,低头至手,与心平。 之:指受托付的使者。拜送使者也表示对友人的敬意。

【译文】

托人向在外国的朋友问候送礼,向受托付的人拜两拜送行。

【点评】

孔子托人向在别国的朋友问候送礼,表明珍重朋友之间的友谊。古代问候之礼不限于言辞,还要送一定的礼物,以表心意。从孔子对受托者的态度看,他是非常注重礼节的,对受托者拜了两拜。这不仅仅是对受托者的感谢,也是对问候之友的敬重。

10.16　康子馈药[1],拜而受之[2]。曰:"丘未达[3],不敢尝。"

【注释】

[1] 康子:季康子,姓季孙,名肥,"康"是谥号。鲁哀公时的正卿,是鲁国最有权势的人。馈(kuì):赠送,送给。
[2] 受之:接受了赠送的药物。
[3] 达:通达,了解。这里指了解药性。

【译文】

季康子赠送孔子药物,孔子拜谢,接受了药。说:"我对药性还不了解,不敢尝用。"

【点评】

我们通过此章,可以了解那时的馈赠之礼:古代凡属馈赠,接受者必先行敬拜之礼,如果是食品,还要尝一尝,以示感谢之意。此次赠送乃是药品,所以只拜不尝。从中可以了解孔子严谨的生活态度和直爽的性格:药物直接影响人的健康,在不了解药性的情况下,不能轻易尝用,孔子坦率地说明不尝的原因。

10.17　厩焚[1]。子退朝,曰:"伤人乎?"不问马[2]。

【注释】

[1] 厩(jiù):马棚,泛指牲口棚。《墨子·非攻上》:"至入人栏厩,取人马牛者。"
[2] 不问马:马与人相比,以人为重,所以不问马。朱熹《集注》:"非不爱马,然恐伤人之意多,故未暇问。盖贵人贱畜,理当如此。"另一说,此处标点作:"伤人乎?""不(通否)。"问马。

【译文】

马棚失火。孔子从朝廷回来,忙说:"伤人了吗?"没有问马。

【点评】

孔子退朝,见到家里马棚失火,便急忙问伤人没有,而不问马。他并非不心疼马,也不是不惋惜马棚失火,而是把人的安危放在首位。人与牲畜相比,当然以人为贵。这一事件表现了孔子人本主义思想和"仁者爱人"的精神。

10.18　君赐食[1],必正席先尝之[2]。君赐腥[3],必熟而荐之[4]。君赐生[5],必畜之[6]。侍食于君[7],君祭[8],先饭[9]。

【注释】

[1] 赐(cì):指上对下赏赐,给予。　食:这里指熟食。

[2] 正席:摆正坐席,端正坐姿。　先尝之:先尝一尝国君赏赐的食物。赐食先尝是一种礼节,表示敬君之惠。

[3] 腥(xīng):生肉。

[4] 熟:动词,做熟。　荐(jiàn):进供,进奉。　朱熹《集注》:"熟而荐之祖考,荣君赐也。"

[5] 生:指活物。

[6] 畜(xù):饲养。

[7] 侍(shì)食:在国君旁边陪食。

[8] 君祭:君主进行饭前的祭祀。

[9] 先饭:〔孔子〕先吃饭,不吃菜。饭,用作动词,吃饭。何晏《集解》引郑玄注:"于君祭,则先饭矣。若为君尝食然。"

【译文】

君主赐给饭食,孔子一定摆正坐席先尝一尝。君主赐给生肉,一定做熟了进供祖先。君主赐给活物,一定把它饲养起来。陪君主吃饭,君主进行饭前祭祀时,自己先吃饭。

【点评】

本节集中叙述孔子对君主的态度。君主赐给饭食,他必郑重地正席先尝;赐给生肉,他必做熟供奉祖先;赐给活物,他必定饲养起来。对君主赐给的不同赐物,他都能给予恰当处置。从他对待君主赐物的态度上,充分表现了他对君主是尽忠、尽心和尽礼的,实践了他所提出的"臣事君以忠"的信条。

10.19　疾[1],君视之[2],东首[3],加朝服[4],拖绅[5]。

【注释】

[1] 疾:动词,〔孔子〕病了。古代汉语一般的病叫"疾",重病叫"病"。

[2] 视:探视,探问。

[3] 东首:头朝东。孔子有病卧床,君主来探视,从东面的阼阶上来。阼阶本是主人上下的台阶,因为君主是全国的主人,所以从阼阶上下。按古礼,室内以西面为尊,君主入室,必背西面东,孔子头朝东来迎接君主。

[4] 加朝服:等于说"加朝服〔于身〕"。是说孔子卧病在床,不能穿朝服,只能将朝服盖在身上,以行见君之礼。

[5] 拖绅(shēn):拖着大带。绅,古代大夫、士穿礼服时系在腰间的大带。卧床不能系腰,

但也要放在身上,有一段拖下来。

【译文】

孔子病了,国君来探视他,他头朝东,身上盖着上朝的礼服,还拖着一条大带。

【点评】

孔子卧病,君主来探视,孔子仍以君臣之礼迎接。他头朝东,恭候君主。虽卧病在床,也要像上朝面君一样对待。不能身穿朝服,便把朝服象征性地盖在身上,还要加上系腰的大带。通过这些细节,深刻反映了古代君臣之间的关系,君臣之礼多么严格! 也表现了孔子行臣之礼又是多么严肃认真!

10.20 君命召[1],不俟驾行矣[2]。

【注释】

[1] 君命:君主的命令。   召:召唤,呼唤。特指上对下的召唤。
[2] 俟(sì):等待。   驾:动词,把牲口套在车上使拉,即套车。   行:徒步而行。

【译文】

君主有命令召唤,孔子不等套好车,立刻动身。

【点评】

君命召唤孔子,这突然召唤,必有要事。孔子闻命,不等套好车,不顾奔走疲劳,为争取时间,立刻动身,徒步而行。充分表现了孔子对国事极为关心而忘我赴命的精神。

10.21 入太庙[1],每事问[2]。

【注释】

[1] 入太庙:《八佾》篇作“子入太庙”。“太庙”是帝王的祖庙。古代开国君主称太祖,太祖之庙称太庙。
[2] 每事问:每件事都要问一问。

【译文】

孔子进入太庙,每件事都要问一问。
此节已见《八佾》篇第十五章。

10.22 朋友死,无所归[1],曰:“于我殡[2]。”

【注释】

[1] 无所归:没有归属的亲人。所归,名词性“所”字词组,作“无”的宾语,指所归属的

亲人。

[2] 于我：介宾词组，作状语，由我。　殡(bìn)：停放灵柩(jiù)。把灵柩下葬也叫殡。这
里指所有丧葬事务。

【译文】

朋友死了，没有亲人给他安葬，孔子说："由我来操办丧事。"

【点评】

朋友死后，没有亲人为他安葬。孔子慷慨承诺，由他来操办全部丧事。从这件事
看，孔子是位善良、重情重义的人。一般说来，生前尽到朋友情谊，死后追思悼念也算
可以了，而孔子却包揽了全部丧事，足见孔子是位珍重友谊、实心实意的真朋友。

10.23　朋友之馈[1]，虽车马[2]，非祭肉，不拜[3]。

【注释】

[1] 馈(kuì)：馈赠，赠送。这里用作名词，指赠送的礼品。
[2] 虽：连词，表示让步，可译为"即使"。
[3] 不拜：不行拜礼。车马虽是贵重赠品，但比祭肉为轻。因为祭肉乃是祭祀祖先的祭
品，与孝道相关，所以要拜。朱熹《集注》："朋友有通财之义，故虽车之重，不拜。祭肉
则拜者，敬其祖考，同己亲也。"

【译文】

朋友赠送的礼品，即使是车马，如果不是祭肉，〔孔子接受的时候，〕也不
行拜礼。

【点评】

朱熹《集注》说的"朋友有通财之义"。是指古代朋友之间有互赠礼品的风俗，即
使像车马这样贵重礼品，不是祭肉，而不行拜礼。祭肉不同，因为祭肉是祭祖的祭品，
视馈赠者的祖先为自己的亲人，所以必拜。其中包涵孝亲敬祖之义，此乃仁学之本，
更要下拜。

10.24　寝不尸[1]，居不客[2]。

【注释】

[1] 寝：睡觉。　尸：用作动词，像死尸一样直挺。何晏《集解》引包咸注："偃卧四体，布展
手足，似死人。"
[2] 居：坐。这里指平时休闲在家。　客：用作动词，像做客或待客一样拘谨。"客"本作
"容"，《经典释文》、《唐石经》校订为"客"。

【译文】

孔子睡觉不像死尸一样直挺挺躺着，休闲在家也不像做客或待客一样
拘谨。

【点评】

本节叙述孔子生活的一个侧面。写他睡觉自然,不直挺挺的。在家闲居恬静舒展,正如《述而》篇所说"子之燕居,申申如也,夭夭如也",不像做客或待客那样拘谨。他在不同场合,都体现礼的要求。在家乡,亲和谦让;在朝廷,礼仪严谨;在学校,庄重温和,充分表现仁者应有的气质和风度。

10.25　见齐衰者[1],虽狎[2],必变[3]。见冕者与瞽者[4],虽亵[5],必以貌[6]。凶服者式之[7]。式负版者[8]。有盛馔[9],必变色而作[10]。迅雷风烈必变[11]。

【注释】

[1] 齐衰(zī cuī):孝服,五服之一,以粗麻布制成,因缉边缝齐,所以叫"齐衰"。
[2] 狎(xiá):亲近,亲热。《礼记·曲礼上》:"贤者狎而敬之。"
[3] 必变:一定改变态度,表示同情。
[4] 冕:古代帝王、诸侯、卿大夫所戴的礼帽,后专指王冠。今成语有"冠冕堂皇"。　瞽(gǔ):动词,眼瞎。
[5] 亵(xiè):常见,熟识。
[6] 必以貌:等于"必以貌〔待之〕"。一定用礼貌〔对待他们〕。
[7] 凶服:用作动词,穿丧服。　式:"轼"的古字。古代车厢前横木,供乘者凭扶。这里用作动词,用手扶轼。扶轼也是古代的一种礼节,身子向前微俯,表示敬意或同情。
[8] 负版者:背负国家图籍的人。版,方形木板,指国家图籍,如地图、户籍等。
[9] 盛馔(zhuàn):丰盛的饭食。馔,饭食,菜肴。
[10] 变色:改变神色。色,神色,面目表情。　作:站起来。表示敬意。
[11] 迅雷:迅疾的雷。　风烈:相当于烈风,大风。　必变:改变态度,表示敬畏。

【译文】

孔子看到穿孝服的人,即使是亲近的人也一定改变态度,表示同情。看到戴着礼帽和眼睛瞎了的人,即使常见,也一定用礼貌对待他们。在车上遇到穿丧服的人行轼礼。对背负国家图籍的人也行轼礼。遇有人家以丰盛的饭食款待,一定和颜悦色,站起身来,表示谢意。遇到雷霆、大风,一定改变态度,表示敬畏。

【点评】

孔子这些"必变",表示他对不同境遇的人以礼相待的态度。他见到服丧者和盲人,感同身受,深表同情,联想到他食于有丧者之侧就从来没有吃饱过。他对冕者和负版者表示敬意,因为他们是为国事操劳。应邀做客,对主人盛情款待,立即起身,表示深深谢意。上述行事反映了孔子的仁爱思想和同情心,也反映了他对国事的关切和忠心,可以说这些"必变"处处体现礼的要求。

10.26　升车[1],必正立,执绥[2]。车中,不内顾[3],不疾言[4],不亲指[5]。

【注释】

[1]升车：上车。升，升高。古代车体高，要借助绥带登车，所以用"升"来表达。
[2]执：握持。　绥（suí）：上车时用来握持的扶手带子。
[3]内：向内，向里边。　顾：回头看。
[4]疾言：很快地说话。疾，急速，快速。今成语有"疾言厉色"。
[5]亲指：亲自用手指点。"亲"作"指"的状语，表示行为的方式。

【译文】

　　孔子上车，一定端端正正地站立，用手握着扶手带，〔然后登上车去。〕在车中，他不向内回顾，不很快地说话，不用手指指点点。

【点评】

　　本节写孔子乘车之礼：上车时必端正站立，上车后做到"三不"，即不向车里张望，不急着高声讲话，不用手指指点点，谨言慎行，约己甚严。这些细节表明孔子处处注重礼仪，有很高的品德修养。

　　10.27　色斯举矣[1]，翔而后集[2]。曰："山梁雌雉[3]，时哉[4]！时哉！"子路共之[5]，三嗅而作[6]。

【注释】

[1]色：指面目表情。　斯：连词，表示承接，可译为"便"、"就"。　举：指鸟儿飞起。《吕氏春秋·审应》："盖闻君子犹鸟也，骇则举。"
[2]翔集：翔，盘旋地飞。集，本义指群鸟落在树上。范仲淹《岳阳楼记》："沙鸥翔集。""翔集"指鸟儿时而飞翔，时而落在一起。
[3]梁：桥梁。《庄子·马蹄》："泽无舟梁。"　雌雉：雌性雉鸟，即母野鸡。
[4]时哉：赶上好时运啊！哉，语气助词，表示感叹。慨叹鸟儿可以自由自在地飞翔和降落。
[5]共："拱"的古字。两手合抱，表示敬意。
[6]三嗅：〔雌雉〕多次振动翅膀。三，动量词，多次，不确指。嗅，同"臭"。"臭"当作"昊（xù）"，鸟儿张开两翅。《尔雅·释兽》："鸟曰昊。"又《字汇·犬部》："昊，鸟张两翅曰昊。"　作：鸟儿飞起。

【译文】

　　野鸡见人的脸色一动，便飞向天空，在空中盘旋一阵，便又降落在一起。孔子说："山谷桥上的雌雉，赶上好时运啊！赶上好时运啊！"子路向雌雉拱了拱手，它们振动着翅膀，又飞走了。

【点评】

　　这段文字很费解，很多人认为有脱误，从古至今没有令人满意的解释，因此很难作出正确的评说。就上面的注译看，孔子触景生情，见山间群鸟自由飞翔，起落自如，令人欣羡，孔子连声赞美它们赶上了好的时运！而自己周游列国十几年却未能施展才干，实现宏图大志，深深为之叹惋！

先进第十一

【本篇提要】

本篇共二十六章,涉及面很广,论及哲学、教育、选拔人才、评论人物等,其中以评论弟子的分量为重。

孔子提出著名的"过犹不及"的中庸思想,强调对待事物、处理问题要适度、适中,防止偏颇、偏激,在中国哲学史上产生重要影响,至今仍有借鉴意义,但也有其历史局限性。在教育方面,他首创"因材施教"的教育理念,对教育对象从各自的个性实际出发,区别对待,有针对性地施教。子路、冉求便是典型事例:"求也退,故进之;由也兼人,故退之。"在选拔人才上,孔子主张先学习礼乐,具备一定条件,再任职做官。反对世卿世禄制,贵族子弟凭借特权,不经学习,便可做官。对了路任用子羔,孔子极为不满,斥之为"贼夫人之子"!在对待鬼神和死的问题上,孔子对子路的发问淡然置之,将人事放在首位,这和他"敬鬼神而远之"的思想一脉相承,在当时的历史条件下有一定积极意义。

篇中以很大篇幅评价弟子,尤其是颜回和子路。孔子十分钟爱颜回,对颜回评价最高,认为他在品德、学业方面已近成熟。对他的死,孔子悲痛欲绝,师生之情感人肺腑。孔子评价众弟子,对我们了解他们的思想、品德、才艺和志趣很有帮助,也充分表现了孔子对学生深厚的感情与关爱。

11.1 子曰:"先进于礼乐[1],野人也[2];后进于礼乐[3],君子也[4]。如用之[5],则吾从先进[6]。"

【注释】

[1] 先进于礼乐:指先学习礼乐的人。作判断句主语。先进,在做官前先学习。进,进修,学习。于礼乐,介宾词组,作补语,在礼乐方面。

[2] 野人:指不在官位没有爵禄的一般人。作判断句谓语。孔子主张"有教无类",招收学生不分野人、君子。

[3] 后进于礼乐:指先做官后学习礼乐的人。后进,先做官后学习。古代贵族享有特权,实行世卿世禄制,卿大夫子弟因袭父兄职位,做官后有必要时才学习。

[4] 君子:这里指有了官位再学习礼乐的贵族子弟。

[5] 如用之:如果选用人才。如,连词,表示假设,如果。

[6] 则:连词,表示承接,可译为"就"、"便"。 吾从先进:我便选用先学习礼乐的人。

【译文】

孔子说:"先学习礼乐而后做官的人是不在官位的一般人;先做官而后学习礼乐的人是贵族子弟。如果要我选用人才,我便主张选用先学习礼乐的人。"

【点评】

孔子主张先学习礼乐而后做官任职。这不仅是先学后学的问题,而是在用人上打破贵族享有的特权。按照已有的世卿世禄制,卿大夫子弟可以不经过学习与选拔,便可承袭父兄的官职。这种不论人品与能力,便委以重任,危害之大,不言而喻。孔子主张必须先学习礼乐,不分君子、平民,选合格者委以官职,任人唯贤。

孔子以前"学在官府",只有贵族子弟才有受教育的权利。孔子首创私学,主张"有教无类"。不论君子、平民,广招学生,打破了贵族对教育的垄断,在更大范围内选拔人才,这在历史上是一个创举。

11.2　子曰:"从我于陈、蔡者[1],皆不及门也[2]。"

【注释】

[1] 从我于陈、蔡者:名词性"者"字词组,作主语,表示"……的人",指跟随我在陈国、蔡国受困的学生。陈,春秋时陈国,姓妫(guī),在今河南淮阳及安徽亳(bó)州一带。蔡,春秋时蔡国,姓姬,在今河南上蔡一带。《卫灵公》篇:"在陈绝粮,从者病,莫能兴。"指的就是这件事。

[2] 不及门:不到我门下,即不在我这里。及,到达。门,师门。这里指孔门,孔子授业的场所。何晏《集解》引郑玄注:"皆不及仕进之门。"又朱熹《集注》:"孔子尝厄(è)于陈、蔡之间,弟子多从之者,此时皆不在门。故孔子思之,盖不忘其相从于患难之中也。"朱说为善,指不在孔门。孔子厄于陈、蔡,当时是六十一岁;发此慨叹,当在七十以后。

【译文】

孔子说:"跟从我在陈国、蔡国受困的学生,如今都不在我这里了。"

【点评】

《史记·孔子世家》为本章提供了历史背景。鲁哀公四年(公元前498年),吴国攻打陈国,楚国出兵相救。孔子师生正在由陈国前往蔡国的路上,楚派使者聘请孔子。陈、蔡担心楚重用孔子对他们不利,于是派兵围困师生,绝粮七日,饿得站不起来。孔子派子贡去楚,楚昭王兴师迎孔子,才免除了这场灾难。这一记载,学者有疑,可供参考。

孔子晚年,经常思念与弟子相处的岁月,本章便是他回忆当年在陈、蔡的遭遇。他回到鲁国后,子路、子贡先后任职而去,颜回病逝,跟前冷落,倍感孤独。"皆不及门"便是他发出的慨叹,也是抒发对故人的怀念之情。

11.3　德行[1]:颜渊[2],闵子骞[3],冉伯牛[4],仲弓[5]。言语[6]:宰我[7],子贡[8]。政事[9]:冉有[10],季路[11]。文学[12]:子游[13],子夏[14]。

【注释】

[1] 德行:孔子传授的学科之一,指道德修养。

[2] 颜渊:孔子最得意的弟子。姓颜,名回,字渊,鲁国人。家境贫寒,好学不倦,闻一知十,努力进取,忠诚实践仁学,是孔门最杰出的学生。

[3] 闵子骞(qiān):孔子弟子。姓闵,名损,字子骞,鲁国人。在孔门中以德行与颜回并称,尤以孝行为著。

[4] 冉伯牛：孔子弟子。姓冉，名耕，字伯牛，鲁国人。以德行著称，他掌握孔子思想"具体而微"。

[5] 仲弓：孔子弟子。姓冉，名雍，字仲弓，鲁国人。孔子认为"雍也可使南面"。他主张为政应"居敬而行简"，抓大体而不烦琐。

[6] 言语：学科之一。指能言善辩，但必须有德，不能流于巧言令色。

[7] 宰我：孔子弟子。姓宰，名予，字子我，亦称宰我，鲁国人。以言语著称。他思想活跃，主张改三年服丧为一年。因昼寝，受到孔子严厉批评。

[8] 子贡：孔子弟子。姓端木，名赐，字子贡，卫国人。他思路敏捷，能言善辩，理解力强，尤其善于外交，孔子称赞他为"瑚琏之器"。

[9] 政事：学科之一。熟悉周礼，擅长政事，有治理才能。

[10] 冉有：孔子弟子。姓冉，名求，字子有，亦称冉子，鲁国人。他出身微贱，多才多艺，具有政治才干，孔子一再称他为"求也艺"。他为季氏管家，不能阻止季氏僭越行为，受到孔子严厉批评。

[11] 季路：孔子弟子。姓仲，名由，字子路，鲁国人。出身贫贱，性情耿直好勇，讲义气，有很高的治理才能。一生跟随孔子，敬重孔子。在卫国贵族内讧中遇难。

[12] 文学：学科之一。指《诗》、《书》、礼、乐等古代文献。不同于现代所指以语言塑造形象以反映社会生活的文学。

[13] 子游：孔子弟子。姓言，名偃，字子游，亦称言游，吴国人。孔门中年轻的弟子，以文学负盛名。为武城宰时注重礼乐教化，后授徒讲学。

[14] 子夏：孔子弟子。姓卜，名商，字子夏，晋国人。家贫少财，志向远大，以文学著称。他才思敏捷，常有独到见解，受到孔子的称赞。但他往往忽视道德修养，所以孔子告诫他"女为君子儒，无为小人儒"，做一个有修养的儒者。

【译文】

〔在孔子的学生中，〕道德修养好的：颜渊，闵子骞，冉伯牛，仲弓。擅长辞令的：宰我，子贡。长于政事的：冉有，季路。熟悉文献的：子游，子夏。

【点评】

从本章了解到孔子当时所设立的四科，即德行、言语、政事、文学，而以德行为首。这四科的设立是符合社会需要的，每科都涌现出学习优秀、出类拔萃的弟子。文中提到十位弟子的特长。他们都是栋梁之材，是孔子长期培养教育所结出的硕果。

11.4　子曰："回也非助我者也[1]，于吾言无所不说[2]。"

【注释】

[1] 回也非助我者也：判断句。回，颜回。判断句主语。也，句中语气助词，表示停顿。非助我者，"者"字词组，作判断句谓语，表示"……的人"，不是帮助我的人。也，表示确认的语气助词。

[2] 于吾言：对我说的话。　所不说："所"字词组，作"无"的宾语，所不喜欢的。说，"悦"的古字。喜悦，喜欢。

【译文】

孔子说："颜回不是一个对我有所帮助的人，他对我说的话没有不喜欢的。"

【点评】

　　颜回是孔子最得意的弟子,《论语》中多次赞扬颜回。本章孔子对颜回全盘接受他的学说而从不提出异议,认为对自己没有帮助。其实孔子希望颜回能提出疑问,进行交流,做到教学相长。同时内心对颜回喜欢自己的学说也是高兴的,赞美的。

11.5　子曰:"孝哉闵子骞[1]！人不间于其父母昆弟之言[2]。"

【注释】

[1] 孝哉闵子骞:即"闵子骞孝哉"。闵子骞真是孝顺啊！孝,谓语,为突出强调而前置。哉,表示感叹的语气助词。
[2] 间(jiàn):本义指空隙,间隙。用作动词,指非议,异议。　于其父母昆弟之言:介宾词组,作补语,意为对他父母兄弟称赞他孝顺的话。其,指示代词,指闵子骞。昆,兄长。

【译文】

　　孔子说:"闵子骞真孝顺啊！别人对他父母兄弟称赞他孝顺的话都没有异议。"

【点评】

　　孝是"仁"的根本,有了这个好品德,才能关心他人,忠于国家,是中华民族的传统美德！闵子骞孝顺父母是出了名的,父母兄弟都夸他,别人完全认同。

　　闵子骞少年丧母,继母虐待他,冬服给他絮芦花。其父发现后,要驱逐继母。他劝阻说:"母在,一子单;母去,三子寒。"是说继母在家,只是我一个人受寒;继母不在,三个儿子都挨冻。他的孝行深深感动了父母兄弟,也深深感动了社会。孔子盛赞闵子骞的孝行。

11.6　南容三复白圭[1],孔子以其兄之子妻之[2]。

【注释】

[1] 南容:孔子弟子。姓南宫,名适(kuò),字子容,鲁国人。　三复白圭:〔南容〕反复诵读"白圭之玷(diàn),尚可磨也;斯言之玷,不可为也"的诗句。三,表示多次,不定数。复,反复。这里指反复诵读。白圭,也作"白珪"。古代白玉制作的礼器。国君、大臣行礼时所执。诗句出自《诗经·大雅·抑》。
[2] 子:女儿。古代汉语"子"既指儿子,又指女儿。　妻(旧读qì):动词,指女儿嫁人。

【译文】

　　南容反复诵读"白圭之玷,尚可磨也;斯言之玷,不可为也"几句诗,孔子便把他哥哥的女儿嫁给了他。

【点评】

　　南容诵诗出自《诗经·大雅·抑》,大意是:白圭有了污点,还可以磨掉;言语有了污点,便不能去掉。南容反复吟诵它,用以警示自己。正因为他能严格要求自己,才能做到"邦有道不废;邦无道,免于刑戮"。足见南容是非常谨慎的人,所以孔子才

论语全解

把侄女嫁给了他。由此可知。谨言慎行,免灾去祸,是件认真严肃的大事。

11.7　季康子问:"弟子孰为好学[1]?"孔子对曰:"有颜回者好学,不幸短命死矣[2],今也则亡[3]。"

【注释】

[1] 孰为好学:哪一个是好学的。孰,疑问代词,询问人。谁,哪一个。
[2] 短命:寿命短。关于颜回的寿命历来有多种说法。有十八、二十九、三十一、四十一诸说。经考证,定为四十一岁。因中年而逝,故称"短命"。
[3] 今:时间名词,作状语,如今。　亡(wú):通"无",没有。

【译文】

　　季康子问道:"你的弟子中谁是好学的?"孔子回答说:"有个叫颜回的好学,不幸短命死了,现在就没有这样的人了。"

【点评】

　　《雍也》篇第三章鲁哀公也有同类的发问,孔子回答比较详细,有人认为孔子对鲁君和对季氏的回答繁简有别。

11.8　颜渊死,颜路请子之车以为之椁[1]。子曰:"才不才[2],亦各言其子也[3]。鲤也死[4],有棺而无椁。吾不徒行以为之椁[5],以吾从大夫之后[6],不可徒行也[7]。"

【注释】

[1] 颜路:颜回的父亲,孔子早期的弟子。姓颜,名无繇(yóu),字路,鲁国人。　子之车:孔子的车。这里指卖掉孔子的车。　椁(guǒ):同"椰"。古代棺有两重:里边的叫棺,套在外面的叫椁,所谓"内棺外椁"。
[2] 才不才:不论有才能或没有才能。才,有才能,指颜回。不才,没有才能,指孔鲤。
[3] 各言其子:各自都可以说自己的儿子。
[4] 鲤:字伯鱼,死时五十岁,孔子当时七十岁。
[5] 徒行:步行。《礼记·王制》:"君子耆老不徒行。"按礼规定,大夫有车,孔子不卖车,这是礼的要求。
[6] 以:连词,因为。　从大夫之后:跟随大夫后面。是一种谦逊的说法。孔子在鲁国曾经做过司寇的官,属大夫之列。虽去位多年,但他毕竟做过大夫。
[7] 不可徒行:不能徒步行走。邢昺《注疏》:"此言不可卖车作椁之由。徒行,步行也。以吾为大夫不可步行故也。"

【译文】

　　颜渊死了,他的父亲颜路请求孔子卖车给颜渊置办外椁。孔子说:"不论有才能或者没有才能,各自都可以说是自己的儿子。我儿子鲤死时也只有内棺,没有外椁。我不能徒步行走给颜渊置办外椁。因为我曾经做过大夫,是不能徒步行走的。"

【点评】

　　孔子拒绝颜路的请求,不答应卖车给颜渊置办外椁。因为周礼规定,大夫出行要有车,以彰显其身份,这是当时等级制的要求。颜渊尽管是孔子得意门生,还不够带椁的资格。况且孔子反对厚葬,提倡节俭办丧,量力而行,不能大操大办。

　　11.9　　颜渊死。子曰:"噫[1]! 天丧予[2]! 天丧予!"

【注释】

[1] 噫(yī):叹词。咳!《集韵·止韵》:"噫,叹声。"朱熹《集注》:"噫,伤痛声。"
[2] 天丧予:老天爷要我的命啊! 邢昺《注疏》:"孔子痛惜颜渊死,言若天丧己也。再言之者,痛惜之甚!"朱熹《集注》:"悼道无传,若天丧己也。"

【译文】

　　颜渊死了。孔子说:"咳! 老天爷要我的命啊! 老天爷要我的命啊!"

【点评】

　　与下一章合评。

　　11.10　　颜渊死。子哭之恸[1]。从者曰[2]:"子恸矣!"曰:"有恸乎[3]? 非夫人之为恸而谁为[4]?"

【注释】

[1] 恸(tòng):极度悲哀。《说文新附·心部》:"恸,大哭也。"《广韵·送韵》:"恸,恸哭,哀过也。""哀过"即过度悲哀。《论衡·问孔》:"夫恸,哀之至也。""哀之至"指悲哀达到极点。
[2] 从者:"者"字词组,指跟随孔子的人。
[3] 有恸乎:有悲哀过度的情况吗? 恸,这里指悲哀过度的状态。朱熹《集注》:"哀伤之至,不自知也。"人悲伤之极,自己常不觉察。
[4] 非夫人之为恸:不是为这样的人悲痛。夫人之为即"为夫人"。谁为,即"为谁"。

【译文】

　　颜渊死了。孔子哭他,极为悲痛。跟从孔子的人说:"您太悲痛了!"孔子说:"我有悲痛过度的情况吗? 我不为这样的人悲痛,还为谁悲痛呢?"

【点评】

　　孔子为颜渊之死悲痛欲绝,连呼"天丧予",甚至失去常态! 孔子为何如此悲痛? 因为他是孔子最得意的门生,是七十二贤人中最杰出的代表,也是儒学最忠实的笃信者与实践者。对于颜渊的死,孔子抒尽惋惜之情是可以理解的。而且孔子年迈,需要有后续孔门大业的人。孔子自然寄希望于颜渊,认为他是最合适的弟子,不料竟短命而逝! 这对孔子是莫大的挫折与不幸。后儒有人感叹"颜子没而圣学亡",此话虽然言过其实,但也足见颜渊对继承和发扬孔门儒学具有多么重要的意义!

11.11　颜渊死,门人欲厚葬之[1]。子曰:"不可。"门人厚葬之。子曰:"回也视予犹父也[2],予不得视犹子也[3]。非我也[4],夫二三子也[5]。"

【注释】

[1] 门人:古代称弟子、学生。门,学术、宗教的派别。这里指师门。　厚葬:隆重地安葬。
[2] 视予犹父:看待我如同父亲一般。视,看待。予,第一人称代词,我。犹,如同,好像。
[3] 予不得视犹子:我却不能看待他如同儿子。指不能像亲生儿子那样按周礼安葬颜回,没有能够制止厚葬。何晏《集解》引马融注:"言回自有父,父意欲听门人厚葬,我不得制止。"
[4] 非我也:判断句谓语。〔出主意要厚葬的人〕不是我。
[5] 夫(fú)二三子也:是那些同学干的啊。夫,远指指示代词,那,那些。二三,约数,指弟子们。子,对对方的尊称。

【译文】

颜渊死了。孔子的学生们想隆重地安葬颜渊。孔子说:"不可以。"结果学生们还是隆重地安葬了颜渊。孔子说:"颜回看待我如同父亲一般,我却不能看待他如同儿子。〔这种违礼厚葬的人〕不是我呀,是那些学生干的呀。"

【点评】

孔子不主张厚葬颜回,因为不合乎礼。《八佾》篇:"丧,与其易也,宁戚。"他认为葬礼的丰俭,由经济状况而定,量力而行。即使富有,也不可越礼。家里贫困,葬礼应从简,不必勉强。只要对父母真心实意,由衷哀悼,也就算尽孝了。

颜回的丧事,按礼不可以厚葬。一则家里贫困,颜回生前就反对铺张;二则他是晚辈,父母之丧尚可从简,何况晚辈颜回,所以孔子不同意厚葬颜回。

11.12　季路问事鬼神[1]。子曰:"未能事人[2],焉能事鬼[3]?"曰:"敢问死[4]。"曰:"未知生[5],焉知死?"

【注释】

[1] 季路:孔子弟子。姓仲,名由,字子路,一字季路。　事:服事,事奉。
[2] 未能事人:还没能服事好活人。未,副词,作状语,表示行为没有发生。人,这里指活着的人。
[3] 焉:疑问代词,哪里,怎么。
[4] 敢:表敬副词,冒昧地。　死:这里指死是怎么回事。
[5] 知:知晓,懂得。　生:活的道理。

【译文】

子路问怎样服事鬼神。孔子说:"没能服事好活人,又怎能服事鬼神呢?"子路又说:"我冒昧地问死是怎么回事?"孔子说:"还没有懂得生的道理,又怎么能够懂得死呢?"

【点评】

孔子对子路的提问没有给予正面回答,从中可以看出如下一些问题:一、孔子所处的时代,科学尚不发达,对鬼神、生死尚不能作出科学阐释,所以孔子不愿回答。二、孔子具有重生轻死的思想,对鬼神尚不清楚的情况下,他看重现实的生,看重活着的人。当务是服事好父母及他人,弄清生的道理,切勿舍正趋邪,奢谈鬼神生死。三、那个时代孔子有这样的认识是可贵的,但他对鬼神只是怀疑,尚不能得出孔子是无神论者的结论。

11.13　闵子侍侧[1],闇闇如也[2];子路,行行如也[3];冉子、子贡,侃侃如也[4]。子乐。"若由也,不得其死然[5]。"

【注释】

[1] 闵子:闵子骞。　侍侧:侍奉在孔子身旁。
[2] 闇闇(yín yín)如:恭敬而正直的样子。如,形容词词尾,表示"……的样子"。
[3] 行行(旧读 hàng hàng)如:刚强而勇武的样子。
[4] 侃侃(kǎn kǎn)如:温和而快乐的样子。
[5] 不得其死:不能尽其天年,即不能得到好死。　然:语气助词,相当于"焉"。

【译文】

闵子骞侍奉在孔子身旁,恭敬而正直的样子;子路呢,刚强而勇武的样子;冉有、子贡呢,温和而快乐的样子。孔子很高兴。〔但又说:〕"像仲由这样子,恐怕得不到好死。"

【点评】

本章描写孔子四位弟子各自表现的气度、神态,生动地展现了他们不同的个性和风采。孔子很高兴。但对子路刚强好勇很是忧心,恐怕在今后的岁月里遭遇不幸。果然他在卫国贵族内讧中蒙难。

11.14　鲁人为长府[1]。闵子骞曰:"仍旧贯[2],如之何[3]? 何必改作[4]?"子曰:"夫人不言,言必有中[5]。"

【注释】

[1] 鲁人:鲁国人。这里指鲁国的执政大臣。　为:翻修,改建。　长府:鲁国收藏财货的府库。府,国家收藏财货或文书的处所。邢昺《注疏》:"藏财货曰府。府犹聚也,言财货之所聚也。"鲁昭公曾据长府攻打季氏。《左传·昭公二十五年》:"公居于长府,九月戊戌,伐季氏。"
[2] 仍旧贯:依照老样子。仍,动词,因袭,依照。旧贯,旧有的制度。这里指长府旧有的建筑格局。贯,事。《尔雅·释诂》:"贯,事也。"钱穆《新解》:"仍旧贯,犹云照旧制。改作与修新不同。仍旧制,可加修新,不烦改作。"邢昺《注疏》:"子骞见鲁人劳民改作长府而为此辞。"

163

[3] 如之何：古代汉语凝固结构，怎么样？

[4] 改作：改建，翻造。指改变原有建筑格局，重新建造。

[5] 中(zhòng)：动词，符合，合乎。这里指合乎情理，切中要害。朱熹《集注》："言不妄发，发必当理，惟有德者能之。"

【译文】

鲁国人要改建长府。闵子骞说："依照老样子，怎么样？为什么一定要改建呢？"孔子说："这个人不说话则已，一说话一定切中要害。"

【点评】

关于鲁人要改建长府，闵子骞加以劝阻。因为原有建筑完全可以继续使用，这样可以节省大量人力物力，免得劳民伤财。闵子骞能为百姓着想，他的建议一语中的，所以深得孔子称赞。

11.15　子曰："由之瑟奚为于丘之门[1]？"门人不敬子路[2]。子曰："由也升堂矣[3]，未入于室也[4]。"

【注释】

[1] 由：仲由，即子路。　瑟(sè)：用作动词，弹瑟。瑟，古代弦乐器，与古琴相类，通常有二十五弦，每弦有一柱，五声音阶定弦，由低而高。　奚为：即"为奚"。介宾词组，作状语，为什么？奚：疑问代词，作宾语而前置。谓语承前省略。　于丘之门：介宾词组，作补语，表示处所，在我这里。　丘：孔子自称。

[2] 门人：指孔子弟子。　不敬：不够敬重。

[3] 升堂：登上殿堂。堂，古代建筑，阶上为堂，堂后为室。先入门，再升堂，后入室。这里比喻学问提高的三个阶段。子路已经升堂，说明他的学问已经达到升堂的水平。

[4] 室：指堂后的内室。比喻学问已经很深，俗话说学问已经"到家"，水平相当高超。今成语有"升堂入室"。

【译文】

孔子说："仲由为什么在我这里弹瑟呢？〔弹的曲调不是正乐。〕"于是同学们不敬重子路。孔子说："仲由嘛，学问已经登堂了，只是还没有达到入室的程度。"

【点评】

子路弹瑟，孔子不赏识。因为他弹的曲调不合乎正乐。马融注："子路鼓瑟，不合雅颂。"而《雅》、《颂》多属贵族诗篇，其曲调也多表现贵族生活。孔子喜欢，子路没有弹奏，属个人所好，理应包容，不值得责难。《孔子家语》说："子路鼓瑟，有北鄙杀伐之声。"子路刚勇，所好音乐，难免有此风格。即使如此，也应包容。学生们不理解孔子真意，便不敬重子路。孔子为扭转学生们对子路的看法，表彰子路在进德修业方面的成就。说他虽未"入室"，但他学问已很可观，已经达到"升堂"的水平。

11.16　子贡问："师与商也孰贤[1]？"子曰："师也过[2]，商也不及[3]。"曰："然则师愈与[4]？"子曰："过犹不及[5]。"

【注释】

[1] 师:孔子弟子。姓颛孙,名师,字子张,陈国人。 商:孔子弟子。姓卜,名商,字子夏,晋国人。

[2] 过:过分,过头。子张才高意广,常常过分。

[3] 商也不及:卜商有些达不到。朱熹《集注》:"故圣人之教,抑其过,引其不及,归于中道而已。"

[4] 然则:非现代汉语连词,是指示代词"然"和连词"则"的连用。"然"字是分句,指代前文"师也过,商也不及"。"则"字表示"然"与后文的关联。可译为"既然这样,那么"。愈(yù):动词,强,胜过。 与:句尾语气助词,表示疑问。

[5] 过犹不及:过分和达不到同样不好。犹,动词,如同,好像。及,本义是追赶上,引申为抽象义的赶上。

【译文】

子贡问道:"颛孙师和卜商谁强一些?"孔子说:"颛孙师有些过分,卜商有些达不到。"子贡说:"既然这样,那么颛孙师强一些吗?"孔子说:"过分和达不到同样不好。"

【点评】

通过孔子对子张和子夏的评论,反映了孔子中庸的哲学思想。强调过分和达不到都是不好的。要掌握度,不是越过头越好,并概括为一句名言:"过犹不及。"主张待人、处事应恰当适中,避免极端偏激。今天也有借鉴意义。

而适中的"中",作为标准,又有时代性和阶级性。孔子以周礼为标准,而周礼在政治上是维护贵族统治的,孔子不能超越时代。但孔子反对滥用刑罚,主张"为政以德";反对役使无度,强调"使民以时"等。从个人表现说,孔子既不赞成子张的过分张扬,也不同意子夏的过度拘谨,要求做到适度,适中,恰到好处。

11.17 季氏富于周公[1],而求也为之聚敛而附益之[2]。子曰:"非吾徒也。小子鸣鼓而攻之可也[3]。"

【注释】

[1] 季氏:季康子,名肥,季桓子庶子,鲁哀公时为正卿,实行封建的田亩制。 周公:有不同说法:一、指周公旦;二、指周公旦次子及其后代因袭周公采地而留在周王朝的人;三、泛指在周天子左右做卿士的人,如周公黑肩、周公阅等。几说均可通。

[2] 求:指冉求。季康子聘任冉求为总管。 聚敛(liǎn):搜刮,索取。 附(fù)益:增益,增加。

[3] 小子:男性年轻人、晚辈或学生。这里指学生。 鸣鼓:使鼓响起来,即击鼓。鸣,动词的使动用法,使……鸣。 攻:声讨,抨击。

【译文】

季氏比周公还富有,而冉求却替他搜刮民财,增加他的财富。孔子说:"冉求不是我孔门弟子,你们可以大张旗鼓地抨击他。"

【点评】

孔子批评季氏和冉求搜括百姓,使季氏富上加富,甚至超过周公。孔子对此极为不满,号召弟子大张旗鼓攻击冉求。足见孔子是反对季氏搜括百姓的。但另一方面,春秋时代是社会大变革时代,各诸侯国相继向封建制转变。鲁宣公十五年首颁"初税亩",按田亩多少征税。废除井田制,承认土地私有权,是一场大改革,具有历史进步意义,符合历史发展潮流。至于季氏搜括百姓,乃是剥削阶级本性决定的。由于历史的局限,孔子对季氏推行新的经济政策并不理解。

11.18　柴也愚[1],参也鲁[2],师也辟[3],由也喭[4]。

【注释】

[1] 柴:孔子弟子。姓高,名柴,字子羔,卫国人。颇有行政才能,为人厚道。朱熹《集注》谓其"知不足而厚有馀"。　愚:愚笨。

[2] 参:孔子弟子。姓曾,名参,字子舆,鲁国人。以孝著称,重视修身,授徒讲学,在儒学传授上居重要地位。　鲁:迟钝。

[3] 师:孔子弟子。姓颛孙,名师,字子张,陈国人。　辟(pì):偏执,偏激。黄式三《论语后案》:"辟读若《左传》'阙西辟'之辟,偏也。以其志过高而流于一偏也。"

[4] 由:孔子弟子。姓仲,名由,字子路,一字季路,鲁国人。性耿直好勇,长于政事。　喭(yàn):粗俗,粗鲁。

【译文】

　　高柴愚笨,曾参迟钝,颛孙师偏激,仲由鲁莽。

【点评】

　　孔子谈及四位弟子的弱点,说明孔子对自己的教育对象有深入的了解,这是搞好教学的基础,也是因材施教的前提。使学生明了自己的弱点,方能明确努力的方向,以便在学习过程中加以改进。经过师生双方努力,这四位弟子果然成长为优秀的人才。

11.19　子曰:"回也其庶乎[1],屡空[2]。赐不受命[3],而货殖焉[4],亿则屡中[5]。"

【注释】

[1] 回:指颜回。　其:语气助词,表示委婉测度语气。　庶:庶几,差不多。

[2] 空:缺乏衣食钱财,生活困穷。古代汉语"贫"与"穷"是两个不同的概念。缺乏衣食钱财叫"贫",坎坷困窘叫"穷"。《庄子·德充符》:"死生存亡,穷达贫富。"句中"穷"和"达"是反义词;"贫"与"富"是反义词。"空"包含"贫"和"穷"两方面意义。

[3] 赐:端木赐,即子贡。　不受命:说法颇多。一说不受禄命,不做官,子贡并非不做官。一说不受教命,指不集中士学,兼事商贾。一说不受官命,古时官主商贾,子贡以私财经商。一说不受天命,与颜回安贫乐道相对照,子贡不受"富贵在天"的约束。权衡几种说法,似以不受天命约束为优。不靠天,靠自己对市场行情的思考判断。

[4] 货殖:经商以增殖财富。

[5] 亿(yì):通"臆"。臆测,推测。这里指推测商情。　屡中(zhòng):每每推测对了。中,动词,符合客观商情。

【译文】

孔子说:"颜回的品德学问差不多了吧,可是常常贫乏困顿。端木赐不受命运约束而去经商,推测商情,竟常常被他言中。"

【点评】

孔子认为颜回在品德学业上已经达到很高水平,对他安贫乐道的精神十分赏识。而对子贡的表现却不以为然。他不赞成子贡去经商,为其不安本分而遗憾。但还肯定子贡经商有能力,经验丰富,对商情推测常常很准确。

11.20　子张问善人之道[1]。子曰:"不践迹[2],亦不入于室[3]。"

【注释】

[1] 善人之道:作为善人的行为准则。善人,指有道德,心地善良的人。邢昺《注疏》:"善人,即君子也。"
[2] 不践迹:不踩着别人的脚印走。践,踏,踩。迹,指足迹,脚印。善人一心向善,有明确的是非判断,发觉此路不善,即使很多人走,也不踩着别人的脚印走。
[3] 入于室:进到室内。"入室"比喻道德学识已经达到很高的境界。

【译文】

子张询问作为善人的行为准则。孔子说:"〔一心向善,有明确的是非判断,〕不踩着别人的脚步走,但在道德学识上也还没有修养到家。"

【点评】

孔子三次谈到"善人",可以互相参阅。子张询问善人的行为准则,孔子用走路设喻。孔子认为善人是有道德、心地善良的人。正因为他一心向善,明辨是非,所以不与不善者同流合污。他对邪路,即使走的人多,也不盲从,也不踩着别人的脚印走,有自己向善的独立人格。这种人的品质是美的,但也有其局限,在道德学识上还没有修养到家。

11.21　子曰:"论笃是与[1],君子者乎[2]? 色庄者乎[3]?"

【注释】

[1] 论笃是与(yǔ):相当于"与论笃"。论笃,指言论笃实,这里指言论笃实的人,充当"与"的宾语,为突出强调而将它置于动词"与"的前面。是,前置宾语的标志,语译时可以舍弃。与,赞许,称许。
[2] 君子者乎:是君子一类的人呢? 君子者:"者"字词组,表示"……的人"。
[3] 色庄者:"者"字词组,表情上装成庄重的人,即装模作样的伪君子。色,神色,面目表情。庄,庄重,庄严。

【译文】

孔子说:"人们常是称许言论笃实的人,〔但也要加以分辨,〕是君子一类的人呢? 还是表情上装作庄重的伪君子呢?"

【点评】

孔子强调不能单纯以言貌取人。说得诚恳，神色庄重，道貌岸然，故作正经，于是便轻信是正人君子，加以赞许，往往看错人。实际生活中尚有这种伪君子。正确的方法，必须在实践中考察，即孔子所说"听其言而观其行"，言行一致才是真正的君子。

11.22 子路问："闻斯行诸[1]?"子曰："有父兄在，如之何其闻斯行之[2]?"冉有问："闻斯行诸?"子曰："闻斯行之。"公西华曰："由也问：'闻斯行诸?'子曰：'有父兄在。'求也问：'闻斯行诸?'子曰：'闻斯行之。'赤也惑[3]，敢问[4]。"子曰："求也退[5]，故进之[6]；由也兼人[7]，故退之。"

【注释】

[1] 闻斯：听到应该做的事。斯，指示代词，作宾语，指应该做的事。　行：实行，做起来。　诸："之乎"的合音词。之，前文应该做的事。

[2] 如之何：古代汉语凝固结构，怎么能。

[3] 赤：即公西华。姓公西，名赤，字子华，亦称公西华。

[4] 敢问：冒昧地问问。敢，表敬副词，以自我谦卑表示对对方的尊敬。

[5] 求：冉求，即冉有。　退：退缩，办事没有闯劲。

[6] 进之：鼓励他勇进。进，动词的使动用法，使……进。

[7] 由：仲由，即子路。　兼人：指有两个人的胆量，即好勇过人，勇于作为。

【译文】

子路问道："听到应该做的事就去做它吗?"孔子说："有父兄在世，怎么能听到应该做的事就去做它呢?"冉有问道："听到应该做的事就去做它吗?"孔子说："听到应该做的事就去做它。"公西华说："仲由问：'听到应该做的事就去做它吗?'老师说：'有父兄在世。'冉求问：'听到应该做的事就去做它吗?'老师说：'听到应该做的事就去做它。'我有点不明白，冒昧地问问。"孔子说："冉求平日做事退缩，因此鼓励他大胆去做；仲由勇于作为，因此使他谦退。"

【点评】

这是孔子"因材施教"的生动事例。同样一个问题，孔子回答仲由和冉求就不一样。为什么？因为他们二人个性不同。仲由好勇，性情鲁莽，不够谦让，如果还要鼓励他，其弱点便会膨胀，所以要压压他。冉求平日做事退缩，针对他的个性，就要鼓励他，给他壮胆，使他逐渐克服畏缩不前的毛病。

11.23 子畏于匡[1]，颜渊后[2]。子曰："吾以女为死矣[3]。"曰："子在，回何敢死[4]?"

【注释】

[1] 子畏于匡（kuāng）：孔子在匡邑被围困。畏，通"围"。围困。这里表示被围困。

[2] 后：用作动词，最后来到。师生匡邑被围，颜回失群离散，最后赶上来。

[3] 吾以女为死矣：我以为你死了。以，动词，以为，认为。女，同"汝"，第二人称代词，你。

[4] 何：疑问代词，作状语，怎么。 死：这里有"轻死"的意思。

【译文】

孔子在匡邑被围困，〔师生失散，〕颜渊最后赶上来。孔子说："我以为你死了。"颜渊说："老师还在，我怎么敢轻易死呢？"

【点评】

颜回未返，孔子忧心忡忡，担心发生意外；颜回返回，孔子喜出望外。颜回语重心长地说：有老师在，颜回怎敢轻易死去。话虽不多，却发自肺腑，感人至深！说明师生关系亲密无间。

11.24 季子然问[1]："仲由、冉求可谓大臣与？"子曰："吾以子为异之问[2]，曾由与求之问[3]。所谓大臣者[4]，以道事君[5]，不可则止[6]。今由与求也，可谓具臣矣[7]。"曰："然则从之者与[8]？"子曰："弑父与君[9]，亦不从也。"

【注释】

[1] 季子然：鲁国大夫季孙氏的同族人。何晏《集解》引孔安国注："子然，季氏子弟。"因仲由、冉求时为季氏家臣，季子然为了解二人，故问。
[2] 吾以子为异之问：即"吾以子为问异"。我以为您是在问别人。以，动词，以为。子，指季子然。异之问，即"问异"，问别人。异是"问"的前置宾语，别人。"之"是前置宾语的标志，语译时可舍弃。
[3] 曾(zēng)由与求之问：即"曾问由与求"。竟然问仲由和冉求啊。曾，副词，作状语，表示行为不是意料中的，可译为"竟然"。由与求之问，即"问由与求"。由与求，是"问"的前置宾语，仲由和冉求。
[4] 所谓大臣者："所"字词组，"所"与"者"相配合，"者"是中心词，表示所谓大臣的准则。
[5] 以道事君：用仁义之道事奉君主。
[6] 不可则止：如果行不通，就宁肯辞职。则，连词，承接前面的假设条件分句。止，终止事君，即辞去官职。
[7] 具臣：指具有相当才能的普通臣属。
[8] 然则：非现代汉语连词。然，指示代词，指代前文"所谓大臣者……可谓具臣矣"，充当分句。则，承接连词。"然则"可译为"既然这样，那么"。 从之者："者"字词组，作判断句谓语，〔他们〕是一切都顺从长上的人。
[9] 弑(shì)：古代称下杀上的行为，如子杀父，臣杀君等。

【译文】

季子然问道："仲由、冉求可以说是大臣吗？"孔子说："我以为您是问别人呢，竟然问仲由和冉求啊。所谓大臣的准则，他们是用仁义之道事奉君主，如果行不通，宁肯辞职不干。如今的仲由和冉求，可以说是具有相当才能的臣属。"季子然又说："既然这样，那么他们是一切服从长上的人吗？"孔子说："如果长上谋害父亲和君主，也不会服从的。"

【点评】

季子然是季氏家族的子弟，仲由和冉求当时是季氏家臣。季子然向孔子了解二人的情况,也从中了解孔子的态度。在季氏与鲁国公室的矛盾中,孔子心向公室,维护君权,反对季氏的僭越行为,提出"以道事君"。这"道"乃仁义之道,周公之道。而季氏的势力日益扩张,直接威胁公室,孔子对此极为不满,并放出重话:如果有人弑君篡权,即使是具臣的仲由、冉求也不会跟着干,而且将遭到强烈反对!

11.25　子路使子羔为费宰[1]。子曰:"贼夫人之子[2]。"子路曰:"有民人焉[3],有社稷焉[4],何必读书,然后为学[5]?"子曰:"是故恶夫佞者[6]。"

【注释】
[1] 子羔:孔子弟子。姓高,名柴,字子羔,亦称季羔,卫国人。　费(旧读 bì):季氏的封邑,在今山东费县西北二十里。　宰(zǎi):费邑的行政长官。
[2] 贼夫人之子:这是坑害人家的儿子。贼,动词,残害,坑害。上古汉语"贼"的词义重,而"盗"指偷,同现代义正相反。子,这里指儿子。
[3] 民人:指百姓。　焉:兼词,相当于"于之"。表示处所,在那里,指费邑。
[4] 社稷(jì):社,土神。因土地生长五谷,故祭祀土神。稷,谷神。稷为五谷之长,代表粮食作物,故祭祀谷神。祭祀的目的是祈求农业丰收。这里指土地和五谷。
[5] 然后:非现代汉语连词。然,指示代词,指读完书。后,读完书以后。　为学:算是学习。
[6] 恶(wù):动词,憎恶,讨厌。　佞(nìng)者:"者"字词组,作宾语,指巧嘴利舌的人。

【译文】
　　子路让子羔去做费邑的长官。孔子说:"这是坑害人家的儿子。"子路说:"那里有老百姓,有土地和粮谷,为什么一定要读书,然后才算是学习呢?"孔子说:"所以我讨厌你这样巧嘴利舌的人。"

【点评】
　　孔子主张先修身学习,准备必要的条件,然后再从政做官,这是当时有远见的思想家的一致看法。子羔年轻,入世尚浅,未完成学业,子路出于同学友谊而让子羔出任费邑长官,非但难以胜任,而且可能倍受挫折,所以孔子说是坑害人家的儿子。子路鲁莽,强词夺理,竟说何必读书,受到孔子严厉批评。

11.26　子路、曾皙、冉有、公西华侍坐[1]。
　　子曰:"以吾一日长乎尔[2],毋吾以也[3]。居则曰[4]:'不吾知也[5]!'如或知尔[6],则何以哉[7]?"
　　子路率尔而对曰[8]:"千乘之国[9],摄乎大国之间[10],加之以师旅[11],因之以饥馑[12];由也为之[13],比及三年[14],可使有勇[15],且知方也[16]。"夫子哂之[17]。
　　"求,尔何如[18]?"
　　对曰:"方六七十,如五六十[19],求也为之,比及三年,可使足民[20]。

如其礼乐,以俟君子[21]。"

"赤,尔何如?"

对曰:"非曰能之[22],愿学焉[23]。宗庙之事,如会同[24],端章甫[25],愿为小相焉[26]。"

"点,尔何如?"

鼓瑟希[27],铿尔[28],舍瑟而作[29]。对曰:"异乎三子者之撰[30]。"

子曰:"何伤乎[31]? 亦各言其志也。"

曰:"莫春者[32],春服既成[33],冠者五六人[34],童子六七人[35],浴乎沂[36],风乎舞雩[37],咏而归[38]。"

夫子喟然叹曰[39]:"吾与点也[40]!"

【注释】

[1] 曾皙(xī):名点,字子皙,曾参之父,也是孔子的学生。　侍坐:陪伴长者坐着。

[2] 以吾一日长乎尔:因为我比你们年纪大一些。一日,表示时间短暂,是长者一种谦虚说法。长(zhǎng)乎尔,比你们年长。乎尔,介宾词组,作补语。乎,介词,相当介词"于",表所比。尔,第二人称代词,这里表示复数,你们。

[3] 毋吾以也:不要因为我年长〔而不敢讲话〕。毋,否定副词,作状语,不要。以,因为。吾,"以"的前置宾语。否定句代词作宾语而前置。本句可能有所省略,训释不一,只取一说。朱熹《集注》:"言我虽年少长于女,然女勿以我长而难言。"

[4] 居:闲居,平时,平常。

[5] 不吾知:即"不知吾"。不了解我。吾,"知"的前置宾语。古代汉语否定句代词作宾语而前置。

[6] 如或知尔:如果有人了解你们。如,连词,如果。或,肯定性无定代词,有人。

[7] 则何以哉:那么你们要做什么呢? 则,承接连词,那么。何以,即"以何"。做什么。何,疑问代词作宾语而前置。

[8] 率尔:不加思索,急忙的样子。尔,形容词词尾,增加形象化色彩,表示"……的样子"。《礼记·曲礼》:"长者问,不辞让而对,非礼也。"

[9] 千乘(shèng)之国:具有一千辆兵车的国家。属于中等国家。乘,名词。兵车,包括一车四马。又指量词。春秋时代,兵车一乘有甲士三人,步卒七十二人。《左传·隐公元年》:"命子封帅车二百乘以伐京。""二百乘"即二百辆。"千乘之国"指国家具有这样的武装力量。

[10] 摄(shè)乎大国之间:夹处在几个大国的中间。摄,夹处。

[11] 加:这里指进攻,侵犯。　师旅:古代军队编制单位。二千五百人为一师,五百人为一旅。

[12] 因:动词,增添。　饥馑:泛指荒年。《尔雅·释天》:"谷不熟为饥,菜不熟为馑。"这里不必细分。注意:原文是"馑",这里简化为"饥"。古代汉语"馑"指荒年,词义重;"饥"指饥饿,词义轻。

[13] 为:治理。

[14] 比及:等到。

[15] 可使有勇:即"可使〔之〕有勇"。能够让人民有勇气。省略兼语"之",指千乘之国的人民。

[16] 方:指道义。

[17] 哂(shěn):微笑。

[18] 何如:怎么样。

[19] 方六七十：指纵横六七十里。方，见方，方圆，指面积。 如：连词，或者。下文"如会同"的"如"与此同。 五六十：指纵横五六十里。这里指这样大的国家。

[20] 足：使动用法，使……丰足。

[21] 如其：至于那个。如，若，至于，表示转折。 礼乐：指礼乐教化。《礼记·王制》："春秋教以礼乐，冬夏教以诗书。" 俟（sì）：等待，期待。

[22] 非曰能之：不敢说能做好什么事。

[23] 愿学焉：只是愿意学习它。焉，兼词。相当于"于是"，指在这些事情上。

[24] 会同：古代诸侯朝见天子。会，诸侯不定期朝见天子。同，众诸侯定期一同朝见天子。

[25] 端章甫：用作动词。穿上礼服，戴上礼帽。端，玄端，古代用整幅布做的礼服。章甫，贵族戴的一种黑色礼帽。

[26] 小相：在祭祀或会盟中主持赞礼和司仪的人。主持赞礼分大相和小相。卿大夫主持称大相，士主持称小相。

[27] 鼓瑟希：弹瑟的乐音稀疏。鼓，动词。弹奏。瑟，古代一种弦乐器。器身是一种长方形的木质音箱，一般设二十五弦。希，通"稀"。稀疏，接近尾声。

[28] 铿（kēng）尔：象声词，状曾皙推瑟发出的声音。

[29] 舍：舍弃。这里有"推开"、"放下"的意思。 作：站起来。

[30] 撰（zhuàn）：陈述。

[31] 伤：妨碍。

[32] 莫（mù）春：晚春，指农历三月。莫，"暮"的古字。

[33] 春服：即夹衣。 既成：已经做好，这里是"穿在身上"的意思。

[34] 冠（guàn）者：戴帽子的人，指古代成年人。古代男子二十而冠，二十岁要举行冠礼，戴上帽子，表示已经到了成年。冠，动词，戴帽。

[35] 童子：指尚未成年的少年。

[36] 沂（yí）：水名，发源于山东邹县东北，西流经曲阜与洙水会合，入泗水。

[37] 风乎舞雩（yú）：在舞雩坛上吹吹风。风，用作动词，吹风，乘凉。舞雩，古代求雨的土坛，在曲阜东南。雩，本为求雨的祭祀，因雩祭时伴以舞蹈，所以称"舞雩"。

[38] 咏而归：一面唱着歌，一面往回走。咏，动词作状语，表示行为的方式。唱歌。而，连接状语与谓语中心词的连词。

[39] 喟（kuì）然：叹息的样子。

[40] 与（yǔ）：动词。赞许，赞同。

    三子者出，曾皙后[1]。曾皙曰："夫三子者之言何如[2]？"子曰："亦各言其志也已矣。"

    曰："夫子何哂由也？"

    曰："为国以礼[3]，其言不让[4]，是故哂之[5]。"

    "唯求则非邦也与[6]？"

    "安见方六七十、如五六十而非邦也者[7]？"

    "唯赤则非邦也与[8]？"

    "宗庙会同，非诸侯而何[9]？赤也为之小，孰能为之大[10]？"

【注释】

[1] 后：动词。后出来。

[2] 夫（fú）：远指指示代词。那。

[3] 为国以礼：用礼让来治理国家。礼，礼让，守礼谦让。

[4] 让：谦让。

[5] 是故：连词，因此。

[6] 唯求则非邦也与：难道冉求讲的就不是国家吗？唯，句首语气助词。邦，国家。与，语气助词，表示反问。曾皙误会了孔子笑子路的意思。孔子笑子路不是因为他不能治理国家，而是笑他态度不谦让。曾皙以为冉求、公西赤也表示要治理国家，为什么老师不笑他俩呢？

[7] 安：疑问代词，怎么。

[8] 唯赤则非邦也与：难道公西赤讲的就不是国家吗？两次质疑，都是说他们二人谈的也是治理国家，为什么不笑他们，而只笑子路。

[9] 诸侯：这里指国家。

[10] 为之小：给诸侯做小相。双宾语结构。为，动词，做。之，指诸侯，间接宾语。小，指小相，直接宾语。　为之大：结构同前。给诸侯做大相。是说公西赤具有做大相的能力。

【译文】

　　子路、曾皙、冉有、公西华四位弟子陪坐在孔子身旁。

　　孔子说："因为我比你们年纪大一些，不要因为我〔而不敢讲话。〕你们平时总是说：'人家不了解我呀！'假如有人知道你们，〔准备任用，〕那么你们将做些什么呢？"

　　子路不加思索地急忙说："一个拥有一千辆兵车的国家，夹处在几个大国的中间，外面有军队侵犯它，国内又接着闹饥荒，我仲由治理它，等到三年，可以使人们有勇气，而且懂得道义。"孔子微微一笑。

　　接着又问："冉求，你怎么样？"

　　冉求回答说："纵横六七十里或者五六十里的小国，我去治理它，等到三年，可以使百姓富足，至于那礼义教化的事，就只有等待贤人君子了。"

　　孔子又问："公西赤，你怎么样？"

　　公西赤回答说："不敢说能做好什么事，只是愿意学习它。宗庙祭祀或者诸国会盟，我穿上礼服，戴上礼帽，在这些活动中愿意做一名小司仪。"

　　孔子又问："曾点，你怎么样？"

　　他弹瑟的乐音稀疏，接近尾声，铿的一声把瑟放下，站起身来，回答说："我的志向和他们三位讲的不同。"

　　孔子说："那有什么妨碍呢？也不过各人说说自己的志向罢了。"

　　曾点说："暮春三月，穿上春天的服装，约上五六个青年人，六七个少年，在沂水里洗洗澡，在舞雩台上吹吹风，然后唱着歌往回走。"

　　孔子长叹了一声说："我赞同曾点的志向。"

　　子路、冉有、公西华三人出去了，曾皙后出。曾皙问孔子："那三位同学的话怎么样？"孔子说："也不过各人谈谈自己的志向罢了。"

　　曾皙又问："您为什么笑仲由呢？"

　　孔子说："要用礼让治理国家，可是他的话一点也不谦虚，因此才笑他。"

　　曾皙说："难道冉求讲的就不是国家吗？"

　　孔子说："怎么见得纵横六七十里或五六十里就不是国家呢？"

　　曾皙又说："难道公西赤讲的就不是国家吗？"

　　孔子说："宗庙祭祀，外交会同，不是诸侯国的事又是什么？〔我笑仲由，不是笑他不能治理国家，也不是他谈的是不是国家，而是笑他谈话不谦虚。公西赤深懂礼仪，只说自己做一名小司仪，〕如果他只做小司仪，又有谁来做大司仪呢？"

【点评】

　　本章生动地记叙了孔子同四位弟子的一次互动的专题教学，是孔子早在春秋时代创立的一种启发式的教学形式。起先，孔子启发弟子，不要因为我是师长而拘谨，要畅所欲言。接着，通过对话，展现了四位弟子不同的理想抱负、性格与志趣。子路率尔而对，符合他好勇直率的个性，口气大，不谦让，与礼相悖，所以引起孔子微笑。这场景呈现眼前，仿佛让人身临其境。冉有、公西华也相继谈到自己的志向与憧憬，各具特色。唯独曾皙与三位不同，别具一格。他抒发自己的情怀：在暮春三月，约上青少年朋友，游沂水，风舞雩，咏歌而归，怡然自得。孔子深深与之共鸣，由衷赞许他的志趣。曾皙所谈与三位同学迥异，似乎与政治无关，其实他所描绘的乃是太平盛世富裕、安适的生活场景。本章对了解孔子师生的内心世界有一定的认识价值。

颜渊第十二

【本篇提要】

　　本篇共二十四章,涉及论仁、论政、论道德修养与交友等几方面内容。其中论仁较为集中,涉及仁与礼、仁与政的关系。

　　篇中论仁为重点,论及仁的核心问题。孔子提出"克己复礼为仁",当为仁的纲领。纲下论列其目,概括为"四勿":非礼勿视,勿听,勿言,勿动。背礼即违仁,有仁方能守礼。从两方面深入谈仁。从积极方面,仁者"爱人"。当然不是爱一切人,因为仁者能爱人,能恶人。从消极方面,"己所不欲,勿施于人"。凡是自己不想遭遇的,不要加到别人身上,将心比心,体现"恕"道。提及使民的态度"如承大祭",以义使民。

　　在为政方面,孔子主张德政,礼治,反对滥用刑罚。规劝统治者多行善事,"子欲善而民善矣"。应带头做正派人,"子帅以正,孰敢不正"。尤其要取得百姓的信任,"民无信不立",百姓对官府不信任,国家便难以立得住。警诫统治者,要减轻百姓负担,"百姓不足,君孰与足"。对工作要勤勉,忠于职守,做到"居之无倦,行之以忠"。

　　在道德修养方面,对弟子施教,"博学于文,约之以礼",坚定信念。明确提出"崇德",崇尚道德,"主忠信,徙义";"辨惑",明辨是非,识别真伪。要求"其言也讱(rèn)",话不多说,说便兑现。告诫人们加强修养,切勿感情用事,"一朝之忿,忘其身,以及其亲",干出糊涂事,危害自身,累及双亲。在任何情况下,不做亏心事,方能"不忧不惧"。

　　篇中论及交友原则。对友之过,忠告,善导,不可则止。曾参提出古今传承的名言:"以文会友,以友辅仁"。篇中也反映了孔子"死生有命,富贵在天"的宿命论等观点。

　　12.1　颜渊问仁。子曰:"克己复礼为仁[1]。一日克己复礼[2],天下归仁焉[3]。为仁由己[4],而由人乎哉[5]?"颜渊曰:"请问其目[6]。"子曰:"非礼勿视[7],非礼勿听,非礼勿言,非礼勿动[8]。"颜渊曰:"回虽不敏,请事斯语矣[9]。"

【注释】

[1]克己:克制自己。克,克制,约束。使自己言行符合礼。　复礼:回归到礼上来。

[2]一日:副词,一旦。《韩非子·五蠹》:"今之县令,一日身死,子孙累世絜(xié)驾,故人重之。"

[3]天下:指天下的人。　归:归依,趋向。

[4]为仁由己:实践仁德全靠自己。为,有"实行"、"实践"的意思。由己,全靠自己。主观努力,自觉去做。

[5]由人乎哉:难道还靠别人吗?

[6]目:本义指眼睛。比喻引申为网眼,网眼属于纲绳,这里比喻从属于克己复礼的条目,细目。

[7]非礼:指不合乎礼的事。　勿:副词,作状语,表示禁戒,不要。

[8]动:行动,实践。

[9] 请：敬辞。希望对方允许自己做某事。 事：从事，照着去做。

【译文】

颜渊问什么是仁。孔子说："克制自己而回归到礼上来就是仁。一旦克制自己而回归到礼上来，天下的人就归依了仁德。实践仁德全靠自己，难道还靠别人吗？"颜渊说："请问克己复礼的具体条目。"孔子说："不符合礼的事不看，不符合礼的言语不听，不符合礼的话不说，不符合礼的事不做。"颜渊说："我虽然不聪敏，请让我照您的话去做。"

【点评】

每个时代都有适合自身的社会规范和行为准则，孔子所遵循的是周礼。他明确阐释人们要克制自己欲望，使言行符合礼的要求便是仁，言行遵循礼便是实践仁。礼与仁相统一。为此，孔子提出具体细目：非礼勿视，勿听，勿言，勿动。要达到克己复礼的目的，全靠主观努力，自觉追求。

周礼从根本上是维护贵族等级制的，如果人们的言行完全符合礼，必然与春秋晚期社会变革的现实发生矛盾。由此观之，"四勿"在政治上是保守的。但孔子提出"为仁由己"的思想，指出进步靠内在动力，自觉追求，是符合规律的，今天也有借鉴意义。

12.2 仲弓问仁。子曰："出门如见大宾[1]，使民如承大祭[2]。己所不欲[3]，勿施于人[4]。在邦无怨[5]，在家无怨[6]。"仲弓曰："雍虽不敏，请事斯语矣。"

【注释】

[1] 出门：指出门办事或外出任职。 大宾：指公侯的贵宾。
[2] 使民：役使百姓。 承：承当，承担。 大祭：指禘郊类的重大祭典。何晏《集解》引孔安国注："为仁之道，莫尚乎敬。"邢昺《注疏》："大宾，公侯之宾也。大祭，禘郊之属也。人之出门失在倨傲，故戒之出门如见公侯之宾；使民失于骄易，故戒之如承奉禘郊之祭。"
[3] 己所不欲：名词性"所"字词组。自己不愿意遭受的事物。
[4] 施：施加，加给。
[5] 邦：古代诸侯的封国。也泛指国家。今成语有"治国安邦"，"国"与"邦"同义对举。 怨：怨恨。注意：古今义有别：古义一般指怨恨，词义重；今义指埋怨，词义轻。
[6] 家：指卿大夫之家。何晏《集解》引包咸注："在邦为诸侯，在家为卿大夫。"刘宝楠《论语正义》："在邦谓仕于诸侯之邦，在家谓仕于卿大夫之家也。"家指大夫的采邑。

【译文】

仲弓问什么是仁。孔子说："出门在外要像接待贵宾一样敬慎，役使百姓要像承担大祭一样小心。自己不愿遭受的事物，不要把它加给别人。在诸侯国做官没有人怨恨，在大夫家做官也没有人怨恨。"仲弓说："我虽然不聪敏，请让我照您的话去做。"

【点评】

本章深入谈仁。从两方面实践仁：一是出门办事或任职要像接待贵宾那样谨慎；二是役使百姓要像承担大祭那样小心。这两件事做好了就体现了仁。孔子一席话,也是对仲弓因材施教。在理论上孔子提出著名的恕道,即"己所不欲,勿施于人",自己不愿遭受的事物,不要把它加给别人。将心比心,宽厚待人,这一恕道反映了儒家的人本主义思想。

12.3 司马牛问仁[1]。子曰:"仁者,其言也讱[2]。"曰:"其言也讱,斯谓之仁矣乎[3]?"子曰:"为之难[4],言之得无讱乎[5]?"

【注释】

[1] 司马牛:孔子弟子。姓司马,名耕,字子牛,也称司马耕,宋国人。《史记·仲尼弟子列传》:"司马耕,字子牛。牛多言而躁,问仁于孔子。孔子曰:'仁者其言也讱。'"

[2] 其言也讱(rèn):仁人的言语迟钝。讱,出言迟钝。因为司马牛"多言而躁",孔子针对他的毛病,所以回答仁者应言语迟钝。朱熹《集注》:"愚谓牛之为人如此,若不告之以其病之所切,而泛以为仁之大概语之,则以彼之躁,必不能深思以去其病。"

[3] 斯谓之仁:即"谓斯仁"。说言语迟钝就是仁。此句为称代复指结构,为强调"斯"而提到"谓"的前面,在原来的位置上用代词"之"复指。斯,指示代词,指言语迟钝。

[4] 为之难:照着说出的话去做很困难。意为说话容易,兑现很困难,所以说话要慎重,做不到的不能轻易出口,夸夸其谈。

[5] 言之得无讱乎:说话能够不迟钝吗?言,动词。说。之,指说的话。得,能够。无,副词,表示一般性否定,可译为"不"。

【译文】

司马牛问什么是仁。孔子说:"仁人,他的言语迟钝。"司马牛又问:"言语迟钝,能叫作仁吗?"孔子说:"照着说出的话去做很困难,说话能不迟钝吗?"

【点评】

孔子回答言语迟钝便是仁。为什么? 这不属于言语技巧问题,而是针对司马牛"多言而躁"的缺点作答。警示他不要随便讲话,作风要严谨。它涉及"言"与"行"的关系问题。孔子认为一个真正有道德修养的仁人,必须言行一致。除非不说,说了就要做,在行动上兑现。况且说易行难,话说出口容易,做起来困难。"多言"不做,言行严重脱节,与仁人的品德格格不入。

12.4 司马牛问君子。子曰:"君子不忧不惧。"曰:"不忧不惧,斯谓之君子已乎?"子曰:"内省不疚[1],夫何忧何惧[2]?"

【注释】

[1] 内省(xǐng):内心省察。省,省察,反省。 疚(jiù):因过失而内心惭愧痛苦。

[2] 夫:句首语气助词,表示要发表议论,旧称发语词。 何忧何惧:相当于"忧何惧何"。忧愁什么? 惧怕什么? 何,分别作"忧"和"惧"的前置宾语。古代汉语疑问代词作宾语而前置。

【译文】

司马牛问什么是君子。孔子说:"君子不忧愁,不恐惧。"司马牛又问:"不

论语全解

忧愁,不恐惧,这就叫作君子吗?"孔子说:"内心反省没有愧疚的事情,那还忧愁什么,恐惧什么呢?"

【点评】

　　司马牛是宋国人。据说其兄司马桓魋企图谋害宋景公而篡位。司马牛担心他闯祸,忧愁恐惧。孔子劝他只要你没有做亏心事,就不用忧愁恐惧。君子指有道德修养的人,是仁学的实践者。其信条为"已所不欲,勿施于人"。古谚有云:"为人不做亏心事,半夜敲门心不惊。"只要为人正派,不做损害国家和他人之事,心地坦然,问心无愧,当然不会忧愁恐惧。

　　12.5　司马牛忧曰:"人皆有兄弟,我独亡[1]。"子夏曰:"商闻之矣[2]:死生有命[3],富贵在天[4]。君子敬而无失[5],与人恭而有礼[6],四海之内皆兄弟也[7]。君子何患乎无兄弟也[8]?"

【注释】

[1] 独:副词,作状语,表示最小单位。单单,独自。　亡:动词,通"无",没有。
[2] 商:姓卜,名商,字子夏。这里子夏自称其名。
[3] 死生有命:死与生由命运主宰。命,命运。古人迷信,指人的吉凶祸福、寿夭贵贱和一切遭遇全由命运决定。
[4] 富贵在天:富与贵全由上天安排。这两句反映了子夏宿命论观点。
[5] 敬:指严肃认真,特指工作兢兢业业。《子路》篇:"居处恭,执事敬。"　失:过失,差错。
[6] 恭:恭敬,有礼貌。
[7] 四海之内皆兄弟:四海之内,指四海之内的人。作判断句主语。四海,古人以为我国四周全是海,遂称中国为海内。这里指天下,全国。皆,范围副词,作状语。都,全。兄弟,判断句谓语。副词一般是不能修饰名词的,因为"兄弟"作判断句谓语,谓语是可以接受副词修饰的。
[8] 何患:即"患何"。担忧什么。何,疑问代词作宾语而前置。　乎无兄弟:介宾词组,作补语,在没有弟兄上。乎,介词,同介词"于"。

【译文】

　　司马牛忧愁地说:"别人都有弟兄,我单单没有。"子夏说:"我听说这样的话:死与生由命运主宰,富与贵由上天安排。君子做事严肃认真而没有差错,待人恭敬而有礼貌,可以说四海之内都是弟兄,君子何必担心没有弟兄呢?"

【点评】

　　司马牛不是没有弟兄,其兄司马桓魋在宋国谋反,结果失败。司马牛是不赞成的,所以感慨地说自己没有弟兄。子夏所言是安慰司马牛的话,其中反映了子夏的宿命论观点,那个时代有这种观点是很普遍的,但同时子夏又强调人的主观努力。至于四海之内是否都是弟兄,要面对现实,区别对待,不能一概而论。

　　12.6　子张问明[1]。子曰:"浸润之谮[2],肤受之愬[3],不行焉[4],可谓明也已矣[5]。浸润之谮,肤受之愬,不行焉,可谓远也已矣[6]。"

【注释】

[1] 明:明辨,明察。

[2] 浸润之谮(zèn):像水一样逐渐渗透的谗言。浸润,像水一样逐渐拓展渗透。日积月累便起作用。朱熹《集注》:"如水之浸灌滋润,渐渍而不骤也。"谮,谗言,说人坏话。何晏《集解》引郑玄注:"谮人之言,如水之浸润,渐以成之。"

[3] 肤受之愬(sù):像肌肤感到疼痛那样的诬告。肤受,肌肤感受疼痛。愬,同"诉"。这里指诬告。

[4] 不行焉:在你那里都行不通。不行,行不通。焉,兼词,相当于"于之"。指在你那里。语译时移前作状语。

[5] 谓:称谓,称得上。 也已矣:语气助词连用。

[6] 远:指看得远,有远见。朱熹《集注》:"远则明之至也。"

【译文】

　　子张问怎样才算是明察。孔子说:"像水一样逐渐滋润渗透的谗言,像有切肤之痛的诬告,在你那里都行不通,便可以称得上明察了。像水一样逐渐滋润渗透的谗言,像有切肤之痛的诬告,在你那里都行不通,便可以称得上有远见的了。"

【点评】

　　孔子强调要学会明辨是非,识别真伪,并举出有难度的两种情况:一是"浸润之谮"。指进谗言,说坏话,像水浸润物体,一滴一滴逐渐拓展渗透,天长日久极易相信。二是"肤受之愬"。指诬告、诽谤像有切肤之痛的感受,使你同情,逐渐成为诬者的"俘虏"。在这种情况下,你能识别真伪,看得明白,绝不上当受骗,可以称得上是一位明察而有远见的人。

　　12.7　子贡问政。子曰:"足食[1],足兵[2],民信之矣。"子贡曰:"必不得已而去[3],于斯三者何先[4]?"曰:"去兵。"子贡曰:"必不得已而去,于斯二者何先?"曰:"去食。自古皆有死,民无信不立[5]。"

【注释】

[1] 足食:使粮食充足。足,形容词的使动用法,使……充足。今成语有"丰衣足食"。

[2] 足兵:使军备充实。兵,兵器。这里指军备。注意:"兵"的古义多指兵器或军事,很少指士兵。《汉书·刑法志》:"税以足食,赋以足兵。"

[3] 必不得已而去:迫不得已而去掉一项。去,去掉,除掉。

[4] 于斯三者:介宾词组,作状语,在这三项中。斯,指示代词,作定语,这。三者,"者"字词组:指足食、足兵、民信之三项。先:动词,首先去掉。

[5] 民无信不立:百姓没有对官府的信任,国家便站不住。信,信任。这里指百姓对官府的信任。立,站立。这里指国家站住脚。

【译文】

　　子贡问怎样治理政务。孔子说:"使粮食充足,军备充实,百姓信任官府。"子贡说:"迫不得已而去掉一项,在这三项中先去掉哪一项?"孔子说:"去掉军备。"子贡说:"迫不得已还要去掉一项,在剩下的两项中先去掉哪一项?"孔子说:"去掉粮食。自古以来谁都难免于死,没有百姓对官府的信任,国家便站不住。"

【点评】

孔子谈论治国理政的三大要素,即足食,足兵,民信之。粮食维生,军备御敌,百姓信任而国家安固。其中孔子突出强调"民信之"的极端重要性:没有百姓的信任,社会矛盾激化,水便可以覆舟,国家岂能生存?要做到"民信之",在儒家看来,必须实施德政,减轻赋税,勿滥刑罚,使民以时。取得民信,社会才能安定,发展生产,自然确保足食足兵。可见,孔子谈政颇有远见。

12.8　棘子成曰[1]:"君子质而已矣[2],何以文为[3]?"子贡曰:"惜乎,夫子之说君子也[4]!驷不及舌[5]。文犹质也[6],质犹文也[7]。虎豹之鞟犹犬羊之鞟[8]。"

【注释】

[1] 棘(jí)子成:卫国大夫。古代大夫可以尊称为子。
[2] 君子:这里指有道德修养的人。　质:本质。指人的内在思想品德。　而已矣:语气助词连用。"而已"表示限止,可译为"罢了"。
[3] 何以文为:即"以何文为"。凭什么要那些文饰、仪节呢?
[4] 惜乎:可惜啊。"惜"作谓语,为强调而提到主语前。　夫子之说君子:主语词组,作主语。先生如此谈论君子。说,评说,谈论。
[5] 驷(sì)不及舌:驷马赶不上说出的话,即一言既出,驷马难追。驷,古代四匹马驾一辆车。这里形容跑得快。及,动词,追赶上。舌,指说出的话。说话必有舌参与,所以用舌表示说出的话。
[6] 文犹质:文饰如同本质一样重要。犹,动词。如同,好像。没有文饰不能体现本质,内容与形式相互依存。
[7] 质犹文:本质如同文饰一样重要。《雍也》篇:"文质彬彬,然后君子。"
[8] 虎豹之鞟(kuò)犹犬羊之鞟:〔如果把这两类兽皮去掉毛,〕那么虎豹的革如同犬羊的革。这里强调质离不开文。鞟,指去掉毛的革。

【译文】

棘子成说:"君子具有美质也就罢了,凭什么还要文饰?"子贡说:"可惜啊,先生竟如此评说君子!一言既出,驷马难追。文饰如同本质一样重要,本质如同文饰一样重要。如果去掉这两类兽皮的毛,那么虎豹的革和犬羊的革就难以区分了。"

【点评】

棘子成与子贡的对话,涉及"质"和"文"的关系问题。棘子成看不惯繁盛的文饰,提出只要本质,不要文饰。子贡对他的谈论进行了批评,强调质离不开文,并举出两类兽如果去掉皮上的毛,其革便难以区分。说明质与文、内容与形式相互依存,和谐统一。但内容决定形式,质决定文。就人而言,当时仁义是质,相应的礼节、仪式则是文。

12.9　哀公问于有若曰[1]:"年饥[2],用不足[3],如之何[4]?"有若对曰:"盍彻乎[5]?"曰:"二[6],吾犹不足,如之何其彻也[7]?"对曰:"百姓足,君孰与不足[8]? 百姓不足,君孰与足?"

【注释】

[1] 哀公:鲁国国君,名将,公元前494—前468年在位。曾多次向孔子及其弟子问政。有若:孔子的学生。姓有,名若,尊称"有子"。

[2] 年:年成,收成。俗语"五谷丰登大有年"。"大有年"就是大丰收。 饥:繁体作"饑",指谷物不熟,荒年。注意:上古汉语"饑"与"饑"词义有别:"饑"用于饥饿;"饑"用于饥荒,分别显著。到中古读音趋同,才逐渐混用。

[3] 用:财用,用度。

[4] 如之何:古代汉语凝固结构,询问方式,作谓语,怎么办?

[5] 盍(hé)彻乎:何不实行十分抽一的税率呢? 盍,"何不"的合音词。《公冶长》篇:"盍各言尔志。"与此"盍"义同。彻,用作动词,实行彻制。"彻"是周代的田税制度,十分抽一的税率。《孟子·滕文公上》:"夏后氏五十而贡,殷人七十而助,周人百亩而彻,其实皆什一也。"彻是由劳役地租转化来的实物地租。

[6] 二:指十分抽二的税率。晚周实行什二税制。

[7] 如之何其彻:怎么能实行十分抽一的税率? 如之何,作状语,怎么能。

[8] 君孰与不足:即"君与孰不足"。您和谁不富足呢? 意思是百姓富足了,您肯定也会富足。孰与,同"与孰",和谁,跟谁。"孰"和介词"与"结合,作状语。

【译文】

鲁哀公向有若问道:"年成不好,国家财用不足,怎么办?"有若答道:"何不实行十分抽一的税率呢?"鲁哀公说:"十分抽二,我还感到不足,怎么能实行十分抽一的税率呢?"有若答道:"百姓富足了,您和谁会不富足呢? 百姓不富足,您和谁能富足呢?"

【点评】

鲁哀公为满足奢侈用度,不顾百姓死活,荒年饥岁,十分抽二的税率仍嫌不足,还要加重盘剥。鲁国百姓的遭遇,如《孟子·梁惠王上》所说:"仰不足以事父母,俯不足以畜妻子;乐岁终身苦,凶年不免于死亡。"这是一幅百姓啼饥号寒的景象。有若劝谏鲁哀公减轻对百姓的搜刮,反映了儒家的民本思想,也使我们从一个侧面认识古代社会。

12.10　子张问崇德辨惑[1]。子曰:"主忠信[2],徙义[3],崇德也。爱之欲其生[4],恶之欲其死[5]。既欲其生,又欲其死,是惑也[6]。'诚不以富,亦祇以异[7]。'"

【注释】

[1] 崇德:提高品德。崇,形容词,高峻。用作动词,指抽象义的提高。 辨惑:辨别迷惑。

[2] 主忠信:在提高品德上以忠诚、信实为主体。忠,努力做好分内的事,尽力做好别人委托的事。与封建社会忠君义有别。

[3] 徙义:向义迁移,即接近仁义,亲近仁义,唯义是从。徙,迁移,靠近。

[4] 爱之:喜爱一个人。 欲其生:希望他长生。生,这里指长生,长寿。

论语全解

[5] 恶(wù)：厌恶。

[6] 是惑也：这就是迷惑。是，指示代词，判断句主语，这。不同于现代汉语判断词"是"。

[7] 诚不以富，亦祗(zhǐ)以异：诗句出自《诗经·小雅·我行其野》。何晏《集解》引郑玄注："祗，适也。言此行诚不可以致富，适足以为异耳。"大意是爱恶悬殊，感情用事，不能亲近仁义，确实没有好处，只能使人生异罢了。朱熹《集注》："程子曰：此错简，当在第十六篇：'齐景公有马千驷'之上。"程颐认为由于竹简编次错乱而造成文字错乱。此诗句当在《季氏》篇第十二章"齐景公有马千驷"之上，但证据不足，仅供参考。

【译文】

子张问如何提高品德，辨别疑惑。孔子说："以忠诚、信实为主，亲近仁义，这就是崇德。喜爱一个人，就希望他长寿；又厌恶这个人，就恨不得他立刻死去。既要他长寿，又要他短命，这就是疑惑。〔感情用事，不近仁义，〕这确实没有好处，只能使人生异罢了。"

【点评】

本章以"崇德"、"辨惑"为主题。崇德，指提高品德。孔子认为一个人在思想上必须有主心骨，即主忠信，亲仁义，这是提高品德的重要途径。辨惑，指辨别疑惑。孔子认为释疑解惑必须以仁义为准绳，不能以个人好恶为依据。"爱之欲其生，恶之欲其死"是典型的感情用事的事例。只有以仁义为准绳，在实践中才能明察是非，识别真伪，辨清疑惑。

12.11 齐景公问政于孔子[1]。孔子对曰："君君[2]，臣臣，父父，子子。"公曰："善哉[3]！信如君不君[4]，臣不臣，父不父，子不子，虽有粟[5]，吾得而食诸[6]？"

【注释】

[1] 齐景公：齐国国君。姓姜，名杵臼，齐灵公之子，齐庄公之异母弟。公元前547—前490年在位。

[2] 君君：君要像个君。第一个"君"，名词，国君。第二个"君"，名词用作动词，要像个君。以下"臣臣，父父，子子"结构与此同。

[3] 善哉：讲得好啊！哉，表示感叹的语气助词。

[4] 信：副词。果真，确实。 君不君：君不像个君。第二个"君"是动词，作谓语，前面有否定副词"不"修饰。下面三个分句结构与此同。

[5] 虽有粟：即使有粮食。虽，连词，表示让步，即使，纵然。粟，本指谷子，去皮后叫小米。这里泛指粮食。晁错《论贵粟疏》："欲民务农，在于贵粟。"

[6] 得：能够。

【译文】

齐景公向孔子问政事。孔子答道："君要像个君，臣要像个臣，父要像个父，子要像个子。"齐景公说："讲得好啊！果真君不像君，臣不像臣，父不像父，子不像子，即使有粮食，我能够吃到它吗？"

【点评】

春秋晚期"礼崩乐坏"，周朝的等级名分已经混乱，臣弑君、子弑父屡屡发生。孔子针对齐国的现实,提出需要正名,严守各自的名分,各行其道,以整顿乱象,恢复秩序。然而孔子的主张当时已不合时宜,齐国已由领主制向封建地主制转变,将由新兴的田氏所取代,这是齐国发展的必然趋势。

12.12　子曰:"片言可以折狱者[1],其由也与[2]?"子路无宿诺[3]。

【注释】

[1] 片言:单方面的言辞。古人称"单辞"。诉讼必有原告,被告两方面的人参加,叫作"两造"。单辞指原告或被告的一面之词。在通常情况下,从古至今从未有依据单辞来断案的。　折狱:断案。折,判断,裁决。狱,指诉讼,案件。《左传·庄公十年》:"小大之狱,虽不能察,必以情。""小大之狱"指大大小小的案件。
[2] 其:语气助词,表示测度委婉的语气。　也与:语气助词连用。也,表示确认。与,表示疑问。
[3] 宿诺:拖延没有兑现的诺言。宿,旧有的。

【译文】

　　孔子说:"根据单方面的供词便可以断案的人,大概只有仲由吧?"子路没有拖延不兑现的诺言。

【点评】

　　断案不详审原告、被告双方供词便作出判决,无论有何等洞察力,也难免不错判。孔子说只有子路一个人片言断案,说明子路做事鲁莽而轻率。实际上处理任何案件,必须审视双方供词,重证据,重调查研究,严防主观臆断。即使如此用心,尚难免疏漏,更何况子路单词断案,是万万不可以的!

　　至于子路认真兑现诺言,勇于实践,是可取的,但也表现了他的急躁情绪。

12.13　子曰:"听讼[1],吾犹人也[2]。必也使无讼乎[3]!"

【注释】

[1] 听讼(sòng):审理诉讼案件。听,审理。讼,诉讼,打官司。
[2] 吾犹人:我如同别人。是说审理诉讼我跟别人差不多。犹,动词,如同。
[3] 必也使无讼:即"必也使〔之〕无讼"。一定让〔人们〕没有诉讼。必,副词,必定,一定。也,语气助词,用于状语与谓语之间,表示停顿。之,兼语,指社会上的人。乎,句尾语气助词,表示祈使,可译为"啊"。

【译文】

　　孔子说:"审理诉讼我跟别人差不多,能不能一定让人们没有诉讼啊!"

【点评】

　　孔子认为他在审理诉讼上同别人差不多。他和别人不同的是,他有追求的目标,即从根本上杜绝诉讼,表现了他的德治理想。为实现这一目标,他提倡以德治国,以德育人,提高人们的素质,以实现"无讼"的理想社会。

12.14　子张问政。子曰:"居之无倦[1],行之以忠[2]。"

【注释】

[1] 居之:处在官位上。居,动词,位于,处在。范仲淹《岳阳楼记》:"居庙堂之高则忧其民。"今成语有"居安思危"。　　无:副词,用于祈使句,表示禁戒。可译为"别"、"不要"。　　倦:倦怠,松懈。

[2] 行:执行,行使。

【译文】

　　子张问政事。孔子说:"处在官位上不要疲倦懈怠,执行政令要以忠心。"

【点评】

　　本章语言不多,问题重要。孔子回答子张为政之道:一要"勤",二要"忠"。勤,就是从政要尽心竭力,兢兢业业,不可懒散懈怠,玩忽职守。忠,就是忠诚执行政令,不苟且,不走样。如孔子所说:"臣事君以忠。"

　　今天,从政性质已经不同,但这种敬业精神古今相通。我们对待事业和工作更要"勤"和"忠"。

12.15　子曰:"博学于文,约之以礼,亦可以弗畔矣夫!"

【注释】

本章词句与注释已见《雍也》篇第二十七章。

12.16　子曰:"君子成人之美[1],不成人之恶[2]。小人反是[3]。"

【注释】

[1] 君子:指有道德修养的人。　　成:成全,帮助人实现某种愿望。　　美:形容词,美好。这里指好事,善事。

[2] 恶(è):形容词,丑恶。跟美、善相对,这里指丑事、坏事。

[3] 小人:与"君子"相对,指品质恶劣的人。本章的"君子"与"小人"均指道德而言。　　是:指示代词,指代前文"成人之美,不成人之恶"。

【译文】

　　孔子说:"君子成全别人的好事,不成全别人的坏事。小人却与此相反。"

【点评】

　　孔子严肃提出,作为有道德修养的君子,在助人上有严格的界定,看所助之人干的是好事,还是坏事。若是好事,便鼎力相助,以"成人之美";若是坏事,决不相帮,而且还要制止。只有品质恶劣的小人才"成人之恶"!

12.17　季康子问政于孔子[1]。孔子对曰:"政者,正也[2]。子帅以正[3],孰敢不正[4]?"

【注释】

[1] 季康子:姓季孙,名肥,季桓子之庶子,鲁哀公时为正卿,是鲁国最有权势的人。"康"是谥号。
[2] 政者,正也:所谓政治,就是使民端正、正派。正,动词,使端正、正派。这里用声训的方法解释"政"。"政"与"正"音同义通。《管子·权修》:"凡牧民者,欲民之正也。欲民之正,则微邪不可不禁也。"
[3] 子帅以正:您带头正派。帅,《说文·巾部》:"帅,佩巾也。""帅"为简体。常用为军中主将,统帅。《子罕》篇:"三军可夺帅也。"引申率领,又引申为带头。这里是"以身作则"的意思。
[4] 孰敢不正:谁还敢不正派呢?孰,疑问代词,作主语,谁。

【译文】

季康子向孔子问为政之道。孔子回答说:"所谓政治就是使民正派。您带头正派,谁还敢不正派呢?"

【点评】

季康子问为政之道,孔子回答"政者,正也。"政治是做什么的?政治是端正人们的言行的,讲的是它的社会功能。当时各诸侯国所推行的政治,乃是用行政手段,以当时的社会规范来"端正"被统治者。说当时的政治正派是不符合历史实际。孔子针对当政者,包括季康子在内不正派的现实,才提出当政者要带头正派,带头端正自己的言行,以身作则,这样百姓才会服从。

12.18　季康子患盗[1],问于孔子。孔子对曰:"苟子之不欲[2],虽赏之不窃[3]。"

【注释】

[1] 患:担心,忧虑。　盗:偷东西的人。注意:上古汉语"盗"指小偷;"贼"指乱臣,强盗,与现代义恰好相反。用作动词,"盗"指偷窃;"贼"指抢劫。个别情况,"盗"也用于强盗义,如盗跖。
[2] 苟:连词,表示假设。可译为"假如"、"假若"。　子之不欲:您不贪求财物。之,用于主谓之间的结构助词,标志该句是分句。欲,私欲,贪欲。这里指贪求财物。
[3] 虽:连词,表示让步。可译为"即使"、"纵然"。　窃:偷窃,盗取。

【译文】

季康子担忧偷窃,向孔子求教。孔子回答说:"假如您不贪求财物,即使奖励他们偷窃,他们也不会偷窃。"

【点评】

季康子担心盗多,是当时的社会现实。为什么?这不能片面怪罪百姓道德缺失,而是由于民不聊生。孔子指责季氏贪欲,聚敛无度。这不是个人现象,而是反映整个阶级的剥削,是剥削制度的必然产物。要季氏停止贪欲,不可能做到。季氏的贪欲,实质是吸吮广大劳动者的血汗,造成他们的赤贫,生活难以为继,为了生存,被迫铤而走险,这才是盗多的真正根源。

12.19 季康子问政于孔子。曰:"如杀无道[1],以就有道[2],何如?"孔子对曰:"子为政[3],焉用杀[4]?子欲善而民善矣[5]。君子之德风[6],小人之德草[7]。草上之风[8],必偃[9]。"

【注释】

[1] 如:连词,表示假设。可译为"如果"、"假若"。 无道:指不行正道的坏人。
[2] 以:连词,表示关联。 就:动词,走近,亲近。 有道:就社会而言,指政治清明,天下太平;就个人而言,指有道德的好人。这里指后者。何晏《集解》引孔安国注:"有道,有道德者。"
[3] 为:含意广泛的动词。这里指治理。
[4] 焉用杀:哪里用得着杀戮?焉,疑问代词,作状语,哪里,怎么。
[5] 欲:能愿动词,想要。 善:善良。这里指善行,做好事。
[6] 君子:指在位的统治者,古代对贵族的通称。《诗经·魏风·伐檀》:"彼君子兮,不素餐兮。" 德:道德,品德。 风:好比风。
[7] 小人:古时指社会地位低下的,即平民百姓。 草:好比草。
[8] 草上之风:即风吹到草上。
[9] 偃(yǎn):仆倒,倒伏。

【译文】

季康子向孔子询问怎样治理政事。说:"假若杀掉不行正道的坏人,来亲近有道德的好人,怎么样?"孔子说:"您治理政事,哪里用得着杀戮?您想要做好事有善行,那百姓也会做好事有善行。君子的道德好比风,百姓的道德好比草。草被风吹,就必定随风倒伏。"

【点评】

季康子施政,动辄杀戮。滥施刑罚是各诸侯国普遍存在的社会问题。如鲁昭公三年齐景公问齐相晏婴市场上何贵何贱?晏婴回答:"踊(yǒng)贵,屦(jù)贱。""踊"是受断足刑后穿的鞋,"屦"是普通的鞋。踊贵而屦贱充分说明在暴政下断了多少人的脚!孔子针对这一现实,开导季康子多行善事,慎用刑罚,实行德政,感化百姓,在当时的历史条件下是有进步意义的。当然,孔子不是要求统治者绝对不用刑罚,而是以德治为主,刑罚为辅。结尾提出统治者带头行善事,以此带动百姓,缓和社会矛盾,起到上行下效的效果:百姓要看刮的是什么风,是善风,便随之;如果是恶风,百姓便会起来抵抗。

12.20 子张问:"士何如斯可谓之达矣[1]?"子曰:"何哉,尔之所谓达者[2]?"子张对曰:"在邦必闻[3],在家必闻[4]。"子曰:"是闻也[5],非达也。夫达也者[6],质直而好义[7],察言而观色[8],虑以下人[9],在邦必达,在家必达。夫闻也者,色取仁而行违[10],居之不疑[11]。在邦必闻,在家必闻。"

【注释】

[1] 士：文士。这里泛指读书人。 何如：怎样，怎么样。 斯：连词，可译为"就"、"才"。 可谓：可以称做。 达：通达。孔子认为具有仁德、才智而且名实相符才叫作达。

[2] 何哉，尔之所谓达者：即"尔之所谓达者，何哉"。为强调谓语而提到主语前。尔所谓达者，"者"字词组，作主语，你所说的通达的意思。何哉，是什么呢？哉，语气助词，表示疑问，可译为"呢"。

[3] 在邦必闻：在诸侯国中做官必定有名望。邦，指诸侯的封国，也泛指国家。闻，听闻。这里指名望。

[4] 家：与"邦"、"国"相对，指大夫所统治的政治区域。

[5] 是闻：这是闻。是，指示代词，指代"在邦必闻，在家必闻"。作判断句主语，非判断词"是"，语译时要加判断词"是"。

[6] 夫(fú)：句首语气助词，表示要发表议论，起引出下文的作用，也称发语词。 也者：语气助词连用。先顿宕以舒缓其气，后提示以唤起注意。

[7] 质直：品质正直。 好义：喜好正义。

[8] 察言：审查别人的言语。 观色：观察别人的容色。色，面目表情。

[9] 虑以下人：即"虑以下〔于〕人"。经常想着对人谦恭。下，动词，卑下，谦恭。

[10] 色取仁：表面上装作有仁德的样子。色，相当于"以色"，作状语，在表面上。取，取容，装成。 行违：行动上却违背仁德。

[11] 居之不疑：以仁人自居而不怀疑自己。

【译文】

子张问道："读书人怎样才能称得上达了？"孔子说："你所说的达是什么意思呢？"子张回答说："在诸侯国中做官必定有名望，在大夫之家做官也必定有名望。"孔子说："这是闻，不是达。说到达，品质正直，喜好正义，善于审察别人的言语，观察别人的容色，经常想着对人谦恭。这种人，在诸侯国中做官必定通达，在大夫家做官也必定通达。至于说到闻，表面上装成有仁德的样子，而在行动上却违背仁德，并以仁人自居而不怀疑自己。这种人，在诸侯国中做官必定骗取虚名，在大夫家做官也必定骗取虚名。"

【点评】

孔子矫正子张对"达"的误解，说他讲的不是"达"，而是"闻"。所谓"达"，这种人具备正直的品质，喜好正义，遇事讲理，而且善于分辨别人的言语，观察别人的面容，以便了解其真实思想。这种人胸襟开阔，对人谦恭。他们在国内做官必定会通达，在大夫家做官也必定会通达，而且是实实在在的。而"闻"则不同。子张所说的"闻"，这种人表面上装成有仁德的样子，以骗取人们的信任；在实际行动上却与仁德大相径庭。这种人的名望是骗取的，不如达者名声与美质表里如一。

12.21 樊迟从游于舞雩之下[1]，曰："敢问崇德[2]，修慝[3]，辨惑[4]。"子曰："善哉问[5]！先事后得[6]，非崇德与？攻其恶[7]，无攻人之恶[8]，非修慝与？一朝之忿[9]，忘其身[10]，以及其亲[11]，非惑与？"

【注释】

[1] 樊迟：孔子学生，姓樊，名须，字子迟，齐国人。 舞雩(yú)：舞雩台，古代祭天求雨的地方。因举行雩祭时伴有舞蹈，故名。

[2] 敢：谦敬副词，作状语，对对方表示尊敬。 崇德：提高品德。崇，用作动词，指提高。

[3] 修慝(tè)：消除邪恶的念头。修，修正，消除。慝，邪恶。这里指隐藏心中的邪恶念头。

[4] 辨惑：辨清迷惑，保持清醒头脑。

[5] 善哉问：即"问善哉"。为强调谓语"善"而前置。问得好啊！

[6] 先事：先要做事，付出劳动。事，动词，做事。 后得：然后有所收获。收获属自己的劳动成果，非不劳而获，这才是"仁"。《雍也》篇："仁者先难而后获。"

[7] 攻其恶(è)：批判自己的过错。攻，指责，批判。其，指示代词，作定语，指自己。恶，过错，坏处。《卫灵公》篇："躬自厚而薄责于人，则远怨矣。"远在春秋时代，孔子提出这样宝贵的思想，至今仍发挥积极的作用。

[8] 无：通"毋"。表示禁止，劝阻。可译为"不要"。

[9] 一朝(zhāo)之忿(fèn)：一时的愤恨。

[10] 忘其身：忘记自身的安危。

[11] 及其亲：连累自己的双亲。及，本义是追赶上，引申为累及，连累。亲，指双亲，爹娘。

【译文】

樊迟陪同孔子在舞雩台下散步，说道："敢问怎样提高品德，修正错误，分辨迷惑。"孔子说："问得好啊！先去做事，然后再去收获，不是提高品德的方法吗？批判自己的过错，不去批判别人的过错，不是改正过错的方法吗？逞一时的愤怒，忘记自身的安危，甚而累及双亲，不是糊涂吗？"

【点评】

作为古代思想家的孔子，早在春秋时代所阐述的"崇德，修慝，辨惑"的观点于今仍很宝贵。

在提高品德方面，提出"先事后得"，即先去积极工作，付出艰辛劳动，再取所得。不可不劳而获，坐享其成，并将其提到"仁"的高度。

在修正错误方面，强调"攻己之恶，毋攻人之恶"，躬自厚而薄责于人。

在辨清迷惑方面，严戒逞一时之愤，而忘记危害自身，累及双亲。

12.22　樊迟问仁。子曰："爱人。"问知[1]。子曰："知人[2]。"樊迟未达[3]。子曰："举直错诸枉[4]，能使枉者直[5]。"樊迟退，见子夏，曰："乡也吾见于夫子而问知[6]，子曰：'举直错诸枉，能使枉者直。'何谓也[7]？"子夏曰："富哉言乎[8]！舜有天下，选于众[9]，举皋陶[10]，不仁者远矣[11]。汤有天下[12]，选于众，举伊尹[13]，不仁者远矣。"

【注释】

[1] 知："智"的古字。智慧。

[2] 知人：善于了解人，识别人。

[3] 未达：没有透彻了解，没有明白。达，通达，通畅。用于抽象义指通晓，明白。

[4] 举：选拔，提拔。 直：形容词，正直。这里指具有正直品质的人。 错：通"措"。安放，放置。 诸："之于"的合音词。之：作"错"的宾语，指代正直的人。于，介词。与"枉"组成介宾词组，充当补语，表示在不正派人之上。 枉：形容词，邪曲。这里指不正派的人。

[5] 枉者："者"字词组，作兼语，指不正派的人。 直：变得正直。

[6] 乡(xiàng)：繁体作"鄉"，通"向(曏)"。从前。这里是"刚才"的意思。
[7] 何谓：即"谓何"。疑问代词作宾语而前置。说的是什么意思？
[8] 富哉言乎：即"言乎富哉"。为强调谓语而置于"言"的前面。富，富有深刻的含义。
[9] 选于众：从众人当中选拔人才。
[10] 皋陶(gāo yáo)：传说中舜时掌管刑法的官。
[11] 不仁者："者"字词组，作主语，不仁的人。　远：动词，远离。
[12] 汤：甲骨文作"唐"。又称"成汤"、"太乙"、"天乙"。商族首领，名履，主癸之子，伐桀灭夏，为第一代商王。
[13] 伊尹：汤的宰相，曾佐汤灭夏。汤死后，又辅佐卜丙、仲任二王。

【译文】
　　樊迟问什么是仁。孔子说："爱人。"又问什么是"智"。孔子说："善于了解人。"樊迟还不明白。孔子说："选拔正直的人，把他们安排在不正派人的上面，就能使不正派的人正直起来。"樊迟退出来，去见子夏，说："刚才我去见老师，向他问什么是智。他说：'选拔正直的人，把他们安排在不正派人的上面，就能使不正派的人正直起来。'这话说的是什么意思？"子夏说："这话多么富有深刻含义啊！舜得了天下，从众人中选拔人才，选用皋陶，不仁的人远离而去。汤得了天下，从众人中选拔人才，选用伊尹，不仁的人远离而去。"

【点评】
　　孔子回答樊迟两个问题：一是关于"仁"。孔子说"爱人"。但应留意：不是爱所有的人。而是爱行仁、守礼的人。孔子说过"唯仁者能好人，能恶(wù)人"。有爱有恶，爱憎分明。历史的真实情况是没有统一的爱，普遍的爱。二是关于"智"。孔子说"知人"。就是善于了解人，识别人。反映了孔子知人善任的思想。治国理政，首要的是选好掌权人。要选准人，前提是了解人。孔子说选拔正直的人，让他们掌权，社会才能进步、安定，而且要对"枉者"施教，使"枉者"也能正直起来。子夏列举了历史上从众人中选出皋陶、伊尹的事例，结果国家兴盛，不仁者远遁。

12.23　子贡问友[1]。子曰："忠告而善道之[2]，不可则止[3]，毋自辱焉[4]。"

【注释】
[1] 问友：问交友之道，怎样对待朋友。
[2] 忠告：忠心地劝告。　善道：好好地引导。道，"導"的古字。简化为"导"。　之：指被劝导的朋友。
[3] 不可：不可以。这里指不听劝导。　则：承接连词，就。　止：终止，作罢。
[4] 毋：副词，作状语，表示禁戒，不要。　自辱：自讨羞辱。

【译文】
　　子贡问交友之道。孔子说："忠心地劝告他，好好地引导他，不听劝导也就罢了，不要自讨羞辱。"

【点评】
　　孔子认为与朋友交往，对待朋友的缺点错误，要忠心劝告，好好引导，态度诚恳，尽力而为；如若不听，也不勉强，免遭羞辱。

在通常情况下,这一原则是可行的。但如果朋友有严重的违法行为,就不能听之任之,把免于个人羞辱超越国家利益之上,必须严肃以待,加以制止,这也是对朋友最大的关爱。

12.24　曾子曰:"君子以文会友[1],以友辅仁[2]。"

【注释】

[1] 君子:指有道德修养的人。　以文会友:用文章学问来聚会朋友。文,文章学问。

[2] 以友辅仁:用朋友帮助培养仁德。辅,辅助,帮助。从朋友那里学到美好品德和智慧,充实自身,增进品德修养。

【译文】

曾子说:"君子用文章学问来聚会朋友,用朋友来帮助培养仁德。"

【点评】

曾子提出会友的方式,以文章学问聚会朋友。同时在文友聚会中畅叙友情,交流文讯,即席创作,切磋琢磨,从多方面受益,增进彼此的品德修养,生动地体现"以友辅仁"。

子路第十三

【本篇提要】

本篇共三十章,论政居多,涉及大政方略,富民教民,正己举贤,近悦远来以及道德修养等方面。

孔子提出治国必先富民,随之施教。主张推行仁政,"胜残去杀",使"近者悦,远者来"。强调执政者以身作则,给下属和百姓做表率。阐明正己的重要性,"其身正,不令而行"。选人用人多听大众反映,还要深入考察,鉴别正或曲,重用德才兼备的士人。治国理政要着眼大局,切勿急功近利,"欲速则不达","见小利则大事不成"。告诫执政者要谨言慎行,古代有"一言丧邦"的教训。针对春秋晚期社会变动的现实,孔子提出"正名"的主张,"名不正,则言不顺;言不顺,则事不成"。但实际上难以恢复旧有的名实相符的社会秩序。

在品德修养方面,孔子认为仁人必须具备三种品德:"居处恭,执事敬,与人忠"。作为士人应当"行己有耻",力行孝悌,而且"言必信,行必果"。他鼓励人们修养品德要持之以恒,不能三心二意,"不恒其德"。

篇中也反映了孔子在一些方面的局限性。他对樊迟的态度,明显表现轻视劳动,劳心者治人的观点。他赞同"父为子隐,子为父隐",认为"直在其中"。

13.1 子路问政。子曰:"先之[1],劳之[2]。"请益[3]。曰:"无倦[4]。"

【注释】

[1] 先之:做百姓的表率。先,动词,率先,做表率。之,指百姓。
[2] 劳:使动用法,使之劳,即役使百姓。
[3] 益:"溢"的古字。本义是水漫出来,引申为增加义,这里指语言增加,多讲一些。
[4] 无倦:不要懈怠。无,副词,作状语,表示禁戒。别,不要。

【译文】

子路问怎样治理政事。孔子说:"先做百姓的表率,然后再役使百姓。"子路请孔子多讲一些。孔子说:"不要懈怠。"

【点评】

孔子回答子路为政之道。他认为要治理好政事,必先给百姓做出表率,取得百姓信任,然后才能役使他们。《子张》篇:"君子信而后劳其民。""君子信"就是君子取得百姓信任。朱熹《集注》:"凡民之事,以身劳之,则虽勤不怨。"能为百姓的事操劳,百姓即使再苦再累,也没有怨恨。孔子还针对子路鲁莽性急,担心做事没有长性,送给他"无倦"二字以示警诫。

13.2　仲弓为季氏宰[1]，问政。子曰："先有司[2]，赦小过[3]，举贤才[4]。"曰："焉知贤才而举之[5]？"子曰："举尔所知[6]，尔所不知，人其舍诸[7]？"

【注释】

[1] 仲弓：孔子的学生，姓冉，名雍，字仲弓，鲁国人。　季氏：指作为大夫的季氏之家。　宰：卿大夫的家臣，总管。

[2] 先有司：给下属的官吏做表率。有司，官吏。古代设官分职，各有专司，故称有司。

[3] 赦（shè）：赦免。指减轻或免除刑罚。今成语有"十恶不赦"。

[4] 举：选拔，提拔。　贤才：优秀的人才。

[5] 焉：疑问代词，作状语，怎么。　知：了解。　之：指贤才。

[6] 尔所知：名词性"所"字词组，作"举"的宾语，指你所了解的贤才。

[7] 人其舍诸：别人难道会舍弃他们吗？其，句中语气助词，用在主谓之间，表示委婉语气，可译为"难道"。舍，产生分化字"捨"。今又简化为"舍"，舍弃。诸，"之乎"的合音词。之，指没有被入选的贤才。乎，表示疑问的语气助词。

【译文】

仲弓做季氏家的总管，向孔子问怎样治理政事。孔子说："给下属的官员做表率，赦免他们的小过错，选拔优秀的人才。"仲弓说："怎么才能了解优秀的人才而把他们选拔出来呢？"孔子说："选拔你所了解的，你所不了解的，别人难道会舍弃他们吗？"

【点评】

孔子回答仲弓怎样治理政事，有如下几点可供借鉴。首先，上级应该以身作则，给下属做表率，所谓"先有司"。其次，既严格要求，又宽以待人，不计较小过，使下属感到温暖，愿意与你同心同德做好工作。再次，要选拔优秀人才，不断充实行政队伍，体现孔子一贯主张的"举直错诸枉"的用人原则。最后，选拔人才，要把个人物色和众人鉴别相结合。选人要依靠众人，因为被选者生活在群体中，众人的眼睛是雪亮的，用今天的话说走群众路线，优秀人才才不会被埋没。

13.3　子路曰："卫君待子而为政[1]，子将奚先[2]？"子曰："必也正名乎[3]！"子路曰："有是哉，子之迂也[4]！奚其正[5]？"子曰："野哉，由也[6]！君子于其所不知，盖阙如也[7]。名不正，则言不顺；言不顺，则事不成；事不成，则礼乐不兴[8]；礼乐不兴，则刑罚不中[9]；刑罚不中，则民无所措手足[10]。故君子名之必可言也[11]，言之必可行也[12]。君子于其言，无所苟而已矣[13]。"

【注释】

[1] 卫君：指卫出公，名辄（zhé）。其父蒯聩（kuǎi kuì）因谋杀卫灵公夫人南子而被灵公驱逐出国。灵公死后，辄被立为国君。蒯聩回国，父子争位。与伯夷、叔齐让位，强烈对比，而且严重违背贵族伦理名分，孔子颇为不满。

[2] 子将奚先：即"子将先奚"。您将要先做什么事。奚，疑问代词，指什么事。古代汉语

疑问代词作宾语而前置。先,动词,先做。

[3] 必也正名:一定要纠正名分上的混乱。正,动词,纠正,使端正。名,名义,名分。春秋晚期,礼崩乐坏,社会大变动,名义、名分混乱,与旧的现实不符,孔子认为需要正名,加以整顿。

[4] 有是哉,子之迂也:即"子之迂也有是哉"。为强调谓语部分而提前。您迂阔竟有如此严重啊!迂,朱熹《集注》云:"谓远于事情,言非今日之急务也。"

[5] 奚其正:即"其正奚"。还能纠正什么呢?奚,疑问代词作宾语而前置。其,表示委婉的语气助词。

[6] 野哉,由也:即"由也野哉"。为强调谓语而提前。仲由,好粗野啊!

[7] 君子于其所不知:君子对他所不了解的事情。于其所不知,介宾词组,作状语。于,介词,表所对。其所不知,"所"字词组,作介词"于"的宾语,指君子所不了解的事情。盖:副词,大概。 阙(quē)如:存疑不说。

[8] 礼乐不兴:国家的礼乐制度就办不起来。兴,本义是起,起来。《卫灵公》篇:"从者病,莫能兴。"引申为兴办,昌盛。

[9] 中(zhòng):动词,指行刑行罚符合法律规定。

[10] 民无所措手足:百姓没有放置手脚的地方,即百姓无所适从。所措手足,"所"字词组,作"无"的宾语,指放置手脚的处所。措,摆放,放置。

[11] 名之:指称呼某事物的名号。

[12] 言之必可行:能够说出来的事物就一定行得通。

[13] 于其言:介宾词组,作状语,对于自己的言辞。 所苟:"所"字词组,作"无"的宾语,指马虎的地方。苟,马虎,草率。 而已矣:语气助词连用。而已,表示限止语气,罢了。

【译文】

子路说:"如果卫君等待您去治理国政,您将先做什么?"孔子说:"那必定是纠正名分上的混乱。"子路说:"您迂阔竟有如此严重啊!有什么可以纠正的呢?"孔子说:"仲由,真粗野啊!君子对他所不了解的事情,大概采取存疑的态度。名分不正,说起话来就不顺当;说话不顺当,事情就办不成;事情办不成,礼乐就不能兴盛;礼乐不能兴盛,刑罚就不会得当;刑罚不得当,百姓惶恐,连手脚都不知道放哪儿才好。所以君子称呼某一事物的名号就一定能把它说出来,能说出来也一定行得通。可以说君子对于自己的言辞没有马虎的地方才罢了。"

【点评】

孔子提出正名主张,有其现实依据。春秋晚期,礼崩乐坏,社会处在大变动之中,现实发生深刻变化,旧有的名分与发展中的现实严重脱节,名与实已不相符,这种状况孔子看不惯,所以要正名,匡正有关古代礼制、名分上的混乱现象。

正名的目的是恢复礼治秩序,重新使"名"与"实"相符合。如《雍也》篇,孔子慨叹觚(gū,酒器)不像旧制的觚,原来是上圆下方,有四条棱角,如今已变成圆形,名与实不符。又如孔子回答齐景公问政:"君君,臣臣,父父,子子。"当时已经君不像君,臣不像臣等。正名便是恢复礼制所规定的君臣、父子应有的行为准则。又如《韩诗外传》卷五记载:"孔子侍坐于季孙,季孙之宰通曰:'君使人假马,其与之乎?'孔子曰:'吾闻:君取于臣曰取,不曰假。'季孙悟,告宰通曰:'今以往,君有取谓之取,无曰假。'孔子曰:'正假马之言而君臣之义定矣。'"天下一切归属于君,君用马,只能说取,不能言借。这不是匡正一个词的问题,而是维护了礼制所规定的君主的地位、名分。

论
语
全
解

13.4　樊迟请学稼[1]。子曰:"吾不如老农。"请学为圃[2]。曰:"吾不如老圃[3]。"樊迟出。子曰:"小人哉,樊须也[4]! 上好礼,则民莫敢不敬[5];上好义,则民莫敢不服[6];上好信,则民莫敢不用情[7]。夫如是[8],则四方之民襁负其子而至矣[9],焉用稼[10]。"

【注释】

[1] 樊迟:孔子的学生,姓樊,名须,字子迟,齐国人。　学稼:学种庄稼。稼,种庄稼。这里作宾语,指种庄稼的技艺。

[2] 为圃(pǔ):种植蔬菜。为,种植。圃,本指种菜的园地,这里代指蔬菜。

[3] 老圃:有经验的菜农。圃,这里指菜农。

[4] 小人哉,樊须也:当是"樊须也,小人哉"。判断句,为强调谓语而前置。小人,这里指做不了大事,没有出息的人。

[5] 民莫敢不敬:百姓中没有谁敢不尊敬。莫,否定性无定代词,没有谁。

[6] 义:指公正合宜的道德行为。　服:服从,归服。

[7] 信:本义指语言真实,词义扩大,泛指真实,诚实。　情:实情。

[8] 夫(fú):句首语气助词,表示要发表议论。

[9] 襁(qiǎng)负其子:用襁褓背负他们的子女。襁,背负婴儿所用的宽带或布兜。名词作状语,表示行为的工具。子,上古汉语包括男婴或女婴。

[10] 焉用稼:哪里用得上亲自种庄稼呢? 焉,疑问代词,作状语,哪里。

【译文】

樊迟请求学种庄稼。孔子说:"我不如老农民。"又请求学种菜。孔子说:"我不如老菜农。"樊迟退出来。孔子说:"樊迟真是没出息的小人! 在上位的人喜好礼,百姓没有谁敢不尊敬;在上位的人喜好义,百姓没有谁敢不服从;在上位的人喜好信,百姓没有谁敢不说出真情。若能这样,那么四方的百姓就会用襁褓背负他们的小儿女来投靠了,哪里用得着亲自种庄稼呢?"

【点评】

樊迟请求学农,孔子不满,指责他是没有出息的人,应该做在上位的君子。他认为在上位者只要具有礼、义、信之德,四方的百姓便会踊跃投奔,不必亲身参加生产劳动。生产劳动乃小人所为,君子是治理他们的。正如《孟子·滕文公上》所说:"劳心者治人,劳力者治于人。"在儒家看来,做劳心的君子乃是天经地义的信条,是不容置疑的。这是孔子教育思想的缺憾,表现了时代的局限性。

13.5　子曰:"诵《诗》三百[1],授之以政[2],不达[3];使于四方[4],不能专对[5];虽多[6],亦奚以为[7]?"

【注释】

[1] 诵(sòng):诵读,朗读。《诗》:指《诗经》。　三百:概言《诗经》篇数,实有三百零五篇。

[2] 授之以政:把政事交给熟读《诗经》的人。授,交付,交给。之,指熟读《诗经》的人。

[3] 不达:指办不成事。《诗经》虽熟,但不会应用,不能付诸工作实践。达,通达,顺畅。这里指办事练达,能力强。

子路第十三

〔4〕使：出使，办外交。　于四方：到四方。四方，指国外。

〔5〕专对：独立应对外交事务。古代使节出使在外，要求能独立应对，随机应变，妥善处理，叫作"受命不受辞"，即这里所说的"专对"。如果不能专对，便不能胜任外事工作。春秋时代外事活动，常应用《诗经》来表情达意，赋《诗》言志，所以从事外交活动的人必须熟读《诗经》。

〔6〕虽多：即使读《诗》很多。虽，连词，表示让步，即使，纵然。

〔7〕亦奚以为：即"亦奚以〔《诗》〕为"之省。为什么还要诵读《诗经》？奚以，即"以奚"，介宾词组，作"为"的状语，为什么。

【译文】

　　孔子说："诵读《诗经》三百篇，把政事交给他，却办不成事；派他出使外国，又不能独立应对；即使读得再多，〔却不能应用，〕为什么还要读它？"

【点评】

　　孔子主张学以致用，诵读《诗经》，完全是为了在实践中应用，为了胜任所担负的工作和出色完成外交使命。如果学了很多，熟读三百篇，在处理问题时却束手无策，成了十足的书呆子，书读得再多也没有用。

13.6　子曰："其身正[1]，不令而行[2]；其身不正，虽令不从[3]。"

【注释】

〔1〕其身正：在位人的自身端正。其，指示代词，作定语，指在位的执政者。身，指自身的行为表现。正，正派，人品端正。

〔2〕令：动词，发布命令。　行：事情行得通。

〔3〕虽：连词，即使。　从：服从。

【译文】

　　孔子说："在位的人自身端正，不下命令，事情也能行得通；在位的人自身不端正，即使下命令，百姓也不会服从。"

【点评】

　　孔子强调在位者自身正派、以身作则的极端重要性。只有给百姓做出榜样，身先士卒，百姓才能信服。这样做，即使不下命令，百姓心顺，事情也能行得通。

13.7　子曰："鲁卫之政，兄弟也[1]。"

【注释】

〔1〕鲁卫之政，兄弟也：判断句。其主语和谓语所指乃同一事物。"鲁卫之政"并不是"兄弟"。它属于判断句活用，即用判断句的形式表示比喻，是说鲁国和卫国的政治像兄弟一样近似。正如《荀子·王制》篇说："君者，舟也；庶人者，水也。"从逻辑上说，"君"不是"舟"，"庶人"也不是"水"。而是把君主比作"舟"，把百姓比作"水"。何晏《集解》引包咸注："鲁，周公之封。卫，康叔之封。周公、康叔既为兄弟，康叔睦于周公，其国之政亦如兄弟。"

【译文】

　　孔子说："鲁国、卫国的政治,像兄弟一样相近。"

【点评】

　　鲁国和卫国本是兄弟国家,关系亲密。鲁国是周公旦的封地,卫国是康叔的封地。周公旦和康叔是兄弟。孔子的本意并不在两国始封之君的兄弟关系,而在于两国政治、文化传统相近。鲁国是礼乐之邦,孔子对鲁国寄予厚望;卫国社会也发达,对卫国也寄予希望。孔子周游列国时曾多次到卫国,在那里的时间最长。

　　13.8　子谓卫公子荆[1]:"善居室[2]。始有[3],曰:'苟合矣[4]。'少有[5],曰:'苟完矣[6]。'富有[7],曰:'苟美矣[8]。'"

【注释】

[1] 谓:评说,评论。　卫公子荆:卫国的公子,字南楚,卫献公的儿子,卫国大夫。《左传·襄公二十九年》载:吴国公子季札出访卫国,他喜爱蘧瑗(qú yuàn)、史狗、史鳅(qiū)、公子荆、公叔发、公子朝。他说:"卫多君子,未有患也。"把公子荆列为卫国君子。
[2] 善居室:善于持家。居室,住宅。这里指持家过日子。
[3] 始有:刚有一点家产。始,时间副词,可译为"刚"、"才"。有,指有了一点家产。
[4] 苟:副词,表示推测。可译为"差不多"。　合,足。依俞樾《群经平议》说。
[5] 少有:稍微增加一点家产。少,副词,稍微,略微。
[6] 完:完整,完备。注意:古代汉语"完"没有"完了"、"完毕"的意义,这种意义是后起的。
[7] 富有:指家里财产充足一些。
[8] 美:完美,十全十美。

【译文】

　　孔子评论卫国公子荆说:"他善于持家过日子,刚有一点家产,便说:'差不多够用了。'又稍稍增加了一些,便说:'差不多完备了。'家里的财产多了以后,便说:'实在很完美了。'"

【点评】

　　孔子热情赞美卫公子荆,说他身为卫国贵族,居家过日子却很俭省,从不奢侈,有一点便满足,这对贵族公子来说确实难能可贵。当时在卿大夫中贪腐盛行,奢侈成风,孔子表彰公子荆,是"以廉讽贪,以俭讽侈"。

　　13.9　子适卫[1],冉有仆[2]。子曰:"庶矣哉[3]!"冉有曰:"既庶矣,又何加焉[4]?"曰:"富之[5]。"曰:"既富矣,又何加焉?"曰:"教之[6]。"

【注释】

[1] 适:动词,到某地去。
[2] 仆(pú):驾车的人。这里用作动词,驾车。
[3] 庶矣哉:人真多啊! 庶,众多。这里指人口多。

[4] 何加：即"加何"，增加什么。

[5] 富之：使百姓富裕起来。富，形容词使动用法，使……富裕。邢昺《注疏》："孔子言当
    施舍薄敛使之衣食足也。"

[6] 教之：教育百姓。朱熹《集注》："富而不教，则近于禽兽。"

【译文】

　　孔子到卫国去，冉有给他驾车。孔子说："人真多啊！"冉有说："人已经很
多了，给百姓又该增加什么呢？"孔子说："使百姓富裕起来。"冉有又说："百姓
已经富裕起来了，给百姓还应增加了什么呢？"孔子说："教育百姓。"

【点评】

　　孔子在两千多年前能提出"富之"、"教之"的治国方略，是很了不起的。首先，通
过劳动使百姓在物质生活上富裕起来，乃是治国的根本。人口众多而不富裕，一切谈
不上。《管子·治国》篇："凡治国之道，必先富民。"在百姓富裕的基础上必须实施教
育，设学校，明礼义。邢昺《注疏》："当教以义方，使知礼节也。"而"教之"又应以"富
之"为条件。《孟子·梁惠王上》："乐岁终身苦，凶年不免于死亡。此惟救死而恐不赡
(shàn，足)，奚暇治礼义哉？"这一治国方略今天也有借鉴意义。

13.10　子曰："苟有用我者[1]，期月而已可也[2]，三年有成[3]。"

【注释】

[1] 苟：连词，假如，如果。　有用我：指有人起用我，即让我主持政事。

[2] 期(jī)月：一年。期，本作"稘"，又作"朞"。时间周而复始。"期月"指一年的月份周而
    复始，即一年。邢昺《注疏》："期月，周月也。谓周一年之十二月也。"

[3] 成：成就，成效。

【译文】

　　孔子说："如果有人起用我治理国家，一年便治理得差不多，三年就能很
有成效。"

【点评】

　　孔子发此感慨是有背景的。当时孔子正在卫国，据《史记·孔子世家》记载：灵
公老，怠于政，不用孔子。孔子喟然叹曰："苟有用我者，朞月而已，三年有成。"孔子是
有治国才能的。实践证明，他在适卫之前，曾任鲁国中都宰，"行之一年，四方则之"，
遂由中都宰迁升司空，再由司空升为大司寇。可见孔子言"三年有成"不是句空话，而
是能够兑现的。

13.11　子曰："'善人为邦百年[1]，亦可以胜残去杀矣[2]。'诚哉是
言也[3]！"

【注释】

[1] 为邦：治理国家。为，动词，治理。邦，指国家。今成语有"治国安邦"。"国"与"邦"同

义对举。

[2] 胜残：克服残暴。胜(旧读 shēng)，克服。制服。　去杀：消除杀戮。

[3] 诚哉是言：即"是言诚哉"。诚，确实，真对。作谓语，为强调而提到主语前。

【译文】

孔子说："'善人治理国家一百年，也可以克服残暴消除杀戮了。'这话说得真对呀！"

【点评】

善人当政一百年，便可以"胜残去杀"，这只是一种善良的愿望。历史证明：在阶级社会中，有着深刻的社会矛盾，并且时而激化。只要这种社会矛盾存在，不管谁当政，"残"与"杀"就难以根除，连孔子都主张宽猛相济。因为这不是个人的"善"或"恶"，统治者执行的是阶级意志。即使局部由清官执政，也只能实行部分改良，不能从根本上解决问题。认为凭道德教化就能"胜残去杀"的想法，不符合历史实际。

13.12　子曰："如有王者[1]，必世而后仁[2]。"

【注释】

[1] 王(旧读 wàng)者："者"字词组，作"有"的宾语，指统一天下的人君。王，动词，统一天下。者，特别指示代词，不能单独使用，必须组成名词性"者"字词组。这里指代人君。

[2] 世：三十年为一世。古代父子相继为一世，世代。这个意义上古称"世"不称"代"。自从唐人避唐太宗李世民的庙讳才改"世"为"代"。这里指三十年。　仁：用作动词，指仁政大行。

【译文】

孔子说："如果有统一天下的人君出现，也一定经过三十年后才能使仁政大行。"

【点评】

孔子认为有王者兴起，经过三十年的治理，仁政才能普遍实行。他之所以提出推行仁政需要三十年，是因为深感仁政不易。他率领弟子奔波十四年，也没有实现仁政的理想，说明他所推行的仁政，在诸侯割据的年代是不合时宜的。即使出现所谓受命的王者，也不会全盘接受仁政主张，更不会大行。

13.13　子曰："苟正其身矣[1]，于从政乎何有[2]？不能正其身，如正人何[3]？"

【注释】

[1] 正其身：使自身的行为端正。正，使动用法，使……端正。

[2] 于从政乎何有：对于治理国政有什么困难呢？何有，即"有何"。有什么困难。

[3] 如正人何：古代汉语凝固结构。如……何，对……怎么办。中间插入"正人"。全句意为对端正别人怎么办？即怎样去端正别人呢？

【译文】

　　孔子说："如果使自身的行为端正,对于治理国政有什么困难呢? 如果不能使自身的行为端正,又怎样去端正别人呢?"

【点评】

　　本章与六章精神一致,都是强调领导者以身作则的重要性。六章讲"其身正,不令而行;其身不正,虽令不从"。自身不正严重影响政令的实施。这里换一个角度,强调如果领导者行为不端正,就无法端正别人。这叫作"未曾正人先正己"。自己行为端正了,光明磊落,问心无愧,纠正别人,说起话来,理直气壮,就不会被人戳脊梁骨。这些遗训,对我们今天的干部颇有教益,誓必做到两袖清风,一身正气!

　　13.14　冉子退朝[1]。子曰:"何晏也[2]?"对曰:"有政[3]。"子曰:"其事也[4]。如有政,虽不吾以[5],吾其与闻之[6]。"

【注释】

[1] 朝:这里指季氏的私朝,办公的地方,非指鲁君的朝廷。
[2] 何:疑问代词,作状语,为什么?　晏(yàn):迟,晚。
[3] 有政:指有政务。
[4] 其事:那只是一般事务。其,指示代词,作主语,指上文冉有回答的"政"。事,孔子匡正冉有回答的不是国政,而是季氏的私事,家事。厘正国政与私事的区别。
[5] 虽不吾以:即"虽不以吾"。虽然不用我了。以,动词,任用。吾,否定句代词作宾语而前置。
[6] 吾其与(yù)闻之:我还是会参与国政并且能得知内情。其,句中语气助词,表示委婉语气,可译为"还是"。与闻之,双动一宾结构,相当于"与之闻之"。与,参与。闻,听闻。《左传·哀公十一年》:"子为国老,待子而行。"季氏想要按田亩征税,征求孔子意见,说"您是国家的元老,等着您的意见办事"。鉴于此,孔子说自己虽不在任,若是国政,还会参与并且得知内情的。这次孔子不知道,说明不是国政,而是季氏私家之事。

【译文】

　　冉有从季氏办公的地方回来。孔子说:"为什么回来这么晚呢?"冉有回答说:"有政务。"孔子说:"那只是事务啊。如果有政务,虽然不用我了,我还是会参与政务而得知内情的。"

【点评】

　　这里展示孔子"正名"的一个事例。冉有做季氏的家宰,他向孔子解释回来晚的原因是讨论政务。孔子匡正他的说法,不是政务,而是季氏私家之事。孔子讲自己虽然从职位上退下来,但有国家政事,我还是会参与并且会了解内情的。冉有没有把私家的事务和国家的政务区别开来,孔子予以澄清。

　　13.15　定公问[1]:"一言而可以兴邦[2],有诸[3]?"孔子对曰:"言不可以若是[4]。其几也[5],人之言曰:'为君难,为臣不易。'如知为君之难也[6],不几乎一言而兴邦乎[7]?"

曰:"一言而丧邦[8],有诸?"孔子对曰:"言不可以若是。其几也,人之言曰:'予无乐乎为君[9],唯其言而莫予违也[10]。'如其善而莫之违也[11],不亦善乎?如不善而莫之违也,不几乎一言而丧邦乎?"

【注释】

[1] 定公:鲁国国君,名宋,襄公之子,昭公之弟,公元前509—前495年在位。

[2] 一言:一句话。《为政》篇:"《诗》三百,一言以蔽之,曰'思无邪'。"有时"言"指一个字,如五言诗、万言书等。 兴邦:使国家兴盛。

[3] 有诸:有之乎?有这样的话吗?诸,"之乎"的合音词。

[4] 言不可以若是:对言语不能寄予如此大的期望。若,动词,像,如同。是,指示代词,指一言兴邦。

[5] 其几(jī):可能有近似的情况。其,语气助词,表示委婉测度语气,可译为"可能","大概"。几,将近,差不多。

[6] 为君之难:做君主很难。之,用于主谓之间的结构助词,取消句子独立性,使其成为主谓词组,充当句子的一个成分,作"知"的宾语。

[7] 不几乎一言而兴邦乎:不是近于一句话而使国家兴盛吗?朱熹《集注》:"知为君之难,则必战战兢兢,临深履薄,而无一事之敢忽。然则此言也,岂不可以必期于兴邦乎?为定公言,故不及臣也。"

[8] 丧(sàng)邦:使国家衰亡。丧,衰亡,灭亡。

[9] 予:第一人称代词,我。 无乐:没有什么快乐。

[10] 唯其言:只是我说的话。唯,范围副词,作状语。只,仅。其,指示代词,指君主。莫予违:即"莫违予"。没有谁敢违抗我。莫,否定性无定代词,没有谁。予,古代汉语否定句代词作宾语而前置。

[11] 如其善而莫之违:如果说的话好而没有谁违抗它。

【译文】

鲁定公问:"一句话便可以使国家兴盛,有这样的话吗?"孔子回答说:"对言语不能寄予如此大的期望,可能有近似的情况。人们常说:'做君主很难,做臣下也不容易。'如果知道做国君难,〔能兢兢业业去做,〕这不近于一句话而使国家兴盛吗?"

定公又说:"一句话便可以使国家衰亡,有这样的话吗?"孔子回答说:"对言语不能寄予如此大的期望,可能有近似的情况。人们常说:'我做君主没有什么快乐,只是我说的话没有谁违抗我。'如果说的话好而没有谁违抗它,不也是很好的吗?如果说的话不好而没有谁违抗它,这不近于一句话而使国家衰亡吗?"

【点评】

一言兴邦,一言丧邦,已经凝结为成语,以警示后人。孔子的回答是劝谏鲁定公谨言慎行,不可肆意妄为。专制时代,君主说一不二,具有无上权威,臣民只能俯首听命,没有人敢违抗。说对了,是福;说错了,往往酿成灾祸。

今天,我们应以史为鉴。应谦虚谨慎,发扬民主作风,广泛听取意见,切忌自以为是。多说兴邦的话,多做兴邦的事。

13.16 叶公问政[1]。子曰:"近者悦[2],远者来[3]。"

【注释】

[1] 叶公：即楚国大夫沈诸梁，孔子周游列国曾到过叶邑。
[2] 近者悦：境内的人使他们喜悦。近者，"者"字词组，作主语，表示境内的人。悦，使喜悦。朱熹《集注》："被其泽则悦。"
[3] 远者来：境外的人使他们来归。远者，远方的人。与"近者"相对，实指境外的人。朱熹《集注》：闻其风则来。然必近者悦，而后远者来也。"

【译文】

　　叶公问孔子怎样治理国政。孔子说："境内的人，使他们喜悦，境外的人，使他们来归。"

【点评】

　　"近者悦，远者来"，是孔子针对楚国现实而提出的两个目标。叶公问政于孔子。孔子认为楚国曾多次同相邻的蔡国和吴国发动战争，百姓饱受战祸，弄得内外交困。孔子劝告叶公要体恤百姓，睦邻友好，实施仁政，使百姓安居乐业，自会高兴，国外的百姓也会闻风来奔。

　　13.17　子夏为莒父宰[1]，问政。子曰："无欲速[2]，无见小利。欲速则不达[3]；见小利则大事不成[4]。"

【注释】

[1] 莒(jǔ)父：鲁国邑名，确切地址不详。《山东通志》认为在今山东高密县东南。　宰：泛指地方的行政长官。
[2] 无欲速：不要图快。无，通"毋"。表示禁止，劝阻。不要，别。
[3] 则：连词，用在复句的分句间表示承接，可译为"就"。　达：通到，到达。《尚书·禹贡》："达于河。"今复音词有"抵达"、"直达"。
[4] 大事不成：指大事不能成功。为政首先要抓大事。邢昺《注疏》："务见小利而行之，则妨大政，故大事不成也。"朱熹《集注》："见小者之为利，则所就者小，而所失者大矣。"

【译文】

　　子夏做了莒父邑长官，向孔子请教怎样施政。孔子说："不要图快，不要只看见小利。只图快，反而达不到；只看见小利，就做不成大事。"

【点评】

　　"欲速则不达"这条成语已经家喻户晓，成为做好工作、搞好建设的座右铭，是孔子留给我们的宝贵精神财富。孔子见到只图快和只顾小利的危害，而提出欲速不达、见小利大事不成的劝诫。这一思想符合辩证法。其可贵之处在于做任何工作，都要力求符合规律。要踏踏实实，一步一个脚印。切忌虚浮，操之过急。孔子还提到不能只顾眼前的小利，而忽略全局的长远的大事大利。

　　13.18　叶公语孔子曰[1]："吾党有直躬者[2]，其父攘羊[3]，而子证之[4]。"孔子曰："吾党之直者异于是[5]：父为子隐，子为父隐[6]，直在其中矣[7]。"

【注释】

[1] 语(yù)：告诉。《左传·隐公元年》："公语之故。"是说郑庄公告诉颍考叔事情的缘故。
[2] 党：古代地方行政组织，五百家为一党。这里泛指家乡。　直躬者："者"字词组，身体挺直的人。这里用直身比喻品德耿直，"直躬者"即品德耿直的人。
[3] 攘(rǎng)：偷窃，窃取。
[4] 证：《说文》："证，告也。"即揭发，检举。《淮南子·氾论训》："直躬，其父攘羊，而子证之。"
[5] 吾党之直者："者"字词组，作主语，我们家乡耿直的人。异于是：同你们家乡不同。异，不同，不一样。于是，介宾词组，作补语，同你们家乡的情况。语译时移前作状语。
[6] 子为(wèi)父隐：儿子替父亲隐瞒。为父，介宾词组，作状语，替父亲。为，介词，给，替。
[7] 直在其中矣：耿直就在里面了。其，指示代词，指父为子隐、子为父隐的情况。

【译文】

叶公告诉孔子说："我们家乡有个品德耿直的人，他父亲偷了别人家的羊，他亲自告发了父亲。"孔子说："我们家乡耿直的人同你们有所不同：父亲替儿子隐瞒，儿子替父亲隐瞒，这耿直也就在里面了。"

【点评】

父亲窃羊，儿子揭发，在叶公看来是耿直的美德，而孔子却认为要"父为子隐，子为父隐"，则"直在其中"，一揭发便破坏了父慈子孝的伦理。叶公与孔子对同一件事的评价完全相反。《韩非子》、《吕氏春秋》等著作中也都提到这件事，并作了评论。

13.19　樊迟问仁。子曰："居处恭[1]，执事敬[2]，与人忠，虽之夷狄[3]，不可弃也[4]。"

【注释】

[1] 居处恭：在家独处要端庄严肃。恭，侧重在外貌上，端庄有礼。
[2] 执事敬：办事要认真谨慎。执事，做事情，主持工作。执，动词，握持。引申为担当，从事。敬，侧重在内心方面，常指内心修养，认真对待，不马虎草率。邢昺《注疏》："凡人居处多放态，执事则懈惰，与人交则不尽忠。唯仁者居处恭谨，执事敬慎，忠以与人也。"
[3] 虽：连词，表示让步，可译为"即使"。　之：动词，到……去。
[4] 弃：放弃，丢弃。这里指不放弃"恭"、"敬"、"忠"三种品德。

【译文】

樊迟问仁。孔子说："在家独处要端庄严肃，办事要认真谨慎，待人要真心实意。即使到了夷狄之国，也不能放弃这三种品德。"

【点评】

孔子具体地阐述了"仁"的三种品德：生活上要求"恭"，工作上要求"敬"，待人上要求"忠"，都要按仁的要求行事。"恭"、"敬"、"忠"三方面缺一不可，即使到了夷狄地区也要坚守,不可丢弃。

13.20　子贡问曰:"何如斯可谓之士矣[1]?"子曰:"行己有耻[2],使于四方[3],不辱君命[4],可谓士矣。"曰:"敢问其次[5]。"曰:"宗族称孝焉[6],乡党称弟焉[7]。"曰:"敢问其次。"曰:"言必信[8],行必果[9],硁硁然小人哉[10]!抑亦可以为次矣[11]。"曰:"今之从政者何如?"子曰:"噫[12]!斗筲之人[13],何足算也[14]?"

【注释】

[1] 何如:古代汉语凝固结构,作状语,表示疑问,怎么样?　斯:连词。则,就。　士:指有德行有才能的人。后泛指读书人,知识分子。

[2] 行己有耻:用羞恶之心约束自己的行为。行己,自己的行为表现。

[3] 使于四方:出使到外国。四方,这里指外国。

[4] 不辱君命:不使君命受到侮辱。能维护国家尊严,出色完成任务。

[5] 敢:谦敬副词,作状语。以自我谦卑表示对对方的尊敬,冒昧地。

[6] 宗族称孝焉:宗族称赞他孝顺父母。

[7] 弟:"悌"的古字。表示尊敬兄长的品德。这里表示恭敬尊长。

[8] 言必信:言语一定信实。信,本义指言语真实,不虚伪。《老子·八十一章》:"信言不美,美言不信。"是说真实的言语不漂亮,漂亮的言语不真实。

[9] 行必果:做事一定坚决果敢。果,果敢,果断。

[10] 硁(kēng)硁然:形容词,浅陋固执的样子。然,形容词词尾,表示"……的样子"。硁,本指刚劲有力的击石声。《史记·乐书》:"石声硁。"

[11] 抑亦可以为次矣:不过也可以把他算做再次一等的士了。抑,连词,表示转折。不过。亦,副词,表示相关情况之间的重复,可译为"也"。

[12] 噫(yī):叹词。《集韵·止韵》:"噫,叹声"相当于"咳"。

[13] 斗筲(shāo)之人:指气量狭小,才识短浅的人。斗,量粮食的器具,口大底小,方形或鼓形,有柄。十升为一斗。筲,古代竹制圆形饭筐。容量五升。以斗筲容量小比喻人的气度。

[14] 何足算也:怎么值得算数呢?足,副词,够得上,值得。

【译文】

　　子贡问道:"怎样才可以叫作士?"孔子说:"能用羞恶之心来约束自己的行为,出使到外国,出色完成任务,不使君命受到侮辱,便可以叫作士了。"子贡说:"敢问次一等的。"孔子说:"宗族称赞他孝顺父母,乡里称赞他恭敬尊长。"子贡说:"敢问再次一等的。"孔子说:"言语一定信实,做事一定果敢,浅陋固执的样子,像个固执不化的小人呀!不过也可以把他算做再次一等的士了。"子贡说:"现在执政的人怎么样?"孔子说:"咳!这般气量狭小的人,怎么值得算数呢?"

【点评】

　　孔子将士分为三等,对我们了解古代士的阶层有一定帮助。第一等是品德高尚而且具有高超的外交才能的人;第二等是在乡党有孝悌名望的人;第三等是"言必信,行必果"的人。士对古代社会的发展、文化的繁荣与传承作出了重要的贡献。孔子对第三等士人的评价有失公允,把他们说成"硁硁然小人"是不合适的。历代对"言必信,行必果"都给予正面的积极的评价,能做到言语信实,行为果敢很不容易,是难能可贵的。

13.21　子曰:"不得中行而与之[1],必也狂狷乎[2]! 狂者进取[3],狷者有所不为也[4]。"

【注释】

[1] 中行:行为表现合乎中庸。　与(yǔ):结交,交往。　之:指中行之人。
[2] 狂:志向高远而脱离实际的人。　狷(juàn):拘谨无为而洁身自好的人。
[3] 狂者进取:志向高远的人敢作敢为,一意向前。
[4] 狷者有所不为:拘谨自好的人约束自己,不会去做坏事。《孟子·尽心下》对本章作了明确的解释:"孟子曰:'孔子不得中道而与之,必也狂狷乎! 狂者进取,狷者有所不为也。孔子岂不欲中道哉? 不可必得,故思其次也。'"

【译文】

孔子说:"不能得到依照中庸行事的人而同他交友,那一定去结交志高狂放的人和拘谨自好的人啰! 志高狂放的人肯于进取,拘谨自好的人不会做坏事。"

【点评】

孔子在与人交往中,以结交中庸之士为上。因为这种人为人处事无过也无不及,恰好适中。与这种人交友放心,遂心。如果遇不到这样的人,就只能结交"狂者"与"狷者"。狂者狂放,时而不稳;狷者拘谨,畏缩不前。前者"过",后者"不及",均不合乎中庸之道。但他们也有长处:狂者肯于进取,狷者耿介,不会干坏事。

13.22　子曰:"南人有言曰[1]:'人而无恒[2],不可以做巫医[3]。'善夫[4]!""不恒其德[5],或承之羞[6]。"子曰:"不占而已矣[7]。"

【注释】

[1] 南人有言:南方人有句话。言,名词,指话语。
[2] 人而无恒:人要是没有恒心。而,连词,用于主谓之间,有突出主语的作用。恒,指恒心。
[3] 巫医:是一个词。指古代以祈祷之术给人治病的人。
[4] 善夫:这话真好啊! 夫,表示感叹的语气助词。
[5] 不恒其德:不能长久地坚守自己的品德修养。恒,指持久地坚守。现代汉语有复音词"恒久","永恒"等。
[6] 或承之羞:可能会遭受羞辱。或,副词,或许,可能。承,承受,遭受。以上二句引自《周易·恒卦》。
[7] 不占而已矣:指(无恒心的人)不必占卦罢了。占,占卦。因为这种人只会有凶,不会有吉,所以占卜没用。而已,语气助词,罢了。

【译文】

孔子说:"南方人有句话说:'人要是没有恒心,连巫医都做不了。'这话可真好啊!"《周易·恒卦》上说:"不能长久地坚守自己的品德修养,就可能遭受羞辱。"孔子说:"〔这话是说不能长久地坚守品德修养的人〕就不必去占卜罢了。"

【点评】

本章启示我们:做任何事,必须要有恒心。没有恒心,三心二意,朝三暮四,什么事也做不成。而恒心的重点又是长久地坚守自己的品德修养,这是人生的根基。不能忽冷忽热,而应持之以恒。实践证明,品德一旦出了偏差,羞辱之事可能随之而至。孔子认为免遭羞辱,不能靠占卜,而要靠长久坚守好的品德。

13.23　子曰:"君子和而不同[1],小人同而不和。"

【注释】

[1] 和:调和。这里指以礼调和社会矛盾。　同:等同,混同。孔子主张调和,反对无差别的等同。

【译文】

孔子说:"君子调和矛盾而不混同差别,小人混同差别而不赞同调和。"

【点评】

本章涉及"和"与"同"的哲学命题。"和"指调和。它是在礼的指导下调和社会矛盾,处理各种关系,使各阶层能守礼共处,以求社会安定,天下太平。所以称颂先王之道,十分肯定"礼之用,和为贵"。然而不能违礼,遇有难解的问题,必须用礼加以调节。也不能触犯等级制,坚持"和而不同"。小人相反,要求等同,没有等级差别,体现早期朴素的民主思想,所以不主张调和,这便是"同而不和"。孔子从观察春秋时代社会现实中而提出"和"与"同"的问题。

13.24　子贡问曰:"乡人皆好之[1],何如?"子曰:"未可也[2]。""乡人皆恶之[3],何如?"子曰:"未可也;不如乡人之善者好之[4],其不善者恶之[5]。"

【注释】

[1] 好(hào):动词,喜爱,喜欢。跟"恶,wù"相对。
[2] 未可:不行,不可以。未,副词,作状语,表示事情还没有出现。可译为"不"。
[3] 恶:动词,憎恶,厌恶。孔子认为好恶以"仁"为标准。《里仁》篇:"唯仁者能好人,能恶人。"
[4] 乡人之善者:"者"字词组,表示"……的人",指乡里人当中的好人。
[5] 其不善者:指乡里人当中的坏人。其,指示代词,指乡里人。

【译文】

子贡问道:"乡里的人都喜欢他,怎么样?"孔子说:"不可以。"子贡又问:

"乡里的人都厌恶他,怎么样?"孔子说:"也不可以。不如乡里人中的好人喜欢他,乡里人中的坏人厌恶他。"

【点评】

　　评价一个人,首先要了解群众对他的反映,这是知人的重要途径。但这还不够,还必须深入考察,作具体分析。《卫灵公》篇:"众恶之,必察焉;众好之,必察焉。"全乡人都喜欢他,可能他是没有原则的好好先生。孔子认为要考察哪些人喜欢他,哪些人厌恶他。如果是好人喜欢他,坏人厌恶他,那就对了,说明他是正派的人。这一观点对我们今天考察人也有借鉴意义。

　　13.25　子曰:"君子易事而难说也[1],说之不以道[2],不说也;及其使人也[3],器之[4]。小人难事而易说也[5],说之虽不以道[6],说也;及其使人也,求备焉[7]。"

【注释】

[1] 易事:容易做事。这里指容易在君子手下做事。事,侍奉,做事。　说:"悦"的古字,愉快,高兴。
[2] 说之不以道:相当于"不以道说之"。不用正当的方式讨他喜欢。以,用。道,指正当的方式方法。之,指君子。
[3] 及:等到。　其使人:他使用人的时候。
[4] 器之:衡量德才使用人。器,本指器具,引申为人具有的德才。这里名词用作动词,指衡量德才使用。
[5] 难事:与"易事"相对。难于做事。这里指难于在小人手下做事。
[6] 虽:连词,表示让步,即使。
[7] 求备焉:对被任用的人求全责备。焉,兼词,相当于"于之"。对被任用的人。

【译文】

　　孔子说:"君子容易在他手下做事,却难于讨他喜欢。不用正当的方式讨他喜欢,他是不会喜欢的;等到他使用人的时候,他会衡量人的德才来使用人。小人难于在他手下做事,却容易讨他喜欢。即使用不正当的方式讨他喜欢,他也欣然接受;等到他使用人的时候,却总是百般刁难,求全责备。"

【点评】

　　本章从三方面将君子与小人作了鲜明对比:君子宽厚,在他手下工作心情舒畅,积极胜任;他一身正气,坚决抵制不正当行为;他用人时不感情用事,而是按人的德才任用。小人相反,他待人苛刻,在他手下工作心情忧郁,费力艰难;他心术不正,即使以歪门邪道讨他喜欢,也欣然接受;他任人求全责备。

　　13.26　子曰:"君子泰而不骄[1],小人骄而不泰[2]。"

【注释】

[1] 泰而不骄:泰,安宁,安舒。骄,骄傲,放纵。皇侃《义疏》:"君子坦荡荡,心貌怡平,是

泰而不为骄慢也。"

[2] 小人骄而不泰：何晏《集解》："小人拘忌而实自骄矜。"邢昺《注疏》："小人实自骄矜，而强自拘忌，不能宽泰也。"

【译文】

孔子说："君子安舒坦然，却不骄傲放纵；小人骄傲放纵，却不安舒坦然。"

【点评】

作为有道德修养的君子，由于他心胸豁达，不为己忧，所以安舒坦然。他与人相处，平易近人，而无骄傲放纵的作风。小人则相反。由于他心胸偏狭，逞欲矜肆，所以盛气凌人，而无安舒坦然的心态。

13.27 子曰："刚、毅、木、讷，近仁[1]。"

【注释】

[1] 刚：刚强。 毅：果敢坚毅。 木：质朴。 讷（nè）：说话迟钝。这里指言语谨慎。何晏《集解》引王肃注："刚，无欲也。毅，果敢也。木，质朴也。讷，迟钝也。有此四者，近于仁也。"

【译文】

孔子说："刚强、坚毅、质朴、言语谨慎，这四种品质都近于仁人。"

【点评】

孔子认为具有刚强、坚毅、质朴、言语谨慎这四种品德中的任何一种就已接近于仁人。刚强，则勇对困难，不屈于邪恶；坚毅，则持之以恒，果敢顽强；质朴，则朴实无华，正直实在；言语谨慎，则不会出言不逊，惹是生非。因此这四种品德均已接近了仁的境界。

13.28 子路问曰："何如斯可谓之士矣[1]？"子曰："切切偲偲[2]，怡怡如也[3]，可谓士矣。朋友切切偲偲，兄弟怡怡[4]。"

【注释】

[1] 何如：古代汉语凝固结构，作状语，表示疑问，怎么样？ 谓：称做，叫作。 士：指有德才之人，后泛指读书人，知识分子。
[2] 切（qiè）切偲（sī）偲：切磋督责，互相勉励。盖当时习见语。
[3] 怡（yí）怡如：和顺的样子。何晏《集解》引马融注："切切偲偲，相切责之貌；怡怡，和顺之貌。"
[4] 朋友切切偲偲，兄弟怡怡：刘宝楠《正义》："朋友以义合，兄弟以恩合，处之各有所宜。"

【译文】

子路问道："怎样才可以叫作士呢？"孔子说："切磋督责，和睦相处，就可以称做士了。朋友之间互相督责，兄弟之间和睦相处。"

【点评】

孔子对士作了进一步阐释,提出士在朋友和兄弟之间应该具有的精神风貌和道德情操。对朋友要互相切磋勉励,对兄弟要兄友弟恭,和睦相处,无论在家或社会均应做出表率。朋友之间切磋勉励,有利于团结友善;兄弟之间和睦相处,有利于家庭融洽,尊老抚幼。

13.29　子曰:"善人教民七年[1],亦可以即戎矣[2]。"

【注释】

[1] 善人:指品质善良的人。这里指品质善良的优秀教官。　七年:培训的时间长久,反映了孔子对百姓的安危高度负责的精神,与下文"以不教民战,是谓弃之"相一致,说明真正培训成胜任作战的士兵需要时日。

[2] 即戎:参与战争。即,动词,走近,走到。今成语有"若即若离"。戎,指军事,战争。

【译文】

孔子说:"优秀的教官教练人民达七年之久,也就可以让他们参军作战了。"

【点评】

孔子并不一概地反对战争,而是反对非正义的战争,支持正义的战争。保卫国家,反抗侵略乃属于正义战争。为此必须对人民进行长期的培训。善人做教官,会保证战争的正义性。培训七年之久,表明孔子珍惜百姓生命,使之不作无谓的牺牲。只有确保充足的培训时间,才能练就参战的本领。

13.30　子曰:"以不教民战[1],是谓弃之[2]。"

【注释】

[1] 以不教民战:用未经训练过的百姓去作战。不教民,介词宾语,指不教之民,未经训练过的百姓。教,包括思想教育、军事技术培育。使百姓明了为什么去作战,以保持高昂的士气;有过硬的作战本领,以减少无谓的牺牲。

[2] 是谓弃之:这叫作抛弃他们。是,指示代词,指不教民战。谓,动词,称做,叫作。弃,抛弃。指毫不在乎地让百姓去死。《孟子·告子下》:"不教民而用之,谓之殃民。"与此同意。何晏《集解》引马融注:"言用不习之民,使之攻战,必破败,是谓弃之。"

【译文】

孔子说:"用未经训练过的百姓去作战,这等于送百姓去死。"

【点评】

本章与上章联系密切,都表明孔子珍惜百姓的生命。孔子主张:百姓参加正义战争,必须经过必要的教育与训练,才能确保最大限度地减少牺牲。如果不经过政治、思想教育和军事技术训练,就仓促上阵,这等于让百姓去送死,是糟蹋生命!孔子所以强调这一点,说明当时确实有不把百姓死活放在心上的统治者。

宪问第十四

【本篇提要】

本篇共四十四章,涉及面广,内容十分丰富,论德,论政,论教育,论人物,论历史文化等。

孔子的学说始终重视道德,把品德修养放在首位。以千里马为喻,它有"调良"的优秀品质,才能日行千里。人亦如此,以品德带学业方能成才。他提出修己的重要性,"修己"才能敬业,安百姓。他表彰卫国大夫蘧伯玉严于律己,活到五十,能回顾四十九年之不足。作为君子,应具备仁、智、勇三种美德。

在教育方面,他强调"士不怀居",贪图享乐不配做士。篇中有闪光的警句:"爱之,能勿劳乎?"真正爱护子女,能不使他勤劳吗?"忠焉,能勿诲乎?"对子女真正负责,能不谆谆教诲吗?孔子对华而不实、把学习用作炫耀自己的虚浮学风提出了批评。同时强调不要埋怨别人不了解自己,而应把气力用在获取真才实学上。

孔子辩证地阐明言与行的关系,反对说大话,并以言过其行为耻。关于义与利的关系,以义为先,其次是利,但不等于轻视财利。

孔子评价历史人物,坚持大仁大节的标准。以管仲为例,管仲当年没有为公子纠而死,而且还做了齐桓公的相。他改革齐政,发展生产,繁荣经济,使齐国强大起来,齐桓公成为春秋时代第一任霸主,所谓"九合诸侯,不以兵车,管仲之力也",孔子时百姓还享受着他的好处。

篇中也反映孔子的历史局限性。孔子周游列国,诸侯没有采纳他的政治主张,微生亩和守门人都认为他不合时宜,孔子为此也发出不为人知、唯有天知的深深慨叹!

14.1 宪问耻[1]。子曰:"邦有道,谷[2];邦无道,谷,耻也。""克、伐、怨、欲不行焉[3],可以为仁矣[4]?"子曰:"可以为难矣[5],仁则吾不知也[6]。"

【注释】

[1] 宪问:孔子的学生,姓原,名宪,字子思,鲁国人。不称姓,直称名,本章疑为原宪自记。

[2] 邦有道:反映古人评价社会的标准,指国家政治清明。有道,与下文的"无道"是当时的常用语。封建社会认为好的政治措施和政治局面。 谷:繁体作"穀"。庄稼和粮食的总称。古代经传常以"百谷"、"九谷"、"五谷"称之。这里指俸禄。古代以谷物计算俸禄。《孟子·滕文公上》:"经界不正,井地不均,谷禄不平。"赵岐注:"谷所以为禄也。"用作动词,领取俸禄。

[3] 克:好胜。 伐:征伐。进军时敲击钟鼓,炫耀武力,引申为夸耀。 怨:恨。古今义有别:古义指恨;现代义指埋怨。古义重,今义轻。 欲:贪欲。 行:行为表现。

[4] 可以为仁矣:可以算是仁人了吧?从语言形式看,当是肯定句;从上下文的关系看,它是疑问句。

[5] 难:难得,难能可贵。

[6] 吾不知也:我就不知道了。实际上是孔子不同意以仁人许之。

【译文】

原宪问什么是耻辱。孔子说:"国家政治清明,可以做官,领取俸禄;国家政治昏暗,还要做官,领取俸禄,就是耻辱。"原宪又说:"好胜,夸耀,怨恨,贪欲这四种毛病都没有表现,可以算是仁人了吧?"孔子说:"可以算是难能可贵的了,至于是不是仁人,我就不知道了。"

【点评】

有道,所谓政治清明,可以任官享禄;无道,政治昏暗,便应弃官隐居,独善其身,如果继续任官享禄就是耻辱。这要作具体分析:政治昏暗,与之同流合污,无疑是耻辱。但独善其身就正确吗?国家危难,不但不应避开,而应做诤臣,扬正气,与国家同患难。不能在关键时刻,扬长而去,远离矛盾漩涡,隐居自保。至于为保存实力而一时避开锋芒又当别论。

对没有"克、伐、怨、欲"四种毛病的人,孔子不以仁人相许,说明他对仁人的标准要求高;也有另外说法:这种人能克制自己,使毛病不外露。当然孔子不同意以仁人相许。

14.2　子曰:"士而怀居[1],不足以为士矣[2]。"

【注释】

[1] 士而怀居:士,有德行有才能的人。后泛指读书人,知识分子。而,连词,用于主谓之间,表示转折,可译为"却"。怀,思念,留恋。居,家居。这里指家居的安逸生活。何晏《集解》:"士当志道,不求安;而怀其居,非士也。"《左传·僖公二十三年》记载晋文公流亡到齐国,齐桓公为他娶妻,他安于齐国的生活,不想再奔走。其妻姜氏说:"行也!怀与安,实败名。"是说走吧!留恋妻子和贪图安逸,确实败坏名声。

[2] 足:副词,够得上,值得。陶渊明《桃花源记》:"不足为外人道也。"

【译文】

孔子说:"作为读书人却留恋家庭的安逸生活,就不值得认为他是有志向的读书人了。"

【点评】

孔子认为志向远大的读书人,为全天下实现"仁"的理想,甘愿放弃个人的舒适与安逸,主动经受种种磨难,具有"朝闻道,夕死可矣"的崇高品格。如果贪图个人安逸生活,便不配做志向远大的读书人。

14.3　子曰:"邦有道,危言危行[1];邦无道,危行言孙[2]。"

【注释】

[1] 危言危行:危言,正直地说话。危行,正直地做人。危,端正,正直。《广雅》:"危,正也。"今成语有"正襟危坐","正"与"危"同义对举。"危坐"即端正地坐着。

[2] 孙(xùn):通"逊"。谦让,恭顺。

【译文】

孔子说:"国家政治清明,正直地说话,正直地做人;国家政治昏暗,正直地做人，说话却要谦虚恭顺。"

【点评】

国家政治清明，贤者当道，政治环境好，正言直行有利于国家，自身也没有害处。国家政治昏暗，环境恶劣，作为正直之士，不能丧失做人的品格，但说话却要谦虚恭顺，分外谨慎，以免遭遇无谓的伤害。

14.4 子曰："有德者必有言[1]，有言者不必有德[2]。仁者必有勇[3]，勇者不必有仁。"

【注释】

[1] 有德者："者"字词组，作主语，表示"……的人"，指有道德的人。 言：言论。这里指有价值的言论。
[2] 有言者："者"字词组，作主语，指能说出有价值言论的人。 缺少道德之人的言论可能是巧言或空言，有时可能是有价值的言论。因此，既要听其言而观其行，又不能因人废言。
[3] 仁者：指仁人。 必有勇：一定有勇敢精神。朱熹《集注》："仁者，心无私累，见义必为。"

【译文】

孔子说："有道德的人一定能说出有价值的言论，能说出有价值言论的人不一定有道德。仁人一定有勇敢精神，勇敢的人却不一定有仁德。"

【点评】

这是孔子从现实生活中概括的结论。有道德的人，由于注重品德修养，能正确对待国家与他们的关系，说话发自公心，所以才能说出有价值的话。道德缺失的人，由于不注重品德修养，所以常为巧言、空言，使言与行脱节，但也能说出有价值的话。我们既要听其言而观其行，又不能因人废言。

对勇敢行为也要作具体分析。仁人由于思想境界高，必定具有勇敢精神，不顾个人安危，见义勇为。而勇敢的人却不一定有道德，正如《泰伯》篇所说："勇而无礼则乱"。由于缺少仁德，可以凭借武力欺压百姓，甚至做恶人的帮凶。可见好的品德是一切善言善行的根基，道德缺失也会给个人和社会造成危害。

14.5 南宫适问于孔子曰[1]："羿善射[2]，奡荡舟[3]，俱不得其死然[4]。禹、稷躬稼而有天下[5]。"夫子不答。南宫适出，子曰："君子哉若人[6]！尚德哉若人[7]！"

【注释】

[1] 南宫适（kuò）：孔子的学生，姓南宫，名适，字子容，鲁国人。
[2] 羿（yì）：古代传说中称羿的有三人，他们都是射箭能手。一是帝喾（kù）的射师。二是尧时射手，传说他将同时出现的十个太阳射掉九个。三是夏代有穷国的君主，曾夺得夏太康的王位，后被其臣寒浞（zhuó）所杀。这里指此人。

[3] 奡(ào)：古代传说中寒浞的儿子,以力大著称,相传他能陆地行舟,后被少康所杀。
   盪(dàng)舟：以手推舟,行于陆地。何晏《集解》引孔安国注："奡多力,能陆地行舟。"
   邢昺《注疏》："盪,训推也。能陆地推舟而行。"一说,以舟船冲锋陷阵。
[4] 俱：副词,全,都。　其：指示代词,指代"羿"和"奡"。　然：语气助词,相当于"焉"。
   《先进》篇："若由也,不得其死然。"
[5] 禹：姓姒(sì),名文命,夏后氏部落领袖,奉舜命治理洪水,后以治水有功被舜选为继承
   人,是夏朝的建立者。　稷(jì)：后稷,名弃。传说是周朝的始祖,尧、舜时曾做农官。
   躬稼：亲自耕种。躬,副词,亲自。稼,动词,种植五谷。
[6] 君子哉若人：即"若人君子哉"。为强调谓语"君子"而前置。这个人真是个君子啊!
   若,代词,作定语,这。
[7] 尚德哉若人：即"若人尚德哉"。尚德,崇尚道德。

【译文】

   南宫适向孔子问道："羿善于射箭,奡力大,能在陆地上推舟而行,结果都
不得好死。大禹和后稷亲自种庄稼,却都得了天下。"孔子没有回答。南宫适
走出来。孔子说："这个人真是君子啊! 这个人真崇尚道德啊!"

【点评】

   南宫适讲述传说中"羿"和"奡"的故事。羿善于射箭,奡力大过人,能陆地行舟。
然而他们都没得好死;而大禹和后稷亲自种庄稼却都得了天下。孔子完全赞同南宫
适的观点,深情地称赞他是尚德的君子,充分表明孔子尚德不尚力的思想。

   14.6　子曰："君子而不仁者有矣夫[1],未有小人而仁者也[2]。"

【注释】

[1] 君子而不仁者："者"字词组,作主语,君子当中不仁的人。君子,这里指在位的贵族。
[2] 未：副词,作状语,表示事情还没有出现。没,没有。　小人而仁者："者"字词组,作
   "有"的宾语,小人当中有仁人。

【译文】

   孔子说："君子当中不仁的人是有的,小人当中有仁德的人是没有的。"

【点评】

   《论语》中"君子"指两类人：有德者或在位者。"小人"也指两类人：无德者或地
位低下的百姓。从语言环境看,这里的"君子"指在位者,"小人"指百姓。
   在位的君子中有不仁德的人,孔子认为是有的,所以孔子才提出德政,以缓和社
会矛盾。据《左传·昭公三年》记载：齐景公问晏婴,市场上"何贵? 何贱",晏婴回
答："踊(yǒng)贵屦(jù)贱。""踊"是被砍去双足者用的鞋,"屦"是古人穿的一般的鞋。
为什么如此反常? 因为"公繁于刑"。被砍脚的人太多,所以市面上踊贵屦贱。这只
是举例。繁刑重罚,民不聊生,谈得上什么仁德!
   说到"小人"百姓中没有仁德的人,这纯属偏见。

   14.7　子曰："爱之[1],能勿劳乎[2]? 忠焉[3],能勿诲乎[4]?"

【注释】

[1] 爱之：爱惜他。之，指爱的对象，如子女等。

[2] 勿：副词，作状语，表示禁戒，也表示一般性否定。这里指后者，可译为"不"。 劳：相当于"劳〔之〕"。使之劳，让他勤劳。先秦时代，有"勿"否定的动词后常不出现宾语。

[3] 忠焉：对他负责。忠，尽力做好分内的事，对他人负责。上古汉语"忠"字意义不限于忠君。 焉：兼词，相当于"于之"。指对他。

[4] 诲（huì）：教诲，教育。

【译文】

孔子说："爱他，能不让他勤劳吗？ 对他负责，能不教诲他吗？"

【点评】

爱的对象并不明确。比较切实的是指做父母的怎样对待子女。从古至今，父母都爱子女，但爱的实践却大相径庭。孔子认为要真正爱护子女，首先让他们吃苦耐劳，经受磨炼，教育他们怎样做人，这才有望出息成才。但有的父母，自恃经济优越，唯恐子女吃苦，尽量满足子女的物质奢求，结果使子女好逸恶劳，经不起风霜，这样做害了子女，到头来事与愿违。《尚书·无逸》篇载，周公告诫成王："呜呼！ 君子所其无逸！ 先知稼穑之艰难。"教育成王不可贪图安逸享乐，导致纣王的下场！ 明古鉴今，教育匪浅！

14.8 子曰："为命[1]，裨谌草创之[2]，世叔讨论之[3]，行人子羽修饰之[4]，东里子产润色之[5]。"

【注释】

[1] 为：指创制。 命：名词，辞令。这里指外交公文。《左传·襄公三十一年》："郑国将有诸侯之事，子产乃问四国之为于子羽，且使多为辞令；与裨谌乘以适野，使谋可否；而告冯简子使断之。事成，乃授子大叔使行之，以应对宾客，是以鲜有败事。"是说郑国将要有外交上的大事，子产便向子羽询问四方诸侯的政令，并让他草拟几份外交辞令；与裨谌一起乘车到郊外去，让他谋划是否可行；把结果告诉给冯简子，让他决断。计划完成，就交给子太叔去办，以应对宾客，因此很少把事情办坏。《左传》所载与孔子所言虽有些出入，但所谈的事情是一致的。

[2] 裨谌（bì chén）：郑国大夫。 草创之：给公文拟草稿。

[3] 世叔：即《左传》中的"子大叔"。大，"太"的古字。"世"与"太"二字通用。姓游，名吉，郑简公、定公时为卿。子产死后，继子产执政。 讨论：古今义有别。这里指世叔一个人研究后提出意见；今义指共同商讨议论。

[4] 行人：古代外交官。 子羽：郑国大夫，公孙挥的字。 修饰：指整理和加工文字。

[5] 东里：地名，子产居住的地方。 润色：对文字的是一步加工，使有文采。

【译文】

孔子说："郑国拟定外交公文，裨谌给公文拟草稿，世叔进行研究，提出意见，外交官子羽加以修饰，子产进一步加工定稿。"

【点评】

本章反映了春秋时代郑国外交事务的一个侧面，揭示了拟写外交公文的全过程。首先由裨谌起草文稿；再由世叔审阅，提出意见；继由外交官子羽修饰；最后子产加工定稿。通过这四道程序，充分发挥四人所长，凝聚他们的智慧，使文稿周密而稳妥，表明古代郑国外交的严肃认真。

14.9　或问子产[1]。子曰："惠人也[2]。"问子西[3]。曰："彼哉！彼哉[4]！"问管仲。曰："人也[5]。夺伯氏骈邑三百[6]，饭疏食[7]，没齿无怨言[8]。"

【注释】

[1] 或：肯定性无定代词，有人，有的人。　子产：郑国大夫，姓公孙，名侨，字子产，谥号成子。在郑简公、郑定公时执政二十二年，推行多项重大措施，使国力大增。

[2] 惠人：承前省略判断句主语"子产"。全句是：〔子产〕是一个慈惠的人。

[3] 子西：春秋时叫子西的有三人：一是公孙夏，子产的同宗兄弟，子产继他之后主持郑国国政。二是楚国的鬭宜申，生当鲁僖公、鲁文公之世，因谋乱被杀。三是楚国的公子申，与孔子同时，而死于其后。这里当指公孙夏。

[4] 彼哉：他呀！只提主语，重复两遍，后面有表示感叹的语气助词，是当时表示轻视的习惯语，这个人不值得一提。

[5] 人也：省略判断句主语"管仲"。人，指人才。作判断句谓语。

[6] 伯氏：齐国大夫。皇侃(kǎn)《义疏》："伯氏，名偃。"　骈(pián)邑：伯氏的采邑。阮元曾得伯爵彝，在山东临朐(qú)县柳山寨出土，他在《积古斋钟鼎彝器款识》中说，柳山寨有古城城基，即春秋时的骈邑。　三百：指三百户的采地。刘宝楠《论语正义》引郑玄注："骈邑三百家，齐下大夫之制。"

[7] 饭疏食：吃粗粮。饭，用作动词，吃。疏食，粗粮。

[8] 没齿：指死亡。没，尽，终。齿，借指年龄，岁数。人的牙齿的生长与脱落与年龄相关。柳宗元《捕蛇者说》："退而甘食其土之有，以尽吾齿。"　怨言：怨恨的话。古代汉语"怨"义重，常指恨。

【译文】

有人向孔子问起子产。孔子说："他是一个慈惠的人。"又问到子西。孔子说："他呀！他呀！"又问到管仲。孔子说："他是个人才。他曾经剥夺伯氏骈邑三百户的采地，伯氏只能吃粗粮，可是伯氏到死也没有怨恨的话。"

【点评】

孔子对子产、子西和管仲分别作了评价。对子产的评价较高，说他是一个慈惠的人；对管仲虽然有批评，但充分肯定他的治国才能和取得的政绩。他剥夺伯氏骈邑三百户人家的采地，伯氏至死无怨言，可见管仲政绩卓著，使其心服口服。至于对子西的评价持贬抑态度，究竟出于何种原因，已无从考证。

14.10　子曰："贫而无怨难[1]，富而无骄易[2]。"

【注释】

[1] 贫而无怨：贫穷都没有怨恨。而，用于两个谓语之间的连词，表示转折，可译为"却"。怨，恨。注意：古义重，今义轻，非埋怨义。

[2] 富而无骄：富贵却没有傲气。

【译文】

孔子说："贫穷却没有怨恨，难以做到；富贵却没有傲气，容易做到。"

【点评】

孔子认为贫穷却没有怨恨，难以做到。这是事实。但怨出有因。如果百姓穷到四壁空空，衣食无济，妇泣子啼的地步，还让百姓安分守己，不怨天，不尤人，坐以待毙，谁也难以做到。历代农民起义就是明证。陈涉揭竿而起。不是非分，而是壮举！从本质上说，他们的贫穷是剥削制度造成的。说到富贵而没有傲气容易做到，未必！历代有钱有势的人中，仗势欺人，横行乡里，不可一世者，不在少数。让他收敛骄横，以礼待人，多数难以做到。评价是非，必须充分了解古代社会的实际，切忌以今律古。

14.11　子曰："孟公绰为赵、魏老则优[1]，不可以为滕、薛大夫[2]。"

【注释】

[1] 孟公绰：鲁国大夫，他清心寡欲，是孔子所尊敬的人。《左传·襄公二十五年》记载他一段故事：齐国崔杼率军进攻鲁国北部边境，鲁襄公担心，向晋国求援。而孟公绰却说，崔杼有大志，不是困扰我国。果然齐师归国。说明孟公绰富有经验，成熟老练。　为赵、魏老：做晋国诸卿赵氏、魏氏的家臣。老，指古代大夫的家臣，也称室老。优：优裕。这里指能力绰绰有馀。

[2] 滕、薛：都是鲁国附近的小国。"滕"的故城在今山东滕县西南十五里。"薛"的故城在今滕县西南四十四里。

【译文】

孔子说："孟公绰如果做晋国诸卿赵氏、魏氏的家臣，其能力绰绰有馀；却没有能力做滕、薛这样小国的大夫。"

【点评】

本章表现孔子知人善任的思想。孟公绰清心寡欲，为人正派，是孔子所尊敬的人。他做卿大夫的家臣完全胜任，能力绰绰有馀。然而让他做滕、薛那样小国的大夫就难以胜任了。为什么？因为做家臣接触面窄，事务比较单纯；而滕、薛虽小，政务却繁，大夫位高责重，孟氏难以招架。通过孔子对孟氏能力短长的分析，表明他在人事方面知人善任。

14.12　子路问成人[1]。子曰："若臧武仲之知[2]，公绰之不欲[3]，卞庄子之勇[4]，冉求之艺[5]，文之以礼乐[6]，亦可以为成人矣。"曰："今之成人者何必然[7]！见利思义[8]，见危授命[9]，久要不忘平生之言[10]，亦可以为成人矣。"

【注释】

[1] 成人：完美的人。朱熹《集注》："成人，犹言全人。"

[2] 臧武仲：鲁国大夫臧孙纥（hé），臧文仲之孙。为人聪慧，他逃亡齐国后，预见齐庄公不
　　能长久，而设法拒绝庄公赐给的田邑。齐庄公被杀，他因而没有受到牵连。　知：
　　"智"的古字。智慧，聪明。
[3] 公绰：即上章所言的孟公绰。　不欲：不贪心，清廉。
[4] 卞（biàn）庄子：鲁国大夫，卞邑（今山东泗水县东）人，以勇力驰名，传说他曾独身刺双
　　虎。《荀子·大略》："齐人欲伐鲁，忌卞庄子，不敢过卞。"《韩诗外传》、《新序》等典籍都
　　记载他勇敢的故事。
[5] 艺：技艺，技能。这里指多才多艺。《雍也》篇："求也艺。"
[6] 文（旧读 wèn）：动词，文饰，修饰。　之：指前文知、廉、勇、艺四种人。
[7] 今之成人者："者"字词组，作主语，表示如今完美人的标准。　何：为什么。　必：副
　　词，一定。　然：指示代词，作谓语，这样。
[8] 见利思义：见到财利该不该得要想到是否合乎义。义，指公正合理的道德行为。
[9] 见危授命：见到危难肯于献出生命。危，危难，凶险。授，给予。这里指献出。遇到国
　　家、君亲遭遇危难而肯于牺牲自己的生命。今成语有"舍生取义"。
[10] 久要：长久地处在围顿的境遇。要，通"约"。节俭，俭省。这里指穷困，困顿。用作
　　动词，指处在困顿之中。

【译文】

　　子路问怎样才是完美的人。孔子说："像臧武仲那样的智慧，孟公绰那样
的廉洁，卞庄子那样的勇敢，冉求那样的多才多艺，再用礼乐对他们加以熏
陶，也就可以说是完美的人了。"又说："如今完美人的标准为什么一定要这
样？见到财利想到是否合乎义，见到危难肯于献出生命，长久地处在困顿的
境遇中而不忘记平日的诺言，也就可以说是完美的人了。"

【点评】

　　孔子回答子路的问话，提出完美的人应该具备智、廉、勇、艺四种品德与才能，而
且要经过礼乐的规范。如果认为这样的标准过高，孔子又提出新的标准：见到财利
该不该取，要看是否合乎义；见到国家、君亲遭遇危难，肯于牺牲生命去赴难；即使长
久处在困顿的境遇，也能信守诺言，经得起艰苦的考验。能做到这些也可以算做完美
的人了。

　　14.13　子问公叔文子于公明贾曰[1]："信乎[2]？夫子不言，不笑，不
取乎[3]？"公明贾对曰："以告者过也[4]。夫子时然后言[5]，人不厌其
言[6]；乐然后笑，人不厌其笑；义然后取[7]，人不厌其取。"子曰："其
然[8]，岂其然乎[9]？"

【注释】

[1] 公叔文子：卫国大夫，卫献公之孙，名拔，或作"发"，谥号"文"。　公明贾：姓公明，名
　　贾，公叔文子的使臣。
[2] 信：言语真实。
[3] 夫子：古代对男子的尊称。　不取：不索取不合乎义的财物。
[4] 告者：表示传话的人。　过：过错。判断句谓语。
[5] 时：副词，适时，恰当的时候。
[6] 厌：动词，厌烦，厌恶。　言：名词，指说的话。

[7] 义：普通名词作状语，合乎义。
[8] 其：语气助词，表示委婉语气。　然：指示代词，作谓语，这样。
[9] 岂：副词，作状语，表示反问语气，难道。

【译文】
　　孔子向公明贾询问公叔文子，说："老人家不言语，不笑，不取，是真的吗？"公明贾回答说："这是传话人说错了。老人家到该说话的时候才说话，因此别人不厌烦他的话；高兴了才笑，别人不厌烦他的笑；在合乎义的情况下才取，别人不厌烦他的取。"孔子说："原来是这样，难道真是这样吗？"

【点评】
　　传言公叔文子不言语，不笑，不取。孔子向公明贾询问这件事。公明贾说这是误传。公叔文子并非不言，不笑，不取，而是该说时才说，高兴时才笑，合乎义才取。其中突出强调"义然后取"，说明公叔文子是位廉洁之士。身为卫国大夫，能做到这一点，实属不易，因此才受到人们的敬重。

14.14　子曰："臧武仲以防求为后于鲁[1]，虽曰不要君[2]，吾不信也。"

【注释】
[1] 以防求为后于鲁：即"以防求〔君〕为后于鲁"。省略兼语"君"。是说臧武仲凭着防邑请求〔鲁君〕在鲁国为他立后嗣。防，臧武仲的封邑，在今山东费县东北。为后，立后嗣。
[2] 要(yāo)：动词，要挟，胁迫。

【译文】
　　孔子说："臧武仲凭藉他的采邑防城请求鲁君在鲁国为他立后嗣，虽然说不是要挟国君，我是不相信的。"

【点评】
　　事情发生在鲁襄公二十三年。臧武仲因得罪孟孙氏而出奔附近的邾国，后回到他的防邑，派人送礼给鲁君，请求鲁襄公念其祖先的功勋给臧氏立嗣，以续祀祖先，于是鲁君立他的异母兄臧为为嗣。事毕他逃亡齐国。他以防邑为条件，如果鲁君不答应他的请求，便可能据邑叛乱，所以孔子认为他是要挟鲁君。

14.15　子曰："晋文公谲而不正[1]，齐桓公正而不谲[2]。"

【注释】
[1] 晋文公：春秋时晋国国君，姓姬，名重耳。即位后，善于听取臣下意见，改革内政，国势强盛，成为春秋五霸之一，是有作为的政治家。　谲(jué)：欺诈，搞阴谋，玩弄手段。　不正：指作风不正派。
[2] 齐桓公：春秋时齐国国君，姓姜，名小白。即位后，任用管仲为相，改革内政，国势强盛。他率诸侯"尊王攘夷"，"九合诸侯，不以兵车"，成为春秋五霸之首，是名声显赫的

217

政治家。

【译文】

孔子说:"晋文公欺诈,好耍手段,作风不正派;齐桓公作风正派,不搞欺诈,不耍手段。"

【点评】

齐桓公、晋文公都是春秋时期的霸主,有作为的政治家,但孔子对他们却作出相反的评价。齐桓公打着"尊王"的旗号,在葵丘会盟诸侯,能以礼待周王。孔子认为这符合礼的规定。他不念旧恨,任用管仲为相,国势日强,"九合诸侯,不以兵车",所以孔子褒扬齐桓公。而对晋文公却贬而无褒。因为践土会盟诸侯,他竟召周天子,使诸侯朝见,遭到孔子的贬斥,说他"以臣召君,不可以训",所以评价他"谲而不正"。

14.16　子路曰:"桓公杀公子纠[1],召忽死之[2],管仲不死[3]。"曰:"未仁乎[4]?"子曰:"桓公九合诸侯[5],不以兵车[6],管仲之力也[7]。如其仁[8]!如其仁!"

【注释】

[1] 桓公杀公子纠:齐桓公杀了他异母哥哥公子纠。其实不是他亲杀。历史上真实的情况是:齐桓公和公子纠均为齐襄公的弟弟,齐襄公淫乱无道,鲍叔牙预见"乱将作矣",于是侍奉公子小白出奔莒国;管仲、召忽侍奉公子纠出奔鲁国。齐襄公被杀后,桓公由莒国先入齐,立为君,兴师伐鲁,逼迫鲁国杀公子纠。

[2] 召忽死之:师傅召忽为公子纠而自杀。死,动词的为动用法,为……死,为公子纠而死。

[3] 管仲不死:师傅管仲没有死。不,副词,表示事情还没有出现,相当于"未",没有。

[4] 未仁乎:〔管仲〕不是有仁德的吧?

[5] 九合诸侯:多次会盟诸侯。九合,齐桓公会合诸侯共达十一次。这里的"九"字当为虚数,表示多次。合,诸侯盟会。

[6] 不以兵车:不用兵车。以,动词,用。兵车,战车。古代战争多用兵车。说明齐国国势强大,以和平方式会盟诸侯。

[7] 管仲之力也:〔这〕都是管仲的力量。判断句,主语承前省略,指"桓公九合诸侯,不以兵车"。

[8] 如其仁:这就是管仲的仁德。如,乃。王引之《经传释词》:"如犹乃也。"

【译文】

子路说:"齐桓公杀了公子纠,召忽为公子纠而死,管仲没有死。管仲不是有仁德的吧?"孔子说:"齐桓公多次会盟诸侯,不用兵车武力,这都是管仲的力量。这就是他的仁德!这就是他的仁德!"

【点评】

召忽为公子纠而死,管仲没有死,而且做了齐国的宰相。子路认为他没有仁德。孔子认为管仲"尊王攘夷","九合诸侯,不以兵车",使齐国强大。从国家利益看,管仲贡献大,这就是他的仁德。相比之下,召忽之死,是在齐国统治阶级争夺君位当中,为公子纠殉难,当是愚忠的表现。

14.17　子贡曰："管仲非仁者与[1]？桓公杀公子纠，不能死，又相之[2]。"子曰："管仲相桓公，霸诸侯[3]，一匡天下[4]，民到于今受其赐[5]。微管仲[6]，吾其被发左衽矣[7]。岂若匹夫匹妇之为谅也[8]，自经于沟渎而莫之知也[9]？"

【注释】

[1] 管仲非仁者与：管仲不是仁人吧？否定形式判断句。
[2] 相：动词，辅佐。
[3] 霸诸侯：在诸侯中称霸。霸，从月，䨣声，指阴历每月开始见到月亮或月光。这是本义。读作 pò。假借为"伯"，指古代诸侯联盟的首领。读作 bà。这里用作动词，称霸，在诸侯中做霸主。注意：在秦汉前没有蛮横霸道的意思。
[4] 匡（kuāng）：匡正，纠正。《左传·襄公十四年》："善则赏之，过则匡之。"
[5] 受其赐：受到他的恩赐。
[6] 微：如果没有。用于假设分句之首。
[7] 其：句中语气助词，表示委婉语气。可译为"大概"，"恐怕"。　被（pī）："披"的古字。散开。　左衽（rèn）：用作动词，衣襟向左开。
[8] 岂（qǐ）：副词，表示反问，相当于"难道"。　匹夫匹妇：指古代平民中的男女。　谅：诚信，信实。这里指小信。
[9] 经：本指纺织物的纵线，跟"纬"相对。这里用作动词，以经吊，用绳子上吊自杀。　沟渎（dú）：相当于"沟壑（hè）"，溪谷。《孟子·梁惠王上》："凶年饥岁，君之民老弱转乎沟壑。"

【译文】

　　子贡说："管仲不是仁人吧？齐桓公杀了公子纠，管仲不能为主子而死，还做了桓公的相。"孔子说："管仲辅佐桓公，使他在诸侯中做了盟主，天下一切得到匡正，直到如今百姓还受着他的好处。假如没有管仲，我们大概都会披散着头发，衣襟向左边开，〔沦为夷狄。〕难道他要像普通百姓拘执小信，在山沟中自杀，还没有人知道他们吗？"

【点评】

　　孔子批评过管仲，但也能从大节上看重管仲。孔子认为管仲在齐国实行改革，发展生产，繁荣经济，国势日强，到如今百姓还受着他的好处。他抵御外侮，保持中原的先进性，使社会安定。否则人民会披发左衽，使历史倒退，这些都是管仲的功劳。可见，孔子是从对国家、百姓有利与否这一大节来评价管仲的。

14.18　公叔文子之臣大夫僎与文子同升诸公[1]。子闻之，曰："可以为'文'矣[2]。"

【注释】

[1] 公叔文子：卫国大夫，卫献公之孙，名拔，谥号"文"。　臣：家臣。　大夫僎（zhuàn）：公叔文子的家臣。经文子推荐，也做了大夫。　公：指大臣。一说公室。
[2] 文：指谥号。《逸周书·谥法解》："经纬天地曰文，道德博厚曰文，勤学好问曰文，慈爱惠民曰文，愍（mǐn）民惠礼曰文，锡（赐）民爵位曰文。"这里与第六项义合。

【译文】

公叔文子的家臣大夫僎，〔经文子的推荐，〕同文子一起升迁为国家的大臣。孔子听到这件事，说："公叔文子可以给他'文'的谥号了。"

【点评】

前面说公叔文子"义然后取"，是位廉洁之士。这里说他荐贤无私，唯贤是举。僎本是他的家臣，根据他的德才，文子推荐他为大夫，与自己平起平坐，做到这点实属不易。其可贵之处有三：一是知人；二是忘己；三是为国。因此孔子称赞他，说文子死后可以赐给他"文"的谥号。

14.19 子言卫灵公之无道也[1]，康子曰[2]："夫如是[3]，奚而不丧[4]？"孔子曰："仲叔圉治宾客[5]，祝鲍治宗庙[6]，王孙贾治军旅[7]。夫如是，奚其丧？[8]"

【注释】

[1] 卫灵公：卫国国君，名元，卫献公之孙，在位四十二年，昏庸无道。 无道：指其昏庸，不行德政。
[2] 康子：季康子，鲁国大夫，季桓子之庶子，名肥，鲁哀公时为正卿，曾多次问政于孔子，他迎孔子返回鲁国。
[3] 夫(fú)：句首语气助词，表示要发表议论，称作"发语词"。 是：指示代词，作宾语，指卫灵公无道。
[4] 奚而：俞樾《群经平议·论语平议》："奚而犹奚为也。"奚为，即"为奚"。为什么。疑问代词"奚"作介词"为"的宾语而前置。 丧：指败亡。亡其国，失其位。
[5] 仲叔圉(yǔ)：孔文子，卫国大夫，名圉，谥号"文"。 治：这里是"接待"的意思。
[6] 祝鲍(tuó)：一作"祝佗"。卫国大夫，字子鱼，有口才，善言辞，长于管理祭祀之事。 治：这里是"主管"的意思。 宗庙：天子、诸侯的祖庙，是祭祀祖先和举行重大典礼的场所。
[7] 王孙贾：卫国大夫，周王之孙，自周出仕于卫，善治军旅。 治：这里是"统率"的意思。 军旅：指军队。
[8] 奚其丧：怎么会败亡？奚，疑问代词，作状语，怎么。其，句中语气助词，表示委婉语气。

【译文】

孔子谈论卫灵公昏庸无道，季康子说："既然是这样，为什么还不败亡？"孔子说："他有仲叔圉接待宾客，祝鲍主管祭祀，王孙贾统率军队，既然这样，怎么会败亡？"

【点评】

本章孔子强调知人善任的重要性。以卫国为例，卫灵公尽管昏庸无道，但他能任用各有所长的仲叔圉、祝鲍和王孙贾，使他们分管外交、祭祀、国防等国家大事，所以卫国一时不会败亡。如果有明君持国，又能知人善任，国家便会政治清明，经济繁荣，百姓安居乐业。这里也有讽喻季康子的意思，季氏事奉鲁君不如卫国三臣事奉卫君。

14.20　子曰:"其言之不怍[1],则为之也难[2]。"

【注释】

[1] 其:指示代词,泛指某一个人。　言之不怍(zuò):大言不惭。怍,惭愧。

[2] 则:连词,表示承接,那么。　为之:实践它,兑现它。之,指说出的大话。也,句中语气助词,表示停顿。

【译文】

孔子说:"一个人大言不惭,那么实践它一定会很困难。"

【点评】

孔子揭示一条真理:说大话容易,在实践中真要兑现会很困难。说话越大,越离谱,兑现就更难。言与行严重脱节,久而久之,形成言行不一、信口开河的恶习,到头来,不能兑现,颜面丢尽,威信扫地,所以说话一定要实事求是。

14.21　陈成子弑简公[1]。孔子沐浴而朝[2],告于哀公曰:"陈恒弑其君[3],请讨之[4]。"公曰:"告夫三子[5]!"孔子曰:"以吾从大夫之后,不敢不告也[6]。君曰:'告夫三子者!'"之三子告[7],不可。孔子曰:"以吾从大夫之后,不敢不告也。"

【注释】

[1] 陈成子:即田成子。名恒,齐国大夫,事齐简公,以大斗贷小斗收争取民心,也减轻了民众负担。齐简公四年(公元前481年),杀简公,立齐平公,任为相国,此后齐国由陈氏专权。　弑(shì):动词,古代特指臣杀君、子杀父等下杀上的行为。　简公:齐国国君,姓姜,名壬,公元前484—前481年在位。

[2] 沐:洗头发。　浴:洗身。《史记·屈原贾生列传》:"新沐者必弹冠,新浴者必振衣。"上古汉语"沐"与"浴"各有所指。古代斋戒必洁身。

[3] 陈恒:即陈成子。

[4] 请:副词,表示尊敬对方,希望对方做某事。　讨:本指声讨,所以字从"言",引申为征讨,讨伐。

[5] 告夫三子:向那季孙、叔孙、孟孙三人报告。

[6] 不敢不告:不敢不向国君报告这一重大事件。《左传·哀公十四年》:"甲午,齐陈恒弑其君壬于舒州。孔丘三日齐(斋),而请伐齐三。公曰:'鲁为齐弱久矣,子之伐之,将若之何?'对曰:'陈恒弑其君,民之不与(亲附)者半。以鲁之众加齐之半,可克也。'公曰:'子告季孙。'孔子辞,退而告人曰:'吾以从大夫之后也,故不敢不言。'"可与本文印证。

[7] 之:动词,到……去。

【译文】

陈恒杀了齐简公。孔子斋戒沐浴以后朝见鲁哀公,报告说:"陈恒杀了他的君主,请出兵讨伐他。"哀公说:"你向那季孙、叔孙、孟孙三人报告吧!"孔子退出以后说:"因为我曾经做过大夫,不敢不来报告。可是君主却对我说:'你向三子去报告吧!'"于是我到三位大臣那里报告此事,却都不同意出兵。孔子说:"因为我曾经做过大夫,不敢不报告。"

【点评】

陈恒杀简公,是齐国社会矛盾尖锐化的反映。孔子从"君君,臣臣"的礼制出发,请鲁哀公出兵讨伐。哀公认为齐强鲁弱,已无力干预,把它推给强臣季氏。朱熹《集注》上说:"三子鲁之强臣,素有无君之心,实与陈氏声势相倚。"可见季氏已不把鲁君放在心上,季氏与齐国的陈恒历史上称为新兴势力,他们"声势相倚",不同意出兵,实属必然。

14.22 子路问事君。子曰:"勿欺也[1],而犯之[2]。"

【注释】

[1] 勿欺:不要欺骗。何晏《集解》引孔安国注:"事君之道,义不可欺,当能犯颜谏争。"
[2] 犯:犯颜,触犯。这里指直言谏诤。《礼记·檀弓上》:"事君有犯而无隐。"

【译文】

子路问怎样事奉君主。孔子说:"不要欺骗他,却可以当面谏诤。"

【点评】

孔子回答子路,本着"臣事君以忠"的原则,对君主要忠诚,不可阳奉阴违,欺骗君主;也不能隐瞒实情,使君主作出错误决定,损害国家利益。面对君主作出的错误决定,臣下应该直言谏诤,加以纠正。如果君主坚持不改,而且危害深重,臣下应该不避风险,犯颜直谏。足见孔子为了维护国家利益,以义当先,倡导忠贞的品格。

14.23 子曰:"君子上达[1],小人下达[2]。"

【注释】

[1] 君子:有道德修养的人。 上:方位名词,作状语,向上。 达:通达,通畅。这里指通达仁义。
[2] 下:方位名词,作状语,向下。 达:这里指通达财利。

【译文】

孔子说:"君主向上通达仁义,小人向下通达财利。"

【点评】

关于"上达"、"下达",历来诠释纷纭。《里仁》篇:"君子喻于义,小人喻于利。"皇侃《义疏》:"上达者,达于仁义也;下达谓达于财利,所以与君子反也。"《礼记·大学》:"德者,本也;财者,末也。"仁义与财利相比,孔子以仁义为先,财利为次,但并非轻视财利。作为君子,应该始终追求仁义,崇尚品德修养。

14.24 子曰:"古之学者为己[1],今之学者为人[2]。"

【注释】

[1] 为己：学习的目的是为了加强修养和充实学业。
[2] 为人：学习的目的是为了装饰自己，向别人炫耀。《荀子·劝学》："古之学者为己，今之学者为人。君子之学也以美其身，小人之学也以为禽犊。"杨倞注："禽犊，馈献之物也。"

【译文】

　　孔子说："古代的学者，学习目的是为了加强品德修养，充实自己的学业；如今的学者，学习目的是为了装饰自己，向别人炫耀。"

【点评】

　　孔子对比古今学风的差异。他认为古代学者为己，"为己"不是为了一己之私，而是专心进德修业。如今学者为人，"为人"不是为了大众，而是为了装饰自己给别人看，向别人炫耀。动机不纯势必进德失实，修业漂浮。以古为鉴，我们应该形成崭新学风，不为名利，脚踏实地，专心致志，甘于寂寞，埋头苦干，以造就栋梁之材，报效国家。

　　14.25　蘧伯玉使人于孔子[1]。孔子与之坐而问焉[2]，曰："夫子何为[3]？"对曰："夫子欲寡其过而未能也[4]。"使者出。子曰："使乎[5]！使乎！"

【注释】

[1] 蘧（qú）伯玉：名瑗（yuàn），卫国大夫，谥成子，是位要求进步而善于改过的人。孔子在卫国时曾住过他家。
[2] 与之坐：双宾语结构。给使者坐位。与，给予。之，指使者。间接宾语。坐，坐位。直接宾语。　焉：兼词，相当于"于之"，向使者。
[3] 何为：即"为何"。做什么？何，疑问代词作宾语而前置。
[4] 欲寡其过：想要减少他的过错。寡，形容词的使动用法，使……减少。其，指示代词，作定语，指代蘧伯玉。《庄子·则阳》："蘧伯玉行年六十而六十化。"是说蘧伯玉行年六十而六十年与时俱化。《淮南子·原道训》："蘧伯玉年五十而知四十九年非。"可见他是一位严于自律而知过必改的人。
[5] 使乎：是位好使者啊！

【译文】

　　蘧伯玉派使者拜访孔子。孔子给他坐位，然后向他问道："他老先生在做什么？"使者答道："他老先生想减少过错却没能做到。"使者出去以后，孔子说："是位好使者啊！是位好使者啊！"

【点评】

　　蘧伯玉是卫国一位贤大夫，孔子在卫时曾住过他家。此时孔子将要返鲁，蘧伯玉派使者看望孔子。在言谈中得知他一心想减少过错，由于责己从严，总认为没有做到。从《庄子·则阳》和《淮南子·原道训》中了解到他确实是一位自我批评的典范。他活到五十，能认识到四十九年的过错；活到六十，又能六十年与时俱化。不论记载可信度如何，可以肯定他是一位知过必改的人。我们应学习他谦虚自律的品德。

14.26　子曰："不在其位,不谋其政[1]。"曾子曰："君子思不出其位[2]。"

【注释】

[1] 二句已见《泰伯》篇第十四章注释。

[2] 思：思考问题。　出：超出,越过。　其位：自己的职权范围。位,官位。这里指与官位相应的职权范围。又见《周易・艮卦》："君子以思不出其位。"

【译文】

　　孔子说："不处在那个位置上,就不考虑那个位置上的政事。"曾子说："君子思考问题不越出自己的职权范围。"

【点评】

　　孔子所言已见《泰伯》篇第十四章。曾子所言与孔子主张精神一致。曾子强调思考问题不能越位,就本职工作而想问题,以便凝聚智慧,各司其职,不渎职,不侵权,颇具积极意义。今天看来,有一定局限性。我们的工作,今非昔比,千头万绪,要做好本职工作,必须考虑全局,协调"左邻右舍",互相配合,互相支持,共同做好全局工作。

14.27　子曰："君子耻其言而过其行[1]。"

【注释】

[1] 耻：意动用法,以……为耻。　而：用法同"之"。杨树达《词诠》："与'之'字用同。君子耻其言而过其行。"皇侃《义疏》本和日本足利本"而"均作"之"。

【译文】

　　孔子说："君子以他说的话超过他的实际行动为耻辱。"

【点评】

　　孔子谈及为人的一个重要品德,即言行一致。孔子认为作为君子要说到做到,做不到不说,一定要在实际行动中兑现自己说的话。如果说了不做,或说的多做的少,话语超过实际行为,是一种耻辱。孔子这一训导,十分可贵,它鼓励人们言行相符,不说大话、空话、假话。当老实人,说老实话,真正做到言必信,行必果。

14.28　子曰："君子道者三[1],我无能焉[2]：仁者不忧[3],知者不惑[4],勇者不惧[5]。"子贡曰："夫子自道也[6]。"

【注释】

[1] 君子道者三：君子的行为准则有三项。道,行为准则。者,句中语气助词,表示停顿。三,三项,三方面。

[2] 我无能焉：在这些方面我都没有做到。焉,兼词,相当于"于之"。在这些方面。

[3] 仁者："者"字词组,作主语,表示仁德的人。

[4] 知者：结构同上。智慧的人。知，"智"的古字。
[5] 勇者：结构同上。勇敢的人。
[6] 夫子：对老师的敬称。　自道：自己表述。道，表述，讲述。

【译文】

　　孔子说："君子的行为准则有三项，在这些方面我都没有做到：仁德的人不忧愁，智慧的人不迷惑，勇敢的人不畏惧。"子贡说："这是老师自我表述啊！"

【点评】

　　孔子提出君子应具备仁、智、勇三项行为准则。仁者不忧，是指仁人为别人着想，光明磊落，问心无愧，所以豁达无忧。智者不惑，明智的人由于能认清事物的本质，从而作出正确的分析与判断，所以不被迷惑。勇者不惧之"勇"，不是鲁莽之夫之"勇"，而是指心怀大义，仇视邪恶，百姓有难，不畏艰险，挺身而出，护卫营救。孔子认为这三项他一项也没有做到。子贡认为老师是谦虚，实际上老师已具备仁、智、勇三项美德。

14.29　子贡方人[1]。子曰："赐也贤乎哉[2]？夫我则不暇[3]。"

【注释】

[1] 方：通"谤(bàng)"。议论别人的过失。陆德明《经典释文》："方人，郑本作谤，谓言人之过恶。"古无轻唇音，"方"、"谤"音同相通。注意："谤"古今义有别。上古汉语"谤"指议论人的过失，不是诽谤义，属中性词。《国语·周语上》："厉王虐，国人谤王。"因为周厉王暴虐，百姓才议论他的过失。后来才演化为贬义词，诽谤。另一义为比，品评人物之短长。这里指前义。
[2] 赐(cì)：姓端木，名赐，字子贡。孔子呼其名。　贤：形容词，这里指善，好。《吕氏春秋·察今》："非不贤也，为其不可得而法。"
[3] 不暇：没有闲工夫。

【译文】

　　子贡议论别人短处。孔子说："赐啊，你就那么好吗？我可没有那种闲工夫。"

【点评】

　　子贡总好议论别人的短处，孔子给予批评，指出应该多看自己的短处，不要总是讥评别人。孔子一贯主张责己从严，责人从宽。他对子贡的批评是爱护学生的表现。

14.30　子曰："不患人之不己知[1]，患其不能也[2]。"

【注释】

[1] 不患人之不己知：即"不患人之不知己"。古代汉语否定句代词作宾语而前置。不忧虑别人不了解自己。患，忧虑，担忧。今成语有"患得患失"。人之不己知，主谓词组，作"患"的宾语。之，用于主谓之间的结构助词，取消句子独立性，使其成为词组，充当

句子的一个成分。己,自己。代词作宾语而前置。知,知道,了解。

[2] 患其不能:忧虑自己没有能力。其不能,主谓词组,作"患"的宾语。其,指示代词,自己。

【译文】

孔子说:"不忧虑别人不了解自己,忧虑自己没有能力。"

【点评】

孔子多次强调这一观点:《学而》篇:"人不知而不愠,不亦君子乎?"又《卫灵公》篇:"君子病无能焉,不病人之不己知也。"孔子认为要想使人家了解自己,重用自己,必须有真才实学,有真功夫,真本事。

14.31　子曰:"不逆诈[1],不亿不信[2],抑亦先觉者[3],是贤乎[4]!"

【注释】

[1] 逆诈:逆,副词,预先猜度。诈,欺诈,欺骗。钱穆《新解》:"逆,事未至而迎之。人未必以诈待我,我先逆以为其诈,是为逆诈。"

[2] 亿:通"臆(yì)"。臆测,猜测。指没有看见任何事实而臆度。　不信:不信实,不诚实。《大戴礼·曾子立事》:"君子不先人以恶,不疑人以不信。"

[3] 抑(yì):连词,表示转折,相当于"却"。　先觉:指及早发觉欺诈和不诚实。

[4] 贤:指贤德的人。

【译文】

孔子说:"不预先揣度别人的欺诈,也不凭空臆测别人不诚实,却又能及早发觉欺诈与不诚实,这样的人是贤德的人啊!"

【点评】

孔子强调两方面:第一点,不能没有事实根据而凭空臆度别人欺诈与不诚实,因为疑神疑鬼势必危及人际关系,损害别人的人格,造成不良后果。第二点,在有事实根据的情况下,又不能熟视无睹,麻痹大意,完全丧失警惕。这是件比较难做的事,需要具有很高的修养。

14.32　微生亩谓孔子曰[1]:"丘何为是栖栖者与[2]?无乃为佞乎[3]?"孔子曰:"非敢为佞也,疾固也[4]。"

【注释】

[1] 微生亩:姓微生,名亩,又作尾生亩,鲁国人。朱熹《集注》:"亩名呼夫子而辞甚倨,盖有齿德而隐者。"认为微生亩是年长的隐者。　谓……曰:对……说。

[2] 栖(xī)栖:形容词,忙碌不安的样子。

[3] 无乃:副词,跟疑问语气助词相呼应,表示推测。可译为"不是"、"莫非"等。　佞(nìng):有两解:一指以花言巧语谄媚人;一指善于论辩,口才好。这里指后者。

[4] 疾:动词,厌恶,痛恨。　固:顽固,固执。这里指顽固不化的人。

【译文】

　　微生亩对孔子说:"你为什么忙忙碌碌、惶惶不安呢? 莫非显示你的口才吧?"孔子说:"我不是敢于显示口才,而是厌恶那种顽固不化的人。"

【点评】

　　微生亩直呼孔子之名,言谈甚倨,看来是位年长的隐士。他对孔子师生周游列国持批评态度,以为显示口才,谋取私利,不能顺应时代潮流。孔子回答是"疾固",反映了孔子游说诸侯的目的旨在说服当权者能采纳他的政治主张。

14.33　子曰:"骥不称其力[1],称其德也[2]。"

【注释】

[1] 骥(jì):千里马。《荀子·修身》:"夫骥一日而千里。"　称:称颂,赞美。
[2] 德:品德,美德。何晏《集解》引郑玄注:"德者,调良之谓。"调良,驯服而善良。蒲松龄《聊斋志异·刘夫人》:"此马调良,可以乘御。"

【译文】

　　孔子说:"对于千里马,不是称赞它的气力,而是称赞它温驯善良的美德。"

【点评】

　　孔子评价千里马,不着眼它的气力,而看重的是它调良的美德。正是它这种美德才能充分调动先天的素质而日行千里。以马喻人,对人才的培养也应把品德的教养放在首位。

14.34　或曰[1]:"以德报怨[2],何如?"子曰:"何以报德? 以直报怨[3],以德报德。"

【注释】

[1] 或:肯定性无定代词,有人。
[2] 报:指受了别人的东西以后,还给他东西以为报答。《诗经·卫风·木瓜》:"投我以木瓜,报之以琼琚(qióng jū,佩玉)。"引申为回答别人的恩惠或仇恨,即报恩或报仇。　怨:怨恨,仇恨。古今词义有别:古义指仇恨,词义重;今义指埋怨,词义轻。
[3] 直:公平正直。

【译文】

　　有人说:"用恩惠来回报怨恨,怎么样?"孔子说:"〔那样的话,〕用什么来回报恩惠? 应该是用公平正直来回报怨恨,用恩惠来回报恩惠。"

【点评】

　　以德报怨,可能是当时流行的一种观点,《老子·六十三章》:"大小多少,报怨以德。"想要以不计恩怨感化施怨者,以求平和,但很可能事与愿违,助长施怨者的贪心。

227

孔子提出较为公平的处理原则：对有德者，不能忘怀，不论是国家或个人都应以德回报。对施怨者，不主张以怨报怨，互恨到底，而应以直报怨，以公平正直相待。这样，既无过，也无不及，体现了孔子的中庸思想。

14.35　子曰："莫我知也夫[1]！"子贡曰："何为其莫知子也[2]？"子曰："不怨天[3]，不尤人[4]，下学而上达[5]。知我者其天乎！"

【注释】

[1] 莫我知也夫：即"莫知我也夫"。没有人了解我啊！
[2] 何为：即"为何"。为什么。　莫知子：没有人了解您。否定句，宾语"子"因不是代词而没有前置。
[3] 不怨天：不怨恨天。
[4] 尤：责备。
[5] 下学而上达：下学，在下学习人事。上达，向上通达天命。皇侃《义疏》："下学，学人事；上达，达天命。我既学人事，人事有否(pǐ,坏)有泰(好)，故不尤人。上达天命，天命有穷有通，故我不怨天也。"可供参考。

【译文】

孔子说："没有人了解我啊！"子贡说："为什么没有人了解您呢？"孔子说："不怨恨天，不责备人，在下学习世事，向上通达于天，了解我的恐怕只有天吧！"

【点评】

孔子的感慨是可以理解的：在国外，他与弟子长时间奔波，没有哪个诸侯肯采纳他的主张；在国内，又有诸多不顺，不能始终施展抱负。所以他感到很苦闷，很孤独，觉得没有人能理解他。但他认为这一切似乎是自然的，因此既不怨天，也不尤人。

14.36　公伯寮愬子路于季孙[1]。子服景伯以告[2]，曰："夫子固有惑志于公伯寮[3]，吾力犹能肆诸市朝[4]。"子曰："道之将行也与[5]，命也；道之将废也与，命也[6]。公伯寮其如命何[7]！"

【注释】

[1] 公伯寮(liáo)：又作公伯僚。孔子学生，姓公伯，名寮，字子周。　愬：同"诉"。诉说，告诉。这里指进谗言，诽谤。
[2] 子服景伯：姓子服，名何，字伯，"景"为谥号，鲁国大夫。　以告：即"以〔之〕告"。把这件事告诉了孔子。
[3] 夫子：指季孙。　惑志：心志迷惑，对子路产生疑心。　于公伯寮：介宾词组，作补语，表示被动关系。介词"于"引进行为主动者。被公伯寮。语译时移前作状语。
[4] 肆(sì)：陈列尸体。古制大夫以上陈尸于朝，士陈尸于市。公伯寮为士，故陈尸于市。邢昺《注疏》："周制杀人有陈尸三日之法。"　市朝："市"指市场，市集。"朝"指朝廷。"市朝"连言，只指市场，市集。

[5] 道之将行：我的主张将会实行。
[6] 废：废止，废弃，指孔子的主张行不通。
[7] 如命何：古代汉语凝固结构，把命运怎么样？

【译文】

公伯寮向季孙诽谤子路。子服景伯把这件事告诉了孔子，并且说："季孙氏已经被公伯寮迷惑了，我的力量能够杀掉他，把他的尸首陈列在市集上示众。"孔子说："我的主张将会实行，是命运决定的；我的主张将会废止，也是命运决定的。公伯寮能把命运怎么样？"

【点评】

公伯寮和子路同是孔子学生，又都是季氏家臣。公伯寮竟然在季氏面前毁谤子路，孔子对这样的弟子痛心疾首，但不同意子服景伯杀他，从中反映了孔子的天命观。春秋时代的天命观，认为上天奖善罚恶，唯德是依，公伯寮违天行恶，不会有好结果。

14.37　子曰："贤者辟世[1]，其次辟地[2]，其次辟色[3]，其次辟言[4]。"子曰："作者七人矣[5]。"

【注释】

[1] 辟："避"的古字。　世：这里指无道的乱世。
[2] 辟地：避开乱地，选择安居之地。
[3] 辟色：避开傲慢的脸色。色，面目表情。
[4] 辟言：避开恶言恶语。
[5] 作者："者"字词组，指这样做了的人。　七人矣：已经有七个人了。究竟是哪些人，存在分歧。何晏《集解》引包咸注："为之者凡七人，谓长沮(jū)、桀溺、丈人、石门、荷蒉、仪封人、楚狂接舆。"皇侃《义疏》引弼注："七人：伯夷、叔齐、虞仲、夷逸、朱张、柳下惠、少连也。"一般指后七人。

【译文】

孔子说："有些贤者避开乱世而隐居起来，次一等的避开乱地而择居异处，再次一等的避开别人傲慢的脸色，再次一等的避开别人的恶言恶语。"孔子又说："这样做了的人已经有七位了。"

【点评】

避世，避地，避色，避言，采取这四种方式，这样做是否合理，要作具体分析。如果面对无道的统治者，为了保持节操，不与之同流合污，而抗争又无效，避免无谓牺牲，采用这些方式，是有骨气的士人的道德风范，从正面影响士人几千年。如果社会在发展，进步与革新，出于守旧而采取不合作的态度就不值得称赞。

14.38　子路宿于石门[1]。晨门曰[2]："奚自[3]?"子路曰："自孔氏。"曰："是知其不可而为之者与[4]?"

【注释】

[1] 石门：鲁国都城的外门。刘宝楠《论语正义》："郑注云：石门，鲁城外门也。"

[2] 晨门：早晨看守城门的人。邢昺《注疏》："晨门，掌晨昏开闭门者。"

[3] 奚自：相当于"自奚〔来〕"。从哪里来？奚，疑问代词，作介词"自"的前置宾语。哪里，哪儿。

[4] 是知其不可而为之者：判断句。他是那位明知他所做的行不通却硬要去做的人。是，指示代词，指代孔子，判断句主语。知其不可而为之者，名词性"者"字词组，作判断句谓语，表示"……的人"。其，指示代词，指孔子推行政治主张的活动。

【译文】

　　子路在石门过夜。〔次日清晨进城，〕守城门的人问道："从哪里来？"子路说："从孔氏那里来。"守门人说："他是那位明知所做的行不通却硬要去做的人吗？"

【点评】

　　据考证这件事发生在孔子师生周游列国途中。孔子派子路回鲁国办事，到达鲁国都城时天色已晚，城门已经关闭，他在城门外过了一夜。第二天清早进城，便与守门人有这样一段对话。

　　"知其不可而为之"这句话表明守门隐士的观点：时代已经发生变化，孔子的政治主张已经不合时宜，可是孔子师生还坚持这样做，社会发展的潮流是不以个人意志为转移的，最终也没有行得通。但也必须看到，孔子师生在外奔波十四年，历经磨难，这种积极入世的精神是可嘉的。

14.39　子击磬于卫[1]，有荷蒉而过孔氏之门者[2]，曰："有心哉，击磬乎[3]！"既而曰[4]："鄙哉，硁硁乎[5]！莫己知也，斯己而已矣[6]。深则厉[7]，浅则揭[8]。"子曰："果哉！末之难矣[9]。"

【注释】

[1] 磬(qìng)：古代用玉或石雕成的打击乐器，像曲尺状，悬于架上，用槌敲击而鸣。

[2] 荷蒉(kuì)而过孔氏之门者：名词性"者"字词组，表示"……的人"。挑着草筐而从孔子门前走过的人。荷，动词，担着，挑着。蒉，草编的筐。

[3] 有心哉，击磬乎：即"击磬乎，有心哉"。击磬的人有心思啊！为强调而将"有心哉"提到主语前。

[4] 既而：过了一会儿，不久。

[5] 鄙哉，硁(kēng)硁乎：即"硁硁乎，鄙哉"。硁硁，象声词，击磬的声音。《史记·乐书》："石声硁。"比喻浅陋固执。鄙，浅陋，褊狭。

[6] 斯己而已矣：就守住自身罢了。己，守己。

[7] 深则厉：河水深就穿着衣裳蹚过去。厉，连衣下水而涉。

[8] 浅则揭：河水浅就提起衣裳蹚过去。揭，举起。这里指提起衣裳。"深则厉，浅则揭"诗句出自《诗经·邶风·匏有苦叶》。

[9] 果哉：好坚决啊！　末之难矣：即"末难之矣"。末，副词，表示否定，相当于"无"，没有。之，否定句代词作宾语而前置。指荷蒉的人。

【译文】

　　孔子在卫国击磬，有个挑着草筐从孔子门前走过的人，他说："这个击磬的人有心思啊!"过了一会又说:"硁硁的磬声表现出固执、褊狭啊!〔好像在说,没有人了解自己,〕没有人了解自己,那就守住自身罢了。正如《诗经》上说:'河水深就穿着衣裳蹚过去,河水浅就提起衣裳蹚过去。'"孔子说:"好坚决啊! 没有话语能难住他了。"

【点评】

　　本章与上一章思想脉络一致。孔子周游列国时在卫国的时间长。卫灵公虽然优待师生,但始终不能任用孔子。后来还听信谗言,派人监视,孔子的心情自然不好。有一天,他击磬,发出硁硁的声音,门前走过一个挑着草筐的人,似乎是一位隐士。他听到击磬的声音,便听出孔子有心思,好像在述说没人了解自己。既然没人了解自己,就不要到处奔波而独善其身了! 正如《诗经》上说:"河水深就穿着衣裳过,河水浅就提起衣裳过。"劝孔子视社会环境好坏,决定自己的行动,如果不合时宜,就不必硬是去干。

　　14.40　子张[1]曰:"《书》云:'高宗谅阴,三年不言[2]。'何谓也?"子曰:"何必高宗,古之人皆然[3]。君薨[4],百官总己以听于冢宰三年[5]。"

【注释】

[1] 子张:孔子的学生,姓颛孙,名师,字子张,陈国人。
[2] 高宗:殷高宗,武丁,盘庚弟小乙的儿子,史称殷中兴之王。　谅阴:《尚书》作"梁闇"。居丧时所住的房子,类似今天的窝棚,又称凶庐。这里用作动词,住在谅阴。"高宗"二句,语出《尚书·无逸》。
[3] 古之人皆然:古代的人都是这样。守丧三年,从天子到百姓都如此。
[4] 薨(hōng):古代诸侯或高级官员死亡叫薨。自周代始,人的死亡有尊卑之分。《礼记·曲礼下》:"天子死曰崩,诸侯曰薨,大夫曰卒,士曰不禄,庶人曰死。"又《新唐书·百官志一》:"凡丧,三品以上称薨。"
[5] 百官:各部门官员。官,本义指官府,引申为官员。　总己:总摄自己的职务。朱熹《集注》:"总己,谓总摄己职。"　冢(zhǒng)宰:总摄国家政务的最高长官,相当于后世的宰相。　三年:古代服丧的期限。君主服丧期间,由冢宰处理一切政务,所以君主可以"三年不言"。三年不是不说话,而是不理政务。

【译文】

　　子张说:"《尚书》上说:'殷高宗住在凶庐守孝,三年不言语。'这是什么意思?"孔子说:"不仅高宗,古人都是这样。君主死了,各部门官员总摄各自政务,来听命于冢宰三年。"

【点评】

　　君主死后,太子继位,但先要服丧三年。这种制度孔子以前便有。服丧期间国家政务由冢宰代理。各部门官员各尽其职,即使君主不管,政务也会照常运转。而且不仅君主如此,人人都是这样。
　　在我国传统文化中,提倡子女对父母尽孝,是做人的基本品德,也是社会文明的标志,但不能走向极端。只要父母活着尽孝,父母死后扫祭,以示怀念即可。

14.41　子曰:"上好礼[1],则民易使也[2]。"

【注释】

[1] 上:指居上位的统治者。　好(hào)礼:喜好礼乐教化。
[2] 则:承接连词,用在条件句的正句前,表示对条件分句的承接。可译为"那么"。　易使:容易役使。钱穆《新解》:"礼之要在敬,在和,能自守以敬,与人以和,在下者化之,宜易使。"

【译文】

孔子说:"居上位的人能喜好礼,那么老百姓就容易役使。"

【点评】

孔子强调在上位的统治者要重视礼,喜好礼乐教化,发挥它在治国理政上的社会功能。首先领导者要带头好礼,兴礼,行礼。上行下效,进而形成社会习俗,就比较容易役使百姓,使其听从指挥。

14.42　子路问君子。子曰:"修己以敬[1]。"曰:"如斯而已乎?"曰:"修己以安人[2]。"曰:"如斯而已乎?"曰:"修己以安百姓[3]。修己以安百姓,尧舜其犹病诸[4]!"

【注释】

[1] 修己:修养自己。　敬:严肃认真。这里指严肃认真对待工作。如《子路》篇:"居处恭,执事敬。"
[2] 安人:使别人安乐。安,形容词的使动用法,使……安乐。即"己欲立而立人,己欲达而达人"。何晏《集解》引孔安国注:"人谓朋友九族。"这里的"人"是狭义的人,没有包括百姓。
[3] 安百姓:使百姓安乐。《雍也》篇:"博施于民而能济众。"达到了"圣"的标准。
[4] 尧舜其犹病诸:就连尧舜恐怕还难以完全做到呢。其,句中语气助词,表示委婉语气,可译为"大概"、"恐怕"。病,艰难,不易。何晏《集解》:"病犹难也。"

【译文】

子路问什么是君子。孔子说:"修养自己而严肃认真地工作。"又问:"像这样就够了吗?"孔子说:"修养自己而使别人安乐。"又问:"像这样就够了吗?"孔子说:"修养自己而使百姓安乐。修养自己而使百姓安乐,就连尧舜恐怕还难以完全做到呢!"

【点评】

本章孔子提出三个"修己",可见修养自己的重要性。儒家的齐家、治国、平天下的主张,其根基是修身,即修养自己。其途径是实践"仁"。第一个"修己",是"执事敬"。这"敬"不是"恭敬",而是严肃认真地对待工作。第二个"修己",是"安人",使别人安乐,即"己欲立而立人,己欲达而达人"。第三个"修己",比"仁"更进了一步,达到"圣"的境界,即"博施于民而能济众",让所有的百姓都能安乐,这一点连尧舜都难以做到。孔子在春秋时代提出通过"修己"来达到"敬业"、"安人"、"安百姓"的思想,是难能可贵的。

14.43　　原壤夷俟[1]。子曰："幼而不孙弟[2]，长而无述焉[3]，老而不死，是为贼[4]！"以杖叩其胫[5]。

【注释】

[1] 原壤：鲁国人，孔子的老友。据《礼记·檀弓》记载：他母亲死了，孔子帮他料理丧事，他却站在棺材上唱歌。孔子装作没听见，以无言表示对他批评。　夷：双腿叉开而坐。古人视为傲慢无礼的坐姿。古代席地而坐，如跪状，臀部压在脚跟上。　俟(sì)：等待。

[2] 幼：年幼的时候。　孙(xùn)：通"逊"。谦让，恭顺。　弟(tì)："悌"的古字。尊敬兄长。

[3] 长：指长大以后。　无述：没有传述的事迹。

[4] 是：指示代词，指原壤。　为：相当于判断词"是"。　贼：祸害。上古汉语"贼"与"盗"同现代义正好相反："贼"义重，毁害；"盗"义轻，偷东西。个别表示强盗义，如"盗跖"。

[5] 胫：小腿。

【译文】

　　原壤叉开两腿坐在地上，等待孔子。孔子说："你小时候就不谦让敬长，长大了也没有什么值得传述的，老朽了还不死，简直是个祸害！"就用手杖敲了敲他的小腿。

【点评】

　　原壤从前是孔子的朋友，然而他与孔子却走着一条相反的路。他母亲死了，孔子帮他料理丧事，他竟放肆地叉开双腿等待孔子。他临丧不哀，反而唱起歌来，孔子对他进行了严厉的批评。

14.44　　阙党童子将命[1]。或问之曰："益者与[2]？"子曰："吾见其居于位也[3]，见其与先生并行也[4]；非求益者也[5]，欲速成者也[6]。"

【注释】

[1] 阙(què)党：阙里，地名，在今山东曲阜市内，孔子的家乡。《荀子·儒效》："仲尼居于阙党。"　童子：古代男子到二十岁举行加冠礼，标志已经进入成年。凡未成年的男子都称童子。　将命：在宾主之间传达信息。

[2] 益者："者"字词组，指上进的人，作判断句谓语。主语承前省略。益，长进。

[3] 吾见其居于位：我看见他坐在成人的席位上。古礼童子不能坐成人席位。《礼记·檀弓》："童子隅(yú)坐而执烛。"郑玄注："隅坐，不与成人并。"隅坐是坐于席角旁。古代无椅，席地而坐，尊者居正席，卑者坐旁位。"

[4] 先生：指年长的人。　并行：并排而行。按古礼童子与长辈不可并肩行走。　何晏《集解》引包咸注："先生，成人也。并行，不差在后，违礼。"

[5] 非求益者：否定形式判断句，主语承前省略，〔他〕不是求上进的人。

[6] 欲速成者："者"字词组，作判断句谓语，〔他〕是个贪图速成的人。

【译文】

　　阙里的一个童子向孔子传达信息。有人向孔子问道："这个少年是肯求上进的人吗？"孔子说："我看见他随便坐在成人的席位上，又看见他同长辈并肩而行。他不是一个肯求上进的人,而是一个贪图速成的人。"

【点评】

孔子长时期致力于礼仪教化,尤其注重对青少年的礼仪教育。

本章孔子对传达信息的童子进行批评:一是批评他大模大样地坐在成人的席位上,若无其事,不知违礼;一是批评他同长辈并肩而行,失长幼之礼。所以孔子认为他是不能脚踏实地而贪图速成的人。

卫灵公第十五

【本篇提要】

本篇共四十二章。以道德修养与为人处事为主要内容，旁及政治、教育、学术等一些问题。

道德修养的论述比较集中。首先，孔子进一步阐述仁学，认为仁学乃道德修养的指南。他说"己所不欲，勿施于人"。这一恕道，指人与人之间应互相同情，将心比心。在道德修养中，除主观努力外，还应营造学仁的环境，向身边的贤者、仁人学习，应把自己提高到君子的水平。为此应做到以义修养品德，按礼指导行动，用信确保完成。作为君子，应忧虑自己有无立足社会的本领，切勿总想让别人了解自己。在处理人际关系中，"躬自厚而薄责于人"，遇事多作自我批评。有了错误，勇于改正。君子不与人争利，要合群，但不结党营私。孔子认为百姓需要仁德甚于水火。要使百姓喜爱仁，实践仁，求仁只有益处，没有任何损失，因为仁德利民。作为志士，"勿求生以害仁，有杀身以成仁"。孔子慨叹社会上真正懂得仁德的太少，对那些"群居终日，言不及义"的消极现象甚为忧虑。

在政治方面，统治者应具有智、仁、庄、礼，缺一不可。为公要敬事，不应计较个人俸禄。孔子肯定夏、商、周三代的所谓"直道"，他认为人们"言忠信，行笃敬"可以走遍天下。对选人必须亲自考察，不以言举人。孔子称赞卫国忠臣史鱼为挽救国家危亡，将生死置之度外，犯颜直谏。

在教育方面，首次提出"有教无类"，在教育史上闪耀光辉，使教育从贵族垄断的樊篱中解脱出来。本篇还涉及语言学问题，提出"辞达而已矣"的文风命题，批判"巧言乱德"。在思与学的关系上，以其切身体验，主张思与学应密切结合。特别慨叹当时学风不佳，已见不到"阙文"的严谨学风。

本篇也表现了孔子某些思想的局限性。在仕途与务农的对比中，轻视体力劳动，片面提出"君子谋道不谋食"。

15.1 卫灵公问陈于孔子[1]。孔子对曰："俎豆之事[2]，则尝闻之矣[3]；军旅之事[4]，未之学也。"明日遂行[5]。

【注释】

[1] 陈(zhèn)：名词，"阵"的古字。战阵，作战时队伍布列的阵势。

[2] 俎(zǔ)豆之事：指有关礼仪的事情。俎，古代祭祀时盛放肉食的礼器。青铜制，也有木制漆饰的。也表示切肉用的砧(zhēn)板。豆，古代盛肉食的礼器，形似高脚盘，有的有盖。因为"俎"和"豆"作为礼器，行礼时用它，所以借代礼仪之事。

[3] 尝(cháng)：副词，作状语，表示行为已经过去，曾经。

[4] 军旅：军队，军事活动。

[5] 遂(suì)：副词，作状语，可译为"就"、"便"。

【译文】

卫灵公向孔子询问军队布阵的学问。孔子回答说："礼仪方面的事情，我

235

曾经听到过;军旅方面的事情,却从来没有学习过。"第二天便离开了卫国。

【点评】

促使孔子离开卫国是有深层次原因的。孔子并非不重视军事,也不是反对一切战争。他把"足兵"列为治国的重要条件,而且主张战前必须充分训练士卒,不可仓促上阵。但他认为治国必须以德政、礼治为本,军事应从属于德政、礼治。卫灵公无道,政治昏庸,热衷军事,舍本逐末。何晏《集解》引郑玄注:"军旅末事,本未立,不可教以末事。"孔子见到在卫国推行礼仪教化无望,便毅然离开卫国。

15.2　在陈绝粮[1],从者病[2],莫能兴[3]。子路愠见曰[4]:"君子亦有穷乎[5]?"子曰:"君子固穷[6],小人穷斯滥矣[7]。"

【注释】

[1] 在陈绝粮:〔孔子师生〕在陈国断绝了粮食。陈,陈国,姓妫(guī),在今河南淮阳及安徽亳州一带。公元前489年,孔子师生由陈国前往蔡国途中绝粮七日。
[2] 从者:"者"字词组,作主语,指跟从孔子的弟子。　病:古代汉语指重病。此外,重伤叫病,极度困乏也叫病。这里指因饥饿而倒伏。
[3] 莫:副词,表示否定,相当于"不"。　兴:动词,起来。
[4] 愠(yèn):含怒,怨恨。
[5] 穷:穷困。注意:古代汉语"穷"与"贫"是完全不同的两个概念。"贫"指缺乏衣食钱财;"穷"指阻塞不通,生活困顿。
[6] 固:坚守,安守。
[7] 斯:连词,则,就。　滥(làn):本义指河水漫溢。抽象引申为没有操守,胡作非为。

【译文】

孔子师生在陈国断绝了粮食,跟从的人饿坏了,都起不来了。子路满腔怨恨来见孔子,说:"君子也有穷困的时候吗?"孔子说:"君子能坚守穷困,小人穷困就会胡作非为了。"

【点评】

孔子师生在陈蔡路上被围,绝粮七日,饿得爬不起来,这是对师生一次严重考验!孔子坚定地回答子路:君子在困难面前一定要坚守气节,不做任何违背君子道德的事。表现了孔子战胜困难的坚强意志,也反映了他的安贫乐道的思想。

15.3　子曰:"赐也,女以予为多学而识之者与[1]?"对曰:"然[2],非与[3]?"曰:"非也,予一以贯之[4]。"

【注释】

[1] 女(rǔ)以予为多学而识(zhì)之者与:你以为我是从多方面学习而把它强记下来的人吗? 女,第二人称代词,你。以,动词,以为,认为。予,第一人称代词,我。为,相当于判断词"是"。多学而识之者,"者"字词组,作宾语,表示从多方面学习而把它强记下来的人。识,强记,记住。

〔2〕然：指示代词，作谓语，表示应答。是的，是这样。

〔3〕非与：相当于"非〔然〕与"。承前省略谓语"然"。不是这样吗？非，副词，表示否定，不是。

〔4〕予一以贯之：即"予以一贯之"。我用一个基本思想把它们贯穿起来。这个基本思想便是忠恕之道。以，介词，用。一，指忠恕之道。为强调介词宾语而前置。贯，贯穿。

【译文】

孔子说："赐！你以为我是从多方面学习而把它强记下来的人吗？"子贡回答说："是这样，难道不是这样吗？"孔子说："不是的，我用一个基本思想把它们贯穿起来。"

【点评】

这里孔子阐明仁学中的基干。孔子博学已成为世人共识。一般以为他从多方面学习而把它强记下来，机械累积，从而构成孔子的学问。其实并非如此。孔子的仁学是成体系的，是严整的。"吾道一以贯之"，有一条基干贯穿整体学说，这便是忠恕之道。从积极方面说，"己欲立而立人，己欲达而达人"。自己在社会上站得住，也要让别人站得住；自己在社会上顺利通达，也要让别人顺利通达，这便是实心助人的"忠"道。从消极方面说，"己所不欲，勿施于人"。自己不愿遭受的，不要强加给别人，这便是推己及人的"恕"道。

15.4　子曰："由[1]！知德者鲜矣[2]。"

【注释】

〔1〕由：孔子的学生，姓仲，名由，字子路，鲁国人。是孔门弟子中年龄较长者，性格耿直好勇。

〔2〕知德者："者"字词组，作主语，懂得道德的人。　鲜(xiǎn)：少。今成语有"鲜为人知"。

【译文】

孔子说："由！懂得道德的人太少了啊！"

【点评】

道德是人们共同生活及其行为的准则和规范，不同时代具有不同的道德观念。孔子十分重视道德建树，主张以德治国。《为政》篇："为政以德，譬如北辰，居其所而众星共之。"又说："道之以德，齐之以礼，有耻且格。"他创办教育，始终把德育放在首位，设有专门的德行科。孔子慨叹当时社会懂得道德的人太少，表明这位古代教育家对社会的关切和忧虑。

15.5　子曰："无为而治者其舜也与[1]？夫何为哉[2]？恭己正南面而已矣[3]。"

【注释】

〔1〕无为而治者："者"字词组，作判断句主语，表示"……的人"，没有烦劳就能使天下得到

治理的人。　其：句中语气助词，表示测度语气，可译为"大概"。

[2] 夫：指示代词，指前文的舜。　何为：即"为何"。疑问代词作宾语而前置。做了什么？　哉：表示感叹的语气助词。

[3] 恭己：修养自身，端正自己。《公冶长》篇："其行己也恭。"　正南面：端正地面朝南坐在帝位上。南面，向南面对着，即面朝南。南，方位名词，作状语，向南。面，用作动词，面对着，朝着。古代天子、诸侯、卿大夫理政时都是坐北朝南，因此称居帝位或其他尊位为"南面"。《雍也》篇："雍也可使南面。"　而已矣：语气助词连用。而已，表示限止，罢了。

【译文】

　　孔子说："没有烦劳就能使天下治理得很好的人大概就是舜吧？他做了什么呢？他修养自身，端正地坐在帝王的位置上听政罢了。"

【点评】

　　"无为而治"不能理解为无所作为而天下自然得到治理。要区分两类"无为而治"：一是老子的"无为而治"。西汉统治者，在建国初期实行这种政治。不扰民，清静安定，潜心发展农业生产，医治战争创伤，恢复国力。二是儒家的"无为而治"。有两个基本点：一是君王重视修养自身，作出榜样，为政以德。二是选贤任能，用心选好臣下。《大戴礼·主言》："昔者舜左禹而右皋陶，不下席而天下治。"又《新序·杂事》："故王者劳于求人，佚于得贤。舜举众贤在位，垂衣裳恭己无为而天下治。"安排好"四梁八柱"，使他们各尽职守，自己在上督促监察，从而达到"无为而治"。

　　15.6　子张问行[1]。子曰："言忠信[2]，行笃敬[3]，虽蛮貊之邦[4]，行矣。言不忠信，行不笃敬，虽州里[5]，行乎哉[6]？立则见其参于前也[7]，在舆则见其倚于衡也[8]，夫然后行[9]。"子张书诸绅[10]。

【注释】

[1] 行：通达，行得通。
[2] 言忠信：言语忠诚信实。忠，上古汉语指尽力做好分内的事，对别人负责，不限于忠君。信，本义指言语真实，不虚伪。
[3] 行笃(dǔ)敬：行为忠厚敬慎。笃，忠实，忠厚。敬，敬慎，严肃。
[4] 虽：连词，表示让步，即使，纵然。　蛮(mán)：我国古代称南方少数民族。　貊(mò)：我国古代称北方少数民族。　邦：国家。今成语有"治国安邦"。"国"与"邦"同义对举。
[5] 州里：泛指本乡本土。"州里"是古代户籍编制单位，二千五百家为一州，二十五家为一里。
[6] 行乎哉：能行得通吗？乎哉，语气助词连用。乎，表示疑问语气助词。哉，表示感叹语气助词。
[7] 立：站立的时候。　则：承接连词，可译为"就"。　参：并排立着。　于前：在面前。
[8] 舆(yú)：车厢。　倚：靠着。　衡：车辕前的横木，用来套驾牛马。
[9] 夫：发语词。　然后行：这样后才能行得通。
[10] 书诸绅(shēn)：把这些话写在大带子上。书，动词，写。诸，"之于"的合音词。之，指"言忠信，行笃敬"。于，介词，与"绅"结合，组成处所补语，在绅上。绅，古代士大夫束在腰间一头垂下的大带子。

【译文】

　　子张问怎样才能行得通。孔子说："言语忠诚信实，行为忠厚敬慎，即使在蛮貊的国家也能行得通。言语不忠诚信实,行为不忠厚敬慎,即使在本乡本土,能行得通吗?站立的时候,就仿佛看见'忠信笃敬'四个字并立在面前;在车中就仿佛看见它背靠在辕前横木上。这样以后才能行得通。"子张把这些话写在束身的大带上。

【点评】

　　孔子师生的问答,颇似教学中的辅导答疑。子张以怎样才能行得通为题向老师请教。孔子回答"言忠信,行笃敬"。"忠信笃敬"是人与人交往中最重要的言行准则,是品德修养的起码要求。在社会交往中,真正按"忠信笃敬"去做,没有行不通的,即使在蛮貊之国也没有问题。如果不按"忠信笃敬"去做,即使在自己的家乡也行不通。

　　15.7　子曰:"直哉史鱼[1]!邦有道[2],如矢[3];邦无道,如矢。君子哉蘧伯玉[4]!邦有道,则仕[5];邦无道,则可卷而怀之[6]。"

【注释】

[1] 直哉史鱼:即"史鱼直哉"。为强调谓语"直"而提到主语前。史鱼,卫国大夫,名鳍(qiū),字子鱼。以刚直不屈著称。曾"尸谏"卫灵公,要其进用贤者,斥退不肖。直,耿直,正直。哉,表示感叹的语气助语。
[2] 有道:当时的常用语,指政治清明。
[3] 如矢:像箭一样直。箭杆笔直,比喻人正直的品质。《韩诗外传》卷七写史鱼临终对其子说:"我数言蘧伯玉之贤而不能进,弥子瑕不肖而不能退。为人臣,生不能进贤而退不肖,死不当治丧正堂,殡我于室足矣。"后人称赞他"生以身谏,死以尸谏"。
[4] 君子哉蘧(qú)伯玉:即"蘧伯玉君子哉"。为强调谓语"君子"而提到主语前。蘧伯玉,卫国大夫,名瑗。孔子在卫国时曾住在他家。
[5] 仕:做官。《微子》篇:"君子之仕也,行其义也。"
[6] 卷而怀之:等于说"卷之而怀之"。双动一宾结构。卷之,指把自己的主张收起来。卷,"捲"的古字,收,收起。怀之,把自己的主张藏在心里。怀,藏,隐藏。之,指蘧伯玉的主张。

【译文】

　　孔子说:"史鱼真是正直啊!国家政治清明,像箭一样直;国家政治昏暗,也像箭一样直。蘧伯玉真是一位君子啊!国家政治清明,便出来做官;国家政治昏暗,就把自己的主张收起来而藏在心里。"

【点评】

　　史鱼、蘧伯玉是古代两位贤人,但表现各异。史鱼耿直,不顾个人安危,敢于直谏,从不妥协,最后竟以"尸谏",卫灵公终于任用蘧伯玉,辞退弥子瑕。他的死,是有价值的。蘧伯玉是另一类人,国家政治清明,便出来做官;昏暗便把自己的主张收起来,藏在心里,规避风险,保存实力,遇有机会,再施展才能。从讲究策略而言也可以肯定。但应作具体分析,如果国家危难,百姓遭殃,在关键时刻畏首畏尾,不能挺身而出,就是明哲保身的利己主义者。

　　15.8　子曰:"可与言而不与之言[1],失人[2];不可与言而与之言,失

239

言[3]。知者不失人[4],亦不失言。"

【注释】

[1] 可与言:相当于"可与〔之〕言"。蒙后省略介词宾语"之"。

[2] 失人:失掉了应该交谈的人。对交谈对象看法不一:有的认为这"人"指人才,有的认为是朋友,有的认为是可靠的人。总之,该是正面的人。

[3] 失言:指说了不该说的话,也就是说错了话。

[4] 知(zhì)者:"者"字词组,作主语,聪明的人。知,"智"的古字。聪明,智慧。

【译文】

孔子说:"可以跟他谈,却不去跟他谈,这叫作失掉了应该交谈的人;不可以跟他谈,却跟他谈了,这叫作说错了话。聪明的人既不失掉应该交谈的人,也不说错话。"

【点评】

可与言或不可与言,要做到准确无误,首要的是必须识别人,了解人,否则必然"失人"、"失言"。正如《学而》篇上说:"患不知人也。"如果对人了解清楚,人才也好,朋友也罢,谈一个,准一个,成一个,绝不会"失人"。作为一个聪明人,对于该不该谈,谈什么,了如指掌,真正做到"不失人,亦不失言"。

15.9　子曰:"志士仁人,无求生以害仁[1],有杀身以成仁[2]。"

【注释】

[1] 求生以害仁:指贪生而损害仁德。

[2] 杀身以成仁:牺牲自身而成全仁德。成,成全。《颜渊》篇:"君子成人之美,不成人之恶。"

【译文】

孔子说:"志士仁人,没有贪生而损害仁德的,却有牺牲自身而成全仁德的。"

【点评】

《孟子·告子上》说:"生,亦我所欲也;义,亦我所欲也。二者不可得兼,舍生而取义者也。"志士仁人,珍惜人生,热爱生命,但为了捍卫国家和民族的利益,为了大多数人的幸福,毅然选择"杀身成仁"、"舍生取义",牺牲个人的生命。无数先烈可歌可泣的动人事迹,表现了崇高的道德风范,成为中华民族宝贵的民族精神。

15.10　子贡问为仁[1]。子曰:"工欲善其事[2],必先利其器[3]。居是邦也[4],事其大夫之贤者[5],友其士之仁者[6]。"

【注释】

[1] 为仁:怎样培养仁德。为,含义广泛的动词,这里是"培养"、"修养"的意思。

[2] 工：工匠。　欲：想要。　善：动词，做好。　事：指工匠手中的活计。
[3] 利：锐利，锋利。这里用作动词，使锋利，使快。　器：工匠所用的工具。
[4] 居：本义是坐。《阳货》篇："居，吾语女！"坐下，我告诉你。引申为居住。
[5] 事：事奉。　大夫之贤者：大夫当中贤德的人。贤者，贤德的大夫。
[6] 友：朋友。这里用作动词，结交朋友。《学而》篇："无友不如己者"。　士之仁者：士当
　　中的仁人。士，有一定修养的人，也指有一定社会地位的人。这里指后者。　何晏《集
　　解》引孔安国注："言工以利器为用，人以贤友为助。"

【译文】
　　子贡问怎样培养仁德。孔子说："工匠想要做好他的活计，就一定磨快他
的工具。住在这样一个国家，要事奉这个国家大夫中的贤人，同这个国家士
人中的仁人交朋友。"

【点评】
　　培养仁德主要靠自身主观努力，但同时也要营造有利环境。事奉大夫中的贤人，
与其朝夕相处，定会耳濡目染，受到熏陶；与士中的仁人交朋友，也会从他们身上学到
许多好的品德。正如《颜渊》篇所说"以友辅仁"，利器帮助工匠善其事，贤者仁人帮助
学者成其仁。

　　15.11　颜渊问为邦[1]。子曰："行夏之时[2]，乘殷之辂[3]，服周之
冕[4]，乐则《韶舞》[5]。放郑声[6]，远佞人[7]。郑声淫[8]，佞人殆[9]。"

【注释】
[1] 为邦：怎样治理国家。为，这里是"治理"的意思。
[2] 行夏之时：实行夏朝的历法。时，指历法。古代历法分夏正、殷正、周正。夏正即现今
　　的农历，又称阴历，它以建寅之月为正月。殷正以建丑之月即农历十二月为正月。周
　　正以建子之月即农历十一月为正月。孔子主张使用夏历，因为夏历与时令节气相合，
　　有利于农业生产。
[3] 乘殷之辂(lù)：乘坐殷朝的车子。辂，又作"路"。天子所乘的车。《周礼·春官·巾
　　车》所载有五路，即玉路、金路、象路、革路、木路。木路质朴，所以又叫素车。据《礼记
　　·明堂位》，殷路叫大路，大路便是木路。《左传·桓公二年》："大路、越席(指用草编
　　的席)，昭其俭也。"
[4] 服周之冕(miǎn)：戴周朝的礼帽。服，戴。冕，古代帝王、诸侯、卿大夫的礼帽，外黑内
　　红，盖在顶上的叫作延，延前挂玉珠，叫作旒(liú)。后专指王冠。
[5] 乐则《韶舞》：音乐就用舜时的《韶舞》。《韶舞》，即韶乐，舜时的音乐。《八佾》篇："子
　　谓《韶》，尽美矣，又尽善也。"是说韶乐所表达的内容与艺术形式均美好。
[6] 放郑声：排斥郑国的乐曲。放，舍弃，排斥。郑声，郑国的乐曲，属郑国的民间音乐。
[7] 远：用作动词，疏远，远离。　佞(nìng)人：指以花言巧语献媚的人。
[8] 淫：淫荡，不正派。《礼记·乐记》："郑音好滥淫志。"
[9] 殆(dài)：危险。

【译文】
　　颜渊问怎样治理国家。孔子说："实行夏朝的历法，乘坐殷朝的车子，戴
周朝的礼帽，音乐就用舜时的《韶舞》。排斥郑国的音乐，远离花言巧语的小
人。郑国的音乐不正派，花言巧语的小人危险。"

【点评】

　　颜渊请教孔子怎样治理国家。孔子就历法、车乘、冠冕、韶乐从正面作答。同时要排斥郑声,远离佞人。从孔子应答中可以看出,他继承古代优秀遗产:夏历有利于农业生产,至今沿用;乘坐木车,倡导俭朴;戴周冠,讲究文饰;采用尽善尽美的舜乐,排斥淫荡的郑声;在政治上远离花言巧语的佞人,这些都有利于治国理政。

15.12　子曰:"人无远虑[1],必有近忧[2]。"

【注释】

[1] 远虑:指长远考虑。告诫人们要重视预谋。何晏《集解》引王肃注:"君子当思患而预防之。"

[2] 近忧:指眼前忧患。刘宝楠《论语正义》:"虑之不远,其忧即至,故曰近忧。"

【译文】

　　孔子说:"一个人如果没有长远的考虑,就必定有眼前的忧患。"

【点评】

　　本章已成为日常的格言警句。它启示人们必须有长远目标,未来打算。不能只顾眼前,盲目行事。对个人如此,对国家更是如此。《荀子·仲尼》:"智者之举事也,满则虑嗛(qiàn,通"歉",不足),平则虑险,安则虑危。"是说作为聪明智慧的人,丰足时要思虑有亏欠之时,太平时要思虑凶险之时,安定时要思虑危乱之时。现在常说要有忧患意识,考虑问题要把现实与长远统一起来。如果只顾眼前,过一天算一天,到一定时候忧患便会横在眼前,这便是近忧。此语宝贵之处在于不论个人或国家都应放开眼界,谋划未来,有预见,有充足准备,才会逢凶化吉,事半而功倍。

15.13　子曰:"已矣乎[1]! 吾未见好德如好色者也[2]。"

【注释】

[1] 已矣乎:完了啊! 已,动词,完结。矣乎,语气助词连用。乎,表示感叹的语气助词。

[2] 未:副词,作状语,表示事情还没有出现,可译为"没有"。　好(hào)德如好色者:"者"字词组,作"见"的宾语,表示"……的人",喜好仁德像喜好美色那样的人。　邢昺《注疏》:"此章疾时人好色而不好德也。"

【译文】

　　孔子说:"完了啊! 我没有见过喜好仁德像喜好美色那样的人。"

【点评】

　　道德是做人的根本,在任何时候都应放在首位。轻视道德,追求美色,心术不正,后果势必堪忧。

15.14　子曰:"臧文仲其窃位者与[1]? 知柳下惠之贤而不与

立也[2]。"

【注释】

[1] 臧文仲：即臧孙辰，"文"为谥号，鲁国大夫，历仕鲁庄公、闵公、僖公、文公四君。 窃位者："者"字词组，指窃居官位的人。何晏《集解》引孔安国注："知贤而不举，是为窃位。"

[2] 知：明了，清楚。 柳下惠：姓展，名获，字禽，鲁国贤者。"柳下"是他居住之所，因以为号。"惠"是他妻子倡议而给予他的私谥。《列女传》："柳下惠死，门人将谥之。妻曰：'夫子之谥宜为惠乎！'门人从，以为谥。"立，"位"的古字，指官位。

【译文】

孔子说："臧文仲大概是窃居官位的人吧？明知柳下惠是位贤人，却不给他适当的职位。"

【点评】

孔子尖锐地批评臧文仲为窃位者。什么是窃位？身居要职，知贤而不举。为什么不举？因为怀着阴暗的忌妒心理，唯恐贤能的人超越自己。身为国家大臣，为了一己之私，不惜埋没英才，是一种卑劣的行径，所以孔子斥之为窃位！

15.15　子曰："躬自厚而薄责于人[1]，则远怨矣[2]。"

【注释】

[1] 躬自：双音节副词，对自己。《诗经·卫风·氓》："静言思之，躬自悼矣。" 厚：应作"厚责"，与后"薄责"相对，蒙省略"责"字。多多地责备。厚，重，深。 薄：轻微，略微。

[2] 则：连词，表示承接，可译为"就"。 远：用作动词，远离。 怨：恨。古代汉语"怨"义重，"恨"义轻。"怨"一般指怨恨，"恨"一般指遗憾。杜牧《泊秦淮》诗："商女不知亡国恨。"

【译文】

孔子说："多多地责备自己，而轻微地责备别人，就远离怨恨了。"

【点评】

孔子作为古代伟大的思想家，远在春秋时代便提出正确处理人与人关系的行为准则，即"躬自厚而薄责于人"：严格要求自己，多作自我批评。

15.16　子曰："不曰'如之何，如之何'者[1]，吾末如之何也已矣[2]。"

【注释】

[1] 不曰"如之何，如之何"者："者"字词组，表示"……的人"，不讲"怎么办，怎么办"的人。如之何，古代汉语凝固结构，怎么办。这里连说两个"如之何"，表明开动脑筋，思考问题。《荀子·大略》："天子即位，上卿进曰'如之何'，忧之长也。"常讲"如之何"的人乃是深忧远虑的人。

[2] 末(mò)：副词，表示否定，相当于"不"。 也已矣：语气助词连用。也，表示确认的语气。已矣，表示决定的语气。

【译文】

孔子说:"〔遇事〕不讲'怎么办,怎么办'的人,我〔对这种人〕也不知道怎么办了。"

【点评】

孔子指出遇事要多想想该怎么办,那种漫不经心、不思考问题的人,是不能解决问题的。他认为只有遇事肯动脑筋,勤于思考的人,才能解决问题,把事情办好。

15.17　子曰:"群居终日[1],言不及义[2],好行小慧[3],难矣哉[4]!"

【注释】

[1] 终日:从早到晚,指一整天。

[2] 言不及义:谈话不涉及道义,没有一句正经的话。及,涉及,牵涉。义,道义,指符合正义或公益的言论。

[3] 好:动词,喜好,爱好。　小慧:小聪明,含有贬义。何晏《集解》引郑玄注:"小慧,谓小小之才知。"朱熹《集注》:"小慧,私智也。言不及义,则放辟邪侈之心滋。好行小慧,则行险侥幸之机熟。"

[4] 难矣哉:〔让他们改正〕很难啊!

【译文】

孔子说:"大伙整天聚在一起,所谈论的没有一句正经的话,喜好卖弄小聪明,〔让他们改正〕很难啊!"

【点评】

孔子批评这伙人,为他们感慨忧虑。这伙人整天聚在一起,不务正业,游手好闲,所谈论的没有一句正经话,全不合乎道义。由于心术不正,好卖弄小聪明。对这样一伙人,让他们改正,确实很难。这种人,孔子时代有,历代也都有。

15.18　子曰:"君子义以为质[1],礼以行之[2],孙以出之[3],信以成之[4]。君子哉!"

【注释】

[1] 义以为质:即"以义为质"。按照义来修养自己的品质。以义,介宾词组,作状语,按照义。为强调"义"而提到介词"以"的前面。下文"礼以"、"孙以"、"信以"结构同此。义,指公正合宜的道德行为。

[2] 礼以行之:按照礼来行事。

[3] 孙以出之:用谦逊的态度讲话。孙,"逊"的古字。谦逊,谦虚。出,指说出,讲出。何晏《集解》引郑玄注:"义以为质谓操行,孙以出之谓言语。"

[4] 信以成之:用诚信取得成功。信,诚信,信实。成,成功。

【译文】

孔子说:"君子按照义来修养自己的品质,按照礼来行事,用谦逊的态度来讲话,用诚信获得成功,〔这样做的人〕才是君子啊!"

【点评】

孔子这里提出君子应具备的条件:按照义的要求修养自己的品质,按照礼的规定来做事,用谦逊的态度来讲话,用诚实的品德获取成功。

15.19　子曰:"君子病无能焉[1],不病人之不己知也[2]。"

【注释】

[1]病:古代汉语重病叫"病",一般的病叫"疾"。此外重伤叫病,过度疲劳叫病,担忧发愁也叫病,这里指后者。

[2]人之不己知:即"人之不知己"。否定句代词充当宾词而前置。之,用在主谓之间的结构助词,取消句子独立性,使该结构成为主谓词组,作"病"的宾语。知,知道,了解。

【译文】

孔子说:"君子应担忧自己没有本事,不应担忧别人不了解自己。"

【点评】

孔子曾多次阐明这一观点。他认为作为君子,最值得担忧的是自己没有真本事,不必担忧别人不了解自己。因此必须下定决心,发奋学习,掌握过硬本领,不愁英雄无用武之地。

15.20　子曰:"君子疾没世而名不称焉[1]。"

【注释】

[1]疾:动词,厌恶,憎恨。　没世:相当于"没〔于〕世"。在人世中消失,即死亡。没,本义指沉入水中,引申为湮没,消失。　名不称焉:名声不在世人中称道。称,称道,述说。焉,兼词,相当于"于之",指在世人中。之,指世人。刘宝楠《论语正义》:"没世犹没身也。"又《史记·孔子世家》:"子曰:'弗乎弗乎!君子病没世而名不称焉。吾道不行矣,吾何以自见(现)于后世哉?'"

【译文】

孔子说:"君子憎恨自己到死的时候名声还不在世人中称道。"

【点评】

古代有抱负的士人很看重名节。对名的追求,常大于对利的追求。因为名声往往标志着对社会的贡献、学术上的成就以及品德上的建树,所以憎恨自己到临死在社会上还没有名声。

15.21　子曰:"君子求诸己[1],小人求诸人[2]。"

【注释】

[1] 诸："之于"的合音词。之,作"求"的宾语,称代的对象较为概括:如要求做到的事,要求改正毛病或作风。于己,介宾词组,作补语,对自己。

[2] 求:这里指苛求,责己从宽,却责人从严。诸,结构同上。"之于"的"之"指苛求别人做某事,或违道干预无所不至。

【译文】

孔子说:"君子总是对自己严格要求,小人总是对别人苛求。"

【点评】

这里孔子揭示君子与小人两种截然相反的处世态度:作为品德高尚的君子,总是处处严格要求自己,宽以待人;小人总是处处放纵自己,违道干誉无所不至,对别人苛求。君子与人相处,和谐而团结;小人与人相处,抵触而纠葛。

15.22　子曰:"君子矜而不争[1],群而不党[2]。"

【注释】

[1] 矜(jīn):形容词,庄矜,庄重。　不争:不与人争执。

[2] 群:动词,合群,团结。　不党:不结党营私。

【译文】

孔子说:"君子庄重却不与人争执,合群团结却不结党营私。"

【点评】

孔子要求有道德修养的君子应做到庄重自尊,对人和气,不与人争强斗胜,将名利看得很淡,而且不孤芳自赏,骄傲自满。与人相处,合群团结,不搞宗派,不结党营私,正如《为政》篇所说:"君子周而不比,小人比而不周。"君子胸怀宽广,光明磊落,终将平安幸福;小人心胸狭隘,拉帮结派,不会有好的结局。

15.23　子曰:"君子不以言举人[1],不以人废言[2]。"

【注释】

[1] 以言:介宾词组,作状语,凭着说的话。以,介词,凭着,根据。言,这里指说得好听的话。　举:推举,提拔。

[2] 以人:介宾词组,作状语,凭着表现不佳的人。人,这里指表现不佳的人。　废:废弃,不采纳。　言:指表现差的人所说的有价值的话。

【译文】

孔子说:"君子不凭着一个人说得好听的话来提拔他,也不凭着一个人表现差就废弃他有价值的话。"

【点评】

"不以言举人"、"不以人废言"是孔子总结的两条宝贵经验。不根据某人说得好听就提拔任用，因为"有言者不必有德"。能说会道，夸夸其谈，就认为是好样的，这是片面的。实践证明，这种人常常言行脱节，应该听其言，观其行。同时也不能因人废言。某人表现不佳，不等于他说的话全是错的，其中可能含有有分量、有价值的话，关键在于要善于分辨。

15.24　子贡问曰："有一言而可以终身行之者乎[1]?"子曰："其恕乎[2]! 己所不欲[3]，勿施于人[4]。"

【注释】
[1] 一言可以终身行之者：名词性"者"字词组，作"有"的宾语，指一句话可以终身奉行的言语。
[2] 其恕乎：大概是恕道吧! 其，句首语气助词，表示委婉测度语气，可译为"大概"。恕，指恕道。乎，表示感叹的语气助词。
[3] 己所不欲：名词性"所"字词组，指自己不愿意的事物。欲，想要，希望。
[4] 勿施于人：不要施加给别人。勿，副词，作状语，表示禁戒，可译为"别"、"不要"。施，施加，加给。

【译文】
　　子贡问道："有没有一句可以终身奉行的言语呢?"孔子说："大概是恕道吧! 自己不愿意的事物，不要施加给别人。"

【点评】
　　一个"忠"，一个"恕"，是孔子仁学中的重要内容。"忠"是从积极方面说："己欲立而立人，己欲达而达人。""恕"是消极方面说："己所不欲，勿施于人。"自己不愿意的一切事物，不要施加给别人，以自己的心度别人的心，将心比心，并牢记心里，终生奉行不息，体现了古代朴素的人道主义情怀。

15.25　子曰："吾之于人也[1]，谁毁谁誉[2]? 如有所誉者[3]，其有所试矣[4]。斯民也[5]，三代之所以直道而行也[6]。"

【注释】
[1] 吾之于人：我对于别人。之，用于主谓之间的结构助词。于人，介宾词组，作状语，对于别人。
[2] 谁毁谁誉：谁毁，即"毁谁"。古代汉语疑问代词作宾语而前置。诋毁过谁。"谁誉"结构同此。誉，称誉，称赞。
[3] 所誉者："者"字词组，作宾语，指所称赞的人。
[4] 其有所试：那一定是经过验证的。所试，"所"字词组，作宾语，指经过验证的情况。
[5] 斯民：这样经过验证了的三代百姓。民，指夏、商、周三代百姓。
[6] 三代之所以直道而行也：夏、商、周三代依靠他们才能沿着正道而前行。之，用于主谓之间的结构助词，标志该结构是分句。所以，相当于"以所"，依靠他们。"以"是介词，凭借，依靠。"所"是代词，作介词"以"的宾语，指代"斯民"。直道，沿着正道。行，前行，前进。也，表示确认的语气助词。

【译文】

孔子说："我对于别人，诋毁过谁？称赞过谁？如果有所称赞的人，那一定是经过验证的。这样经过验证的三代百姓，三代依靠他们才能沿着正道而前行。"

【点评】

孔子认为对待别人是毁还是誉，要有一定的标准，按照直道在实践中加以考察验证。夏、商、周三代百姓都是经过这样验证了的，所以依靠这样的百姓三代才能直道前行。对历史这样的评价不够准确：不能认为三代百姓都是按直道验证了的，也不能说三代都是按直道而行。因为夏商两代统治阶级对奴隶的残酷统治是不言而喻的，谈不上他们实行的是直道，认为他们是"直道而行"，是不符合历史实际的。

15.26　子曰："吾犹及史之阙文也[1]，有马者借人乘之[2]。今亡矣夫[3]！"

【注释】

[1] 犹：副词，作状语，表示情况之间的关联，可译为"还"、"尚且"。　及：赶上。　史之阙文：指史书中缺疑的地方。阙文，史官在记史过程中遇有疑惑不决的地方就空起来，表示治学严谨。

[2] 有马者："者"字词组，作主语，有马的人。　借人乘之：之，指代马。有马自己不能使之驯服，而给别人乘用，帮助训练。

[3] 亡(wú)：通"无"，没有。　何晏《集解》引包咸注："古之良史，于书字有疑则阙之，以待知者。有马不能调良，则借人乘习之。孔子自谓及见其人如此，至今无有矣。言此者，以俗多穿凿。"

【译文】

孔子说："我还能够赶上看到史书缺疑的地方，看到有马的人〔自己不会驾驭〕而借给别人乘坐的情况。如今这些情况都没有了啊！"

【点评】

孔子慨叹从前一些好的文化传统、好的社会风气已经丧失。他说他还赶上一段能看到史书上缺疑的地方，某事一时不清楚，空起来，不强写，不穿凿，治学态度严谨，如今却看不见了。此外，从前的人思想古朴，自己有一时驾驭不了的马，暂时借给别人乘坐，帮助驯服，如今这种好的民风也不见了，为此孔子深感遗憾。

15.27　子曰："巧言乱德[1]。小不忍则乱大谋[2]。"

【注释】

[1] 巧言乱德：花言巧语足以败坏道德。朱熹《集注》："巧言，变乱是非，听之使人丧其所守。"

[2] 小不忍：小事情不能忍耐。诸如小的怒气不克制，见小利而贪等。　乱大谋：扰乱大的计谋。

【译文】
　　孔子说:"花言巧语足以惑乱道德。小事情不能忍耐就扰乱大的计谋。"

【点评】
　　孔子不止一次指出花言巧语的危害。《学而》篇:"巧言令色,鲜矣仁。"又《公冶长》篇:"巧言,令色,足恭,左丘明耻之,丘亦耻之。"足见花言巧语败坏道德。它是一种以伪善掩饰丑恶的行径,也是一种骗取信任而谋取私利的伎俩,误人误事误国,应提高警觉,善于识别,不上当,不受骗,以正压邪。另一方面,"小不忍则乱大谋",今天也常说。它有两层意思:一是警示人们以大局为重,切勿在小事上纠缠不休而坏了大事;一是在攻坚攀峰上勿因遇到一时困难与挫折而止步。要有坚韧不拔的忍耐心,闯过难关,不该为山九仞而功亏一篑。

　　15.28　子曰:"众恶之[1],必察焉[2];众好之[3],必察焉。"

【注释】
[1] 众:指众人,多数人。　恶(wù):动词,厌恶,憎恶。
[2] 察:考察,审察。
[3] 好(hào):动词,喜爱,喜欢。

【译文】
　　孔子说:"众人都厌恶他,对这种情况一定要去考察;众人都喜欢他,对这种情况也一定去考察。"

【点评】
　　孔子告诫人们,对舆论评价要作具体分析,不能人云亦云,也不能简单地因为人多而盲目信从。《子路》篇有这样一段:"子贡问曰:'乡人皆好之,何如?'子曰:'未可也。''乡人皆恶之,何如?'子曰:'未可也。不如乡人之善者好之,其不善者恶之。'"由此可见,必须经过实地考察,才能作出切实判断。

　　15.29　子曰:"人能弘道[1],非道弘人。"

【注释】
[1] 弘(hóng):动词,扩充,光大。

【译文】
　　孔子说:"人能发扬光大道,而不是道能弘大人。"

【点评】
　　本章孔子强调修养仁道全在于发挥主观能动性。如果立志于道,在学习上下真功夫,就能深入认识道,掌握道,而且不断发展扩充道的学说,这便是"人能弘道"。但说"非道弘人"则是片面的。应该说"人能弘道,道亦弘人","人"与"道"是一种辩证关系。道对人精神的影响是深刻的,尤其对士人的影响是巨大的。通过学习,改变了人的精神面貌,提高了人的思想境界,由无知到有知,由知之甚少,到知道甚多。难道不是充分说明道也能弘大人吗？而且这种弘大是深刻的,不能低估。

15.30　子曰:"过而不改[1],是谓过矣。"

【注释】

[1] 过:动词,犯了错误。　而:连接"过"与"改"两个谓语动词,表示转折关系。

【译文】

　　孔子说:"犯了过错而不改正,这才叫作过错呢。"

【点评】

　　人非圣贤,孰能无过。应该说人的一生错误是难免的,应努力学习,加强修养,珍爱声誉,保持纯洁的人格,尽量做到不犯或少犯错误。最要紧的是,有了错误,加深认识,立即改正,不可文过饰非。《左传·宣公二年》有句格言:"过而能改,善莫大焉。"是说有了过错,能及时改正,没有比这更好的了。又《韩诗外传》卷三引孔子的话:"过而能改,是不过也。"是说有了过错能加以改正,就不算过错。可怕的是知过不改,错上加错,所以过而必改,是聪明的唯一正确的抉择。

15.31　子曰:"吾尝终日不食[1],终夜不寝[2],以思[3],无益,不如学也。"

【注释】

[1] 尝:时间副词,作状语,曾经。　终日:从早到晚,一整天。
[2] 终夜:一整夜。　寝(qǐn):动词,睡眠。今成语有"废寝忘食"。
[3] 以:连词,表示方式目的关系,终日不食、终夜不寝的目的是为了思考。

【译文】

　　孔子说:"我曾经整天不吃饭,整夜不睡觉,用来思考,结果没有好处,还不如学习好呢。"

【点评】

　　孔子从切身体验中得出思与学必须结合的论断。废寝忘食、夜以继日地冥思苦想,导致精神疲殆,一无所获。因此思与学不可脱节,偏执一端。思与学必须紧密结合,在学的基础上思考,思考才有内容,才能充实,有的放矢,做到思与学辩证统一。

15.32　子曰:"君子谋道不谋食[1]。耕也,馁在其中矣[2];学也,禄在其中矣[3]。君子忧道不忧贫[4]。"

【注释】

[1] 谋道:谋求道义,用心于学术。　谋食:谋求饭食。

[2] 耕：指耕田种地。 馁（něi）：饥饿。
[3] 禄：旧时官吏的薪俸。
[4] 忧道：忧虑道义荒疏。

【译文】

孔子说："君子谋求道义，用心于学术，不谋求饭食。耕田种地，常常忍饥挨饿；学习能做官，从中会得到俸禄。君子忧虑的是道义上的荒疏，不忧虑贫穷。"

【点评】

本章可与《子路》篇第四章相比照，明显看出孔子对务农与仕途、劳力与劳心的基本观点。他将"耕"与"学"作了对比：耕田难免饥荒，学习可以做官，有稳定俸禄。这样一比，当然选择做官。这里孔子重"学"轻"耕"的思想已经明明白白。在那个时代孔子有这种思想不足为怪，反映他思想中落后的一面。作为士人，追求真理，不计较个人生活条件，不因为贫困而放弃信仰，做到贫贱不能移，是很可贵的。但只谋道不谋食便有失偏颇，正确的提法应该是既谋道又谋食。《管子·牧民》："仓廪实知礼节。"古语有言："衣食足知荣辱。"谋食乃是谋道的必要条件，不应把二者对立起来。谋食使国家富强、百姓温饱应该是士人的追求与责任。

15.33 子曰："知及之[1]，仁不能守之[2]，虽得之，必失之。知及之，仁能守之，不庄以莅之[3]，则民不敬[4]。知及之，仁能守之，庄以莅之，动之不以礼[5]，未善也。"

【注释】

[1] 知及之：智慧足以得到它。知，"智"的古字，智慧。及，到，到达。这里是"得到"的意思。之，指百姓。下文的"之"字都指百姓。本章阐述治民的道理。
[2] 仁：仁德。 守：守住，守护。
[3] 庄以：即"以庄"。介宾词组，作状语，为强调宾语"庄"而提到介词前，用端庄严肃的态度。 莅（lì）：动词，莅临，监临。这里是"治理"的意思。
[4] 则：连词，表示承接，可译为"就"。 敬：指严肃认真地做事。
[5] 动之：使之动，让百姓行动，即役使百姓。

【译文】

孔子说："智慧足以得到百姓，仁德却不能守住百姓，即使得到了百姓，也必定失掉百姓。智慧足以得到百姓，道德也能守住百姓，却不能用端庄严肃的态度治理百姓，百姓就不会严肃认真地做事。智慧足以得到百姓，仁德也能守住百姓，又能用庄重严肃的态度治理百姓，但不能按礼来役使百姓，那还没有达到完善的地步。"

【点评】

孔子阐述治国理政的基本要求，其核心是怎样治理百姓。孔子提出智、仁、庄、礼等四个方面，这些方面是有机统一的，缺一不可。首先，要有足够的聪明才智，在百姓中普及仁德，统治者要有端庄严肃的态度，要按礼来役使百姓。这四点做到了，百姓才能信服，才能治理好国家。

15.34　子曰："君子不可小知而可大受也[1]，小人不可大受而可小知也[2]。"

【注释】

[1] 小知：在小事上来了解。知，识别，了解。　大受：承担重大任务。受，承担，承受。这里指承担任务。

[2] 不可大受：不能承担重大任务。　可小知：可以通过小事来考察。

【译文】

孔子说："君子不能在小事上考察他，却可以承担重大任务；小人不能承担重大任务，却可以在小事上考察他。"

【点评】

本章讲述观人之法：看人要从大处着眼，不可拘泥于细枝末节。真正有大才的人，可能在小事情上表现一般，甚至不如别人。然而在重大任务面前，却能勇挑重担，施展才能，表现出色。相反，也有这样的人，平时在一些事务性工作上精明强干，然而在重大任务面前，却畏首畏尾，裹足不前，不知所措。因此，考察人必须开阔视野，全面了解。

15.35　子曰："民之于仁也[1]，甚于水火[2]。水火，吾见蹈而死者矣[3]，未见蹈仁而死者也[4]。"

【注释】

[1] 之：用于主谓之间的结构助词。　于仁：介宾词组，作状语，对于仁德。这里指对仁德的需要。

[2] 甚于水火：比对水火的需要更迫切。甚，超过，胜过。于水火，介宾词组，作补语，表所比，比对水火的需要。语译时移前作状语。朱熹《集注》："民之于水火，所赖以生，不可一日无。其于仁也亦然。但水火外物，而仁在己。无水火，不过害人之身，而不仁则失其心。是仁有甚于水火，而尤不可以一日无者也。"

[3] 水火，吾见蹈而死者：即"吾见蹈水火而死者"，水火作"蹈"的宾语，为突出强调而提到句首。蹈〔水火〕而死者，"者"字词组，作"见"的宾语，表示踏入水火而死的人。蹈，踩上，踏入。今成语有"赴汤蹈火"。

[4] 蹈仁而死者：实践仁德而死的人。蹈，受宾语"仁"的影响，这里是"实行"、"实践"的意思。

【译文】

孔子说："百姓对于仁德的需要比对水火的需要更急迫。水火，我看见踏入里边而死的人，却从来没有看见实践仁德而死的人。"

【点评】

孔子揭示百姓对于仁德的需要比对水火的需要更急迫。比方说，百姓日常生活一刻也离不开水火，而百姓对仁德的需要比水火更急迫。为什么？修身，齐家，治国样样离不开仁德。孔子阐明仁德对人们有极大益处，应该喜爱它，追求它，实践它。水火于人重要，但有时还会造成危害；而仁德于人就只有好处。

15.36　子曰:"当仁[1],不让于师[2]。"

【注释】

[1] 当(dāng)仁:面对着仁义。当,动词,对着,向着。《乐府诗集·木兰诗》:"唧唧复唧唧,木兰当户织。"这里指面对仁义需要挺身而出的时刻。

[2] 不让于师:对老师也不谦让。让,指谦让。于师,介宾词组,作补语,表所对,对老师。语译时移前作状语。　何晏《集解》引孔安国注:"当行仁之事,不复让于师,言行仁急。"

【译文】

孔子说:"面对实践仁义的时刻,就连老师也不谦让。"

【点评】

儒家倡导师道尊严,学生敬重师长是天经地义的,而且讲求礼让,不与人争。那么此时对老师为什么不谦让呢?因为面对实践仁义的紧急时刻,做学生的不必顾忌老师,而应立即挺身而出。这表明实践与捍卫仁道乃是最高的道德规范和行为准则。

15.37　子曰:"君子贞而不谅[1]。"

【注释】

[1] 贞:诚信。贾谊《新书·道术》:"言行抱一谓之贞。"另一义释为"正"。朱熹《集注》:"贞,正而固也。"　谅(liàng):信。这里指小信。　何晏《集解》引孔安国注:"贞,正;谅,信也。君子之人,正其道耳,言不必小信。"

【译文】

孔子说:"君子讲诚信,却不拘泥于小信。"

【点评】

讲信守信,是孔子仁学中重要的道德标准。就此意义,在《论语》中就出现多次,如《为政》篇:"人而无信,不知其可也。"做人却不讲求信实,不知道怎么才可以。又《颜渊》篇:"足食,足兵,民信之矣。"孔子将其列为立国的三要素之一。子贡问孔子要去掉两项,保留哪项?孔子回答保留"民信"。他说:"自古皆有死,民无信不立。"可见诚信多么重要!"谅"属小信。小信常常调整,不全合乎道义。因此,既要严守合乎道义的大信,对小信又可以灵活变通,不必拘泥。

15.38　子曰:"事君[1],敬其事而后其食[2]。"

【注释】

[1] 事:动词,事奉,服事。

[2] 敬其事:认真做好自己的工作。敬,指严肃认真。事,名词,职事,分内的工作。　后其食:后,用作动词,放在后面。食,食物。这里指俸禄。《蜀石经》:"而后食其禄。"又《礼记·儒行》:"先劳而后禄。"何晏《集解》引孔安国注:"先尽力而后食禄。"朱熹《集注》:"食,禄也。君子之仕也,有官守者修其职,有言责者尽其忠。皆以敬吾之事而

已,不可先有求禄之心也。"

【译文】

孔子说:"事奉君主,应该认真做好自己的工作,把领取俸禄的事放在后面。"

【点评】

我国春秋时代就已提倡敬业精神。作为臣属,首先应做好君主交给的职务,尽心尽责,不计较待遇,不考虑个人俸禄,做到臣事君以忠。中华民族历来就有公而忘私的奉献精神,这种高风亮节一直传承至今。

15.39 子曰:"有教无类[1]。"

【注释】

[1] 有教:对任何人都可以有所教育。 无类:对教育的对象一视同仁,没有贫富、等级、族类、地域的限制。《述而》篇:"子曰:'自行束脩以上,吾未尝无诲焉。"邢昺《注疏》:"类谓种类,言人所在见教,无有贵贱种类也。"

【译文】

孔子说:"对任何人都可以有所教育,没有类别的限制。"

【点评】

孔子提出的"有教无类"在中国教育史上写下光辉的一页。从前是贵族垄断教育,只有贵族子弟才有受教育的机会。孔子首创私人办学,使教育从贵族的樊篱中解脱出来,破天荒地提出"有教无类"。当时只要交点微薄的见面礼,孔子全都接纳。皇侃《义疏》:"人乃有贵贱,同宜资教,不可以其种类庶鄙而不教之。"可见孔子招收的学生不论贫富贵贱,也不限于年龄地域,学生中有经商的子贡,卑贱出身的仲弓,一箪食、一瓢饮的颜回,有衣絮芦花的闵子骞等,这便是"有教无类"的生动写照。他在办学实践中,造就杰出的七十二贤人,三千众弟子,堪称桃李满天下,成为名副其实的古代伟大的教育家。

15.40 子曰:"道不同[1],不相为谋[2]。"

【注释】

[1] 道:本义指道路。引申为抽象意义的思想、学说、主张等。
[2] 为谋:指商讨谋划大计。

【译文】

孔子说:"思想、主张各不相同,不能在一起谋划大计。"

【点评】

"道"的含义相当广泛。这里指学说、信仰、政治主张等。如果在这些方面各不相同,缺少共同的思想基础,确实难以在一起谋划大计,也很难长久在一起共同奋斗。

但不能把"不相为谋"绝对化。在一定条件下,可以求同存异。就某一具体问题,可以广泛征询意见,听取各方面反映,尤其重视不同意见,严防失于片面。主张不同,不能拒绝必要的交往。

15.41　子曰:"辞达而已矣[1]。"

【注释】

[1] 辞(cí):言之成文的,文辞。《周易·乾卦》:"修辞立其诚。"在这个意义上"辞"和"词"是同义词。在上古时代,一般只说"辞",不说"词",《季氏》篇:"而必为之辞。"汉代以后渐渐以"词"代"辞",但推辞义不写作"词",诗词义不写作"辞"。　达:畅达,通晓。指文辞表情达意,明白晓畅。　而已矣:语气助词连用。而已,表示限止语气,罢了。矣,表示决定语气。

【译文】

　　孔子说:"言辞能够表达意思便罢了。"

【点评】

　　本章孔子谈及语言学问题,也涉及文风问题。他多次批评"巧言"。花言巧语是一种伪善虚浮的文风,表明巧言者的心术不正,遮掩不良动机,所以孔子说这种人"鲜矣仁"。孔子倡导健康朴实的文风,主张谈话、著文只要能朴实顺畅,能充分表达语意就够了,不必巧言,堆砌华丽的辞藻。

15.42　师冕见[1],及阶[2],子曰:"阶也[3]。"及席[4],子曰:"席也。"皆坐,子告之曰[5]:"某在斯[6],某在斯。"师冕出。子张问曰:"与师言之道与[7]?"子曰:"然[8],固相师之道也[9]。"

【注释】

[1] 师冕((miǎn)):师,乐师。冕,乐师之名。古代乐师一般由盲人充当。
[2] 及阶:走到台阶前。及,到,到达。
[3] 阶也:当为"〔此〕阶也",〔这〕是台阶。判断句主语省略。
[4] 席:座席,由竹篾(miè)、苇篾或草编织成的平片状物。古代席地而坐,地上铺席。
[5] 子告之:孔子告诉他。之,指师冕。
[6] 某在斯:某人在这里。某,指示代词,指代失传的人名。斯,指示代词,表示处所,这里。孔子为乐师介绍在座的人,是一种相师的礼节,是使乐师说话时有的放矢。
[7] 与师言之道与:〔这〕是同盲乐师谈话的礼节吗?
[8] 然:指示代词,表示应答,一般称作应答词,可译为"是的","是这样"。
[9] 固相师之道也:〔这〕本来就是帮助盲乐师的礼节。固,副词,作状语,可译为"本来"。相(xiàng),辅佐,帮助。

【译文】

　　师冕来见孔子,走到台阶前,孔子说:"这是台阶。"走到座席前,孔子说:"这是座席。"都坐下了,孔子告诉他说:"某人在这里,某人在这里。"师冕告辞出去。子张问道:"这是同盲乐师谈话的礼节吗?"孔子说:"是的,这本来就是帮助盲乐师的礼节。"

【点评】

　　本章生动记载孔子接待师冕的过程。古代乐师一般都是由盲人充当。因为盲人听觉灵敏,注意力集中。他们在祭祀或典礼场合演奏乐曲,是国家委任的乐官。师冕前来,孔子热情接待,这不单是对乐官表示敬重,也是对残疾人的怜悯,对他们生理缺憾深表同情。师冕走到阶前,席前,孔子精心照料,细心引导,并负责介绍在座的人,充分表现他对师冕的关切及应尽的礼仪。

季氏第十六

【本篇提要】

　　本篇共十四章。引用孔子言论不用"子曰"二字,说明并非孔门弟子所记。篇中广泛涉及政治、教育、道德修养以及天命观等内容,具有很高的史料价值。

　　关于政治思想,他在批评冉有、子路时提出著名的"均无贫,和无寡,安无倾"的观点,在当时具有进步意义。他反对贵族过分垄断财富,造成贫富悬殊,社会动荡。他倡导百姓间和睦团结,如是则不忧人少。他强调社会安定,动乱则导致国家倾覆。在外事上主张以德治招来远人,提出"既来之,则安之"的举措,这些都有一定的积极意义。

　　他的历史观向往西周盛世,反对僭越行为,企盼社会安定,并为此而积极入世。但也表现他的保守一面。季氏伐颛臾,符合历史潮流,由分裂走向统一。周王朝统治失序,权力下移,并非历史倒退,乃是社会大变动、大调整中出现的必然现象,因为它孕育着新的社会形态,将由乱而治,实现新的统一。

　　关于教育思想,孔子就人们获取知识的途径与态度将其分为四等:上等是生而知之,是地道的先验论。大量的是学而知之,孔子说自己是"敏而求之者也"。再次是困而学之,最差的是困而不学。其目的是激励人们奋发学习。他以身作则,学起来废寝忘食,不知老之将至。他要求儿子伯鱼学《诗》,学礼,他从不偏私子女。

　　在道德修养方面,他警示人们从事有益的"三友"与"三乐",尤其提倡"九思",要求十分具体而全面,其中精辟的名句是"见善如不及,见不善如探汤",至今仍是有益的格言。

　　关于他提出的"三畏"思想,具有明显的历史局限性。"畏天命"反映了他唯心主义天命观。

　　16.1　季氏将伐颛臾[1]。冉有、季路见于孔子[2],曰:"季氏将有事于颛臾[3]。"孔子曰:"求!无乃尔是过与[4]?夫颛臾[5],昔者先王以为东蒙主[6],且在邦域之中矣[7],是社稷之臣也[8],何以伐为[9]?"冉有曰:"夫子欲之[10],吾二臣者皆不欲也。"孔子曰:"求!周任有言曰[11]:'陈力就列[12],不能者止[13]。'危而不持[14],颠而不扶[15],则将焉用彼相矣[16]?且尔言过矣[17],虎兕出于柙[18],龟玉毁于椟中[19],是谁之过与[20]?"

【注释】

[1] 季氏:季康子。季孙氏,名肥,鲁国大夫,鲁哀公时为正卿,曾多次问政于孔子。　颛臾(zhuān yú):鲁国境内的附属国,传说是太暤(hào)氏的后裔,在今山东费县西北。

[2] 冉有:孔子的学生,姓冉,名求,字子有。长于政事,多才多艺,做季氏家臣。　季路:孔子的学生,姓仲,名由,字子路,一字季路。出身贫贱,耿直好勇,也是季氏家臣。见:谒(yè)见,拜见。

[3] 有事:有军事行动。古代视政权变更、军事行动为大事。　于颛臾:介宾词组,作补

语,对颛臾,语译时移前作状语。

[4] 无乃尔是过与:即"无乃过尔与"。"无乃……与":古代汉语表示反问的固定格式,可译为"恐怕……吧"。尔是过,即"过尔",责备你。过,动词,责备,批评。尔,第二人称代词,你。作"过"的前置宾语。是,前置宾语的标志,语译时舍弃不译。

[5] 夫:句首语气助词,表示要发表议论,又称"发语词"。

[6] 昔者:时间词,从前,作状语。 先王:已经去世的君主。 以为东蒙主:即"以〔之〕为东蒙主"。封颛臾做东蒙山的主祭。东蒙,即蒙山,因在鲁国东面,故称东蒙,在今山东蒙阴县南。东蒙主,主持东蒙山的祭祀。主,祭祀的主持人。

[7] 邦域之中:在鲁国境内。邦域,指国家。

[8] 是:指示代词,作判断句主语,指颛臾。 社稷之臣:国家的臣属。社稷,本指土神和谷(穀)神。封建时代农业是国家的经济命脉,于是社稷便成为国家的象征。这里指鲁国。

[9] 何以伐为:即"以何为伐"。为什么要讨伐呢? 何以,即"以何",介词词组,作状语。疑问代词"何"作介词"以"的宾语而前置。伐,动词"为"的前置宾语,指讨伐之事。有的把"为"解释为表示疑问的语气助词,不采此说。

[10] 夫子:指季康子。春秋时代对老师、大夫以及长者均可称为夫子。

[11] 周任:古代史官,有"良史"之称。

[12] 陈力:施展才能,贡献力量。陈,陈列,布列。这里有"施展"的意思。 就列:承担职位。就,接近,走到。这里有"承担"的意思。列,职位。

[13] 止:辞职,罢休。

[14] 危而不持:遇到不稳却不去扶持。危,倾侧不稳。持,扶持,搀扶。

[15] 颠而不扶:跌倒了却不去扶起。颠,动词,仆倒,跌倒。

[16] 相(xiàng):搀扶盲人的人。

[17] 尔言过:你的话错了。尔言,你的话,指"夫子欲之,吾二臣皆不欲也"。

[18] 兕(sì):一种独角的犀牛。 柙(xiá):关猛兽的笼子。

[19] 龟玉:龟甲和美玉。古人对自然和社会的认识较浅,对某些现象有种神秘感,常用占卜探问吉凶。占卜时要用龟甲,所以龟甲便成了宝贵之物。 椟(dú):木制的匣子。

[20] 是谁之过与:这是谁的过错呢? 是,指示代词,作主语,指代前文"危而不持……龟玉毁于椟中"。

【译文】

季氏将要讨伐颛臾。冉有、子路谒见孔子,说:"季氏将要对颛臾发动战争。"孔子说:"冉求! 这恐怕要责备你吧? 颛臾,从前先君封它做东蒙山的主祭者,而且在鲁国疆域之内,它是鲁国的臣属,为什么要讨伐它呢?"冉有说:"季氏要这么做,我们两个人都不想这么做。"孔子说:"冉求! 周任说过这样的话:'能够施展才力,就任官就职;如果不能,就辞职作罢。'譬如盲人站立不稳,搀扶的人却不扶持;跌倒了,搀扶的人却不扶起,为什么还要搀扶的人呢? 况且你的话是错误的,老虎、兕牛从笼子里跑出来,龟甲和美玉在匣子里毁坏了,这是谁的过错呢?"

冉有曰:"今夫颛臾,固而近于费[1]。今不取[2],后世必为子孙忧[3]。"孔子曰:"求! 君子疾夫舍曰欲之而必为之辞[4]。丘也闻有国有家者[5],不患寡而患不均[6],不患贫而患不安[7]。盖均无贫[8],和无寡[9],安无倾[10]。夫如是,故远人不服[11],则修文德以来之[12]。既来之,则安之[13]。今由与求也,相夫子[14],远人不服,而不能来也;邦分崩

离析[15]，而不能守也；而谋动干戈于邦内[16]。吾恐季孙之忧，不在颛
臾，而在萧墙之内也[17]。"

【注释】

[1] 费(旧读 bì)：地名，在今山东费县西南。公元前 722 年，鲁僖公赐给季友汶阳之田及
　　费，费便成为季氏世代的采邑。

[2] 取：指强力夺取。

[3] 后世：后代。古代指父子相继为一世。上古称"世"不称"代"；自唐人避唐太宗李世民
　　讳，才改"世"为"代"。

[4] 疾：疾恨，讨厌。　舍："捨"的古字，舍弃。今又简化为"舍"。　为之辞：给它找个借
　　口。双宾语句。

[5] 丘：孔子名。孔子自称。　国：指诸侯的封地。　家：指大夫的封地。

[6] 不患寡而患不均：当作"不患贫而患不均"。"贫"指财物的数量，和"均"相呼应。《春
　　秋繁露·度制》："孔子曰：'不患贫而患不均'。"据此可订正。

[7] 不患贫而患不安：当作"不患寡而患不安"。"寡"指人口的数量，和"安"相呼应。俞樾
　　《古书疑义举例》卷六："按：寡、贫二字，传写互易，此本作'不患贫而患不均，不患寡而
　　患不安'。'贫'以财言，'不均'亦以财言；不均不如无财矣，故'不患贫而患不均'也。
　　'寡'以人言，'不安'亦以人言；不安则不如无人矣，故'不患寡而患不安'也。"

[8] 盖：连词，追述原因，原来是。　均无贫：财物平均就无所谓贫穷。

[9] 和无寡：百姓和睦就无所谓人少。和，指和睦团结。

[10] 安无倾：国家安定就不会倾覆。倾，倾覆，灭亡。

[11] 远人：远方的人。这里指本国以外的人。

[12] 文德：指礼乐仁义的德政教化。　来：动词的使动用法，使……来。

[13] 安：形容词的使动用法，使……安。

[14] 相(xiàng)：辅佐，帮助。

[15] 邦分崩离析：国家支离破碎。

[16] 谋动干戈：策划发动战争。干戈，指盾和戈。古时用于攻防的两种兵器，也泛指武
　　器。这里借指战争。

[17] 萧墙之内：指鲁国国君，即鲁哀公。当时鲁国大权旁落，季孙氏操纵国政，鲁哀公和
　　季孙氏矛盾很深。季孙氏担心颛臾成为鲁君的势力，所以孔子才说季孙的忧患不在
　　颛臾，而在鲁君。萧墙，屏风，按礼规定，天子设外屏风，诸侯设内屏风，屏风之内指
　　鲁君。

【译文】

　　冉有说："现在颛臾，城墙坚固，而且离费邑很近。现在不把它夺取过来，
将来一定会成为子孙的忧患。"孔子说："冉求！君子讨厌那种不讲自己有贪
欲却要给它寻找借口的态度。我听说不论是有国的诸侯，还是有家的大夫，
不忧虑国家贫穷而忧虑财富不均；不忧虑人口少而忧虑动乱不安。原本是财
富平均就无所谓贫困，百姓和睦团结就无所谓人少，国家安定就不会倾覆。
这样做了，远方的人还不归服，就修整礼乐仁义的德政教化，招致他们来。他
们来了，就要使他们安定下来。如今你仲由和冉求，辅佐季孙氏，远方的人不
归服，却不能招致他们来；国家支离破碎，却不能保全；反而策划在国内发动
战争。我恐怕季孙氏的忧患不在颛臾，却在鲁君身上。"

【点评】

　　从当时的历史背景观察，春秋晚期各种社会势力进行调整，实属自然。正如孔子

所说,季氏担心鲁哀公收拾他,夺回权秉,所以率先夺取颛臾。本章孔子提出了重要的政治思想:首先,提出"均无贫"。鉴于百姓生活贫困,贵族过分占有财富,这是产生动乱的根源。其次,提出"和无寡"。他主张人民和睦团结,力量便会强大,不担心人口少。再次,提出"安无倾"。他强调社会要保持安定,只有安定,国家才不会倾覆。在外交方面,他主张实施礼乐德政来招致国外的远人,反对使用武力。孔子的这些主张,无疑是有进步意义的。

16.2　孔子曰:"天下有道[1],则礼乐征伐自天子出[2];天下无道,则礼乐征伐自诸侯出[3]。自诸侯出,盖十世希不失矣[4];自大夫出[5],五世希不失矣;陪臣执国命[6],三世希不失矣。天下有道,则政不在大夫[7]。天下有道,则庶人不议[8]。"

【注释】

[1] 有道:指天下太平安定。道,指古代社会好的政治局面。

[2] 礼乐征伐:指制礼作乐及出兵征伐的权力。　自天子出:出自天子,由天子发号施令。在贵族等级制度下,诸侯、大夫、士都无权决定,属天子专有。《礼记·中庸》:"非天子不议礼,不制度。"又《白虎通·诛伐》:"诸侯之义,非天子之命,不得动众起兵诛不义者。"西周乃是礼乐征伐自天子出的时代。

[3] 礼乐征伐自诸侯出:表明天子权力削弱,诸侯势力增大,无视天子。春秋便是礼乐征伐自诸侯出的时代。

[4] 十世:十代。古代三十年为一世。　希:"稀"的古字,少有。

[5] 自大夫出:表明诸侯权力削弱,大夫专权。春秋晚期便出现这种政治局面,鲁国仲孙、叔孙、季孙操纵政权便是实例。

[6] 陪臣:指大夫的家臣。　执:把持。　国命:国家政权。季氏的家臣阳虎便是实例。

[7] 政不在大夫:国家政权不会操纵在大夫手中。

[8] 庶人:指百姓。　不议:指不议论朝政。

【译文】

孔子说:"天下清明,那么制礼作乐和出兵征伐的权力都出自天子;天下昏乱,那么制礼作乐和出兵征伐的权力都出自诸侯。出自诸侯,大约传到十代便很少有不失掉的;出自大夫,大约传到五代便很少有不失掉的;如果大夫的家臣执掌国家政权,传到三代便很少有不失掉的。天下清明,政权不会落在大夫手中;天下清明,百姓不会议论朝政。"

【点评】

孔子以亲身经历描绘了春秋晚期出现的政治格局,由周天子集权,下移至诸侯、大夫乃至陪臣,完全打破了周王朝的一统天下。社会由治到乱,僭越行为频频发生,孔子对这种现实极为不满,这是可以理解的。应该说这是社会大变动时期所出现的问题,一种新的生产关系的诞生,必须打破旧的,孕育新的,在交替中难免出现所谓乱,这是历史前进中出现的现象,我们不能要求古人有这样的认识。历史证明:在新与旧的消长中,当社会转型完成,封建制完全确立,条件基本成熟,社会便由分裂走向统一,由乱到新的治。

16.3　孔子曰：“禄之去公室五世矣[1]，政逮于大夫四世矣[2]，故夫三桓之子孙微矣[3]。”

【注释】

[1] 禄：爵禄。这里指授官颁爵，并给予相应俸禄，全由当权者实施，所以代表政权。
去：离开。这里指失去。　公室：指鲁国王室。　五世：五代。从鲁国公室丧失政权到孔子说这段话的时候，历经五代，即宣公、成公、襄公、昭公、定公。
[2] 逮(dài)：动词，及，落到。　四世：四代。从季氏掌握鲁国政权到孔子说这段话的时候，历经四代，即文子、武子、平子、桓子。
[3] 三桓：鲁国仲孙、叔孙、季孙三卿，都是鲁桓公的后代，故称“三桓”。　微：衰微，衰落。鲁定公时出现“陪臣执国命”的局面，“三桓”呈现衰弱之势。

【译文】

孔子说：“鲁国的政权从鲁君手中失掉已经五代了，政权落到大夫手中已经四代了，所以仲孙、叔孙、季孙的子孙也衰微了。”

【点评】

由一种社会形态转变为另一种新的社会形态，是一个漫长而曲折的发展过程。孔子提到鲁国公室大权旁落，竟长达五代之久；政权落到大夫手中，也长达四代，此时“三桓”的子孙也逐渐失势。纵观全程，从春秋到战国，最后到秦完成统一大业，历经数百年变革。孔子所叙述的是总的历史变革进程中的一个阶段。

16.4　孔子曰：“益者三友[1]，损者三友[2]。友直[3]，友谅[4]，友多闻[5]，益矣。友便辟[6]，友善柔[7]，友便佞[8]，损矣。”

【注释】

[1] 益者：“者”字词组，作主语，指有益的朋友。
[2] 损者：“者”字词组，作主语，指有害的朋友。
[3] 友直：同正直的人交朋友。友，用作动词，指交友。直，形容词，正直。这里指正直的人。
[4] 谅(liàng)：形容词，诚信，信实。这里指诚信的人。
[5] 多闻：指见闻广博的人。
[6] 便辟(pián pì)：也作“便僻”。谄媚逢迎。这里指谄媚逢迎的人。
[7] 善柔：指当面恭维而背后诽谤的人。
[8] 便佞(pián nìng)：指花言巧语的人。

【译文】

孔子说：“有益的朋友有三种，有害的朋友也有三种。同正直的人交朋友，同诚信的人交朋友，同见闻广博的人交朋友，便有益处。同谄媚的人交朋友，同当面恭维而背后诽谤的人交朋友，同花言巧语的人交朋友，便有害处。”

【点评】

孔子将益友、损友各分三种。他强调应该同正直的人、诚信的人、见闻广博的人交朋友，可以互勉上进，互学所长，受益匪浅；如果同谄媚逢迎的人、伪善的人、花言巧語的人交朋友,难免受其影响;所以择友不可不慎重。孔子这一择友原则,今天也应引以为鉴。

16.5 孔子曰:"益者三乐[1],损者三乐[2]。乐节礼乐[3],乐道人之善[4],乐多贤友[5],益矣。乐骄乐[6],乐佚游[7],乐晏乐[8],损矣。"

【注释】

[1] 益者:"者"字词组,作主语,指有益的乐趣。
[2] 损者:"者"字词组,作主语,指有害的乐趣。
[3] 乐节礼乐:乐,动词,以……为乐趣。节,节制,调节。全句意为以用礼乐调节自己的言谈举止为乐趣。
[4] 乐道人之善:以称道别人的长处为乐趣。善,好处,长处。
[5] 乐多贤友:以多交贤朋良友为乐趣。多,用作动词,增多。这里是"多交"的意思。
[6] 乐骄乐:以骄纵作乐为乐趣。骄,骄纵,骄傲。
[7] 乐佚(yì)游:以放荡闲游为乐趣。佚,放荡,放纵。
[8] 乐晏乐:以宴饮取乐为乐趣。

【译文】

孔子说:"有益的乐趣有三种,有害的乐趣也有三种。以礼乐约束自己言谈举止为乐趣,以称道别人长处为乐趣,以多交贤朋良友为乐趣,便有益处。以骄纵作乐为乐趣,以放荡闲游为乐趣,以宴饮取乐为乐趣,便有损害。"

【点评】

孔子提出有益的乐趣和有害的乐趣各三种。有益的三种乐趣:首先能以那时的礼乐约束自己的言谈举止,符合当时的行为规范,认为品德好,有修养;在众人场合乐于称道别人好处,背后不讲别人坏话;广交贤朋良友。这三种乐趣是健康的,正派的,向上的。与此相反,骄傲放纵,游荡忘返,吃喝取乐,这三种乐趣使人精神颓靡,道德沉沦。孔子提出的正反面"三乐",是针对当时存在的社会现实而发的,对今天仍有借鉴意义。

16.6 孔子曰:"侍于君子有三愆[1]:言未及之而言谓之躁[2],言及之而不言谓之隐[3],未见颜色而言谓之瞽[4]。"

【注释】

[1] 侍:侍奉。 愆(qiān):过失,过错。
[2] 言未及之而言:即"未及言而言"。还不到该说的时候却说了。言,为强调而前置,在原来位置上用代词"之"复指。未,副词,作状语,表示否定,可译为"不"。及,到。而,连词,表示转折,却。 谓之躁:称它为急躁,即叫作急躁。之,指"言未及之而言"。
[3] 隐:隐瞒。
[4] 未见颜色而言:不察看君子的面目表情就贸然说话。颜色,脸色,面部表情。非指色彩。 瞽(gǔ):眼瞎。比喻没有见识,不能鉴貌辨色。《荀子·劝学》:"不观气色而言谓之瞽。"

【译文】

孔子说："侍奉君子有三种过失：不到说话的时候却说了,叫作急躁;到该说的时候却不说,叫作隐瞒;不观察君子的脸色便贸然说话,叫作瞎眼睛。"

【点评】

孔子提出侍奉君子要避免"三愆"：下属说话要选定时机,观察君子脸色。不该说却说了,便会惹君子扫兴而可能招致斥责;该说却不说,便认为你有隐瞒,有私情,也难免受责问;尤其是不注意鉴貌辨色,贸然讲话,说了些君子不爱听的话,可能引发愤怒,后果难料。

16.7　孔子曰："君子有三戒[1]：少之时[2],血气未定[3],戒之在色[4];及其壮也[5],血气方刚[6],戒之在斗;及其老也,血气既衰[7],戒之在得[8]。"

【注释】

[1] 三戒：指三种戒忌。

[2] 少（shào）：古人所谓"少",与现代义有别,包括少年和青年两个时段,凡未满三十岁都叫"少"。

[3] 血气：指元气,精力。　未定：还没有稳定。指人的各器官发育尚未成熟。

[4] 色：指女色。《孟子·告子上》："食、色,性也。"邢昺《注疏》："少谓人年二十九以下,血气犹弱,筋骨未定,贪色则自损,故戒之。"

[5] 壮：壮年。《礼记·曲礼》："三十曰壮。"

[6] 血气方刚：指人的精力正旺盛。方,副词,正,正在。刚,刚强,旺盛。邢昺《注疏》："壮谓气力方当刚强,喜于争斗,故戒之。"

[7] 衰：指衰减,衰退。

[8] 得：指贪求。所贪者名誉、地位、财货之类。何晏《集解》引孔安国注："得,贪得。"

【译文】

孔子说："君子有三种戒忌：年轻的时候,血气尚未稳定,戒忌色欲的贪恋;到了壮年时期,血气正旺盛,戒忌喜胜好斗;到了老年时期,血气已经衰退,戒忌贪得无厌。"

【点评】

孔子针对人生的三个时段,向人们发出"三戒"的忠告：年轻的时候,血气尚未稳定,身体各器官发育尚未成熟,要戒忌贪色;到了壮年,血气方刚,精力旺盛,戒忌逞胜斗狠;到了老年,血气衰退,应清心寡欲,颐养天年,戒忌贪得无厌。

16.8　孔子曰："君子有三畏[1]：畏天命[2],畏大人[3],畏圣人之言[4]。小人不知天命而不畏也,狎大人[5],侮圣人之言[6]。"

【注释】

[1] 三畏：指三种敬畏。

[2] 畏天命：敬畏天命。天命，上天的旨意，由上天主宰人间的命运。

[3] 大人：指居高位的王公贵族。《易·乾》："九二：见龙在田，利见大人。"也指德行高尚的人。《孟子·告子上》："从其大体为大人。"

[4] 圣人之言：圣人的话。圣人，指德智高超的人。

[5] 狎(xiá)：戏谑(xuè)，亲近而态度不庄重。双音词有"狎昵"、"狎戏"。

[6] 侮(wǔ)：轻侮，轻慢。

【译文】

孔子说："君子有三种敬畏：敬畏天命，敬畏身居高位的王公贵族，敬畏圣人的言语。小人不懂得天命，所以不敬畏；轻视王公贵族，轻侮圣人的言语。"

【点评】

孔子提出君子有"三畏"，对比之下小人没有"三畏"，它反映了春秋晚期意识形态的对立，也是孔子对当时社会现实的反映。畏天命，乃商周以来畏天观念的延续。天命既然主宰国家兴衰和人的命运，所以君子要敬畏。畏大人，害怕身居高位的王公贵族，他们权重人威，执掌生杀，颐指气使，怎敢不敬畏！畏圣人之言，在君子头脑中圣人之言极具权威性，不可轻忽！

这里的小人主要指平民百姓，他们大多没有文化，不懂天命的说教，当然不怕。大人高高在上，奢侈骄横，作威作福，而百姓处境艰辛，朝不保夕，对大人心怀不满与仇恨，蕴蓄反抗意识，狎大人实属必然。对圣人之言，百姓深感迂阔，与己相距甚远，无助于脱贫解困，自然轻慢。

16.9　孔子曰："生而知之者，上也[1]；学而知之者，次也[2]；困而学之，又其次也[3]；困而不学，民斯为下矣[4]。"

【注释】

[1] 生而知之者："者"字词组，作判断句主语，表示生下来就知道的人。

[2] 学而知之者："者"字词组，经过后天学习然后才知道的人。

[3] 困：实践中遇到困惑。朱熹《集注》："困，谓有所不通。"　其次：又次一等。其，指示代词，指代上文"次一等"，在"次一等"下面，即"又次一等"。

[4] 民斯为下：就是最下等的愚民。民，指困而不学的一般百姓。斯，连词，表示承接，就。下，最下等的人。

【译文】

孔子说："生下来就知道的人是上等人；经过学习才知道的人是次一等的；遇到困惑才学习的人是又次一等的；遇到困惑仍不学习的，就是最下等的愚民。"

【点评】

孔子将人的才智和对学习的态度分为四等：生而知之，学而知之，困而学之，困而不学。所谓上等是不经过后天学习实践就有知识，就什么都会，毫无疑问这种人是不存在的，孔子没有举出一个这样的人。他自己也说："我非生而知之者，好古，敏而求之者也。"他的知识技能是通过勤奋学习得来的。"生而知之"论认为人的知识是先天的，头脑固有的，是唯心主义的先验论。

孔子鼓励人们勤奋学习,像他那样"敏而求之"。遇到困惑才学习也比不学习强,最差的是遇到困惑也不学习。

16.10　孔子曰:"君子有九思[1]:视思明[2],听思聪[3],色思温[4],貌思恭[5],言思忠[6],事思敬[7],疑思问[8],忿思难[9],见得思义[10]。"

【注释】

[1]九思:九种考虑,即有九种需要用心的地方。

[2]视:看的时候。　明:看明白。

[3]听:听的时候。　聪:听清楚。聪,本义指听力好,听觉灵敏。引申为听得清楚。

[4]色:指面目表情。非指色彩。　温:温和。

[5]貌:指容貌举止。　恭:谦恭。

[6]言:指所讲的话。　忠:诚信。这里指说话信实。

[7]事:指做事,办事。　敬:严肃认真。指做事严肃认真,尽心尽责。非指恭敬。如《子路》篇:"执事敬"。双音词有"敬业"、"敬事"。

[8]疑:遇有疑惑,疑难。　问:询问,请教。

[9]忿(fèn):同"愤"。愤怒。　难(nàn):灾难,祸患。《颜渊》篇:"一朝之忿,忘其身,以及其亲,非惑与。"

[10]见得:看见能得到的。　义:道义,公正合宜的道德行为。

【译文】

孔子说:"君子有九种考虑:看的时候,考虑看明白了没有;听的时候,考虑听清楚了没有;面部表情,考虑是否温和;容貌举止,考虑是否谦恭;言谈话语,考虑是否诚信;遇到疑难,考虑怎样向人请教;将要发怒,考虑是否带来祸患;见到可得的财利,考虑是否合乎道义。"

【点评】

孔子提出的"九思",涉及面很广,丰富了道德的内涵。它与日常生活、工作息息相关,具有很强的可操作性。适用于古人,今天也有现实意义,条条都与今天的学习、工作和生活息息相关。"九思"做到了,将促进学习和工作,改进思想作风,也会提高个人的品德修养。

16.11　孔子曰:"见善如不及[1],见不善如探汤[2]。吾见其人矣,吾闻其语矣。隐居以求其志,行义以达其道[3]。吾闻其语矣,未见其人也。"

【注释】

[1]善:指善良的品德行为。　如不及:好像追赶不上似的,表现向善的强烈愿望。及,本义是追赶上。引申为抽象义的赶上。

[2]探:将手伸进。今成语有"探囊取物"。　汤:上古汉语指开水、热水。勿理解为菜汤。《孟子·告子上》:"冬日则饮汤,夏日则饮水。"

[3]达:畅达,实现。

论语全解

【译文】

孔子说:"见到善良的行为、品德,好像赶不上似的,要急切追赶;见到邪恶的行为、人品,好像把手伸进开水里,急速避开。我见过这样的人,也听过这样的话。避世隐居以保持自己的志向,施行合乎道义的事以实现自己的主张。我听过这样的话,但没有见过这样的人。"

【点评】

孔子热情赞颂向善避恶的正派人。他们向善,心情迫切,勇找差距,不停追赶;他们避恶,鄙视不善,那种心情如同把手伸进开水里,立刻避开。这是极有价值的格言警句。孔子还推崇隐居保志、行义达道的优秀人物,但遗憾的是只听过这样的话,却没有见过这样的人。其实这样的人不是没有,而是很少。

16.12 齐景公有马千驷[1],死之日,民无德而称焉[2]。伯夷、叔齐饿于首阳之下[3],民到于今称之。其斯之谓与[4]?

【注释】

[1] 齐景公:春秋时齐国国君,姓姜,名杵臼,齐庄公的异母弟。大夫崔杼杀死庄公后,立他为君,在位58年,是齐国在位最长的国君。执政时奢侈重赋,严刑重罚。 千驷(sì):四千匹马,一千辆兵车。古代一辆车用四匹马拉,称为一驷,"千驷"便是四千匹马,齐国称得上千乘之国。此是虚指,概言其多。驷,"四"的分化字,专指一辆车马匹的数量。

[2] 民无德而称焉:百姓对他没有什么美德可以称述。称,称道,称述。焉,兼词,相当于"于之",对齐景公。语译时移前作状语。

[3] 伯夷、叔齐:商末孤竹君的两个儿子。伯夷,名允,字公信,"夷"是谥号。叔齐,名智,字公达,"齐"是谥号。其父临死,立其弟叔齐。父死,叔齐让位伯夷。伯夷遵父命,不肯立,出走。叔齐不自立,也出走。二人皆奔周。武王伐纣,他们拦车马劝止。周灭殷,统一天下,二人以食周粟为耻,饿死在首阳山下。 饿:挨饿。注意:"饥"与"饿"的区别。上古汉语"饥"指一般的饥饿;"饿"是严重的饥饿,没有饭吃,受到死亡的威胁。 首阳:山名,今在何地,传说纷纭,难于确指。何晏《集解》引马融注:"首阳山在河东蒲坂县(今山西永济市西蒲州镇)。"可供参考。

[4] 此句之前疑有脱漏。程颐认为《颜渊》篇第十章"诚不以富,亦祇以异"所引诗句因错简之故,当在"其斯之谓与"之上。

【译文】

齐景公有马四千匹,死了以后,百姓对他没有什么美德可以称颂。伯夷、叔齐两人饿死在首阳山下,百姓直到如今还称颂他们。〔当有脱文〕大概说的就是这个意思吧?

【点评】

本章两处疑有脱文:一是文首没有"子曰"二字;一是文尾"其斯之谓与"与前文文意不连贯,似有脱漏。

通过齐景公与伯夷、叔齐强烈对比,反映百姓对两者截然相反的态度。为什么?齐景公生前奢侈无度,对百姓聚敛搜括,施以严刑重罚。他虽有千驷之富,百姓不屑一顾!然而对伯夷、叔齐却长期怀念,主要因为他们有位不贪。那个时代,贵族内部为争夺君位,臣弑君,子弑父,屡屡发生,而他们能互相谦让,远离君位,难能可贵,可以称得上礼让的楷模。但也有历史局限,武王伐纣,顺应历史潮流,史称"武王革命"。他们竟拦马劝阻,反对所谓"以暴易暴",不食周粟,饥饿而死。这种观念与行为不值得赞许。

16.13　陈亢问于伯鱼曰[1]:"子亦有异闻乎[2]?"对曰:"未也。尝独立[3],鲤趋而过庭[4]。曰:'学《诗》乎[5]?'对曰:'未也。''不学《诗》,无以言[6]。'鲤退而学《诗》。他日[7],又独立,鲤趋而过庭。曰:'学礼乎[8]?'对曰:'未也。''不学礼,无以立[9]。'鲤退而学礼。闻斯二者。"陈亢退而喜曰:"问一得三,闻《诗》,闻礼,又闻君子之远其子也[10]。"

【注释】

[1] 陈亢:姓陈,名亢,字子禽,陈国人。　伯鱼:孔子的儿子,名鲤,字伯鱼,享年五十,先孔子而死。

[2] 异闻:指与众不同的听闻。异,与众不同的。闻,听闻。这里指听到孔子的教诲。朱熹《集注》:"亢以私意窥圣人,疑必阴厚其子。"

[3] 尝(cháng):副词,曾经。古籍中经常用时间副词"尝",较少用"曾"。　独立:词组,指孔子一个人单独站立庭中。

[4] 趋(qū):快步走。这里特指礼节性的快走。臣见君,子见父,晚辈见长辈,都要快步走,以表示恭敬。孔鲤在父亲面前走过自然要趋。

[5] 《诗》:指《诗经》。

[6] 无以言:即"无〔之〕以言"。"无"后省略宾语,当指《诗经》上的语言。当时贵族在交会场合常赋《诗》言志,不学《诗》无法应酬。

[7] 他日:别日,又有一天。他,旁指代词,不同于现代汉语第三人称代词。别的,另外的。

[8] 礼:指古代社会贵族等级制的社会准则与道德规范。

[9] 无以立:即"无〔之〕以立"。结构与"无以言"相同。没有依据来立足社会。礼是当时立足社会的根基。

[10] 君子之远其子:君子不偏私自己的儿子。主谓词组,作"闻"的宾语。之,用于主谓之间的结构助词,取消句子独立性,使该结构成为词组,充当句子的一个成分。远,动词,疏远,不亲近,这里是"不偏私"的意思。

【译文】

陈亢向伯鱼问道:"您从老师那里听到与众不同的教诲吗?"伯鱼回答说:"没有。他曾经独自站在庭中,我快步从他面前走过。他问我说:'学《诗》了吗?'我答道:'没有。'他便说:'不学《诗》,便不能运用《诗》中语言来说话。'我退下以后便学《诗》。另有一天,他又独自站在庭中,我快步从他面前走过。他又问:'学礼了吗?'我答道:'没有。'他便说:'不学礼,没有依据立足社会。'我退下以后便学礼。我就听到这两件事。"陈亢退下后高兴地说:"我问一件事,得知了三件事。得知学《诗》的道理,得知学礼的道理,还得知君子不偏私自己的儿子。"

【点评】

通过陈亢与伯鱼的对话,得知孔子一贯注重学习的精神。他强调伯鱼学《诗》,并指明学习的重要性。"不学《诗》,无以言",并非不学《诗》便不会说话,而是有特殊的意义。《诗》在当时应用广泛,在贵族集会或外交场合,普遍借《诗》言志,有的引用诗句表达重大议题,不学《诗》难以应酬。孔子又讲"不学礼,无以立",在贵族等级制的社会里,礼仪极为繁琐,如果不知礼、行礼,寸步难行,无法立足社会。使陈亢高兴的是不但懂得学《诗》、学礼的重要性,还得知孔子不偏私自己的儿子,具有博大的胸襟和崇高的人格!

16.14　邦君之妻[1],君称之曰夫人[2],夫人自称曰小童[3];邦人称之曰君夫人[4],称诸异邦曰寡小君[5];异邦人称之亦曰君夫人。

【注释】

[1] 邦君:诸侯国的国君。邦,与"国"义同。《鲁论》作"国君"。

[2] 君称之曰夫人:国君称她为夫人。

[3] 小童:古代国君夫人的自称。童,一为幼儿,未成年,谦称自己未成人。一为奴仆,《汉书·货殖传》:"童手指千。"颜师古注引孟康说:"童,奴婢(bì)也。"自称奴家也是谦称。

[4] 邦人:指国内的人。

[5] 称诸异邦曰寡小君:即"称之于异邦曰寡小君"。对外国人称她为寡小君。异邦,别的国家。这里指别的国家的人,即外国人。寡,少,指少德,谦称。

【译文】

　　国君的妻子,国君称她为夫人,夫人自称为小童;本国的人称她为君夫人,对外国人称她为寡小君;外国人也称她为君夫人。

【点评】

　　本章没有"子曰"二字,可能是遗漏。古代贵族内部有森严的等级与名分,以利于维系统治秩序,也是孔子提倡正名的原因。本章举国君夫人的称谓为例,介绍了国君称妻为"夫人",国内人称她为"君夫人",对外国人称"寡小君",外国人也称她"君夫人",她自称"小童"。"小童"、"寡小君"属谦称。"寡"指缺少德行。国君常称"寡人",意为寡德之人。"小童"有两解:未成人或奴婢,以自我谦卑表示对对方的敬重。

阳货第十七

【本篇提要】

本篇共二十六章,与《汉石经》同,何晏《集解》把第二、第三两章以及第九、第十两章各并为一章,共二十四章。

本篇涉及政治、礼乐、道德、诗教、天命、哲理等方面的问题。

政治方面,以阳货为代表的家臣势力日益扩大,他们据邑叛乱,欲夺季氏与鲁国公室的政权。孔子支持公室,反对季氏专权,更反对陪臣执国命。从社会动荡中可以看出鲁国社会政治消长的态势。

礼乐方面,孔子推崇礼乐治国。他对子游以礼乐治武城,政绩斐然而十分赞赏。在礼乐内容与形式的关系上,孔子注重内容,主张形式为内容服务。认为礼的实质是"安上治民",乐的作用是"移风易俗"。

道德方面,孔子颇多建树,成绩卓著。他提出恭、宽、信、敏、惠,丰富了仁的内涵。指出在实践中要保持仁、智、信、直、勇、刚六种美德不出偏差,就必须坚持学习。孔子批评不分是非的"乡愿",认为这种人是"德之贼"。也责备热衷道听途说的人,认为他们是"德之弃"。他劝导人们注重品德修养,切莫患得患失。对那些色厉内荏、表里不一的伪君子深恶之,要人们善于识别。他和弟子子贡所憎恶的道德缺失的七种人,在现实中很有针对性,他劝诫人们不要做这样的人。尤其对"饱食终日,无所用心"者,尖锐地指出,如不改变,不会有好的前途。

关于诗教,孔子鼓励人们努力学《诗》,"《诗》可以兴,可以观,可以群,可以怨",有多方面教益。他教导孔鲤学习《周南》、《召南》,古人认为"二南"乃"正始之道,王化之基"。

关于哲理,孔子提出"性相近,习相远"的命题,人生下来本性相近,由于后天习染而出现差异。他所提出的"唯上知与下愚不移"的论断以及上天主宰"四时"、"百物"的天命观,反映了孔子的时代局限性。

17.1　阳货欲见孔子[1],孔子不见,归孔子豚[2]。孔子时其亡也[3],而往拜之[4]。遇诸塗[5]。谓孔子曰:"来!予与尔言。"曰:"怀其宝而迷其邦[6],可谓仁乎?"曰:"不可[7]。好从事而亟失时[8],可谓知乎[9]?"曰:"不可。日月逝矣[10],岁不我与[11]。"孔子曰:"诺[12],吾将仕矣[13]。"

【注释】

[1] 阳货:又叫阳虎,季氏的家臣。季氏几代把持鲁国政权,阳货势力也逐渐强大,季氏权柄落在阳货手中,而且进一步掌管国政,所谓"陪臣执国命"。鲁定公八年,他纠合部分三桓家臣,图谋除掉三桓势力,不久又合谋杀害季桓子,事败后遭到三桓的讨伐,遂逃往齐国,后又投奔晋国,做了赵简子的谋臣。在他掌管鲁政时,想笼络孔子,为他出力,赐孔子小猪。但孔子深知阳货是要弄权术谋取势位的人,与之政见根本不同,不能同他共事。　欲见(xiàn)孔子:想让孔子谒见他。

[2] 归(kuì):通"馈",赠送。　豚(tún):小猪。这里是指蒸熟了的小猪。

论语全解

[3] 时：通"伺(sì)"，窥(kuī)探，探望。　亡：不在，出门在外。　阳货赠送小猪，打算让孔子回拜，这样能见到孔子；而孔子不愿和阳货见面，趁阳货不在家时去回拜。

[4] 拜：古代一种表示敬意的礼节。行礼时两膝跪地，两手抱拳作拱状，低头至手。这里是"拜谢"的意思。

[5] 塗：同"途"，道路。

[6] 怀：动词，揣在怀里。比喻怀藏着治国的才能。　迷其邦：使自己的国家迷乱。迷，使动用法，使……迷乱。

[7] 这里的"曰不可"与下文的"曰不可"都是阳货自问自答。依毛奇龄说，参见《论语·稽求篇》。

[8] 好(hào)从事：喜欢从政。从，从事。事，指政事，政治活动。　亟(qì)：副词，表示行为的频数，屡次。　失时：失掉时机。

[9] 知："智"的古字。智慧，聪明。

[10] 逝(shì)：流逝。

[11] 岁不我与(yǔ)：即"岁不与我"。古代汉语否定句代词作宾语而前置。年岁不等待我们。与，这里是"等待"的意思。

[12] 诺(nuò)：应答词，表示同意。今成语有"一呼百诺"。

[13] 仕：做官。《子张》篇："仕而优则学，学而优则仕。"

【译文】

　　阳货想让孔子拜见他，孔子不见，于是他便赠送〔孔子〕一头蒸熟了的小猪。孔子探听他不在家的时候去拜谢他。不巧在路上遇见了阳货。阳货对孔子说："来！我对你有话说。"于是他说："怀藏着一身的才能，却使自己的国家迷乱，能够称得上仁德吗？"接着又说："不可以。自己喜欢从事政事，却屡次错过时机，能够说是智慧吗？"接着又说："不可以。时光流逝，年岁可不等待我们啊。"孔子这才说："好吧，我将要做官了。"

【点评】

　　孔子对季氏僭越行为极度不满，对阳货要弄权术谋取势位更是深恶痛绝。当时季氏把持鲁国政权，而阳货又掌管季氏权柄。阳货笼络孔子，是想利用他的才能给他办事，于是派人给孔子送礼。春秋时有礼仪规定：接受了人家的礼物，必须登门回拜。孔子不愿见阳货，只好探听他不在家时去。不巧在路上相遇，阳货用"仁"与"智"来说服孔子，孔子沉闷不语，阳货只好自问自答。从中可以看出孔子的智慧，既敷衍搪塞，又顺辞免害。

17.2　子曰："性相近也[1]，习相远也[2]。"

【注释】

[1] 性：人的本性，通常指人性。韩愈《原性》："性也者，与生俱生也。"　相近：指人生下来本性相近。

[2] 习：习染。人们长期处在某种社会环境、人际关系以及不同的教养条件对人所产生的影响。　相远：由于人们后天习染不同而拉大了距离。　何晏《集解》引孔安国注："君子慎所习也。"

【译文】

　　孔子说："人们的本性是相近的，由于后天习染不同而拉大了差距。"

【点评】

这是哲学命题。孔子认为人生下来的本性是相近的,人们之间的差异是后天形成的。人们处在不同的社会环境、人际关系以及所受的教养不同,使人在气质、性格、品行、智力等方面有了差异。孔子强调后天习染对人的影响,因而他十分注重教育。良好的教育条件和良好的社会环境能促使人们健康成长。

17.3　子曰:“唯上知与下愚不移[1]。”

【注释】

[1] 唯:副词,作状语,表示最小的范围,可译为“只”、“仅”。　　上知:指上等的智者。知,“智”的古字,智慧。这里指聪明智慧的人。　　下愚:指下等愚笨的人。

【译文】

孔子说:“只有上等的智者和下等的愚人是不会改变的。”

【点评】

孔子认为人的智力是有差别的。这种状况有先天生理的因素,但多为后天人为,所谓“习相远也”。孔子“上知与下愚不移”的结论不能成立,主要错在“不移”上。人们中间有“智”有“愚”,是相对而言。但这种差异是变动的,除非有严重的生理缺陷,不能说不能移,不能变,能移能变才符合辩证法。上智的人,如果不学习,也会转为平庸;下愚的人,刻苦攻读,锲而不舍,也能成就一番事业。

17.4　子之武城[1],闻弦歌之声[2]。夫子莞尔而笑[3],曰:“割鸡焉用牛刀[4]?”子游对曰:“昔者偃也闻诸夫子曰[5]:‘君子学道则爱人[6],小人学道则易使也[7]。’”子曰:“二三子[8]!偃之言是也[9]。前言戏之耳[10]。”

【注释】

[1] 之:动词,往,到……去。　　武城:古邑名,鲁国的一个小城,在今山东费县西南。
[2] 弦(xián)歌之声:弹奏琴瑟、歌唱诵诗的声音。弦,本指乐器上用来发音的丝线或金属线,这里指弹奏琴瑟,表现大兴礼乐之教。
[3] 莞(wǎn)尔:形容词,微笑的样子。尔,形容词词尾,表示“……的样子”,增加形象化色彩。
[4] 割鸡焉用牛刀:焉,疑问代词,作状语,怎么。此句比喻武城这样小的地方用不上大兴礼乐。何晏《集解》引孔安国注:“言治小,何须用大道。”
[5] 昔者:时间词,从前。　　偃(yàn):子游自称。子游姓言,名偃,字子游。为孔门晚期著名弟子之一,以文学著称,时任武城宰。
[6] 道:本指道路,引申为思想、学说。这里指关于礼乐的学说。
[7] 易使:百姓经过礼乐的熏陶容易使唤。何晏《集解》引孔安国注:“道谓礼乐也。乐以和人,人和则易使。”
[8] 二三子:不定数。诸位,弟子们。
[9] 偃之言是:言偃的话是对的。是,形容词,与“非”相对。正确,对。陶渊明《归去来分

辞》:"觉今是而昨非。"
[10] 前言:指孔子刚才说的那句话。 戏之:同他开玩笑。之,指子游。 耳:句尾语气助词,表示限止语气,罢了。

【译文】

孔子来到武城,听到弹奏琴瑟、歌唱诵诗的声音。孔子微微一笑,说:"杀鸡怎么用牛刀呢?"子游回答说:"从前我从老师那里听说过:'君子学习礼乐之道就会爱人,小人学习礼乐之道就容易使唤。'"孔子说:"弟子们!言偃的话是对的,我刚才的话不过同他开个玩笑罢了。"

【点评】

孔子师生来到武城,县宰是子游。武城到处是琴声歌声,礼乐气氛很浓,孔子非常高兴,便说句玩笑话:杀鸡何必用牛刀。意为治理武城小邑用不着治国安邦的大礼乐。子游不解,便问孔子,从前听老师讲过:在位的人学了礼乐之道就会爱惜人,百姓学了礼乐之道就会听使唤。我遵照老师教导施政,难道不对吗?孔子讲方才说句玩笑话。他盛赞子游施政的举措,不论是大城,还是小邑,都应注重教育,大兴礼乐之风!

17.5 公山弗扰以费畔[1],召[2],子欲往[3]。子路不说[4],曰:"末之也已[5],何必公山氏之之也[6]?"子曰:"夫召我者,而岂徒哉[7]? 如有用我者,吾其为东周乎[8]!"

【注释】

[1] 公山弗扰:即公山不狃(niǔ),字子洩,季氏家臣。 费:季氏的封邑,故城在今山东费县西北二十里。 畔:通"叛",反叛,叛乱。
[2] 召:召唤,叫孔子去。"召"指用口叫人来,"招"指用手招人来。
[3] 子欲往:孔子想要去。孔子打算利用公山弗扰打击季氏,以恢复公室的权力,只是想去,并没有去。当孔子看到公山弗扰危害公室时,便派人打败了他。
[4] 说:"悦"的古字,高兴。
[5] 末之也已:没地方去便算了。之,动词,往,到……去。已,动词,止,算了。
[6] 何必公山氏之之也:即"何必之公山氏也"。为强调宾语"公山氏"而前置。第一个之,是前置宾语的标志。第二个之,谓语动词,往,到……去。
[7] 岂:副词,表示反问,难道。 徒:空空。这里指没有用意。
[8] 其:句中语气助词,可译为"将"、"将要"。 为东周:在东方复兴周文王、武王的礼乐制度。为,动词,复兴。朱熹《集注》:"言兴周道于东方。"何晏《集解》:"兴周道于东方,故曰东周。"

【译文】

公山弗扰凭着费邑反叛季氏,召孔子去,孔子想去。子路不高兴,说:"没有地方去就算了,何必去到公山氏那里呢?"孔子说:"那个召我去的人,难道没有用意吗?如果有人用我,我将在东方复兴文王、武王的礼乐制度!"

【点评】

公山弗扰占据费,为费宰,势力逐渐强大。他便与季氏家臣阳货等合谋反叛季氏，欲取而代之。公山弗扰了解孔子想削弱季氏，为鲁国公室夺回权柄，于是便召孔子，一同反叛季氏。孔子想去，但在弟子劝阻下没有去。为什么孔子想去呢？主要原因是孔子出于维护公室，反对季氏擅权的考虑。后来发现公山弗扰的反叛已危及公室，便决定击败他。至于孔子想在东方复兴文武、周公之制，是他政治上保守的表现，是不可能实现的。

17.6　子张问仁于孔子。孔子曰："能行五者于天下为仁矣[1]。""请问之。"曰："恭、宽、信、敏、惠[2]。恭则不侮[3]，宽则得众[4]，信则人任焉[5]，敏则有功[6]，惠则足以使人[7]。"

【注释】
[1] 五者："者"字词组，作"行"的宾语，指下文展示的五种品德。
[2] 恭、宽、信、敏、惠：仁学中包括的五种品德。"仁"是纲，"五者"是目。
[3] 恭：恭敬，有礼貌。　不侮(wǔ)：不被侮辱。
[4] 宽：宽厚，宽容厚道。　得众：得到大众拥护。
[5] 信：信实，诚实。　任：委任，任用。
[6] 敏：勤敏，工作积极。　功：功效，成就。
[7] 惠：施惠，给人好处。　足以：副词，完全可以，够得上。

【译文】
　子张向孔子问仁。孔子说："能够在天下实行五种品德便是仁了。"子张说："请问哪五种品德？"孔子说："恭敬，宽厚，信实，勤敏，施惠。恭敬就不会遭受侮辱，宽厚就会得到大众的拥护，信实就会得到任用，勤敏就会有成就，施给恩惠就完全听你使唤。"

【点评】
　孔子作为古代思想家，提出了仁的学说，而且在实践中不断丰富其内涵，恭、宽、信、敏、惠便是其中的具体内容。这五种品德有其深刻的社会意义，它为人们的品德修养指明了具体目标，明确了努力方向，有很强的操作性，直至今日仍然起到激励作用。

17.7　佛肸召[1]，子欲往。子路曰："昔者由也闻诸夫子曰：'亲于其身为不善者[2]，君子不入也[3]。'佛肸以中牟畔[4]，子之往也[5]，如之何[6]？"子曰："然[7]，有是言也。不曰坚乎磨而不磷[8]，不曰白乎涅而不缁[9]。吾岂匏瓜也哉[10]？焉能系而不食[11]？"

【注释】
[1] 佛肸(bì xī)：晋国大夫范氏的家臣。据《史记·孔子世家》记载："佛肸为中牟宰。赵简子攻范、中行，伐中牟。佛肸畔，使人召孔子。"赵简子攻打范氏，围攻中牟在鲁哀公五年(公元前490年)，此时孔子正在周游列国。
[2] 亲于其身为不善者：名词性"者"字词组，表示"……的人"，指亲身做坏事的人。亲于

其身,即亲自,亲身。

[3] 君子不入:君子是不到那里去的。入,进入,等于说去到那里。

[4] 中牟:春秋时晋邑,地址在今河北邢台、邯郸之间。　畔:通"叛",叛乱。

[5] 子之往:您却要前往。之,用于主谓之间的结构助词,取消句子独立性,使其成为分句。

[6] 如之何:古代汉语凝固结构,询问原因,这是怎么回事?

[7] 然:应答之词,是这样。从结构关系和表达作用上看,它仍是指示代词,在对话中省略了主语,"然"作谓语。

[8] 坚乎:坚硬的状态。乎,形容词词尾,表示"……的状态",增加形象化色彩。下文"白乎"与此同。　磷(lìn):薄。

[9] 涅(niè)而不缁:涅,用作黑色染料的一种矿石。这里用作动词,用黑色染料染物。缁,形容词,黑色。"涅而不缁"已成为成语,比喻品格高尚,不受恶劣环境污染。

[10] 岂:副词,表示反问,难道。　匏(páo)瓜:葫芦的一种。茎上有卷须,叶子呈掌状分裂,果实比葫芦大,味苦不能食,对半剖开,可以做水瓢。

[11] 焉:疑问代词,作状语,怎么,怎能。　系:动词,悬挂。《荀子·劝学》:"系之苇苕。"

【译文】

　　佛肸召孔子,孔子想要去。子路说:"从前我从老师那里听说过这样的话:'亲身做坏事的人那里,君子是不去的。'佛肸凭着中牟叛乱,您却要去,这是怎么回事?"孔子说:"是这样,有过这样的话。但是,不是还说过坚硬的东西磨也磨不薄,洁白的东西染也染不黑吗?我难道是葫芦吗?怎么能悬挂在那里而不食用呢?"

【点评】

　　佛肸召孔子,正值孔子周游列国,孔子想要去,在弟子劝阻下没有成行。佛肸与阳货是同类人,按理说,孔子反对陪臣执国命,应该反对佛肸叛乱,那为什么还要去呢?孔子有自己的意图。他急于用世,不能像匏瓜总是挂在那里。他清楚佛肸的为人,所以才说坚乎不磷、涅而不缁,不会与他们同流合污。孔子想利用佛肸,实现自己的政治主张,他借家臣叛乱,反对大夫专权,以便抑私门而强公室,把政权从大夫手中夺下来交还给公室,实现"礼乐征伐自诸侯出",进而实现"礼乐征伐自天子出"。

17.8　子曰:"由也!女闻六言六蔽矣乎[1]?"对曰:"未也。""居[2]!吾语女[3]。好仁不好学[4],其蔽也愚[5];好知不好学[6],其蔽也荡[7];好信不好学,其蔽也贼[8];好直不好学,其蔽也绞[9];好勇不好学,其蔽也乱[10];好刚不好学,其蔽也狂[11]。"

【注释】

[1] 女(rǔ):第二人称代词,你。　六言:指六句话。言,指一个字或一句话。这里指一句话。《为政》篇:"《诗》三百,一言以蔽之。"是说《诗》三百篇,用一句话概括它。　六蔽:六种弊病。蔽,通"弊",弊病。

[2] 居:坐。子路原本坐着,因回答老师问话,恭敬地站起来。此时孔子让子路坐下。

[3] 语(旧读 yù):告诉。古代汉语"言"和"语"有区别:"言"是自动跟人说话;"语"是回答别人的问话或人谈论某件事情。

[4] 不好学:不喜好学习,知识面窄,不明事理。

[5]蔽:流弊。 愚:愚昧,愚蠢。
[6]知:"智"的古字。聪明,智慧。
[7]荡:放浪,放荡,不检点。要聪明,不踏实,难守正道。
[8]贼:毁害,杀害,违法乱纪。上古汉语"贼"词义重,"盗"词义轻。"盗"指小偷,一般不指强盗。与现代汉语正好相反。好信不好学,不明事理,不辨是非,盲目守信,容易被利用,害人害己。
[9]绞:说话尖刻,急切刺人。《泰伯》篇:"直而无礼则绞。"
[10]乱:斗殴闯祸,犯上作乱。
[11]狂:狂妄自大。

【译文】

孔子说:"仲由!你听说过六句话的六种流弊吗?"子路答道:"没有。"孔子说:"坐下!我告诉你。喜好仁德却不喜好学习,它的流弊是愚昧易欺;喜好聪明却不喜好学习,它的流弊是放荡不羁;喜好信实却不喜好学习,它的流弊是容易被人利用,害人害己;喜好直率却不喜好学习,它的流弊是尖刻伤人;喜好勇敢却不喜好学习,它的流弊是犯上作乱;喜好刚强却不喜欢学习,它的流弊是狂妄自大。"

【点评】

孔子作为古代思想家,对古代道德建树作出了卓越贡献。他不但倡导人们树立仁、智、信、直、勇、刚六种品德,而且指明怎样保持,避免产生流弊,这便是喜好学习。只有通过不断学习,才能开阔视野,通达事理,明辨是非,增长才干,以保持这六种美德的纯真,杜绝愚、荡、贼、绞、乱、狂的弊端。今天仍应坚持学习,活到老,学到老,终身受益,不断提高自身素质。

17.9 子曰:"小子何莫学夫《诗》[1]?《诗》可以兴[2],可以观[3],可以群[4],可以怨[5]。迩之事父[6],远之事君[7],多识于鸟兽草木之名[8]。"

【注释】
[1]小子:古代用于长辈对晚辈的称呼。 莫:副词,作状语,相当于"不"。今成语有"爱莫能助"。 《诗》:指《诗经》。
[2]兴:兴怀,感发,活跃思维,激发思想感情。
[3]观:观察社会。可以了解世俗民情,政治得失,从而提高了观察能力。《汉书·艺文志》:"故古有采诗之官,王者所以观风俗,知得失,自考正也。"
[4]群:学会与人相处。《诗》中反映人们之间的各种关系,尤其贵族聚会与对外交往常赋《诗》言志。
[5]怨:指抒发哀怨的情怀,学会讥刺的方法。
[6]迩(ěr):近。指往近里说。 之:用于分句的处所状语后,与"则"的用法相同。
[7]远:指往远里说。
[8]识(shí):认识,了解。

【译文】

孔子说:"弟子们为什么不学习那《诗》呢?《诗》可以激发人们的思想感情,可以观察世俗民情,政治得失,可以学会与人相处、交往,还可以用来抒发怨情,学会讥刺的方法。往近里说,可以用来事奉父母;往远里说,可以用来事奉君主，而且还能多多认识鸟兽草木的名称。"

【点评】

　　孔子阐述学《诗》的重要性。《诗经》是我国第一部诗歌总集。它全面地反映了春秋时代社会生活，表现了各阶层的生活状况以及他们的喜怒哀乐，尤其是十五国风，更为集中地反映了当时劳动者的处境，表达了他们的思想与愿望。

　　孔子从多角度展示学《诗》的意义：可以激发人们的思想感情，培养丰富的想象力；可以从中观察社会，了解社情民俗，政治得失，从而提高观察事物的能力；可以从中了解民众之间的友好相处与往来，树立合群的思想；还可以了解《诗》中主人公的人生态度，他们所抒发的哀怨情绪，从而学会讥刺的方法。总之，往近里说，可以用《诗》中的道理事奉父母；往远里说，可以用来事奉君上，还可以学到社会的自然的广博知识。

　　17.10　子谓伯鱼曰[1]："女为《周南》、《召南》矣乎[2]？人而不为《周南》、《召南》，其犹正墙面而立也与[3]？"

【注释】

[1] 谓……曰：古代汉语一种表达方式，语译为"对……说"。　伯鱼：孔子儿子，名鲤，字伯鱼。

[2] 女(rǔ)：第二人称代词，你。　为：含意广泛的动词。这里是"学习"、"研究"的意思。《周南》：十五国风之一，有诗十一篇。周公姬旦长住东都洛阳，统治东方诸侯。其疆域泛指洛阳以南直至江汉一带广大地区。《周南》诗歌汉以后被作为诗教的典范。《召(shào)南》：十五国风之一，有诗十四篇。召公奭(shì)长住西都镐(hào)京，统治西方诸侯。其疆域泛指岐山以南广大地区。

[3] 正墙面：指面正对着墙。面，动词，面对着。比喻不学《周南》、《召南》没有出息，没有前途。朱熹《集注》："言即其至近之地，而一物无所见，一步不可行。"　也与：语气助词连用。

【译文】

　　孔子对孔鲤说："你学习《周南》、《召南》了吗？人如果不学习《周南》、《召南》，那会像面对着墙壁站在那里吧！"

【点评】

　　孔子要求孔鲤认真学习《周南》、《召南》，而且告诫他不学《周南》、《召南》就像人面墙而立，没有见识，在社会上寸步难行。为什么如此重要？因为在儒家看来，二南在《诗经》中地位很高，它是《诗经》的基石，是十五国风中最为纯正的部分。再者从二十五篇诗所表达的内容看，皆属修身齐家之事，反映了文王、周公所立王业的道德风尚，而且这种风尚由北向南一直传播至江汉流域的广大地区，所以《毛诗大序》上说："《周南》、《召南》，正始之道，王化之基。"

　　17.11　子曰："礼云礼云[1]，玉帛云乎哉[2]？乐云乐云[3]，钟鼓云乎哉[4]？"

【注释】

[1] 礼云礼云：〔我们〕所说的礼呀礼呀。云，动词，说。《玉台新咏·孔雀东南飞》："云有第三郎，窈窕世无双。"今成语有"人云亦云"。

[2] 玉帛(bó)：玉，指圭璋等玉器。帛，丝帛，丝织品的总称。玉帛是古代祭祀、会盟、征聘贤士时所用的祭品或珍贵礼物。

[3] 乐云乐云：〔我们〕所说的乐呀乐呀。

[4] 钟：古代打击乐器，青铜制，悬挂架上，以槌击打发音。今成语有"声若洪钟"。

【译文】

　　孔子说："我们所说的礼呀礼呀，难道仅仅是指玉帛之类的礼物说的吗？我们所说的乐呀乐呀，难道仅仅是指钟鼓之类的乐器说的吗？"

【点评】

　　孔子对当时行礼奏乐所产生的弊端甚为忧虑。这弊端便是礼乐流于形式，忽略其内容与本质。孔子认为礼的形式是为内容服务的，不是为行礼而行礼。玉帛等礼物作为祭品，是形式，通过这种形式求神福佑才是祭礼本质。多种多样的礼仪形式，都是为各自的内容服务的。汉代注释家郑玄论及礼的本质，他说"所贵者乃贵其安上治民也。"

　　乐也是一样，不是为演奏而演奏，而是有其明确的目的，即通过钟鼓等乐曲的旋律来影响人的精神，陶冶人的性情，钟鼓是乐器，是乐的形式。汉代马融论及乐的本质，他说："乐之所贵者移风易俗也。"

　　17.12　子曰："色厉而内荏[1]，譬诸小人，其犹穿窬之盗也与[2]？"

【注释】

[1] 色厉：表情威严。色，面目表情，非指色彩。厉，威严，严正。　荏(rěn)：柔弱，怯懦。

[2] 其：句首语气助词，表示测度语气，可译为"大概"。　穿：这里指挖洞。　窬(yú)：通"逾"，指翻墙而过。　盗：小偷。上古汉语"盗"一般不指强盗。

【译文】

　　孔子说："表情威严而内心怯弱，把这种人比作小人，大概就像挖洞翻墙的小偷吧？"

【点评】

　　孔子痛恨那种色厉内荏、表里不一的人。这种人干了坏事却装得表情严正，若无其事，以掩盖内心的怯弱，是十足的伪君子！孔子把他们比作行窃的盗贼，社会的蛀虫。他警示人们要善于识别这种人的真面目，不被其假象所迷惑。同时使自己成为终生正派、坚守诚信的人。

　　17.13　子曰："乡愿[1]，德之贼也[2]。"

【注释】

[1] 乡愿：也作"乡原"。判断句主语。指貌似忠厚谨慎，实际是没有节操、没有原则的老

好人。愿,谨慎,老实。《孟子·尽心下》:"阉(yān)然(曲意逢迎的样子)媚于世也者,是乡原也。"是指四方讨好、八面玲珑的好好先生。

[2] 贼:残害,败坏。

【译文】

孔子说:"貌似忠厚谨慎,实际是阿谀逢迎、同流合污的老好人,是败坏道德的人。"

【点评】

所谓乡愿,意思是一乡人都说他好的人。好人说他好,坏人也说他好。那么为什么孔子还说是"德之贼"呢?孔子没有作具体说明,而《孟子·尽心下》作了详细阐释。孟子说:"非之无举也,刺之无刺也。同乎流俗,合乎污世。居之似忠信,行之似廉洁。众皆悦之,自以为是,而不可与入尧舜之道。故曰:'德之贼'也。"大意是说:对这种人,要指责他,还举不出大的错误;要讥刺他,还没有什么好讥刺的。他与世俗同流合污,为人貌似忠厚老实,行事貌似清正廉洁。大家都喜欢他,他自己也认为正确,但他是一个十足的无原则的老好人,与尧舜之道格格不入,所以说他是"德之贼"。

17.14　子曰:"道听而塗说[1],德之弃也[2]。"

【注释】

[1] 道听而塗说:道听,在道路上听闻。所听之事未经核实,未必属实。道,名词作状语,表示行为的处所,在道路上。塗,同"途"。路途,道路。名词作状语,在道路上。说,这里是"传播"的意思。将在道路上听到的事,未经核实,便又在道路上传播。今成语"道听途说"便源于此。

[2] 弃:背弃。

【译文】

孔子说:"在道路上听到传言又在道路上四处传播,这是一种背弃道德的行为。"

【点评】

孔子在两千多年前就明确反对道听途说,是难能可贵的。因为凡是在道路上听说的,都没有核实验证,究竟是否属实,不敢贸下断语。况且传言者身份复杂,出于各种动机,如果不加分析,盲目听信,容易上当受骗。如果还不负责任四处传播,其消极影响可想而知,所以孔子坚决反对,并斥之为"德之弃"!

17.15　子曰:"鄙夫可与事君也与哉[1]?其未得之也[2],患〔不〕得之[3];既得之,患失之。苟患失之[4],无所不至矣[5]。"

【注释】

[1] 鄙(bǐ)夫:指庸俗鄙陋的人。鄙,本义指边疆、偏远的地方,引申为浅薄,粗俗。　事:事奉。

[2] 其：指示代词，作主语，指代鄙夫。　之：鄙夫想要得到的东西，一般指官位。
[3] 患得之：依据上下文意当为"患不得之"。《荀子·子道》："孔子曰：'……小人者，其未得也，则忧不得；既已得之，又恐失之。'"得"前有"不"字。又王符《潜夫论·爱日》："孔子病夫未之得也，患不得之，既得之，患失之者。"足见《论语》古本"得"上有"不"字。宋人沈作哲《寓简》："东坡解云：'患得之'当作'患不得之'。"可见宋人所见的版本已经脱漏"不"字。患，担忧，忧虑。
[4] 苟：连词，表示假设，一般用于偏句开头，假若，如果。
[5] 无所不至：没有做不到的事，即什么非分的事都能干得出来。所不至，名词性"所"字词组，作"无"的宾语，表示所做不到的事。

【译文】
　　孔子说："鄙陋的人能够同他一起事奉君主吗？当他没有得到官位时总是忧虑得不到；已经得到了，又总是忧虑再失去。如果总是忧虑失去，那就没有什么非分的事做不到的。"

【点评】
　　今成语"患得患失"便是从本章提炼出来的，它在现实生活中广泛流传与应用。孔子对患得患失进行了尖锐的批评，指出这种人私心太重，为个人利害而斤斤计较。没官位时，生怕得不到；已经得到了，又生怕失去。日日夜夜，忧心忡忡。对此，孔子说了句重话：为了不失去官位，什么违法乱纪的事都能干得出来。以古为鉴，我们要有豁达的心胸，切勿染上患得患失的毛病。

　　17.16　子曰："古者民有三疾[1]，今也或是之亡也[2]。古之狂也肆[3]，今之狂也荡[4]；古之矜也廉[5]，今之矜也忿戾[6]；古之愚也直[7]，今之愚也诈而已矣[8]。"

【注释】
[1] 古者：时间词，古时候。　三疾：三种毛病。疾，古代汉语"疾"指一般的病，"病"指重病。这里"疾"指思想作风上的毛病。
[2] 今：时间词，作状语。　也：句中语气助词，表示停顿。　或：副词，或许。　是：指示代词，作"亡"的宾语，为突出强调而前置，指"三疾"。　之：提前宾语的标志。语译时可弃而不译。
[3] 狂：狂妄。　肆：放肆，放纵。今成语有"肆无忌惮"。
[4] 荡：动词，放荡，不守礼。《荀子·荣辱》："荡悍者常危害。"
[5] 矜（jīn）：矜持。　廉：本义指堂屋的边缘。由于边缘有棱角，比喻引申为品格上的方正，正直。
[6] 忿戾（lì）：恼怒，不讲理。何晏《集解》引孔安国注："恶理多怒。"
[7] 直：耿直，直率。
[8] 诈：欺诈，诓骗。

【译文】
　　孔子说："古时候的人有三种毛病，如今或许连这三种毛病也不是原来的样子了。古代狂妄的人不过不拘小节，如今狂妄的人却是放荡不羁；古代矜持的人还能方正威严，如今矜持的人却恼怒乖戾；古代愚昧的人还较为直率，如今愚昧的人却是欺诈罢了。”

【点评】

孔子将古今三种人作了对比。古今三种人都有同类毛病,但今人重。拿古今愚人来说,古代愚人直率,今之愚人欺诈,相差甚远,说明世风变坏。孔子揭示的古今世风差异是否准确,已无法论证,即使完全属实,也只表明局部道德缺失。从对社会总体评估来看,还不能得出社会倒退、今不如昔的结论。这一时期新的生产关系和经济要素正在孕育成长,所以不能孤立审视这一现象,不可以偏概全。

17.17 子曰:“巧言令色,鲜矣仁[1]。”

【注释】
[1] 本章重出,已见《学而》篇第三章。

17.18 子曰:“恶紫之夺朱也[1],恶郑声之乱雅乐也[2],恶利口之覆邦家者[3]。”

【注释】
[1] 恶(wù):动词,憎恶,讨厌。 紫之夺朱:主谓词组,作“恶”的宾语。紫色侵夺了大红色的正位。紫,属间色,也是贵重的颜色。《乡党》篇:“红紫不以为亵服。”但它不是正色。之,用于主谓间的结构助词,取消句子独立性,使其成为词组,充当句子宾语。夺,侵夺。朱,大红色,古代属正色。现代的红色上古指浅红。周礼衰微,诸侯尚紫,春秋时鲁桓公、齐桓公好穿紫色服饰。
[2] 郑声之乱雅乐:结构与“紫之夺朱”同。郑声,郑国的乐曲。因与孔子等提倡的雅乐不同,所以受到儒家的排斥。雅乐,指古代帝王祭祀天地、祖先以及朝贺、宴饮时所演奏的乐曲。儒家认为它的乐曲“中正和平”,歌词“典雅纯正”,奉为典范。雅,形容词,指正的,合乎规范的。
[3] 利口:指能言善辩,巧嘴利舌。含贬义。《尚书·周官》:“无以利口乱厥官。” 覆:倾覆,颠覆。 邦:指国家。 家:指卿大夫的统治区域。

【译文】

孔子说:“憎恶紫色侵夺了大红色的正位,憎恶郑国的乐曲扰乱典雅的乐曲,憎恶巧嘴利舌颠覆国家和采邑。”

【点评】

孔子憎恶的三类对象:紫色侵夺朱色,郑声扰乱雅乐,利口颠覆邦家。朱色是正,紫色不能侵正,这里以颜色比喻政治,紫侵朱便是错位犯上。但随着社会思潮的变迁,对颜色的评价也起变化,尚紫潮流的出现便是明证。郑声乃是郑国民间的歌曲,大多抒发人民的思想感情,其艺术形式新鲜活泼,统治者诬之为“淫”,实属偏见。刘宝楠注《论语·卫灵公》“郑声淫”条曰:“《五经异义·鲁论》说郑国之俗,有溱(zhēn)、洧(wěi)之水,男女聚会,讴歌相感,故云郑声淫。”当时郑国青年男女以讴歌表达爱情,说“郑声淫”乃是当时贵族统治者的偏见。相反,那些作为庙堂之乐的雅颂,却往往古板守旧,缺乏生气。

17.19　子曰："予欲无言[1]。"子贡曰："子如不言,则小子何述焉[2]?"子曰："天何言哉[3]? 四时行焉[4],百物生焉[5],天何言哉?"

【注释】

[1] 无言：表明孔子在教育方面注重身教,谨言慎行。

[2] 小子：这里指孔子的弟子。　何述：即"述何",传述什么? 何,疑问代词作宾语而前置,指所传述的内容。

[3] 天何言哉：上天讲了什么呢? 何言,即"言何",讲了什么? 哉,表示感叹的语气助词。

[4] 四时：指春、夏、秋、冬四季。　行：运行。

[5] 百物：各种生物。百,概言之词,各种。　生：生长。

【译文】

孔子说："我想不说话了。"子贡说："您如果不说话,那么弟子们将传述什么呢?"孔子说："上天讲了什么呢? 春、夏、秋、冬四季照样运行,百物照样生长,上天又讲了什么呢?"

【点评】

孔子这段论述,涉及他的哲学思想。他不想讲话,可能是他注重身教、谨言慎行之意。关键是引申出他对天的看法。他认为上天不讲话,仍然按它的意志支配下界,四季照样运行,百物照样生长。《礼记·哀公问》："孔子云：'无为而物成,天之道也。'"看不到天的作为,却能使百物生成。董仲舒《春秋繁露·深察名号》："天不言,使人发其意;弗为,使人行其中。"上天不讲话,下界的人按它的意志行事。天是最高的主宰者,至高无上的权威。孔子在《八佾》篇中说："获罪于天,无所祷也。"如果得罪了上天,再祈祷别的神也没有用。可见孔子所说的天是有意志的天,它不开口讲话就能主宰一切。

17.20　孺悲欲见孔子[1],孔子辞以疾[2]。将命者出户[3],取瑟而歌[4],使之闻之[5]。

【注释】

[1] 孺悲：鲁国人。鲁哀公曾派他向孔子学习士丧礼。《礼记·杂记》："恤由之丧,哀公使孺悲之孔子学士丧礼,《士丧礼》于是乎书。"鲁国恤由丧,鲁哀公派孺悲到孔子那里学习士丧礼,《士丧礼》从此便有记载了。

[2] 辞：推辞,辞谢。　以疾：介宾词组,作补语,以有病为由。语译时提前作状语。

[3] 将(jiāng)命者："者"字词组,指传命的人。将,传达。　户：单扇门。古代一扇为户,两扇为门。这里泛指门。

[4] 瑟(sè)：古代弦乐器,形似琴,通常为二十五根弦,也有十六根弦的。

[5] 使之闻之：故意让孺悲听到瑟音歌声。第一个之,兼语,指孺悲。第二个之,宾语,指瑟音歌声。朱熹《集注》："孺悲,鲁人,尝学士丧礼于孔子。当是时必有以得罪者,故辞以疾。"

【译文】

孺悲想见孔子,孔子以有病为由加以推辞。传命的人刚出房门,孔子便拿过瑟来,边弹边唱,故意让孺悲听到瑟音歌声。

【点评】

孔子不见孺悲，究竟是什么原因，已无法确知。据上面所引朱熹《集注》一段话得知，是由于孺悲失礼，违背孔子的教诲，所以孔子不见他。而且还让他知道没有病，就是不见他，让他去反思。《孟子·告子下》："教亦多术矣，予不屑之教诲也者，是以教诲之而已矣。"由此得到启发，孔子不见孺悲，这也是教育他的一种方式。

17.21　宰我问[1]："三年之丧，期已久矣[2]。君子三年不为礼[3]，礼必坏；三年不为乐[4]，乐必崩[5]。旧谷既没[6]，新谷既升[7]，钻燧改火[8]，期可已矣[9]。"子曰："食夫稻[10]，衣夫锦[11]，于女安乎[12]？"曰："安。""女安，则为之！夫君子之居丧[13]，食旨不甘[14]，闻乐不乐[15]，居处不安[16]，故不为也。今女安，则为之！"宰我出。子曰："予之不仁也！子生三年[17]，然后免于父母之怀[18]。夫三年之丧，天下之通丧也[19]，予也有三年之爱于其父母乎[20]？"

【注释】

[1] 宰我：孔子弟子，姓宰，名予，字子我，亦称宰我，鲁国人，以言语著称。

[2] 三年之丧：指古代丧礼中最重的一种。臣为君，子为父，妻为夫等要服丧三年。服丧期间饮食粗简，沉浸于哀思，停止一切娱乐活动。　期：指丧期。

[3] 为：含意广泛的动词，这里是"学习"、"履行"的意思。

[4] 为：这里指演奏。

[5] 崩：本义指山倒塌，《左传·成公五年》："梁山崩。"引申为毁掉，荒废。

[6] 既：时间副词，已经。　没：本义指沉入水中，引申为尽。这里指吃尽，吃完。

[7] 既升：已经成熟。升，这里指新谷成熟，登场。

[8] 钻燧改火：古代用钻木取火的方法。被钻的木，因季节不同而采用不同的木材。何晏《集解》引马融注："《周书·月令》有更火之文：春取榆柳之火，夏取枣杏之火，季夏取桑柘(zhè)之火，秋取柞楢(yóu)之火，冬取槐檀之火。一年之中，钻火各异木，故曰改火也。"

[9] 期(jī)：同"朞"。一年。　已：动词，止住，停止。

[10] 稻：古代稻米属上等米粮，很珍贵，与"锦"对文，表示吃得好。

[11] 衣(yì)：动词，指穿衣。　锦：指花纹精致典雅、色泽瑰丽的丝织品。这里指用这种丝织品做的衣服。

[12] 于女(rǔ)安乎：对你来说心安吗？

[13] 夫(fú)：句首语气助词，表示要发表议论，旧称"发语词"。　之：用于主谓之间的结构助词，标志该结构为分句。　居丧：处于守孝当中。

[14] 旨：形容词，味道美。用作名词，指味美的食物。　甘：香甜。

[15] 乐(yuè)：音乐。　乐(lè)：快乐。

[16] 居处：指在家闲居。

[17] 子生三年：子女生下三年。子，古代指儿与女，今义专指儿子。《公冶长》篇："以其兄之子妻之。"

[18] 然后：三年以后。然，指示代词，指在父母怀里三年。　免：这里是"脱离"的意思。

[19] 三年之丧：为父母守孝三年的丧礼。　天下之通丧：是天下通行的丧礼。

[20] 予：指宰予。　也：句中语气助词，表示停顿。　有三年之爱于其父母：从他父母那里享有三年怀抱之爱。于其父母，介宾词组，作补语，表示从他父母那里。语译时提前作状语。

【译文】

　　宰我问道："为父母守孝三年，丧期也太长了。君子三年不习礼，礼必定荒废；三年不演奏音乐，音乐也必定会毁掉。陈年的粮谷已经吃完，当年的新谷已经登场，钻木取火的燧木已经用过一个轮回，满一年也就可以了。"孔子说："〔父母去世，不到三年，〕你就吃那个白米饭，穿那个花缎衣，对于你来说能心安吗？"宰我说："心安。"孔子说："你心安，你就去做吧！君子守孝，吃美味都不觉得香甜，听音乐也不觉得快乐，住在家里也不觉得舒适，因此才不那样做。如今你却心安，你心安就去做好了。"宰我出去了。孔子说："宰予不仁啊！子女生下来，三年以后才能脱离父母的怀抱。三年的守丧期，是天下通行的丧礼，宰予不也是从他父母那里享有三年怀抱之爱吗？"

【点评】

　　古代丧礼，为父母守孝三年。从社会层面说，维护家庭伦理关系，提倡"齐家"，有利于社会稳定，巩固封建统治；从家庭内部说，父母为子女操劳一生，死后子女为父母守孝，理所当然，对子女也有教益。守孝的方式，一种是在家服丧，一种是在墓旁搭起类似窝棚式的住所，在里面生活三年。宰予提出守丧期三年太长，满一年也就可以了，应该说这是一种改革。不过当孔子问他父母丧期三年未满吃白米饭、穿花缎衣是否心安？他回答"心安"，这便值得考虑，具体问题应作具体分析。

　　17.22　子曰："饱食终日，无所用心[1]，难矣哉[2]！不有博弈者乎[3]？为之犹贤乎已[4]。"

【注释】

[1] 无所用心：没有用心的地方，即什么事也不做。所用心，名词性"所"字词组，作"无"的宾语，指用心之处。

[2] 难矣哉：难以有所成就啊！矣哉，语气助词连用。矣，表示决定语气。哉，表示感叹语气。

[3] 博（bó）弈（yì）者："者"字词组，作"有"的宾语，指六博和围棋的游戏。博，即六博，古代一种棋局游戏。双方各有六棋，以黑白为别，先掷色子，然后走棋。弈，围棋。朱熹《集注》："博，局戏也。弈，围棋也。"

[4] 为之：下棋。之，指代六博和围棋。　犹贤乎已：还比什么都不干好。犹，副词，作状语，表示关联，可语译为"还"。贤，形容词，善，好。乎已，介宾词组，作补语，比什么都不干。乎，介词，表所比。已，止。这里指什么都不干这样的事。

【译文】

　　孔子说："整天吃饱了饭，什么事也不干，难以有所成就啊！不是有六博和围棋的游戏吗？下下棋还比什么都不干要好。"

【点评】

　　孔子对"饱食终日，无所用心"的人十分忧虑。当时贵族阶层中有不少这样的人，他们依仗自己的地位与权势，整天游手好闲，无所事事，过着寄生生活，成为社会的累赘。而且无所事事，便滋生邪念，惹是生非，难有好的品德，更不会有所成就。所以孔子奉劝他们，哪怕下下棋也比混日子强。

17.23　子路曰:"君子尚勇乎[1]?"子曰:"君子义以为上[2]。君子有勇而无义为乱[3],小人有勇而无义为盗[4]。"

【注释】

[1] 尚勇:崇尚勇敢。尚,同"上"。"上勇",即以勇敢为上。"上"这里用作动词。
[2] 义以为上:即"以义为上"。以义,介宾词组,作状语,把道义。义,指道义。为强调而提到介词前。为上,作为最高的品德。
[3] 君子:这里指在位的统治者。　为乱:犯上作乱。
[4] 小人:这里指平民百姓。　为盗:做盗贼。

【译文】

　　子路问道:"君子崇尚勇敢吗?"孔子说:"君子把遵守道义作为最高尚的品德。君子只有勇敢而无道义就会犯上作乱,小人只有勇敢而无道义就会做盗贼。"

【点评】

　　孔子明确指出,在勇与义的关系上,以义为上,义管着勇,是勇的统帅。《泰伯》篇:"勇而无礼则乱。"如果勇敢而没有道义,偏离正确的方向,在位的就会犯上作乱,平民百姓就可能成为盗贼。因为没有道义统领勇敢,就会不问是非,甚至可能成为恶势力的打手。这里孔子也是说给子路听的,告诫他不要做鲁莽之夫。

17.24　子贡曰:"君子亦有恶乎[1]?"子曰:"有恶。恶称人之恶者[2],恶居下流而讪上者[3],恶勇而无礼者,恶果敢而窒者[4]。"曰:"赐也亦有恶乎[5]?""恶徼以为知者[6],恶不孙以为勇者[7],恶讦以为直者[8]。"

【注释】

[1] 恶(wù):动词,憎恶,憎恨。
[2] 称人之恶(è)者:"者"字词组,作宾语,指宣扬别人坏处的人。称,宣扬,传播。恶,形容词,坏处。
[3] 居下流而讪(shàn)上者:身处下位却毁谤长上的人。居,处于,位于。流,衍文,当删。据考证,晚唐以前的古本没有此字。讪,毁谤。
[4] 果敢而窒(zhì)者:果敢却顽固不化的人。窒,阻塞,引申为抽象义的顽固不化。
[5] 赐:孔子弟子,姓端木,名赐,字子贡。
[6] 徼(jiǎo)以为知者:把抄袭当作有学问的人。徼,抄袭,窃取。知,"智"的古字。
[7] 孙(xùn):"逊"的古字。傲慢不逊。
[8] 讦(jié):揭发别人的隐私或攻击别人的短处。

【译文】

　　子贡问道:"君子也有憎恶吗?"孔子说:"有憎恶。憎恶宣扬别人坏处的人,憎恶身处下位却毁谤长上的人,憎恶勇敢却没有礼义的人,憎恶果敢却顽固不化的人。"孔子又说:"赐,你也有憎恶吗?"子贡答道:"憎恶把抄袭当作有学问的人,憎恶把傲慢不逊当作勇敢的人,憎恶把揭发别人隐私或攻击别人短处当作直率的人。"

【点评】

　　孔子师生谈到憎恶方面的问题。孔子谈及四种人,子贡谈及三种人,这七种人都属于道德缺失的人,从反面警示人们不要做这样的人。

　　孔子所憎恶的:背后宣扬别人的坏处,给人造成精神伤害。在下位的发现上级的问题,不是诚恳劝谏,而是不负责任加以毁谤,弄得上下关系紧张。为人勇敢却没有礼义,势必粗野,招灾惹祸。果敢固执,听不进意见,结果误己误事。子贡所憎恶的:把抄袭别人成果当作学问的人,把高傲不逊当作勇敢的人,把揭发别人隐私或攻击别人短处当作直率的人。这七种人心地不良,品行不端,拨弄是非,害己伤群,给人们和社会造成极大危害。今天我们应当以古为鉴,忠诚正派,不做这这样的人。

　　17.25　子曰:"唯女子与小人为难养也[1],近之则不孙[2],远之则怨[3]。"

【注释】

[1] 唯:也作"惟"。副词,作状语,表示最小的范围,只有。　难养:难以相处。
[2] 近:用作动词,接近,亲近。今成语有"平易近人"。　孙:"逊"的古字。
[3] 远:用作动词,疏远,不亲近。今成语有"敬而远之"。　怨:怨恨。

【译文】

　　孔子说:"只有女子和小人难以相处,亲近他们就放肆无礼,疏远他们就会怨恨。"

【点评】

　　孔子这句话究竟应该怎样理解,值得讨论。焦点在于孔子是否轻视妇女。我们认为孔子并非针对妇女全体,不能得出轻视妇女的结论。春秋时代妇女没有受教育的条件,在一些妇女身上表现出一些弱点,实属正常。孔子针对这种状况有感而发,不包括全体妇女。

　　从大量古代文献中可以发现古代妇女中有许许多多优秀代表,在西周十位创业与治理之臣中就有文母,有名传后世的杰出女性孟母与曾母。仅以《诗经》为例,其中反映古代妇女的品格与业绩令人感动,尤其是广大劳动妇女对生活的贡献更是令人敬佩。如《邶风·凯风》诗中子女盛赞操劳一生的母亲,"母氏圣善","母氏劳苦"。《卫风·氓》中的女子,"夙兴夜寐,靡有朝矣"。起早贪黑,辛勤持家,遭遗弃后仍表现出刚毅崇高的品格。应该说,那个时代妇女中绝大多数是勤劳、纯朴、善良的。作为古代思想家的孔子,还整理过《诗经》,不会无视这一社会存在的事实。

　　后世儒家的一些人,出于适应历代封建统治者的需要,曲解孔子的这句话,在漫长的封建社会中,竟演变成"三从四德"、"男尊女卑"等封建意识,使广大妇女深受其害。今天我们必须拨开历史迷雾,肃清流毒,还历史以真实面目!

　　17.26　子曰:"年四十而见恶焉[1],其终也已[2]。"

【注释】

[1] 见恶(wù)焉:被别人厌恶。见,表被动关系的助词。
[2] 终:终生,一辈子。　已:动词,作谓语,终止,完了。

【译文】

孔子说:"活到四十岁还被别人厌恶,他这一辈子也就算完了!"

【点评】

按孔子的说法,四十为"不惑"之年,是人生中接近成熟的年龄。人们经过长时期学习和漫长的生活工作磨炼,对社会和周围事物的认识已较少稚气,比较确定,也是事业有成的年段。然而活到四十还被别人厌恶,说明长期表现不佳,不被社会所接受。这种状况要想改变,确实很难,所以孔子发此慨叹。但即或如此,也不能把话说得这么绝对。四十以后改邪归正、浪子回头的例子也不在少数。我们可以这样理解:孔子此言是激励人们及时迁善,改过自新。

微子第十八

【本篇提要】

　　本篇共十一章,很多内容非孔门弟子所记,涉及孔子对历史人物的评价,孔门师生与隐士的思想对立等。

　　殷末微子、箕子、比干不计个人名位与安危,对昏庸残暴的纣王持义强谏,但最终微子无奈出走,箕子为奴,比干惨遭杀戮,孔子盛赞他们是殷之"三仁"。孔子称赞柳下惠为贤者,虽多次遭贬,却不忘惠民。孔子还赞誉伯夷、叔齐,说他们是"不降其志,不辱其身"。

　　篇中记载齐鲁之间的纠葛。孔子任鲁司寇兼理相事,将鲁国治理得井井有条,从而引起齐国忌惧,于是赠送歌女、文马给鲁君,企图腐蚀其君臣。孔子也因之被鲁君所疏远,被迫出行。

　　篇中浓墨重笔记载了孔子师生与隐士的矛盾。春秋晚期社会纷乱,一些士人不满现实,避乱保身,隐居民间。他们讥讽孔子师生周游列国,谋求官职,乃不识时务之举。子路对荷蓧丈人的反批评,反映了儒家的伦理观念,表明他们为挽救乱世而不辞辛劳,是实践君臣大义的表现,隐士的要害是背离伦理中的"大伦","出世"乃明哲保身,"入世"才是积极的人生态度。

　　本章还记载了周公对其子伯禽的教导:不怠慢亲族,信任在位大臣,不抛弃退位的故旧,看人用人不要求全责备。本章还记载了鲁国宫廷乐队解散四逸,颇有认识价值。

　　18.1　微子去之[1],箕子为之奴[2],比干谏而死[3]。孔子曰:"殷有三仁焉。"

【注释】

[1] 微子:名启,纣王的同母兄。生微子时母亲是帝乙的妾,生纣时已立为妻,所以纣在帝乙死后能继承王位。　去:离开。古今义有别,"孟子去齐"不是去到齐国,而是离开齐国。《史记·宋微子世家》:"纣既立,不明,淫乱于政,微子数(shuò)谏,纣不听。"于是微子离开了他。

[2] 箕子:名胥馀,纣的叔父。纣无道,箕子进谏,不听,便披发佯狂,沦为奴隶。　为之奴:双宾语结构,给纣做奴隶。之,间接宾语。奴,直接宾语。

[3] 比干:名干,也是纣的叔父,他直言谏纣,纣怒,纣听说圣人的心有七孔,于是杀了比干,剖胸观心。　谏:古代指臣对君,子对父,晚辈对长辈直言规劝。

【译文】

　　〔纣王昏庸残暴,不听劝谏,〕微子便离开了他,箕子给他做了奴隶,比干因强谏而惨遭杀害。孔子说:"殷商有三位仁人。"

【点评】

　　殷纣王是中国历史上有名的暴君,在政治上昏庸残暴,生活上奢靡淫乱,危害国家与百姓。兄长微子直言相劝,竟不予理睬,微子无奈离开了他。箕子是他的叔父,谏诤不听,有人劝箕子离开,箕子说:"为人臣谏不听而去,是彰君之恶而自说(悦)于民,吾不忍为也。"于是佯为癫狂,沦为奴隶。比干也是纣的叔父,持久强谏,纣大怒,说圣人的心有七孔,竟忍心将比干杀死。微子、箕子、比干为了社稷,牺牲个人的地位,置生命于不顾,令人动容,所以孔子赞誉三人为仁人。

18.2 柳下惠为士师[1],三黜[2]。人曰:"子未可以去乎[3]?"曰:"直道而事人[4],焉往而不三黜[5]?枉道而事人[6],何必去父母之邦[7]?"

【注释】
[1] 柳下惠:鲁国大夫,姓展,名获,字禽,"柳下"是他的食邑,因以为号。"惠"是由他妻子倡议而给他的私谥。 士师:古代执掌禁令刑狱的官职。
[2] 三黜(chù):多次被贬退。三,动量词,表示行为多次。黜,废除,贬退。有双音词"黜免"、"黜退"等。
[3] 子未可以去乎:您不可以离开这里吗?未,副词,作状语,表示一般性否定。可语译为"不"。去,离开。
[4] 直道:用正直之道。 而:连接状语与谓语中心词之间的连词。 事:事奉,服事。
[5] 焉:疑问代词,作状语,哪里。 往:到……去。
[6] 枉道:用邪曲之道。
[7] 何必:作状语,为什么一定。 父母之邦:指生我养我的地方。邦,国家。今成语有"治国安邦"。

【译文】
柳下惠做法官,多次被贬退。有人说:"您不可以离开这里吗?"他说:"要是用正直之道事奉人,到哪里去能不多次被贬退?用不正直之道事奉人,为什么一定要离开生我养我的地方呢?"

【点评】
柳下惠是古代一位正直的法官,因他秉持正道而屡遭罢免。他的一席话,道出了当时官场的黑暗。以直道事人,则必遭罢免,而且不是个别地方,走到哪儿都一样,根本躲不了。若以歪道事人,则能得到高官厚禄。据《列女传·柳下惠妻》所载,当柳下惠遭罢免时,其妻劝他离开鲁国,他说:"油油(众多)之民,将陷于害,吾能已乎?"是说众多百姓,将陷于苦难,我能离开他们不管吗?他在临终之时,妻子为他作诔文,其中有辞:"蒙耻救民,德弥大兮。"又说:"夫子之谥,宜为惠兮。"他一身正气,刚直不阿,忧民施惠。在《卫灵公》篇中孔子称颂他是位贤者。

18.3 齐景公待孔子[1],曰:"若季氏,则吾不能[2];以季、孟之间待之[3]。"曰:"吾老矣,不能用也[4]。"孔子行[5]。

【注释】
[1] 齐景公:春秋时齐国国君,名杵臼,齐庄公的异母弟。大夫崔杼杀死庄公后,立他为君。在位时重税盘剥,严刑重罚,使很多百姓惨遭刖足之刑。
[2] 若季氏,则吾不能:要像鲁君对待季氏那样,我做不到。季氏,季孙氏,鲁桓公之子季

友的后裔,鲁国"三桓"之一,掌握鲁国实权。

[3] 季、孟之间:指季氏与孟氏之间的待遇。鲁国三卿,季氏权势最大,为上卿,孟氏为下卿。这是齐国君臣商议怎样给孔子待遇的话。

[4] 不能用:不能任用孔子。这是过了不久齐景公讲的话。因其不在同一时间,故用两个"曰"字。

[5] 孔子行:孔子离开了齐国。

【译文】

　　齐景公在给孔子待遇时说:"要像鲁君对待季氏那样对待孔子,我做不到;我将用介于季氏和孟氏之间的待遇来对待他。"不久,又说:"我老了,不能用他了。"孔子便离开了齐国。

【点评】

　　鲁昭公二十五年(公元前517年),季氏驱逐昭公,迫使昭公到齐国避难。孔子也离开鲁国,来到齐国。齐景公很重视孔子,向孔子问政。孔子说"君君,臣臣,父父,子子"以及"政在节财",深得齐景公的赏识。齐景公想封孔子为大夫,但受到晏婴的反对,革新派也反对孔子在齐国大兴礼乐,甚至想加害孔子。在这种历史背景下,齐景公与臣下商议怎样安排孔子。齐景公初步设想:其规格大致可以比季氏低、比孟氏高,即在二人中间的待遇。由于齐国革新派势力强大,最终未能得到落实。就这样孔子离开了齐国。

18.4　齐人归女乐[1],季桓子受之[2],三日不朝[3]。孔子行[4]。

【注释】

[1] 归(kuì):通"馈",赠送。　女乐:古代的歌舞伎。齐国赠送给鲁君女乐八十人,皆服华丽衣饰。

[2] 季桓子:季孙斯,鲁国大夫,鲁定公五年至哀公三年期间的执政上卿。

[3] 朝:动词,指君主临朝理政。季桓子接受齐国的女乐,劝说鲁定公接纳,于是君臣沉湎(miǎn)酒色,不视朝理政。《史记·孔子世家》:"陈女乐、文马于鲁城南高门外。季桓子微服往观再三,将受,乃语鲁君为周道游,往观终日,怠于政事。"

[4] 行:指离开鲁国。

【译文】

　　齐国赠给鲁君许多歌舞伎,季桓子接受了,鲁君三天不临朝理政。于是孔子便离开鲁国出走。

【点评】

　　齐国为什么赠给鲁君八十位打扮秀美的歌舞伎和一百二十匹装饰华丽的好马呢?据《史记·孔子世家》记载:鲁定公十四年,孔子任大司寇,并代理相事。短短几个月,便将鲁国治理得井井有条。齐国因此担心孔子为政必霸,而齐距鲁最近,必首先吞并齐国。于是暗谋美人计,腐蚀鲁国君臣。鲁国君臣果然中计,沉湎酒色之中,三天不理朝政。孔子鉴于挽回无望,尽管眷恋鲁国,最终还是率弟子离开。

18.5　楚狂接舆歌而过孔子[1]，曰："凤兮凤兮[2]！何德之衰[3]！往者不可谏[4]，来者犹可追[5]。已而[6]！已而！今之从政者殆而[7]！"孔子下[8]，欲与之言。趋而辟之[9]，不得与之言。

【注释】

[1] 楚狂接舆：楚国的狂人接舆。楚狂，楚国的隐士，为逃避乱世，假装疯狂，故称楚狂。接舆，曹之升《四书摭（zhí，拾取）馀说》："《论语》所记隐士皆以其事名之。门者谓之'晨门'，杖者谓之'丈人'，津者谓之'沮'、'溺'，接孔子之舆者谓之'接舆'，非名亦非字也。"而邢昺《注疏》所载："楚人，姓陆，名通，字接舆。"可供参考。　歌而过孔子：一边唱着歌，一边从孔子的车旁走过。歌，动词，唱歌。而，连接"歌"与"过"两个谓语动词。

[2] 凤兮：凤凰啊！这里以凤鸟比喻孔子，表示对孔子的敬重。古人认为凤鸟在盛世方能出现，乱世则隐。而孔子竟在乱世到处游说，推行他的主张，谋求进用，所以说"德之衰"。兮，句中或句末语气助词，多用于诗歌韵文，与现代汉语的"啊"相近。

[3] 何德之衰：德行怎么这样衰微呢？这里讥讽孔子不能和接舆一样隐退。

[4] 往者："者"字词组，作主语，表示以往的事。这里指错事，如孔子师生游说诸侯。　谏：谏止，挽回。

[5] 来者："者"字词组，作主语，表示未来的事。　犹：副词，作状语，表示成分间的关联。可语译为"还"。　追：指来得及补救，如不再游说，远离乱世。

[6] 已而：算了吧！

[7] 今之从政者殆而：现在从政的人危险啊！从政者，"者"字词组，表示从政的人。殆，危险。

[8] 下：指下车。

[9] 趋（qū）：快步走。　辟："避"的古字，躲避。

【译文】

　　楚国的狂人接舆，一边从孔子的车旁走过，一边唱道："凤凰呀！凤凰呀！德行怎么这样衰微呢？以往的事不可能再挽回，未来的事还能来得及补救。算了吧！算了吧！现在从政的人危险啊！"孔子下车，想同他谈谈，他快步避开孔子，孔子不能同他谈话。

【点评】

　　孔子师生在楚期间，一日楚国狂人接舆唱着歌，从孔子车旁走过。歌词中把孔子比作凤鸟，他警示孔子，当今从政者危险，劝孔子早日醒悟，现在做隐士还不算晚。

　　接舆他身处乱世，为避害而佯装疯狂，明哲保身，采取消极避世的人生态度。孔子师生面对乱世，不顾个人安危，不逃避，历经艰辛，竟长达十四年之久。这种积极入世的人生态度，应该给予肯定。但孔子想使乱世恢复到西周盛世，因不合时宜，是不可能实现的，这也是诸侯无人采纳他的政治主张的根本原因。

18.6　长沮、桀溺耦而耕[1]，孔子过之[2]，使子路问津焉[3]。长沮曰："夫执舆者为谁[4]？"子路曰："为孔丘[5]。"曰："是鲁孔丘与?"曰："是也。"曰："是知津矣[6]。"问于桀溺。桀溺曰："子为谁?"曰："为仲由[7]。"曰："是鲁孔丘之徒与[8]?"对曰："然[9]。"曰："滔滔者[10]，天下皆是也，而谁以易之[11]？且而与其从辟人之士也[12]，岂若从辟世之士哉[13]?"耰而不辍[14]。子路行以告。夫子怃然曰[15]："鸟兽不可与同群[16]，吾非斯人之徒与而谁与[17]？天下有道[18]，丘不与易也[19]。"

【注释】

[1] 长沮(jū)、桀溺：楚国隐士，不是真姓名，二人因在水边耕作，所以称"沮"(沮洳：低湿处)、称"溺"(淖溺：nào nì，犹沉溺)。 耦而耕：二人并排合耕。耦耕是古代耕田的一种方式，二人各执一耜(sì，古代一种农具，状似现代的锹)，同时并耕，一人向左翻土，一人向右翻土。《周礼·考工记》："耜广五寸，二耜为耦，广尺深尺，谓之畎(quǎn，同畎)。"耦，作状语，表示行为的方式。而，连接状语与谓语中心词的连词。

[2] 孔子过之：孔子从他们那里经过。

[3] 津：渡口。

[4] 夫：远指代词，那位。 执舆者："者"字词组，指在车上手拿缰绳的人。执舆，即"执于舆"。在车上执辔(pèi)，即在车上拿着缰绳。执，握持，拿着。舆，本指车厢，词义扩大，指全车。 为谁：是谁。驾车的本是子路，因下车问津，此时由孔子代子路执辔。

[5] 为孔丘：是孔丘。子路直呼老师之名，是表示对对方谦敬。

[6] 是知津：他是知道渡口的。言外之意，孔子周游各地，应该知道渡口。

[7] 仲由：即子路。姓仲，名由，字子路，一字季路。子路自称，是对对方的谦称。

[8] 徒：门徒，弟子。

[9] 然：指示代词，常作谓语。"然"字单用时表示应答，称应答之词，可语译为"是的"、"是这样"。它仍然是指示代词。

[10] 滔滔者，天下皆是也：表示比喻的判断句。滔滔，形容词，洪水浩漫的样子，比喻世道混乱。

[11] 谁以易之：即"以谁易之"。〔你们〕和谁改变它呢？谁以，即"以谁"。疑问代词"谁"作介词"以"的宾语而前置，与谁，同谁。易，改变，改革。

[12] 且：连词，表示推进一层，这里有"再说"的意思。 而：第二人称代词，同"尔"，你，指子路。 与其：同下句"岂若"相呼应，成为选择复句的连词，相当于现代汉语"与其"和"不如"。 从：跟从，跟随。 辟人之士：指避开恶人的志士。辟，"避"的古字。

[13] 岂若：难道赶得上。 辟世之士：避开乱世的隐士。

[14] 耰(yōu)：用土覆盖播下的种子，并将土耙(pá)平。 辍(chuò)：中断，停止。

[15] 怃(wǔ)然：怅惘失意的样子。然，形容词词尾，表示"……的样子"。

[16] 鸟兽不可与同群：〔我们〕不可以跟鸟兽合群共处。是说我们必须生活在人群中，不能去山林隐居。

[17] 吾非斯人之徒与而谁与：我不是跟人群在一起又是跟谁在一起呢？

[18] 有道：指天下太平，社会安定。

[19] 丘不与易：即"丘不与〔之〕易"。我就不会同你们一起改变现状了。易，变革，改变。

【译文】

　　长沮、桀溺二人并排耕田，孔子从他们那里经过，派子路向他们打听渡口。长沮问道："那位在车上拿着缰绳的人是谁？"子路说："是孔丘。"又问："他是鲁国的孔丘吗？"子路说："是此人。"长沮说："他该是知道渡口的。"子路又去问桀溺。桀溺说："您是谁？"子路说："我是仲由。"桀溺说："您是鲁国孔丘的门徒吗？"回答说："是的。"桀溺说："像洪水一样动乱不安，全天下都是这样，你们跟谁改变它呢？再说与其跟随避开恶人的志士，难道赶得上跟随避开乱世的隐士吗？"说完照样不停地覆盖种子。子路回来，把这些话告诉给孔子。孔子怅然地说："鸟兽不可以跟它们合群共处，我不是跟世上的人群在一起又跟谁在一起呢？如果天下太平安定，我就不会同你们改变现状了。"

论语全解

【点评】

孔子师生离开楚国,途中遇见长沮、桀溺,孔子派子路向他们打听渡口。从子路同他们的一席对话中,了解到他们为躲避乱世、免灾保身而做了隐士。他们对孔子积极入世不满,不告诉渡口,讥讽孔子是知津者。他们认为世道大乱,犹如滔滔洪水,对改变乱世没有信心,只能明哲保身。他们不赞成子路等弟子追随孔子,应该像他们那样隐居田野,做一名隐士。

18.7　子路从而后[1],遇丈人[2],以杖荷蓧[3]。子路问曰:"子见夫子乎[4]?"丈人曰:"四体不勤[5],五谷不分[6],孰为夫子[7]?"植其杖而芸[8]。子路拱而立[9]。止子路宿[10],杀鸡为黍而食之[11],见其二子焉[12]。明日,子路行以告。子曰:"隐者也。"使子路反见之[13]。至则行矣[14]。子路曰:"不仕无义[15]。长幼之节[16],不可废也;君臣之义,如之何其废之[17]?欲洁其身,而乱大伦[18]。君子之仕也,行其义也。道之不行,已知之矣。"

【注释】

[1] 从:跟从,指跟从孔子。　后:用作动词,落在后面。
[2] 丈人:这里指老年人。
[3] 以杖荷蓧(diào):用手杖将除草农具扛在肩上。荷,扛着。蓧,古代除草用的农具。
[4] 夫子:古时对男子的尊称。这里是"老师"的意思。
[5] 四体:指四肢。　勤:勤劳,勤苦。
[6] 五谷:指五种粮食作物,即稻、黍、稷、麦、菽(豆)。　分:辨别。
[7] 孰为夫子:谁是老师。孰,疑问代词,就人提出疑问,可以用"谁"对译。朱熹《集注》:"责其不事农业而从师远游也。"
[8] 植其杖:把自己的手杖插在地上。植,插立。　芸(yún):通"耘",除草。《汉石经》作"耘"。何晏《集解》引孔安国注:"植,倚也。除草曰芸。"
[9] 拱:作状语,表示行为的方式。拱手,即双手在胸前合抱,以表示敬意。
[10] 止:挽留。
[11] 黍:黄米。　食(sì):使动用法,给……吃。
[12] 见(xiàn):使动用法,使……拜见。
[13] 反:"返"的古字,返回,指返回丈人的住处。
[14] 至:子路来到丈人家。　行:丈人已经外出了。　何晏《集解》引孔安国注:"子路反至其家,丈人出行不在。"
[15] 仕:做官。　义:合宜,合适。
[16] 长幼之节:长幼之间的关系。是说老人"见其二子",没有废弃长幼之节。
[17] 如之何其废之:又怎么能废弃它呢?如之何,古代汉语凝固结构,作状语,表示反问,怎么能。
[18] 大伦:在人与人之间的关系中它是最重要的伦理关系,即君臣之义。伦,人伦,古代社会所规定的人与人之间的正常关系。

【译文】

子路跟随孔子而落在后面,遇到一位老人,用手杖扛着除草农具。子路问道:"您看见我的老师了吗?"老人说:"你这个人四肢不劳动,五谷分不清,谁知道你的老师是什么人?"就把手杖插到地上,开始锄草。子路拱手,恭恭敬敬地站在那里。老人便留子路住在他家,杀鸡做饭给子路吃,又让他两个儿子出来拜见子路。第二天,子路赶上了孔子一行,把所经历的事告诉了孔子。孔子说:"他是位隐士。"让子路返回去见老人。子路到了他家,不巧,老人已经出门了。子路说:"不做官不合宜。长幼之间关系,都不能废弃;君臣之间的大义,又怎么能废弃呢?想避开乱世,使自身洁净,却搞乱了最重要的君臣关系。君子做官,是做他应该做的事。我们的政治主张行不通,早已知道了。"

【点评】

　　孔子师生这段经历,也发生在离楚途中。子路掉队,遇见荷蓧老人。老人虽然年事已高,还参加农业劳动,自食其力。孔子说他是个隐者。他对子路的批评,反映了他对孔子师生周游列国谋求官职有看法,认为不合时宜,徒劳无功。但老人还讲礼义,留子路宿,以好饭好菜招待子路,并让二子拜见子路。由于在出世、入世的问题上存在分歧,老人不愿二次见子路。

　　子路未见到老人,所发感慨值得思考。子路以儒家伦理观念对老人进行反批评,认为躲避乱世,逃避现实,不做官任职不合乎道义。既然不废长幼之节,怎能废弃君臣之义。希图洁身自保,却违背了人伦中的大伦。他的末尾一句话很重要,明知自己的政治主张行不通,还要周游列国,就是为了实践君臣之义,不走出世避乱之路。

　　18.8　逸民[1]:伯夷、叔齐、虞仲、夷逸、朱张、柳下惠、少连[2]。子曰:"不降其志[3],不辱其身[4],伯夷、叔齐与!"谓柳下惠、少连"降志辱身矣,言中伦[5],行中虑[6],其斯而已矣[7]"。谓虞仲、夷逸"隐居放言[8],身中清[9],废中权[10]。我则异于是[11],无可无不可[12]"。

【注释】

[1] 逸(yì)民:指遗落民间而没有官位的人才。朱熹《集注》:"逸,遗逸。民者,无位之称。"
[2] 伯夷、叔齐:商末孤竹君的两个儿子。伯夷,名元,谥夷,孤竹君长子。父亲将死,立其弟叔齐为继承人。孤竹君死后,叔齐让位,伯夷不受,遂出走。叔齐也不肯继位,二人奔周。到周后,反对武王伐纣,曾拦车谏阻。武王灭商后,他们逃避到首阳山,不食周粟,饥饿而死。　柳下惠:鲁国贤者,姓展,名获,字禽。"柳下"是他住所,因以为号。"惠"是他妻子倡议而给予的私谥。　虞仲、夷逸、朱张:三人事迹已不可考。前人有附会之说,不足信。　少连:东夷之子,孔子说他善于居丧守孝。《礼记·杂记下》:"善居丧,三日不怠,三月不解(懈),期(周年)悲哀,三年忧。"
[3] 不降其志:不降低自己的志向。
[4] 不辱其身:不屈辱自己的人格。
[5] 中(zhòng):动词,合乎。　伦:条理,次第。
[6] 行中虑:行事符合谋虑,不盲目行动。
[7] 其斯:他们不过如此。其,指示代词,指柳下惠、少连。斯,指示代词,称代"言中伦,行中虑"。　而已矣:语气助词连用。而已,表示限止。矣,起加强语势的作用。
[8] 放言:放肆敢言,语无遮拦。
[9] 身中清:自身合乎清廉。
[10] 废中权:弃官合乎权宜。
[11] 我则异于是:我就和这些人不同。则,承接连词,可语译为"就"。于是,介宾词组,作

论语全解

补语，和这些人。是，指示代词，作介词"于"的宾语，指孔子以上这些人。语译时移前作状语。

[12] 无可无不可：没有什么可以的，也没有什么不可以的。孔子此言并非不讲原则，而是看是否合乎义，义是行为准则。在义的前提下，通权达变，采取灵活态度。

【译文】

遗落民间的贤士：伯夷、叔齐、虞仲、夷逸、朱张、柳下惠、少连。孔子说："不降低自己的志向，不屈辱自己的人格，是伯夷、叔齐吧！"又说柳下惠、少连这两个人"降低了志向，屈辱了人格，可是讲话合乎伦次，做事符合谋虑，他们也不过如此罢了"。又说虞仲、夷逸"出世隐居，放肆敢言，自身合乎清廉，弃官合乎权宜。我就和他们不同，没有什么可以的，也没有什么不可以的"。

【点评】

孔子提到的这七个人，是历史上著名的"逸民"。孔子将他们分为三类：第一类，伯夷、叔齐，评价是"不降其志，不辱其身"。他们互相让位，竞相走避。反对武王伐纣，宁肯饿死，不食周粟。第二类，柳下惠、少连，评价是"降志辱身"，明知鲁国政治混乱，仍任官事君。但他们"言中伦，行中虑"，说话严谨，行事有谋略。第三类，虞仲、夷逸，评价是"隐居放言"，但"身中清，废中权"。至于孔子说到自己，"无可无不可"，只要合乎义，便该适应现实，灵活处置。孔子对朱张未予置评，可能他的事迹在孔子时代已经失传。

孔子上述评价，并非完全妥当。武王伐纣是历史的进步，伯夷、叔齐反对，批评"以暴易暴"，宁肯饿死，不食周粟。这种所谓的气节不值得称颂。鲁国政乱，柳下惠仍任官事君，就一定是降志辱身吗？总比明哲保身的隐士强。至于虞仲、夷逸出世隐居，口无遮拦，其言其行也不值得提倡。

18.9　太师挚适齐[1]，亚饭干适楚[2]，三饭缭适蔡[3]，四饭缺适秦[4]，鼓方叔入于河[5]，播鼗武入于汉[6]，少师阳、击磬襄入于海[7]。

【注释】

[1] 太师：古代乐官之长。周置太师、少师，列国均设此官。　挚(zhì)：太师名挚，鲁国人。《泰伯》篇有"师挚之始"，可能是此人。　适：到……去。

[2] 亚饭：第二顿饭。亚，次，次于。殷周之制，天子、诸侯吃饭时都要奏乐。天子一日四餐，诸侯三餐。初饭不侑(yòu)（没有伴奏。"侑"是动词，用奏乐陪伴就餐。）《周礼·天官·膳夫》："以乐侑食。"因周公封于鲁，鲁国后代国君享有周天子礼乐，所以有二饭、三饭、四饭的制度。《白虎通·礼乐》："天子食时举乐，王者所以日四食者何？明有四方之物，食四时之功也。"又"王平居中央，制御四方"可见吃四顿饭是有讲究的，而且每餐必有乐师，所奏乐章每餐各异。"亚饭"不仅指第二顿饭，而且指第二顿饭伴奏的乐师，还指伴奏的乐章。　干：亚饭乐师的名。

[3] 三饭：第三顿饭。这里也指第三顿饭伴奏的乐师，乐章。　缭(liáo)：三饭乐师的名。

[4] 四饭：第四顿饭。这里也指第四顿饭伴奏的乐师，乐章。　缺：四饭乐师的名。

[5] 鼓方叔：打鼓的方叔。鼓，动词，击鼓，打鼓。这里指打鼓的乐师。方叔，打鼓乐师的名。　河：上古汉语专指黄河。后词义扩大，泛指一般河流。

[6] 播：摇动。《广雅·释言》："播，摇也。"　鼗(táo)：又作"鞉"、"鞀"。两旁系小槌的小鼓，即拨浪鼓。　武：摇鼓乐师的名。　汉：汉水，今汉江。

[7] 少师：乐师的副职。　阳：少师的名。　击磬(qìng)：这里指击磬的乐师。磬，古代

用玉或石雕成的打击乐器,悬于架上,用槌敲击发出乐音。　襄(xiāng):击磬乐师的名。

【译文】

鲁国的太师挚去了齐国,二饭乐师干去了楚国,三饭乐师缭去了蔡国,四饭乐师缺去了秦国,打鼓的方叔入居黄河之滨,摇鼓乐师武入居汉水之滨,少师阳和磬师襄入居海边。

【点评】

春秋晚期社会处于大变动时期,其标志之一便是"礼坏乐崩"。据邢昺《论语注疏》载:"此章记鲁哀公时礼坏乐崩,乐人皆去也。"宫廷乐队解散便是有力的佐证。"乐崩"反映社会深层次问题,表明贵族政治体制的瓦解。

从另一视角看,当时的音乐艺术已发展成相当规模。从二饭到四饭,演奏不同乐章,配有专职乐师,乐队组成磬师鼓手一应俱全,演出技艺相当成熟。

18.10　　周公谓鲁公曰[1]:"君子不施其亲[2],不使大臣怨乎不以[3]。故旧无大故,则不弃也[4]。无求备于一人[5]。"

【注释】

[1] 周公:西周初年政治家。姓姬,名旦,周武王之弟,因采邑在周(今陕西岐山北),故称周公。辅佐武王,伐纣灭商。武王死后,成王年幼,由他摄政。奉成王之命,率师东征,诛伐武庚。营建东都洛邑。制礼作乐,建立典章制度,对后世有深远影响。　谓……曰:古代汉语一种表达方式,对……说。　鲁公:鲁国第一代国君。姓姬,字伯禽,周公长子。武王灭商,封周公于曲阜。因周公留佐武王,命伯禽就封于鲁。伯禽以周礼治国,使鲁国成为礼乐之邦。

[2] 施:通"弛"。本义指放松弓弦,引申为一般意义的放松。这里指怠慢,疏远。　亲:指鲁公亲族。

[3] 怨:恨。上古汉语"怨"义重,"恨"义轻。今成语有"天怨人怨"。　不以:不被信用。

[4] 故旧:这里指老臣。《泰伯》篇:"故旧不遗"。　大故:严重过错。　弃:遗弃,抛弃。

[5] 求备:求全责备。

【译文】

周公对鲁公说:"君子不怠慢他的亲族,不让大臣因对自己不被信用而怨恨。老臣没有严重过错,就不要抛弃他们。对一个人不要求全责备。"

【点评】

本章是周公对其子伯禽的谆谆教导。话虽不多,政策性很强。主要有三点:第一,不要怠慢亲族。古代亲族观念很强,贵族内部派系不少,要巩固政权,必须处理好贵族内部的关系。第二,对大臣要信用。他们所司之职对全局关系重大,要正确使用他们。如果由于对自己不被信用而心怀不满,就可能酿成祸患,所以要把四梁八柱安排好。对故旧老臣不要遗弃,因为从前他们为王朝出过力,立过功,凡没有重大过错都要团结,不可遗弃。第三,对人不可求全责备。一个人不可能十全十美,都有弱点与不足。任用臣属,要看基本点,要有包容胸怀,不可苛求于一人。

18.11   周有八士[1]：伯达、伯适、仲突、仲忽、叔夜、叔夏、季随、季骓[2]。

【注释】

[1] 周：周朝。何晏《集解》："郑玄以为成王时，刘向、马融以为宣王时。" 八士：八位知名人士，事迹已不可考。何晏《集解》引包咸注："周时四乳生八子，皆为显士，故记之尔。"此为传说。邢昺《注疏》："乳犹生也，每生得二子，故四乳得生八子。"

[2] 骓(guā)：人名。

【译文】

周朝有八位知名人士：伯达、伯适、仲突、仲忽、叔夜、叔夏、季随、季骓。

【点评】

本章所载周朝八士，东汉经学家郑玄认为他们是成王时人，刘向、马融则认为是宣王时人。不论何时人，他们都是知名的"显士"，但他们的生平事迹已不可考。八人的名字由排行伯、仲、叔、季加单名组成，而且两人一组，每组的名字押韵：达、适(kuò)一韵，突、忽一韵，夜、夏一韵，随、骓一韵，古代学者由此推断他们是四对孪生兄弟。本章旨在说明治国要有人才，要选任贤能人士。

子张第十九

【本篇提要】

本篇共二十五章,记载孔门弟子子张、子夏、子游、曾子、子贡等五人的言论,广泛论及学习、道德、交友、人物评论等内容。

关于学习,子夏提出"日知其所亡,月无忘其所能"的学习经验,指出学习广博知识,向能者问学以及勤于思考乃是成才的重要条件。篇中阐明从政与学习的关系,"仕而优则学,学而优则仕"。并指明要形成做人的理想与信念,也只有通过学习方能"致其道"。孔子的治学精神和取得的巨大成就,堪称世人学习的榜样。

道德修养方面,子张提出"见危致命,见得思义":为了捍卫正义,不顾自身安危,必要时可以献出生命。为了保持清白的品格,决不占取不义之财。做人应有坚定的信仰,坚守大的节操而"不逾闲"。篇中警示人们以纣为鉴,"常为善,不为恶",应成为信条。尤其表彰君子光明磊落、知过必改的人生态度。先人注重孝敬双亲,父母逝世是一生中最为悲痛的时刻。子游强调要真心致哀,同时又要节制。

怎样对待交友,子张与子夏主张各异:子张主张"尊贤而容众",子夏主张"可者与之,其不可者拒之",显然子夏交友原则失于褊狭。本篇突出之点,是子贡对老师孔子的高度赞誉。他严厉批驳叔孙武叔和陈子禽的肆意毁谤与无知妄说,饱含深情地盛赞老师的崇高人格和深邃的学识,可与日月同辉,有力地维护了孔子的圣人形象。

19.1　　子张曰:"士见危致命[1],见得思义[2],祭思敬[3],丧思哀[4],其可已矣[5]。"

【注释】

[1] 见危致命:遇到危难敢于献出生命。致,献出,送给。
[2] 见得思义:见到有所得便想想是否合乎义。得,指所得的财物。义,合宜。这里指合不合宜,该不该得。
[3] 敬:指严肃认真。
[4] 丧:临丧,奔丧。
[5] 其:指示代词,作主语,指代上文应做到的四点。　已矣:语气助词连用。

【译文】

子张说:"士人遇到危难敢于献出生命,见到有所得考虑是否合乎大义,祭祀的时候考虑严肃致敬,临丧的时候考虑诚心致哀,也就可以了。"

【点评】

子张提出的四项守则是春秋时代读书人应该具有的品德。见到危难,不论是国家遭到侵略,还是人民遭受凌辱,都能奋不顾身,见义勇为,必要时献出自己的生命。见到能够得到的财物,首先考虑是否合乎义,该不该得。不该得,决不占有,决不玷污自己人格。古代祭祀和临丧属于大事,要求严肃对待,诚心致哀。

19.2 子张曰:"执德不弘[1],信道不笃[2],焉能为有[3]? 焉能为亡[4]?"

【注释】

[1] 执德:执守道德。执,握持。用于抽象义,指执守,坚守。 弘:《说文》:"弘,弓声也。"弓声远播,引申为发扬光大。

[2] 信道:信仰道义。道,道义,学说。 笃(dǔ):笃实,厚重。

[3] 焉:疑问代词,作状语,怎么。 为:算做。 有:指存在。

[4] 亡(wú):动词,通"无",没有,不存在。皇侃《义疏》:"世无此人,则不足为轻;世有此人,亦不足为重。"何晏《集解》引孔安国注:"言无所轻重。"

【译文】

子张说:"执守道德不能发扬光大,信仰道义不能笃实忠诚。〔这种人〕怎么能算他存在? 又怎么能算他不存在?"

【点评】

上章谈的是"见危致命,见得思义",本章谈的是另外一种人。这种人执德不能宏大,信道不能笃实。他们也谈坚守道德,但不能专心致志,发扬光大,遇到困难或诱惑便退缩动摇。他们也说信仰道义,但只是表面言词,并没有心中生根,笃实忠诚。对这种人你说他存在,他不发挥作用;你说他不存在,还有他这么个人。换言之,有他不为多,没他不为少。

19.3 子夏之门人问交于子张[1]。子张曰:"子夏云何?"对曰:"子夏曰:'可者与之[2],其不可者拒之[3]。'"子张曰:"异乎吾所闻:君子尊贤而容众[4],嘉善而矜不能[5]。我之大贤与[6],于人何所不容[7]? 我之不贤与,人将拒我,如之何其拒人也[8]?"

【注释】

[1] 子夏:孔子弟子。姓卜,名商,字子夏,晋国人,另有魏人、卫人二说。以文学著称,是位有影响的儒家学者。 门人:古代称弟子、学生。 交:结交,交友。 子张:孔子弟子。姓颛孙,名师,字子张,陈国人。博爱容众,严己宽人。孔子死后,形成"子张之儒"的学派。

[2] 可者:"者"字词组,指可以交友的人。 与(yǔ):结交。

[3] 拒:拒绝。

[4] 尊贤:尊敬贤人。 容众:接纳普通人。容,接纳。

[5] 嘉善:表彰好人。嘉,表彰,鼓励。善,指善人,好人。 矜(jīn):动词,同情,怜悯。 不能:动词性词组,指没有能力的人。

[6] 我之大贤:我如果非常贤德。之,用于主谓之间的结构助词,取消句子独立性,使其成为分句。 与(yú):语气助词,表示停顿。

[7] 于人何所不容:对于别人,所不能容纳的有什么呢? 何所不容,等于说"所不容者何",所不能容纳的有什么呢? 意为都能容纳。

[8] 如之何:古代汉语凝固结构,作状语,怎么能。 其:指示代词,作主语,我。 拒人:拒绝别人。

【译文】

　　子夏的学生向子张问怎样交朋友。子张说:"子夏是怎样说的?"学生回答说:"子夏说:'可以交的就跟他交朋友,不可以交的便拒绝他。'"子张说:"和我所听说的不同:君子尊敬贤人,也能接纳普通人;表彰好人,也同情无能的人。我如果非常贤德,对于别人有什么不能容纳的呢? 我如果不贤德,别人会拒绝我,我又怎么能拒绝别人呢?"

【点评】

　　子夏与子张同是孔门弟子,但在交友问题上存在分歧。子夏的交友原则:能交的便交,不能交的便不交。子张的交友原则:可与贤者交友,也可以和普通人交友。比较二说,子张说为优,子夏说失于褊狭。如果只与贤者交友,不与普通人交往,不符合仁学精神。当然交友要慎重,对于交友,可以是知心朋友,也可以是一般关系的人。与大多数普通人交朋友,于己于社会都有利。

　　19.4　子夏曰:"虽小道[1],必有可观者焉[2];致远恐泥[3],是以君子不为也[4]。"

【注释】

[1] 虽:连词,表示让步,即使。　小道:儒家称礼乐政教以外的小的知识与技艺。朱熹《集注》:"小道:如农圃医卜之属。"

[2] 可观者:"者"字词组,作"有"的宾语,表示值得观览的地方。　焉:兼词,相当于"于之"。在小道方面。

[3] 致远:实现远大理想。致,使之至,使……实现。远,远大理想,远大抱负。　恐泥(旧读 nì):恐怕小道妨碍大志。泥,本指和着水的土。因有黏性,引申为拘滞,妨碍。

[4] 是以:即"以是",介宾词组,作状语,因此。以,介词,因为。是,指示代词,指致远恐泥。

【译文】

　　子夏说:"即使是小的知识与技艺,也必定有值得观览的地方;只是要实现远大理想,就怕它有妨碍,因此君子不去干这些事。"

【点评】

　　子夏以为作为士人,应该有远大抱负,从事礼乐政教的大事业,不能拘泥于各种具体的知识与技艺。这些知识与技艺属小道,尽管这些小道也有可观之处,但和礼乐政教的大道相比,就不能相提并论了。然而孔子与子夏并非忽视小道,他们也都擅长小道,只是不能让它妨碍远大的事业。

　　19.5　子夏曰:"日知其所亡[1],月无忘其所能[2],可谓好学也已矣[3]。"

【注释】

[1] 日:时间名词,作状语,表示每日,每天。　其所亡(wú):"所"字词组,作"知"的宾语,

论语全解

指自己所没有的知识与技艺。亡,通"无"。没有。

[2]月:时间名词,作状语,表示每月。 无:用作副词,表示一般性否定,可语译为"不"。其所能:"所"字词组,作"忘"的宾语,指自己已经学会的知识与技艺。

[3]可谓好学:可以说是好学。 也已矣:语气助词连用。"也"表示确认,"已"表示限止。"矣"表示决定。重点放在后一个语气助词。

【译文】

子夏说:"每天学到自己所没有的知识与技艺,每月不忘自己已经学会的知识与技艺,就可以说是好学了。"

【点评】

子夏的话已成为格言。它既是学习方法,又是成才的途径。他对学子提出要求:每天都要学得新的知识。困难在于难以坚持,要有明确的学习目的,要靠坚强的学习毅力。如果真能做到日积月累,必由量变升华到质变,实现成才的目标。子夏还提出"月无忘其所能",与"日知其所亡"相辅相成,也与"温故而知新"一脉相通。每天所获取的,时间一久,势必遗忘,就必须复习巩固,使其化为自己的"血肉",否则事倍而功半。

19.6 子夏曰:"博学而笃志[1],切问而近思[2],仁在其中矣[3]。"

【注释】

[1]博学:广泛地学习。博,形容词,广泛。 笃志:志向专一而坚定。笃,笃实,专一。志,志向,志趣。 朱熹《集注》引苏氏注:"博学而志不笃,则大而无成。"

[2]切问:恳切地求教。切,恳切,殷切。 近思:思考当前实际问题。 何晏《集解》:"切问者,切问于己所学未悟之事;近思者,近思己所能及之事。泛问所未学,远思所未达,则于所学者不精,所思者不解。"

[3]仁在其中矣:仁德就在这里边了。其,指示代词,指代"博学而笃志,切问而近思"。在学习过程中,要有明确的目的,勤恳的态度以及要靠意志品质的支撑等,所以说仁在其中。

【译文】

子夏说:"广泛地学习,志向专一而坚定,恳切地求教,思考当前实际问题,仁德就在这里边了。"

【点评】

子夏就修业问题提出自己的见解。他主张广泛地学习,方能取得广博的知识,有利于深入钻研专门的学问。在艰苦学习中要有明确目的,专一而坚定的志向和坚强毅力的支撑,才能战胜困难。其中需要恳切求教,不耻下问,思考当前实际问题。要做到上述各项,必然考验其道德修养和意志品质,所以才说"仁在其中"。

19.7 子夏曰:"百工居肆以成其事[1],君子学以致其道[2]。"

【注释】

[1]百工:各行各业的工匠。百,概数,非实指,言其多。《左传·襄公十四年》:"百工献

艺。" 肆(sì)：手工业作坊。何晏《集解》："肆谓官府造作之处也。"当时的手工业归官府管辖，所以主管制造业的官员也称"百工"。 成其事：完成他们的活计。

[2]君子学以致其道：君子通过学习来获得那个真理。学，通过学习这种手段。致，使……至，让……到，即获得。

【译文】

子夏说："各行各业的工匠在作坊里完成他们的活计，君子通过学习来获得那个真理。"

【点评】

子夏强调要获得道，必须通过学习来实现，这正像各种工匠在作坊里通过劳动才能生产出产品一样。何晏《集解》："此章亦勉人学，举百工以为喻也。"各种工匠经过艰苦劳动、经历各个流程才能最后生产出产品；学习也是一样，要经过刻苦攻读、发奋进取才能获得道，把儒家学说学到手。从本章可以了解到，春秋晚期体力劳动和脑力劳动已有分工，士人可以专门从事学习。手工业已相当发达，分工亦很细密，以"百工"来概指各行各业的工匠。

19.8　子夏曰："小人之过也必文[1]。"

【注释】

[1]小人：有两种词义：一指古代地位低下的平民百姓；一指人品卑劣的人。这里指后者。 之：用于主谓之间的结构助词，取消句子独立性，使该结构成为词组，作主语。 过：动词，犯了错误。 也：句中语气助词，表示停顿。 文(旧读 wèn)：本义指彩色交错的花纹，引申为文采、文字、文章等。用作动词，指修饰。这里指掩饰，掩盖，含有贬义。

【译文】

子夏说："小人犯了错误，必定加以掩饰。"

【点评】

古代"君子"和"小人"各有两种词义：君子，一指在位的统治者，一指有修养、品德好的人。小人，一指广大的平民百姓，一指人品不好的人。这里指后者。子夏说这种人犯了错误必定文过饰非，这一断语似乎绝对化。可以说他们经常如此，不可以说必定如此，不能用固定眼光看人，应该留意：古代平民百姓用"小人"称呼，人品不好的也用此称呼。古代在位统治者用"君子"称呼，人品好的也用此称呼。这里面含有封建统治者的偏见。

19.9　子夏曰："君子有三变[1]：望之俨然[2]，即之也温[3]，听其言也厉[4]。"

【注释】

[1]三变：指君子的仪态从不同视角看给人的印象有三种变化。
[2]望：从远处看。 俨(yǎn)然：严肃庄重的样子。

[3] 即：动词，走近，靠近。今成语有"若即若离"、"可望而不可即"。
[4] 厉："砺"的古字，磨刀石。引申为磨砺，使锋利。用作形容词，指严正，庄重。

【译文】

　　子夏说："君子的仪态有三种变化：从远处望他，严肃庄重；到他眼前，温和可亲；听他的话，严正不苟。"

【点评】

　　子夏希望君子要像君子的样子。从远处望君子的外部形象，严肃庄重，衣冠整齐。到他跟前，温和可亲，无骄人之态。说起话来，严正不苟。君子所以有这样仪态表现，主要有内在高尚的精神境界，才能做到表里和谐统一。

19.10　子夏曰："君子信而后劳其民[1]；未信，则以为厉己也[2]。信而后谏[3]；未信，则以为谤己也[4]。"

【注释】

[1] 君子：指在位的统治者。　信而后：取得信任以后。　劳：役使。
[2] 以为厉己：〔百姓〕以为〔你〕在虐待自己。"以为"的主语是"民"，"厉"的主语是"君子"。均为承前省略。厉，动词，这里有"虐待"、"折磨"的意思。
[3] 谏：古代指臣对君，子对父，晚辈对长辈直言规劝。
[4] 谤：古今义有别：古义主要指议论别人的过错，属中性词，一般没有贬义。《国语·周语上》："厉王虐，国人谤王。"因为周厉王暴虐，国人才议论他，不是诽谤。这里是诽谤义。

【译文】

　　子夏说："君子取得信任以后才去役使百姓；如果没有取得信任，百姓以为你是在虐待自己。君子取得信任以后才对君主直言规劝；如果没有取得信任，君主以为你是在诽谤自己。"

【点评】

　　邢昺《注疏》："此章论君子使下事上之法也。"针对现实存在的社会问题，子夏向当权者发出警示：取得百姓信任以后再去役使他们。正如孔子警示当权者要"使民以时"一样。

　　古人有言，侍君如伴虎，不得轻易犯颜。一旦被误认你是在诽谤，轻者坐大牢，重者招致杀身之祸。晋灵公的厨师就因没把熊掌炖烂，被杀示众。比干是纣的叔父，因直言规劝，竟被剖腹视心。因此，一定要取得君主信任后，才能谏劝君主。

19.11　子夏曰："大德不逾闲[1]，小德出入可也[2]。"

【注释】

[1] 大德：指德行中的重大节操，即人的大节。　逾(yú)：超越，越过。　闲(xián)：木栏，栅栏。这里指范围，界限。

[2] 小德：指德行中的小的节操，即人的小节。　出入：有所出入，稍稍放松。

【译文】

　　子夏说："大节不能超越界限，生活中的小节有些出入是可以的。"

【点评】

　　子夏认为一个人只要在重大节操上不超越界限，在一些小节上有所出入是可以的。人无完人，不能求全责备，对生活小节有些出入，不会妨碍重大节操。但作为个人来说，不能借口小节可以出入而放任自流。应责己从严，自尊自重，自律自勉，好自为之。

　　19.12　子游曰："子夏之门人小子[1]，当洒扫、应对、进退则可矣[2]，抑末也[3]；本之则无[4]，如之何[5]？"子夏闻之，曰："噫[6]，言游过矣[7]！君子之道，孰先传焉[8]，孰后倦焉[9]，譬诸草木[10]，区以别矣[11]。君子之道，焉可诬也[12]？有始有卒者[13]，其惟圣人乎[14]！"

【注释】

[1] 门人小子：古代指弟子、学生。这里指子夏的弟子们。它们各自还有其他义项。
[2] 洒（sǎ）扫：洒水扫地。晚辈为长辈应作之事，是礼仪的一部分。　应（yìng）对：指应答敬对。　进退：行为举止遵循礼的规范。《庄子·达生》："进退中绳，左右旋中规。"以上三项均为习礼的内容。
[3] 抑：连词，表示转折，不过。　末：指礼仪的末节。刘宝楠《正义》："以学道为本，而以洒扫、应对、进退，为礼仪之末。"
[4] 本：根本。指儒学的礼乐大道。子游批评子夏只教礼仪小道，忽视礼乐大道，舍本逐末。
[5] 如之何：古代汉语凝固结构。怎么办？
[6] 噫（yī）：叹词，表示叹息，相当于"唉"。何晏《集解》引孔安国注："噫，心不平之声也。"
[7] 言游过矣：言游说错了。言游，孔子弟子，姓言，名偃，字子游。
[8] 孰：疑问代词，这里就"君子之道"传授次序提出疑问，哪一项？
[9] 倦：疑"傅（传）"字之误。
[10] 譬（pì）诸草木：即"譬之于草木"。将它比作草木。譬，譬如，比如。诸，"之于"的合音词。之，指传授君子之道的次序。于，介词，与"草木"组成介宾词组，作补语，表示所同。
[11] 区以别之：区别得清清楚楚。教授君子之道是井然有序的，先教礼仪小道，后教礼乐大道，不是舍本。　朱熹《集注》引程子注："君子教人有序，先传以小者近者，而后教以大者远者。非先传以近、小，而后不教以远、大也。"
[12] 焉：疑问代词，作状语，怎么。　诬（wū）：诬陷，歪曲。
[13] 有始有卒者：〔按照一定次序传授，〕有始有终的。卒，终。
[14] 其：句首语气助词，表示测度语气，可语译为"大概"。　惟：副词，作状语，表示最小范围，只有。

【译文】

　　子游说："子夏的学生，从事洒扫、应对、进退的礼仪是可以的，不过这是末节，而学术的根本却没有，怎么可以呢？"子夏听到这话，便说："唉，言游说错了！君子的学问，哪一项先传授，哪一项后讲授，可以把它比作草和木，区别得清清楚楚。君子的学问，怎么可以歪曲呢？按照一定次序传授而且做到有始有终的，大概只有圣人吧！"

【点评】

子游与子夏同为孔子高足，而且皆属文学之科。本章论及他们在教学内容与方法上的分歧。子游批评子夏，教学只讲末节，忽视根本。洒扫、应对、进退等礼仪，对敬长、迎宾来说是可以的，但不是根本，而属末节。所谓"本"，指学术的基础，礼乐大道。子夏听后，颇感委屈，反驳子游的论断，认为是对自己教学的歪曲。他主张教学内容应由小至大，由易到难，由末而至本，循序渐进。况且"末"与"本"有内在联系，为以后讲"本"作必要的铺垫，是不可逾越的教学环节。子游重视根本是对的，但子夏并不是不讲根本。

19.13　子夏曰："仕而优则学[1]，学而优则仕。"

【注释】

[1] 仕：动词，做官。士，名词，士人。士人做官写作"仕"。士、仕，分化字。　而：连接动词或形容词的连词。　优：指政绩优秀。　学：学习。政绩好，进一步学习深造。

【译文】

子夏说："做官而成绩好便去学习深造，学习而成绩好便去做官。"

【点评】

从前常批评子夏说的"学而优则仕"，说它是"读书做官论"。仔细考究这种批评并不合适。前一句是说，已经做官了，并取得一定政绩，说明他有从政能力，在此基础上，再去学习，进一步深造，提高素养，对从政会更加有利。后一句先从事学习，而且学习成绩优秀，选拔这样的人才去从政，在实践中提高从政能力，只有好处，没有坏处。在培养与选拔人才方面，古今内容不同，标准各异，但选拔本时代德才兼备的人才这一点是一致的。

此外，对"优"的词义有另外诠释：《说文》："优，饶也。"解为"馀力"，是说做官有馀力便去学习，学习有馀力便去做官。可备一说。

19.14　子游曰："丧致乎哀而止[1]。"

【注释】

[1] 丧：指居丧，处在丧事中。自家有丧或奔丧。　致：使之至。这里指使哀至，即充分表现悲哀。　乎哀：介宾词组，在悲哀上。乎，介词，相当于"于"，表所在。　止：止住，不再进行。

【译文】

子游说："居丧能充分表现出悲哀也就够了。"

【点评】

子游此言是针对丧葬存在的问题有感而发的。他认为父母去世或奔丧，只要做到真心怀念,发自内心悲哀也就够了。它有两方面意义:一方面,要重视丧事。曾子说:"慎终追远,民德归厚矣。"通过举丧,在全社会达到德厚的目的。另一方面,反对贵族依仗权势与财富,大操大办,劳民伤财,而内心并不悲哀。子游倡导居丧要真正悲哀,不拘于丧礼的厚与薄,而且又不要过分,适度而止。

19.15　子游曰:"吾友张也为难能也[1],然而未仁[2]。"

【注释】

[1] 张:指子张。孔子弟子,姓颛孙,名师,字子张,陈国人。　也:句中语气助词,表示停顿。　难能:难能可贵。《孟子·公孙丑上》:"昔者窃闻之:子夏、子游、子张皆有圣人之一体。"子张虽于孔子晚年入门,但进德修业卓有成效,是孔门弟子中比较全面的人。孔子死后,子张居陈,聚徒讲学,形成"子张之儒",是儒学八派之一。
[2] 然而:上古汉语一般是两个词,与现代汉语连词"然而"不同。然,指示代词,指代前文,虽然这样。而,连词,表示转折,但是。　未仁:没有达到仁。仁,动词,达到仁的境界。

【译文】

　　子游说:"我的朋友子张是难能可贵的了。虽然这样,但是还没有达到仁的境界。"

【点评】

　　子游对子张的评价是比较高的,以难能可贵许之。事实也是如此。他在孔子晚年入门,但在进德修业方面均有成效,在孔门弟子中表现比较突出,与子游、子夏齐名。人无完人,子张的不足是较为偏激,所以孔子说"师也过"。子游认为子张还没有达到仁的境界。

19.16　曾子曰:"堂堂乎张也[1],难与并为仁矣[2]。"

【注释】

[1] 堂堂乎:形容词,形容仪表壮伟的样子。乎,形容词词尾,增加形象化色彩,表示"……的样子"。何晏《集解》引郑玄注:"言子张容仪盛。"《列子·仲尼》:"师之庄,贤于丘也。"朱熹《集注》:"堂堂,容貌之盛。"
[2] 与(yǔ):介词,跟,同。后面省略宾语"之",指代子张。　并:副词,作状语,一同,一起。今成语有"齐头并进"、"并行不悖"。　为:含义广泛的动词,这里有"修养"的意思。

【译文】

　　曾子说:"子张仪表堂堂,但是很难同他一起修养仁德。"

【点评】

　　本章是曾子对子张的评价,认为子张仪表堂堂,但是不能同他一起进步。将子游对他的评价合起来看,他们都肯定子张的德才,但对他有更高的要求与期盼,希望他能带领大家一同进步,一同达到仁的境界。这方面子张做得不够,所以曾子说他"难与并为仁"。

19.17 曾子曰:"吾闻诸夫子[1]:人未有自致者也[2],必也亲丧乎[3]!"

【注释】

[1] 诸:"之于"的合音词。之,作"闻"的宾语,指代下文孔子所说的事。于,介词,与"夫子"组成介宾词组,作补语,从夫子那里。语译时移前作状语。

[2] 自致者:"者"字词组,作"有"的宾语,自己使感情能充分表达出来的时候。致,使之至,使感情充分表达。

[3] 必也亲丧乎:一定是父母去世的时候吧! 亲,父母双亲。丧,死亡。今成语有"如丧考妣"。乎,表示感叹的语气助词。

【译文】

曾子说:"我从老师那里听说过这样的事:平常人们没有自己使感情充分表达出来的时候,〔如果有的话,〕一定是父母去世的时候吧!"

【点评】

曾子以孝著称,他从孔子那里听到的事也与孝有关。孔子说人们在平常也表达感情,但都不够充分。只有一种情况人们能充分地表达自己的感情,那就是当父母双亲去世的时候,人们发自内心地强烈地甚至是捶胸顿足地表达自己悲痛的感情。

19.18 曾子曰:"吾闻诸夫子:孟庄子之孝也[1],其他可能也[2];其不改父之臣与父之政[3],是难能也。"

【注释】

[1] 孟庄子:鲁国大夫仲孙速,孟献子之子,"庄"是他的谥号,以孝著称。孟献子,名蔑,死于鲁襄公十九年,孟庄子死于鲁襄公二十三年。 之:用于主谓之间的结构助词,标志该结构是分句。

[2] 其他可能也:他别的方面〔人们〕能够做到。其,指示代词,指孟庄子。他,旁指指示代词,与现代汉语"他"不同,不是第三人称代词。指代一定范围之外的事物,别,别的。

[3] 不改父之臣与父之政:不更换父亲时的旧有臣属和父亲时的政治措施。何晏《集解》引马融注:"父臣及父政,虽有不善者,不忍改也。"刘宝楠《正义》:"若有不善,正当改易,何为云不忍哉? 注说误也。"

【译文】

曾子说:"我从老师那里听说过这样的事:孟庄子行孝,他别的方面别人都能做到;他不更换父亲的旧臣和不更改父亲的政治措施,这是别人难以做到的。"

【点评】

曾子说孟庄子行孝,在哭泣之哀痛、孝服之规范、饮食之简约等方面,别人都能做到。但他执政以后,不更换父亲的旧臣和不改变父亲的旧政,别人就难以做到。孔子对此颇加赞许。

孟庄子之父孟献子,鲁国大夫,历事宣公、成公、襄公三朝,据说他知人善任,内政、外交均有佳行。他死后孟庄子继位,全盘继承,不予改动。这样做是否合适,要作具体分析。一般说来,正确的做法是,对父亲的僚属,好的留任,差的调整;同理,善政沿用,与时相悖的要改革。不能为了行孝,不论是非,一概继承。

19.19　孟氏使阳肤为士师[1],问于曾子。曾子曰:"上失其道[2],民散久矣[3]。如得其情[4],则哀矜而勿喜[5]!"

【注释】

[1] 孟氏:孟孙氏,亦称仲孙氏,鲁桓公之子仲庆父的后裔,鲁国"三桓"之一。　阳肤:相传为曾子的学生。何晏《集解》:"阳肤,曾子弟子。"　士师:古时执掌刑狱的法官。《微子》篇:"柳下惠为士师。"

[2] 上失其道:在上位的执政者失去应有的道义。何晏《集解》:"言上失为君之道。"刘宝楠《正义》:"上之人,未尝心乎民也,故民心亦涣散而不相属,以陷于罪戾,而蹈于刑戮,此所谓上失其道。"

[3] 民散:指民心离散。朱熹《集注》:"民散,谓情义乖离,不相维系。"

[4] 如得其情:如果得到百姓犯罪的实情。情,实情,即犯罪的真实情况。《左传·庄公十年》:"小大之狱,虽不能察,必以情。"

[5] 哀矜(jīn):哀怜,怜悯。何晏《集解》引马融注:"民之离散,为轻漂犯法,乃上之所为,非民之过,当哀矜之,勿自喜能得其情。"马融注可贵处的两句话:"乃上之所为,非民之过。"

【译文】

　　孟孙氏任命阳肤做法官,阳肤向曾子请教。曾子说:"在上位的掌权人失去道义,百姓对上离心离德已经很久了。你如果得到了百姓犯罪的实情,要怜悯他,切不要沾沾自喜。"

【点评】

　　阳肤做法官,向老师曾子请教。曾子的教导可贵之处有两点:一是在位者失去道义,对百姓盘剥劫掠,使百姓无法生存,早就与之离心离德,为生存被迫铤而走险。二是做法官的,明白了这一点,在审理案件中,得到所谓百姓犯罪的实情,应站在百姓一边,哀痛怜悯,切不可沾沾自喜,轻易判罪。曾子在那个时代能有这种民本思想是相当可贵的。

19.20　子贡曰:"纣之不善[1],不如是之甚也。是以君子恶居下流[2],天下之恶皆归焉。"

【注释】

[1] 纣:商朝最后一个君主,名辛,"纣"是他的谥号。他重赋聚财,广建离宫别馆,长夜饮乐,杀死比干、梅伯等,囚禁周文王,人民怨恨,诸侯叛离,周武王会合西南各族伐商,牧野之战,商军倒戈,纣王兵败自焚。

[2] 是以:即"以是"。因此。　恶(wù):动词,厌恶,讨厌。　居:身居,处在。　下流:地势卑下之处。此处众流所聚,比喻人干坏事身居众恶所归的处境。朱熹《集注》:"下流,地形卑下之处,众流之所归。喻人身有污贱之实,亦恶名之所聚也。"

【译文】

　　子贡说："纣王的坏处，不像传说的那么厉害。所以君子厌恶身居卑下的处境，〔一旦如此，〕天下的坏事都会归到他的身上。"

【点评】

　　子贡所言，劝诫世人以纣为鉴，千万不要干坏事。商纣残义损善，丧失天下，自焚而死。子贡时代传说纣的恶行较前代为甚。它揭示这样一条规律：人干了坏事，在社会上必遭人们的鄙视，而且凡是有了坏事，都会联系到他，归结到他身上。因此做人要严于律己，珍爱自己的声誉，不被一时的私欲所玷污，保持品质上的洁净。邢昺《注疏》："人之为恶处下，众恶所归，是以君子常为善，不为恶。""常为善，不为恶"，古人这铿锵的六字真言应该成为我们律己的座右铭。

　　19.21　子贡曰："君子之过也[1]，如日月之食焉[2]：过也，人皆见之；更也[3]，人皆仰之[4]。"

【注释】

[1] 君子之过：君子有了过错。之，用于主谓之间的结构助词，标志该结构为分句。过，动词，犯了错误，有了过错。
[2] 日月之食：指日蚀、月蚀。食，"蚀"的古字。指日月亏缺的天体现象。《释名·释天》："日月亏曰食。稍稍（逐渐）侵亏，如虫食草木叶也。"
[3] 更：更改，改正。何晏《集解》引孔安国注："更，改也。"
[4] 仰：仰望。这里有敬仰的意思，表示对君子改过敬重。邢昺《注疏》："及其改过之时，则人皆复仰其德，如日月明生之后，则万物亦皆仰其明。"

【译文】

　　子贡说："君子有了过错，如同日蚀、月蚀：犯了过错，人们都看得见；改了过错，人们皆敬仰他。"

【点评】

　　君子有了过错，光明正大，不掩饰错误，不文过饰非。所以他的错误，人们看得见，看得清，如同看日蚀、月蚀一样清楚明白。他改正错误的态度严肃认真，所以人们对知过必改的君子，不但不疏远，而且更为敬仰。

　　19.22　卫公孙朝问于子贡曰[1]："仲尼焉学[2]？"子贡曰："文武之道[3]，未坠于地，在人[4]。贤者识其大者[5]，不贤者识其小者。莫不有文武之道焉[6]，夫子焉不学？而亦何常师之有[7]？"

【注释】

[1] 公孙朝：卫国大夫。翟灏《四书考异》："春秋时鲁有成大夫公孙朝，见昭二十六年传；楚有武城尹公孙朝，见哀十七年传；郑子产有弟（当是'兄'）曰公孙朝，见《列子》。记者故系'卫'以别之。"
[2] 仲尼焉学：仲尼的学问是从哪里学来的？仲尼，孔子的字。这里指孔子的学问。焉，

疑问代词,作状语,从哪里。

[3] 文武之道:指周文王、武王治国修身之道和西周的礼乐典章。孔子认为自己是文王之道的继承者。

[4] 未坠于地:没有失落在地上。意为仍在人间传播,没有失传。　在人:即在人间,被人们所掌握。

[5] 贤者:"者"字词组,作主语,指贤能的人。　识:认识,了解。　其:指示代词,指文武之道。　大者:"者"字词组,作状语,大的方面,指文武之道的根本。

[6] 莫:否定性无定代词,作主语,没有什么地方。　焉:兼词,相当于"于之",在社会上。语译时移前作状语。

[7] 亦何常师之有:即"亦何有常师"。又何必要有固定的老师。亦,副词,作状语,表示相关情况之间的重复。常师之有,有常师。为强调宾语"常师"而前置。之,前置宾语的标志,语译时可以去掉不译。

【译文】

卫国公孙朝向子贡问道:"仲尼的学问是从哪里学来的?"子贡说:"周文王、武王治国修身之道,没有失传,还传播在民间。贤能的人能了解它的根本,不贤能的人只了解它的末节。可以说在社会上没有什么地方没有文武之道的,我的老师何处不能学? 又何必要有固定的老师?"

【点评】

公孙朝向子贡询问孔子的学问是从哪里来的。子贡回答文武之道是孔子学习的中心。而且他的成功在于抓住这一思想学说的大处,能掌握其精髓。文武之道的传播相当广阔,历史的现实的都给孔子的学习创造了极其有利的条件,在各个方面孔子都取得很大成就。他学无常师,文献记载:他问礼于老聃,访乐于苌弘,问官于郯子,学琴于师襄等,在广泛的学习中成为大师,其学识博大精深。他发愤忘食,不知老之将至的治学精神是他成功的保证,使他最终成为当代和后世的圣者,大学问家。

19.23　叔孙武叔语大夫于朝曰[1]:"子贡贤于仲尼[2]。"子服景伯以告子贡[3]。子贡曰:"譬之宫墙[4],赐之墙也及肩[5],窥见室家之好[6]。夫子之墙数仞[7],不得其门而入[8],不见宗庙之美[9],百官之富[10]。得其门者或寡矣[11],夫子之云[12],不亦宜乎[13]?"

【注释】

[1] 叔孙武叔:鲁国大夫,名州仇,"武"是谥号。　语(yù):告诉。《阳货》篇:"居! 吾语女。"

[2] 于仲尼:介宾词组,作补语,比仲尼。语译时移前作状语。

[3] 子服景伯:鲁国大夫,姓子服,名何,字伯,"景"是谥号。　以告子贡:即"以〔之〕告子贡"。把叔孙武叔说的话告诉给子贡。以,介词,后面省略宾语"之",指"子贡贤于仲尼"这句话。

[4] 譬(pì)之宫墙:即"譬之〔以〕宫墙"。用宫室的围墙比喻师生的学识。譬,比喻,比方。之,指师生的学识。以宫墙,介宾词组,作补语,用宫室的围墙。以,介词,用,拿。

[5] 赐:子贡的名。　及肩:到达肩膀,即肩膀一样高。

[6] 窥(kuī):窥见,探望。　室家:房屋,房舍。

[7] 夫子:古代弟子对老师的敬称。　仞(rèn):古代长度单位,一仞七尺,一说八尺。

[8] 不得其门而入：不能找到他的门而进去。喻指没有真正学到孔子的学问。得，能够。其，指示代词，作"门"的定语，他的。

[9] 宗庙：古时天子、诸侯、王公贵族祭祀祖先的地方。　美：雄伟。

[10] 百官：各式各样的房舍。百，概数，言其多，非实指。官，本义指房舍。

[11] 得其门者或寡矣：得其门者，"者"字词组，作主语，能够找着大门的人。或，副词，或许。寡，不多。说明孔子学问高深，不易学到家。

[12] 夫子之云：武叔老人家那样说。夫子，古代对男子的尊称。

[13] 宜：合宜，自然。

【译文】

　　叔孙武叔在朝廷上对大夫们说："子贡比仲尼强。"子服景伯把这话告诉了子贡。子贡说："好比房屋的围墙，我的围墙只有肩膀那么高，可以探望家室房舍的美好。我老师的围墙却有几丈高，如果找不到他的门走进去，就看不到宗庙的雄伟，各式房舍的富丽。然而能够找着大门的人或许很少，武叔老人家那样说，不也是很自然的吗？"

【点评】

　　叔孙武叔认为子贡比老师孔子强。子贡听后甚感愧疚。他的一席话，不单是自我谦卑，而是由衷赞美老师的崇高品格与学识。全章运用比喻，形象生动。以孔子围墙高达数丈与自己低矮围墙相比，盛赞老师学识高深。用"不得其门而入"比喻把老师学识学到家，实属不易。真正能入门的比较少，登堂入室的就更少。未能入门，就看不到"宗庙之美，百官之富"。没有进入老师学问的大门，就无法领会老师学识的博大精深，丰富多彩！叔孙武叔不识孔子的学识，信口开河，完全合乎他不得其门而入的现状。

　　19.24　叔孙武叔毁仲尼[1]。子贡曰："无以为也[2]！仲尼不可毁也。他人之贤者，丘陵也[3]，犹可逾也[4]；仲尼，日月也[5]，无得而逾焉[6]。人虽欲自绝[7]，其何伤于日月乎[8]？多见其不知量也[9]。"

【注释】

[1] 毁：毁谤，诋毁。

[2] 无以为：不要这样做。无，副词，表示禁戒。不要，别。以，用作副词，此，这样。

[3] 他人之贤者："者"字词组，作判断句主语，别人中贤能的人。他，旁指代词，旁人，别人。不同于现代汉语第三人称代词。　丘陵：好比丘陵，作判断句谓语。属于判断句活用，即用判断句的形式表示比喻。

[4] 犹：副词，作状语，可语译为"还"。　逾(yú)：超越，越过。

[5] 仲尼，日月也：判断句。仲尼好比太阳和月亮。也是用判断句的形式表示比喻。

[6] 无：副词，表示一般性否定，可语译为"不"。　得：能够，可以。　焉：兼词，相当于"于之"，对仲尼。语译时提前作状语。

[7] 虽：连词，纵然，即使。　自绝：指自绝于太阳、月亮。

[8] 何伤：有什么损害。

[9] 多：副词，只，只是。　其不知量也：他不自知其分量罢了。朱熹《集注》："不知量，谓不自知其分量。"

【译文】

叔孙武叔毁谤仲尼。子贡说:"不要这样做! 仲尼是不能毁谤的。别的贤能的人,好比丘陵,还可以超越过去;而仲尼,好比太阳和月亮,对他是不能超越的。人纵然想自绝于太阳、月亮,那对太阳、月亮又有什么损害呢? 只是表明他不自知其分量罢了。"

【点评】

作为鲁国大夫的叔孙武叔,不应该不负责任地毁谤他人,而且毁谤的是当代的大学问家。子贡直言劝诫他。子贡以他追随孔子一生的体验中,饱含深情地说:"别的贤人好比丘陵,虽也高峻,还可以超越;而老师好比高悬的日月,是不能超越的!"同时代的子贡对孔子有如此高的评价,这种评价也被历代所继承,而且当今孔子已成为世界范围的伟大哲人,是我们中华民族的光荣!

19.25　陈子禽谓子贡曰[1]:"子为恭也[2],仲尼岂贤于子乎[3]?"子贡曰:"君子一言以为知[4],一言以为不知,言不可不慎也。夫子之不可及也[5],犹天之不可阶而升也[6]。夫子之得邦家者[7]所谓立之斯立[8],道之斯行[9],绥之斯来[10],动之斯和[11]。其生也荣,其死也哀[12],如之何其可及也[13]?"

【注释】

[1] 陈子禽:姓陈,名亢,字子亢,一字子禽,陈国人。他对孔子直称仲尼,屡对孔子有疑,《史记·仲尼弟子列传》未载其名,后世多疑其非孔子弟子。　谓……曰:古代汉语一种表达方式,对……说。
[2] 子为恭:您对仲尼总是恭敬谦逊。
[3] 岂:副词,作状语,表示反诘,可语译为"难道"。　贤:善,好。　于子:介宾词组,作补语,比您。于,介词,表比较。语译时移前作状语。
[4] 一言以为知:即"以一言为知"。从一句话表现出他的聪明。一言,一句话。有时也指一个字,如"五言诗"、"七言诗"、"万言书"等。"一言"作介词"以"的宾语,为强调而前置。知,"智"的古字,聪明,才智。
[5] 及:本义指赶得上。引申为抽象义,指德才赶得上。
[6] 天之不可阶而升也:阶,梯子。用作动词,指搭着梯子。而,连接动词"阶"和"升"的连词。升,升高,爬上去。邢昺《注疏》:"又为设譬,言夫子之德不可及也。他人之贤犹他物之高者,可设阶梯而升上之。至于仲尼之德犹天之高,不可以阶梯而升上之。"
[7] 得邦家:得国而为诸侯,得采邑而为卿大夫。邦,指诸侯之国。家,指大夫之采邑。
[8] 所谓:我们所说的。　立之斯立:他使百姓立足社会,百姓就会立足社会。立,使动用法,使……立。之,指百姓。斯,连词,就。
[9] 道(dǎo):"導(导)"的古字。引导。　行:跟着走。
[10] 绥(suí):安抚,安定。朱熹《集注》:"绥,安也。"　来:使动用法,使……来。来归,归附。
[11] 动:发动,动员。　和:应和,同心协力。
[12] 哀:使……悲恸。
[13] 如之何:古代汉语凝固结构,怎么能。

【译文】

陈子禽对子贡说:"您对仲尼总是恭敬谦逊,仲尼难道真比您强吗?"子贡说:"君子从一句话表现出他的聪明,也从一句话表现出他的无知,所以说话不可不谨慎啊。我的老师人们是赶不上的,就像天不能搭着梯子爬上去一样。我的老师如果得国而为诸侯,或者得采邑而为卿大夫,正如我们所说的,他使百姓立足社会,百姓就会立足社会;他要引导百姓,百姓就会跟着走;他要安抚百姓,百姓就会来归顺;他要动员百姓,百姓就会积极响应。他老人家生时光彩荣耀,老人家死时令人悲恸,怎么能赶得上他呢?"

【点评】

子贡进一步赞扬孔子的品德和才智,责备陈子禽无知妄说。子贡认为老师是人们不能企及的,他不但是为人师表,也是治国理政的行家里手。

尧曰第二十

【本篇提要】

本篇共三章。第一章,文意不连贯,文辞疑有脱落。

篇首记述尧禅让时对舜的命辞,商汤祭天的告辞和武王封赏诸侯之辞。文中引经据典,旨在表明儒学有深厚的学术渊源,"祖述尧舜,宪章文武"。其中反映帝王的"历数"由上天安排,君权禄位由天帝予夺。这种王权神授的说教,有利于巩固其统治,也督勉在位帝王勤政治国,否则"天禄永终"。

孔子针对时政弊端,提出"尊五美,屏(bǐng)四恶"的政治主张。尊五美即尊崇五种美德:统治者要给百姓好处而又不破费;合理役使百姓而使之没有怨恨;求仁而得仁自然没有贪心;雍容大方却对人不傲慢;仪表威严却不凶猛。屏四恶即除掉四种恶政:不教而杀叫作残虐;不加申诫便要成绩叫作凶暴;政令先怠而突然限期叫作贼害;给人财物,出手吝啬叫作小气。同时给从政者提出三点企盼:宽厚才能得到百姓拥护;勤敏才能取得政绩;办事公道百姓才会高兴。

末章孔子提出君主应具备"三知",即知命,知礼,知言。知命,君子要懂得命运,是做君子的首要条件,不知命就不能做君子。知礼,懂得礼才能立足社会。知言,善于分析人言,才能分辨是非,才能认识人,识别人。

篇中提出"兴灭国,继绝世,举逸民"的政治举措,不合乎春秋晚期社会发展趋势,反映了孔子政治上保守的一面。君子"知命"表现了唯心主义天命观的局限。

20.1 尧曰[1]:"咨[2]!尔舜[3]!天之历数在尔躬[4],允执其中[5]。四海困穷[6],天禄永终[7]。"舜亦以命禹。

【注释】

[1] 尧:传说中父系氏族社会后期部落联盟的领袖。名放勋,号陶唐氏,史称唐尧。
[2] 咨(zī):叹词,表示赞叹。
[3] 尔舜:你这位舜。尔,第二人称代词,你。舜,传说中父系氏族社会后期部落联盟的领袖。姓姚,名重华,号有虞氏,史称虞舜。
[4] 历数:本指每年节气的次序,这里指帝王相继的次第。古代迷信,认为这次第是由上天安排的。　尔躬:你的身上。
[5] 允执其中:切实把握那中正之道。允,真实,切实。执,握持,把握。中,指不偏不倚的中正之道。《尚书·大禹谟》作"允执厥(jué)中"。厥,指示代词,作定语,相当于"其"。
[6] 四海:指全国,全天下。古人认为我国四周全是海,所以称中国为海内,外国为海外。这里指天下的人。　困穷:困苦贫穷。
[7] 天禄:上天给的禄位。禄,旧时官吏享有的禄位,薪俸。　永终:永远终止。

曰:"予小子履[1],敢用玄牡[2],敢昭告于皇皇后帝[3]:有罪不敢赦[4]。帝臣不蔽[5],简在帝心[6]。朕躬有罪[7],无以万方[8];万方有罪,罪在朕躬。"

【注释】

[1] 曰:指商汤说。　予小子履:我小子履。予,第一人称代词,我。小子,谦称,用于自称。"予小子"与下文"予一人"都是古代帝王表示谦卑自称之词。履,商汤名。《史记·殷本纪》作"天乙",甲骨文作"大乙",汤又名履。何晏《集解》引孔安国注:"履,殷汤名。"

[2] 敢:副词,以自我谦卑表示对对方尊敬。冒昧地。　玄牡:黑色公牛。玄,形容词,泛指黑色。牡,指公牛。夏尚黑色,商尚白色。此时祭祀仍用黑牛作牺牲,说明商还没有改变夏礼。朱熹《集解》:"用玄牡,夏尚黑,未变其礼也。"

[3] 昭:明显,明白。　皇皇后帝:光明而伟大的天帝。皇皇,也作"煌煌",明亮的样子。《诗经·陈风·东门之扬》:"昏以为期,明星煌煌。"后帝,指天帝。后,指君主,帝王。《尚书·汤誓》:"我后不恤我众。"

[4] 赦(shè):赦免。减轻或免除对罪犯的刑罚。

[5] 帝臣不蔽:您臣下〔的善恶〕我也不加掩盖。蔽,遮掩,掩盖。

[6] 简在帝心:选官黜免全由您的心意。简,通"柬"。选择,选拔。魏徵《谏太宗十思疏》:"简能而任之,择善而从之。"

[7] 朕(zhèn):第一人称代词,我。自秦始皇始,专用作帝王的自称,以前不分贵贱皆自称"朕"。屈原《离骚》:"朕皇考曰伯庸。"　躬:自身。

[8] 无:通"毋"。表示禁止,劝阻。不要。　以万方:是"以〔之〕万方"之省。因此连累天下万方。以,介词,其后省略宾语"之",指代前文"朕躬有罪"。朱熹《集注》:"厚于责己,薄于责人之意。"

周有大赉[1],善人是富[2]。"虽有周亲[3],不如仁人。百姓有过,在予一人[4]。"

【注释】

[1] 赉(lài):赏赐。

[2] 善人是富:即"富善人"。"善人"是"富"的前置宾语。"是"是前置宾语的标志,语译时可以省略。富,形容词的使动用法,使……富裕起来。

[3] 虽有周亲:即使有至亲。虽,连词,表示让步,即使。周,至,最亲密的。《尚书·泰誓》:"虽有周亲,不如仁人。"孔安国传:"周,至也。言纣至亲虽多,不如周家之少仁人。"

[4] 在予一人:在我一个人身上,即由我承担。

谨权量[1],审法度[2],修废官[3],四方之政行焉[4]。兴灭国[5],继绝世[6],举逸民[7],天下之民归心焉。所重:民,食,丧,祭[8]。宽则得众,信则民任焉[9],敏则有功[10],公则说[11]。

【注释】

[1] 谨：认真对待。　权：名词，秤锤。词义扩大，这里指全秤，称重量的器具。　量(liàng)：量(liáng)容积的器具。《汉书·律历志上》："量者，龠(yuè)、合(gě)、升、斗、斛(hú)也，所以量多少也。"

[2] 审：审定，审核。　法度：指长度。《史记·秦始皇本纪》和秦权、秦量的刻辞中都有"法度"一词，都指长度的分、寸、尺、丈、引等。《汉书·律历志上》："审法度。"颜师古注："法度，丈尺也。""谨权量，审法度"指统一度量衡，确定统一的标准。

[3] 官：本义指房舍，特指行政办事的处所，即官府。引申为行政职务，即官职。

[4] 四方之政：指全国的政令。　行：通行，畅通。

[5] 兴灭国：恢复灭亡的国家。

[6] 继绝世：接续已经断绝了的贵族世系。世，父子相继为一世。这里指贵族享有的特权，父死子继，世代相承，这便是世卿世禄制。这种无功而受禄的贵族特权随着贵族领主制的崩溃而被淘汰。《孟子·离娄下》："君主之泽，五世而斩。"便是记载这样的史实。

[7] 举逸民：推举隐逸的人才。举，推举，提拔。

[8] 所重：民、食、丧、祭：判断句。所重，判断句主语，指所重视的事情。民、食、丧、祭，判断句谓语，指人民、粮食、丧事、祭祀。判断句主语与谓语指的是同一事物。

[9] 信则民任焉：《汉石经》无此句，皇侃本、正平本也无此句。这一句是因《阳货》篇"信则人任焉"句而衍。

[10] 敏则有功：勤敏就会有功绩。

[11] 公则说：公平就会使人高兴。说，"悦"的古字。喜悦，高兴。

【译文】

尧说："啧啧(zé zé)！你这位舜！依次登位的天命已经落到你的身上，要切实把握好中正之道。如果天下的百姓都陷于困苦贫穷，上天给你的禄位也就永远终止了。"舜〔让位给禹的时候，〕也用这话告诫禹。

〔汤〕说："我小子履，冒昧地用黑色公牛作牺牲，冒昧地明告伟大的天帝：有罪的人我不敢擅自赦免。您臣下〔的善恶〕我也不加掩蔽，选拔用人全由您的心意。我自身要是有罪，不要因此连累天下万方；天下万方要是有罪，罪过归我一人身上。"

周朝有大的封赏，使善人都富裕起来。"即使有至亲，也不如有仁德的人。百姓如果有罪过，责任在我一人身上。"

认真检验并审定度量衡，修复已经废弃的官职，全国的政令就会畅通。复兴灭亡的国家，接续断绝了的世系，推举隐逸的人才，天下的百姓就会实心实意归服你。

所重视的事情是：人民、粮食、丧事、祭祀。

宽厚就能得到大众的拥护，勤敏就会有功绩，公平就会使百姓高兴。

【点评】

本章行文不连贯，疑有脱落。"谨权量"以上引入《尚书》一些段落，如《虞书·大禹谟》、《商书·汤诰》、《周书·武成》的某些内容，表明儒学"祖述尧舜，宪章文武"。文中反映了那个时代的天命观，帝王继位由上天安排，君权由天帝予夺，以此威吓百姓，利于统治。同时告诫帝王，必须治理好国家，否则将永远终止其禄位。

"谨权量"以下当是孔子的话。孔子阐明治国方略，统一度量衡，修复废弃的官职，使全国政令得以畅通。但他所提出的"兴灭国，继绝世，举逸民"的主张，政治上是保守的。国家由分裂走向统一是历史发展的必然趋势，将那些大量灭亡的小国再复兴起来，是开历史倒车。对已经断代的贵族世家再接续下来，恢复世卿世禄制，这也是逆历史潮流。"举逸民"要作具体分析,随着时代和阶级的变迁,历史上已经被淘汰的人物也不能再起用,除非是在民间真正的有德才者。孔子企盼从政者能做到:宽厚才能得到大众的拥护,勤敏才能有政绩,办事公平才能使人高兴。

20.2　子张问于孔子曰:"何如斯可以从政矣[1]?"子曰:"尊五美[2],屏四恶[3],斯可以从政矣。"子张曰:"何谓五美[4]?"子曰:"君子惠而不费[5],劳而不怨[6],欲而不贪[7],泰而不骄[8],威而不猛[9]。"子张曰:"何谓惠而不费?"子曰:"因民之所利而利之[10],斯不亦惠而不费乎?择可劳而劳之[11],又谁怨[12]?欲仁而得仁[13],又焉贪[14]?君子无众寡[15],无小大,无敢慢[16],斯不亦泰而不骄乎?君子正其衣冠[17],尊其瞻视[18],俨然人望而畏之[19],斯不亦威而不猛乎?"子张曰:"何谓四恶?"子曰:"不教而杀谓之虐[20],不戒视成谓之暴[21],慢令致期谓之贼[22],犹之与人也[23],出纳之吝谓之有司[24]。"

【注释】

[1] 何如:由疑问代词"何"与"如"所组成的常用词组,表示疑问,询问状况,作状语,语译为"怎样"。　斯:连词,就。　从政:管理政事。

[2] 尊:用作动词,尊崇,敬重。　五美:五种美德。

[3] 屏(bǐng):除掉,排除。　四恶(è):四种恶政。

[4] 何谓:什么叫作。谓,称作,叫作。

[5] 惠:动词,给人恩惠。　费:花费,耗费。

[6] 劳:劳作。这里指役使。　怨:怨恨。古代汉语"怨"词义重,"恨"词义轻,表示遗憾。

[7] 欲:有欲望。从下文看,欲望的内容是"欲仁"。　贪:贪心,获取非分的财利。

[8] 泰:形容词,安舒,安宁。

[9] 威:仪态威严。　猛:表情凶猛。

[10] 因:依据,凭借。　民之所立:名词性"所"字词组,作"因"的宾语,指百姓能得到利益的地方,如依据当地条件发展生产。　利之:使百姓得利。利,使动用法,使……得利。之,指百姓。

[11] 择:选择。　可劳:指百姓能够干的活儿或干活的季节。　劳之:让百姓去干。劳,使动用法,使……劳动,即让……去干。

[12] 谁怨:谁还会怨恨呢?

[13] 欲仁:想要得到仁德。

[14] 又焉贪:又怎么能贪求财利。焉,疑问代词,作状语,怎么能。

[15] 无众寡:无论人多人少。无,连词,表示条件不同而结果不变,语译为"无论"、"不论"。《史记·田儋列传》:"政无巨细,皆断于相。"

[16] 无敢慢:不敢怠慢。无,副词,表示一般性否定,语译为"不"。慢,形容词,轻忽,怠慢。

[17] 正:使动用法,使……端正,使……整齐。　其:指示代词,指君子。　衣冠(guān):衣服、礼帽。

[18] 尊其瞻(zhān)视:使君子的观瞻庄重。尊,使动用法,使……庄重。瞻视,观瞻,顾盼。

[19] 俨(yǎn)然:严肃庄重的样子。然,形容词词尾,增加形象化色彩,表示"……的样

子"。 望而畏之：双动一宾结构，相当于"望之而畏之"。人们望他而有所敬畏。
[20] 虐(nüè)：指凶残，残暴。四种恶政之一。
[21] 不戒视成：不加申诫，只督取成绩。戒，告诫，申诫。 暴：暴虐，凶暴。
[22] 慢令：政令松弛。慢，松懈，弛缓。 致期：突然限期。 贼：贼害，残害。上古汉语
"贼"词义重，指残害，杀害；"盗"词义轻，指盗窃，小偷。与现代汉语正相反。 朱熹
《集注》："致期，刻期也。贼者，切害之意。缓于前而急于后，以误其民而必刑之，是贼
害之也。"
[23] 犹：动词，如同。 与：给予，授予。
[24] 出纳：偏义复词，偏指"出"，付出，出手。 吝：吝啬。 有司：古代行政设官分职，
各有所司，一般是基层官吏，官卑职微，出手拘谨，所以译为"小气"。

【译文】
　　子张向孔子问道："怎样就可以管理政事了呢？"孔子说："崇尚五种美德，
除掉四种恶政，就可以管理政事了。"子张问道："什么叫作五种美德？"孔子
说："君子给百姓恩惠却又不破费；役使百姓却又使百姓没有怨恨；有欲望却
不贪心；安舒大方却不骄傲；仪态威严却不凶猛。"子张又问道："什么叫作给
百姓恩惠却又不破费？"孔子说："凭借百姓能得到利益的地方而使百姓得到
利益，这不就是给百姓恩惠却又不破费吗？选择百姓能干的活儿和时机，让
他们去干，谁还会有怨恨呢？想要得到仁德便得到了仁德，又怎么能贪求财
利？君子无论人多人少，也无论势力大小，都不敢怠慢，这不就是安舒大方却
不骄傲吗？君子将衣帽穿戴整齐，使观瞻庄重，严正的仪态让人望而敬畏，这
不就是威严却不凶猛吗？"子张问道："什么叫作四种恶政？"孔子说："不进行
教诲，犯了罪就杀人，叫作残虐；不加申诫，只督取成绩，叫作凶暴；起先政令
松弛，突然限期完成，叫作贼害；如同给人财物，出手吝啬，叫作小气。"

【点评】
　　子张向孔子问政，孔子以"尊五美，屏四恶"作答。这是孔子为政以德的施政总纲
所衍生的要目，是针对春秋晚期当权者施政存在的问题而发的。第一，"惠而不费"。
孔子从关心百姓生存出发，主张因民之所利而利之。第二，"劳而不怨"。当时徭役失
度，弄得民不聊生，怨声载道，孔子提出要合理役使百姓，"择可劳而劳之"，自然会消
除怨恨。第三，"欲而不贪"。针对官府贪腐之风，孔子认为人们有正当欲望是可以
的，但不能占取不义之财。第四，"泰而不骄"。孔子强调当权者切勿偏心，无论人多
人少，势大势小，都不怠慢，不骄横。第五，"威而不猛"。这是孔子针对当权者对百姓
态度凶猛而发的。衣冠整齐，仪态庄重，百姓敬畏是可以的，但对百姓不能凶猛。
　　至于四种恶政，对我们深入认识古代社会很有价值，孔子揭示在剥削阶级当权的
古代社会，存在四种恶政：虐政，暴政，贼政，吝政。对百姓不教而杀，搜刮百姓无情，
而付出却百般悭吝，人民处境实为艰难，《诗经·豳风·七月》中，农奴发出"无衣无
褐，何以卒岁"的悲惨呼声，就是有力的，佐证。

　　20.3　孔子曰："不知命[1]，无以为君子也[2]；不知礼[3]，无以立也[4]；
不知言[5]，无以知人也。"

【注释】
[1] 命：天命，命运。《为政》篇："五十而知天命。"又《季氏》篇："小人不知天命而不畏也。"
[2] 无以为君子：即"无〔之〕以为君子"。没有条件成为君子。无，后面省略宾语"之"，指

代成为君子的条件。以,连词,连接"无"和"为"两个谓语动词。为,成为。
[3] 礼:指周礼,贵族等级制的社会准则和道德规范。其外在的礼节、礼仪是从属于这一制度的,不同于今日的礼节、礼貌。
[4] 立:指立足社会,礼是立足社会的根基。当时国与国、人与人之间的交往离不开礼,所以士人、学子要专门学习礼。《季氏》篇中孔子叮嘱其子孔鲤:"不学礼,无以立。"
[5] 知言:懂得辨识人家的言语。从辨析别人的言语中识别其是非、真伪、善恶等。《学而》篇:"巧言令色,鲜矣仁。"又《公冶长》篇:"始吾于人也,听其言而信其行;今吾于人也,听其言而观其行。"又《颜渊》篇:"察言而观色。"这些都属于对言语的分析。

【译文】
　　孔子说:"不懂得命运,便没有条件成为君子;不懂得礼制,便没有根基立足社会;不懂得辨别人家的言语,便没有依据来了解人。"

【点评】
　　分析本章"三知",必须把握春秋时期的社会条件和思想意识。所谓"知命",指懂得天命、命运,要求君子理解它,接受它。国家的兴衰,社会的变迁,帝王的更替以及个人的遭遇,认为都与有意志的天的旨意相关。二千多年前在那样历史条件下有这种意识,并不奇怪,符合当时的认识实际,不宜将"命"解释为自然和社会的发展规律。由于历史的局限,古人还没有这种科学的社会观。所谓知礼,也不是今天的礼节、礼貌,而是礼制,是指贵族等级制的社会准则和道德规范。当时国与国、人与人的交往中离不开礼,所以士人、学子必须学习礼,掌握礼,实践礼,否则寸步难行,无法立足社会。所谓"知言",指善于分辨别人的言语,因为言语是一个人思想意识的直接反映,只有分辨言语的是非、真伪、善恶等,才能了解人,认识人,也才能知人善任,所以"三知"便成为古代君子必备的条件。

附　　录

孔子生平简介

　　孔子名丘,字仲尼,鲁国陬邑(今山东曲阜东南)人,生于鲁襄公二十二年(前551)九月二十八日,卒于鲁哀公十六年 (前479),享年七十二岁。

　　孔子祖先是宋国贵族,传至五世祖孔父嘉,任官司马,宋国发生内乱,遭无辜杀害。为避害,其子奔鲁。传至曾祖孔防叔,开始从政,为防邑大夫,故称防叔。防叔之孙叔梁纥(hé)是一名武士,武力绝伦,立过战功,出任陬邑大夫。他先娶施氏和一妾,妾生一子,名孟皮,跛足,无力继承家世,于是又娶鲁都大姓颜氏女颜徵在。婚后夫妇到尼丘山祭祀,颜氏怀孕,生孔子。为纪念此行,给儿子取名为丘。按古代"孟、仲、叔、季"排行顺序,孔子是次子,所以其字为仲尼。

　　孔子三岁时,父亲去世,跟随母亲过着艰苦的生活。孔子生在完整保留西周文化的鲁国,自幼受着礼仪的熏陶。孔家当时属于士的阶层,有条件习礼。据《史记·孔子世家》记载:"孔子为儿嬉戏,尝陈俎豆(均属礼器),设礼容。"文化环境及母亲严格的教养,为孔子日后成长打下坚实的基础。

　　孔子十七岁那年,母亲颜氏去世,他把父母合葬于防山。为生计所迫,他参加多种劳动,学会很多技艺,所以他说:"吾少也贱,故多能鄙事。"(《论语·子罕》)为糊口,他必须求得一份职业,于是他给贵族做"委吏"和"乘(shèng)田吏"。委吏是管理仓库的小吏,料理升斗,会计出纳。乘田吏是管理放牧的小吏,晨夕饲养,出放蕃息。为了实现政治理想,他白天任事,晚间刻苦学习。孔子没有进过贵族学校,因为只有贵族子弟才有入学机会。他学无常师,"三人行,必有我师焉,择其善者而从之"(《论语·述而》)。由于勤奋好学,他掌握了礼、乐、射、御、书、数等六艺,并广泛学习《诗》、《书》等文化典籍。为了了解夏商两代历史文化,曾先后到杞国和宋国考察,而且游历过其他一些国家。郯国国君访鲁,因郯君熟悉古代官制等典章制度,孔子前往拜见,虚心求教。孔子渴求知识,不放过任何学习机会,"入太庙,每事问"(《论语·八佾》)。经过长期艰苦学习与实践,终于结出硕果。据《墨子·公孟》篇记载,"孔子博于诗书,察于礼乐,详于万物",成为有影响的学者。

　　孔子十九岁那年,与鲁国亓(qí)官氏结婚,第二年生伯鱼。鲁昭公赞赏孔子的学识,便派人给孔子送去一条大鲤鱼以示祝贺。为了纪念国君之赐,孔子便给儿子取名鲤,字伯鱼。

　　孔子大约在三十岁至五十岁之间,主要从事教育和整理古代文化典籍。当时的鲁国由季氏为首的"三桓"把持政权,孔子的理想难以实现,于是他走了一条兴办私学的道路。那个时代,教育为贵族所垄断,平民没有受教育的权力。孔子兴办私学,使教育摆脱贵族垄断的羁绊,开百代风气之先,在中国教育史上写下了浓墨重彩的一笔。孔子提出"有教无类",不分贵贱,不限地域,只要交上十条一束的干肉作为见面礼,便没有不得到教诲的。《论语·述而》上说:"自行束脩以上,吾未尝无诲焉。"他对自己"学而不厌",对弟子"诲人不倦"。私学越办越兴旺,名气也越来越大。不但在鲁国的受业弟子众多,其他一些国家的青年也慕名而来。他所教的内容主要是文、行、忠、信和礼、乐、射、御、书、数等六艺。前期著名的弟子有颜无繇、曾点、子路、冉伯牛、闵损、冉求、仲弓、宰我、颜回、高柴、公西赤等人。由于私学兴办成功,影响日益扩大,甚至波及执政的上层人物。孟僖子是"三桓"之一,临终,命儿子孟懿子和南宫敬叔拜孔子为师,学礼,表明私学已经被上层社会所承认,比官府学校办得好。

就在孔子私学兴旺之时,鲁国发生内乱。鲁昭公后期,季平子执政,专横跋扈,昭公欲伺机铲除。一次,季平子与郈(hòu)昭伯因斗鸡事得罪了昭公,昭公率师攻伐季平子。"三桓"中的叔孙氏、孟叔氏前来支援,三家合攻昭公,昭公无奈逃奔齐国。在这种混乱情势下,孔子决定暂时离开鲁国,去到齐国。

齐景公慕名孔子,向孔子问政,怎样才能治理好国家?孔子回答:"君君,臣臣,父父,子子。"是说当国君的要像当国君的样子,臣属要像臣属的样子,父亲要像父亲的样子,儿子要像儿子的样子。齐景公说:"善哉!信如君不君,臣不臣,父不父,子不子,虽有粟,吾得而食诸?"(《论语·颜渊》)孔子意欲齐景公整顿已被破坏了的宗法制度。齐景公再次召见孔子时,孔子针对以齐景公为首的贵族奢侈无度,提出"政在节财"的忠告。孔子在齐还学习"尽善尽美"的《韶》乐,陶醉其中,竟"三月不知肉味"(《论语·述而》)。齐景公想封孔子为大夫,遭到齐相晏婴的反对,齐国革新派也反对孔子在齐大兴礼乐。在齐国君臣商讨给孔子待遇时,齐景公主张按鲁国季孙氏、孟孙氏之间的标准给予。后因臣下反对,齐景公最后说:"吾老矣,不能用也。"(《论语·微子》)于是孔子毅然离开齐国。

孔子返鲁,鉴于季氏把持鲁国之政,其家臣阳虎(即阳货)又把持季氏之政,所谓"陪臣执国命",孔子决定不出仕,继续他的教育事业,弟子越来越多。同时整理《诗》、《书》、礼、乐等文化典籍,深入研究历史文化。阳虎想壮大自己的势力,也知道孔子对季氏专权的不满,便设法拉拢孔子,多次想与孔子见面。孔子深知其人,婉言谢绝。鲁定公八年,阳虎发动叛乱,战败后逃往齐国。鲁定公昏庸无能,大权被季氏掌握。而季氏不学无术,家臣又接连叛乱,迫切需要选拔具有真才实学的人理政,于是选中了孔子。鲁定公任命孔子为中都宰。《史记·孔子世家》上说:"孔子为中都宰,一年,四方则之。"四方都来学习治国理政的经验。不久,孔子便由中都宰升为司空,又由司空升为大司寇。大司寇执掌国家的司法、刑狱和社会治安大权,位列大夫。此时孔子已进入鲁国政权的核心,以实现他"强公室,抑私门"的政治主张,进而实现他

"礼乐征伐自天子出"的社会理想。孔子执政期间，还做了两件大事：第一件，辅佐鲁定公与齐景公夹谷之会而不辱使命。齐国为了与晋楚争霸，须与鲁国结盟，并要钳制鲁国。鲁定公十年，齐鲁商定在齐国的夹谷（今山东莱芜市）两君会盟。以往凡由国君出面的外事活动，必由公卿相佐，这次破例由孔子相君。孔子事前做了周密准备，他对定公说："臣闻有文事者，必有武备。"为了防止意外，鲁国有左右司马率军相随。齐国大夫犁弥对景公说："孔丘知礼而无勇，若使莱人以兵劫鲁侯，必得志焉。"（《左传·定公十年》）宾主见礼毕，齐施计劫持鲁定公，孔子针锋相对，以大义言辞折服齐君，齐国计谋未能得逞。将盟，齐方要把"齐师出竟，而不以甲车三百乘从我者"的词句加入盟书（《左传·定公十年》）；孔子也使人申明齐必须还鲁汶阳之田。会后齐果归鲁田。鲁国终于取得了盟会的胜利。第二件，是"堕（huī）三都"。事件发生在鲁定公十二年。孔子的目的是为了"强公室，抑私门"，削弱季氏的势力。孔子说："家不藏甲，邑无百雉之城。"（《公羊传·定公十二年》）"家"指大夫的采邑，城墙长三丈，高一丈为一雉。是为了限制大夫势力的膨胀。为了不使季氏觉察，表面上是为了维护季氏的利益，防止家臣据邑叛乱，所以得到季氏认同。"三都"指叔孙氏的郈邑，季孙氏的费邑，孟孙氏的成邑。所谓"堕三都"是指毁掉三邑的城墙，不是毁掉整个都邑，因为城墙是古代防御工事。首先毁掉郈邑的城墙。因为郈邑不断发生家臣叛乱，所以毁城得以顺利实施。接着便要毁费邑。这时费邑的家臣公山不狃伙同庶子叔孙辄率军攻打都城曲阜，孔子命申句须、乐颀（qí）反击叛军，叛军败退，公山不狃与叔孙辄奔齐。费邑的城墙遂毁。最后当毁成邑。邑宰公敛处父对孟孙氏忠诚，他对孟孙氏说："堕成，齐人必至于北门。且成，孟氏之保障也；无成，是无孟氏也。子伪不知，我将不坠（zhuì）。"（《左传·定公十二年》）孟孙氏采纳了他的意见，佯装不知，由公敛处父处理，抵制毁成。这时鲁定公围城，没有攻下。此时季孙氏、叔孙氏也有觉察，怀疑孔子"堕三都"的动机，认为别有用心，于季氏不利。孔子与季氏从前较为融洽的关系至此结束，孔子在鲁国的政治地位也难以为继。

　　齐国见孔子政绩斐然，有所惧忌。认为鲁国强大，对齐不利。加之齐鲁夹谷之会未能得逞，对鲁总是耿耿于怀，于是君臣谋划腐蚀、离间鲁国君臣。他们商定馈赠鲁君八十名歌伎舞女，一百二十匹披挂锦缎的文马，将其陈列鲁城南高门外。季桓子微服往观，鲁定公也亲视终日。君臣迷恋声色，三日不理朝政。孔子面对此种情势，大失所望，决定离开鲁国，去他国实现自己的政治理想，于是孔子师生开始周游列国。

　　孔子与弟子商定，先去临近的卫国。鲁、卫两国乃兄弟之邦，同是姬姓国家，保持周朝文化传统，孔子弟子在卫国任职的也不少。那里人口兴旺，国家富足，具备实现理想的条件。孔子一行到了卫国，住在子路妻兄颜浊邹家里。尽管卫灵公不是贤君，但还有礼贤下士的名声。卫灵公问孔子在鲁国年俸多少？孔子说俸粟六万斗。卫灵公也给六万斗作为师生的俸禄。后来有人对卫灵公说,孔子弟子能人很多,要防止他们做出对卫国不利的事情,卫灵公派人监视师生出入行踪。孔子对此极为不满,而且担心会引出祸患。只住了十个月,便决定离开卫国。

孔子一行离开卫国,向陈国进发,途经匡邑。据《史记·孔子世家》所载:"孔子适卫,居十月,去卫过匡。阳虎曾暴匡人,孔子状类阳虎,拘焉五日。"当年阳虎曾加害匡地百姓,匡人认为车上坐的孔子是阳虎,所以匡人拘捕孔子。当弄清情况后,匡人放行孔子师生。孔子决定暂时返回卫国,休整后再考虑下一步行动。他们在返回卫国途中,经过蒲邑,受到蒲人的拦截。因为蒲邑是被卫灵公驱逐的公叔戌的领地,他据蒲与卫国公室抗衡。最后蒲人说,只要你们不回卫都帝丘,就可以放行。孔子答应了这一条件,离开蒲邑后师生还是回到卫都。卫灵公得知后亲自到郊外迎接,他们住在卫国名人蘧伯玉家。稳定以后,卫灵公宠姬叫南子的,想利用孔子的声望抬高自己,便派人邀请孔子在宫中见面,她说凡是到卫国见过卫灵公的她都想见。因为南子名声不好,孔子婉言谢绝。但南子执意要见。孔子考虑身在卫国,不便得罪她和卫灵公,只好去宫中见了南子。事后子路很不高兴。有人误认孔子是想在卫国做官才去见她。孔子严正申明见她不是为了出仕。卫灵公虽然给师生优厚俸禄,但不准备重用孔子。他所关注的不是礼乐治国,而是倾心战阵。一次,卫灵公向孔子请教战阵之事。孔子回答:"俎豆之事,则尝闻之矣。军旅之事,未之学也。"(《论语·卫灵公》)孔子认为在卫国很难实现政治理想,便决意到陈国去。

在去陈的路上又遇到了麻烦。据《史记·孔子世家》记载:"孔子去(离开)曹,适宋,与弟子习礼大树下。宋司马桓魋(tuí)欲杀孔子,拔其树。孔子去,弟子曰:'可以速矣。'孔子曰:'天生德于予,桓魋其如予何?'"又《史记·宋世家》记此事:"〔景公〕二十五年,孔子过宋,宋司马桓魋恶之,欲杀孔子,孔子微服去。"桓魋把持宋国大权,深恐宋君重用孔子,于是派人砍树,放言威胁,以迫使师生赶快离开宋国,并非必杀孔子。

孔子一行到了陈国,住在司城贞子家中。陈湣(mǐn)公欢迎孔子到来,待如上宾。在陈国究竟委任何职,于史无载。陈国属小国,地处吴楚之间,吴楚两国经常交兵,矛盾日深,陈国百姓深受其害。鲁哀公六年,吴国出兵攻打陈国,陈向楚求助,楚昭王率兵来救,使吴军退走。在紧急时刻,师生速离陈都宛丘,向蔡国进发。在路上,由于所带粮食告罄,一连七天没有吃上像样饭食,饿得一个个爬不起来。《论语·卫灵公》上说:"在陈绝粮,从者病,莫能兴。"是说在没有走出陈国国境的路上便断了粮,跟从孔子的弟子们都饿坏了,没有谁能爬起来。形容饥饿严重,但还是坚定地往前走。

孔子一行来到蔡国的负函(今河南信阳市)。这时的负函已被楚国占领。到负函实际是到了楚国。楚大夫沈诸梁治理负函。因为他的采邑是在叶地,所以人们称他为叶公。叶公对师生很热情,使师生很快得以休整。叶公会见孔子,向孔子问政。孔子说:"近者悦,远者来。"(《论语·子路》)是说让就近的百姓高兴,远方的人愿意投奔。因为负函的百姓都是原先蔡国人,本来对楚有想法,所以要格外亲近他们。叶公虽然知道孔子的名望很高,但具体情形尚不得而知。于是便私下询问子路。子路初来,一时不知怎样回答。孔子知道后,便对子路说:"女奚不曰,其为人也,发愤忘食,乐以忘忧,不知老之将至云尔。"(《论语·述而》)由此深知孔子毕生志学乐道,毕生在不懈进取中,令人感奋。孔子在楚还遇到了楚狂接舆、长沮(jū)、桀溺、荷蓧丈人四位隐士。有人认为他们都是蔡国遗民,不愿仕楚而隐居。他们赞许孔子的学识,却不赞成孔子的政治主张,从不同角度加以批评,子路对丈人也进行了反批评。子路认为避世隐居,不顾国事,有违君臣之义,不符合人伦中的大伦。

孔子从负函回到陈国,停留不久,便回到了久别的卫国都城帝丘。此时孔子已经六十三岁。卫灵公去世后,由其孙卫出公继位,这时他已经在位四年。执政大夫孔文子推荐孔子从政。子路得知这一信息,便问孔子,如果您从政,打算先做什么?孔子说:"必也正名乎!"那一定是从正名开始。子路贸然说:"有是哉,子之迂也!奚其正?"是说您迂阔竟有如此严重!有什么可以纠正的?孔子斥责子路:"野哉,由也!"有修养的人对不了解的事情不急于表态。为什么必须从正名开始呢?因为"名不正,则言不顺;言不顺,则事不成;事不成,则礼乐不兴;礼乐不兴,则刑罚不中;刑罚不中,则民无所措手足。"(《论语·子路》)按照孔子的正名主张,卫出公辄不应继位,应该把君位让给其父蒯聩(kuǎi kuì);从另一角度看,逃亡在外的蒯聩,看到儿子已经继位,可以辅佐其子,这样做也合乎礼。然而在卫国政坛,父子争位,已经闹得沸沸扬扬。在这种情势下,让卫出公正名,把君位交出,没有任何可能。卫出公继续给师生俸禄,但仍无重用孔子之意,孔子也不想在卫国久留。回想起自鲁定公十三年离开鲁国,奔波在外,过着羁旅生活,理想无法实现,身心劳倦,思国怀乡之情油然而生。最后恰逢季康子派人带着礼物到卫国接孔子回国,于是鲁哀公十一年秋,孔子师生结束了长达十四年的羁旅生涯,回到了父母之邦鲁国。这一年孔子已经六十八岁。

孔子回到鲁国,当政者以国老地位尊奉孔子。孔子垂垂老矣,已不想从政,他的弟子们却在许多方面任职,发挥着重要作用,使孔子颇感欣慰。他继续从事教育,集中精力整理文化典籍。他至老也不改变实现周道的理想,而且老而弥坚。一次,季康子派冉有多次向孔子征询按田亩征军赋的意见,他一直不表态,最后要季康子遵循"周公之典"行事,反对按田亩征军赋。季康子没有采纳孔子意见,而实施按田亩征军赋的新政。

孔子晚年,遭遇许多不幸事件:夫人丌官氏因积劳成疾,在孔子回国前一年病故。鲁哀公十三年,其子孔鲤去世,年仅五十岁。老年丧子,在精神上打击很大。不久得意门生颜回也不幸夭折,孔子万分悲痛。鲁哀公十五年,跟随孔子时间最长的子路,在卫国宫廷内乱中丧生。

鲁哀公十四年春,据说叔孙氏西部狩猎,捕获一怪兽,孔子视为麒麟。古人认为麒麟乃仁兽,太平盛世才出现,而此兽竟遭被捕之祸,孔子极度悲伤,哀叹说:"吾道穷矣!"(《史记·孔子世家》)他所撰写的《春秋》至此搁笔。这一年六月,齐国陈成子弑其君。据《论语·宪问》篇所载:"陈成子弑简公。孔子沐浴而朝,告于哀公曰:'陈恒弑其君,请讨之。'"陈成子,即陈恒。孔子多次请求鲁君出兵讨伐,因君臣不同意而作罢。又过了两年,于鲁哀公十六年四月己丑日孔子离开了人世。

孔子死后,安葬在鲁国曲阜以北泗水之滨。弟子们为之守丧三年,而子贡守丧六年才离去。后世凭吊孔子的人们络绎不绝。茂密的苍松翠柏,郁郁青青,环绕墓地,形成规模宏大的孔氏陵园,人们尊之为孔林。

《论语》成书与注本

　　《论语》一书主要记载孔子言行,兼记某些弟子和时人的言行,是一部重要的儒家经典,影响极为深远。

　　关于它的成书,班固在《汉书·艺文志》上说:"《论语》者,孔子应答弟子、时人及弟子相与言而接闻于夫子之语也。当时弟子各有所记。夫子既卒,门人相与辑而论纂,故谓之《论语》。"由此观之,"论"是分篇列章论纂的意思;"语"是各自所记录的语言。总之,《论语》是分篇列章编纂的语录。

　　《论语》集中反映了孔子的思想,是研究孔子其人及其学说的主要依据。它的成书非出一人、一时,而是出自众人之手,经过漫长的编辑过程。书中所载的语录,主要是孔门弟子在不同场合所记,也有弟子以外的人参与。孔子去世以后,弟子们将自己所记汇集起来,大致分类编排,篇与篇,章与章的划分,没有严格标准。有些篇同一主题的内容比较集中,但多数是分散的,所以出现某些重复章节。如《里仁》篇:"不患莫己知,求为可知也。"相同的内容在《宪问》和《卫灵公》篇也有,重复了三次。

　　《论语》最后成书,其作者究竟是哪些人,说法不一。《汉书·艺文志》泛指孔门弟子。《经典释文》卷一:"郑康成云:'仲弓、子夏等所撰定。'"唐代柳宗元在《论语辩》中分析周详。他说:"或问曰:儒者称《论语》,孔子弟子所记,信乎? 曰:未然也。孔子弟子,曾参最少,少孔子四十六岁。曾子老而死,是书记曾子之死,则去孔子也远矣。曾子之死,孔子弟子略无存者矣。吾意曾子弟子之为之也。何哉? 且是书载弟子必以字,独曾子、有子不然。由是言之,弟子之号之也。然则有子何以称子? 曰:孔子之殁也,诸弟子以有子为似夫子,立而师之。其后不能对诸子之问,乃叱避而退,则固尝有师之号矣。今所记独曾子最后死,余是以知之。盖乐正子春、子思之徒与为之尔。或曰:孔子弟子杂记其言,然而卒成其书者,曾氏之徒也。"此说比较切合实际。《论语》着笔始于春秋末年,最后由曾参弟子们编定成书,时间约在战国初期。

　　《论语》传至汉代,出现三种不同本子。今文本有《鲁论语》、《齐论语》;古文本有《古文论语》。《鲁论语》二十篇,《齐论语》二十二篇,多出"问王"、"知道"两篇。《古论》二十一篇,将第二十篇"尧曰"的"子张问"独立为一篇。

　　据《汉书·艺文志》载,《齐论语》主要传人是庸生、王吉。《鲁论语》主要传人是张禹。张禹仕元帝、成帝两朝。成帝为太子时由张禹向他讲授《论语》,即位以后仍拜张禹为师。当初,张禹从夏侯建学《鲁论语》,又从庸生、王吉学《齐论语》。他以《鲁论语》为底本,吸收《齐论语》之所长,形成一种新的本子,即《张侯论》,加之他显赫的政治地位,其学术影响日益扩大。当时在儒者中间流传这样的话："欲为《论》，念张文"。自此，其他治《论语》的学者名声渐微。当时为《张侯论》作注的有包咸、周生两家。该本已成为今日《论语》的祖本。关于《古论》，据《汉书·艺文志》所载："武帝末，鲁恭王坏孔子宅，欲以广其宫，而得《古文尚书》及《礼记》、《论语》、《孝经》凡数十篇，皆古字也。"《古论》篇次不同于《齐论》和《鲁论》。由汉武帝时博士孔安国、顺帝时南郡太守马融为之训解。东汉末年，训诂大家郑玄在张侯本的基础上，撰写《论语》校注本，该书唐以后失传，只存残卷。

下面分别介绍汉以后主要《论语》注本：

《论语集解》 《论语》注释传至魏，产生了何晏等人集体撰写的《论语集解》，它成为后世《论语》注本的基石。可以概括如下各点：一、它是一部由五人撰写的注本。五人分别是孙邕（yōng）、郑冲、曹羲、荀顗（yǐ）、何晏。最后由何晏酌情定稿。《集解》开创了古籍注释汇集众说的新体例。二、它汇集了历史上诸家的《论语》注释：汉代有包咸、周生、孔安国、马融、郑玄五家；魏时有陈群、王肃、周生烈三家。这些古注保存了汉魏时代《论语》注释的优秀成果。三、诸家注释中有不适当的，何晏等人可以酌情订正，从而收到补阙正误之效。《集解》完整的单本已失传，只存残卷。现传《集解》保留在皇侃《论语义疏》本和邢昺（bǐng）《论语注疏》本中。

《论语义疏》 全称又称《论语集解义疏》。《论语》注释传至南北朝，产生另外一部《论语》注本，即南朝梁皇侃的《论语义疏》，共十卷。《义疏》以何晏《集解》为底本，在此基础上进行疏解。有以下各点：一、原则上不破《集解》之说，但可以叙列不同见解。二、充分吸收已有训释，主要指江熙的《集解论语》及通儒大家的训释。除江熙本人的解说外，对十三家之说择善而从。三、《义疏》本的体例，先疏解正文，再疏解注文，包括释词、串讲、引证等。凡不标出姓名的，属皇侃本人的解说。《义疏》本内容丰富，疏解周详，具有较高的文献价值。

传至唐代，有贾公彦的《论语疏》，早已失传。

《论语注疏》 又名《论语正义》。《论语》注释传至北宋，产生了一部与《义疏》相对应的《论语》注本，即邢昺的《论语注疏》，共二十卷。这部书一直流传至今，影响很大。邢昺于太宗时擢九经及第，官至礼部尚书。他翰林出身，任翰林侍讲学士，功底坚实。《注疏》本有如下各点：一、对皇侃《义疏》本加以精减，去皇疏之枝蔓，保留精粹，稍作义理发挥。二、只作正面疏解，不列异说，以免分散对正义的理解，但也有碍开阔视野。三、对《集解》以外的旧说，不注明来源，使读者难以辨识。然而自汉以后，注《论语》者几十家，在荟萃群言、通释宏旨大义方面，则当属此书。四、邢昺《注疏》本和皇侃《义疏》本各有依据的《集解》底本，所依原文并不一致，各有短长，但都很宝贵，须审慎而定。五、邢昺《注疏》单疏本已失传，今只见注疏合刻本。现今最善的版本当是阮元刻印附校勘记的《十三经注疏》本。

《论语集注》　《论语》注释传至南宋,产生一部影响深远的注本,便是著名理学家朱熹的《论语集注》,共十卷。朱熹早期曾编成《论语要义》,其书不传。后复取程颢、程颐、张载、范祖禹、吕希哲、吕大临、游酢、侯仲良、谢良佐、杨时、尹焞等十一家之说,写成《论孟精义》,其中《论语》二十卷,《孟子》十四卷。《集注》的形成采纳《论语精义》的精华,兼及古注。《集注》比《精义》凝练,晓畅。但《精义》仍在流传。《集注》在阐发原著方面有其独特风格:一、所集侧重宋人解说,所谓《集注》即本于此。除前所引十一家外,还引苏轼、黄祖舜、胡寅等多家。二、不废弃古注,引何晏《集解》诸家之说,不标出姓名,需彼此对照,方晓何家。三、引诸家之说,必经筛选,并加按断。如《子路》篇:"苟有用我者,期月而已可也,三年有成。"《集注》释为:"尹氏曰:'孔子叹当时莫能用己也,故云然。'愚按《史记》,此盖为卫灵公不能用而发。"四、注重字词训解,注语简明扼要。注释《论语》,必先弄清字词文义,方能通晓本意。如《学而》篇:"学而时习之。"其中的"习"字,《集注》释为:"习,鸟数(shuò,频繁)也。学之不已,如鸟数飞也。"又"无友不如己者,过则勿惮改",对其中虚词"无"、"勿"的注释为:"无、勿通,禁止辞也。"注音采取多种形式。一般用直音,如"夫",音扶。也用反切,如"禘",大计反。"饭",符晚反。标注声调,如"衣",去声。"舍",上声。五、注重义理分析。一般是先释词,后阐发义理。如《为政》篇:"温故而知新,可以为师矣。"《集注》释为:"温,寻绎也。故者,旧所闻。新者,今所得。言学能时习旧闻,而每有新得,则所学在我,而其应不穷,故可以为人师。"

《集注》的义理分析,由于受其唯心主义理学的影响,常借题发挥,曲解原意,使《集注》充斥着"天理"、"理",牵强附会。如《为政》篇:"孟懿子问孝,子曰:'无违'。"而《集注》释为:"无违谓不背于理。"分明是不违背礼,他偏注成"理"。又如《八佾》篇:"获罪于天,无所祷也。"《集注》释为:"天,即'理'也。其尊无对,非奥、灶之可比也。"又《颜渊》篇:"克己复礼为仁。"《集注》释为:"礼者,天理之节文。"总之,要识别强加给原著的曲解,实事求是还原作本意。

元明两代没有产生新的《论语》注本,科举取士皆取朱注,成为科考必读之书。

《论语正义》　清代学术昌明,语言文字的研究不断深入,考据学也不断进展。清代学者不满足前代注释成果,于是又产生一部新的《论语》注本,即刘宝楠的《论语正义》,共二十四卷。刘氏未及书成而卒,自十八卷以后由其子刘恭冕续写完稿。此书可谓同治以前《论语》注释之集大成者。有如下各点:一、作者专精致思,先写成几十大册初稿,在此基础上加工提炼,去粗取精,斟酌取舍,以确保注稿质量。二、不分门户,无论汉宋,只要对解经释义有助益者,实事求是,悉加录用。三、注疏、考证、义理分析及校勘等各部分并重,其中以注疏最见功力。四、注文体例,先注经文,后释注文。经文注文均依邢昺《注疏》本。发现注文有误,按皇侃《义疏》本和后人之说校改。五、因汉人解义存者无几,必当详载,尤其对郑玄遗注悉引疏内。对各种异说,分辨正误,存正弃误。对见仁见智之说则兼收并蓄。

《论语集释》 继《论语正义》之后,又产生一部大型的综合性《论语》注本,即程树德的《论语集释》,共四十卷。1943 年由华北印书局初版。这部书是作者在病中极其艰难的条件下以顽强毅力坚持写成的。据其女程俊英说,"他以目难睁不能视、手颤抖不能书的病弱残躯,自己口述,由亲戚笔录"写成。本书有如下各点:一、《论语》注释,自汉至清,名儒代出,著述日繁,本书采录极为广博,引经史子集及类书碑志达六百八十种,可谓工程浩大。二、义理分析必以训诂为据,力求做到训诂与义理分析密切结合。三、作者将《集释》内容分为十项:1. 考异,指考释经文异同。2. 音读,注释字音,规正句读。3. 考证,指考释名物典章。4. 集解,收入何晏《集解》、邢昺《注疏》中可采取者。5. 唐代以前所采取的古注三十八家,以皇侃《义疏》为主。6. 集注,采录宋代以来诸家注,以朱熹注为主。7. 别解,采录《集解》、《集注》以外的新说,广其异闻,开阔视野。8. 馀论,斟酌录取清儒阐发的义理之说,兼采宋代以后诸家可补集注而不宜入考证之说。9. 发明,主要采录宋学中陆王一派义理评说中可取者。10. 按语,指作者对上述各项有必要阐明己见,对异说有所弃取时,当下按语。以上各项并非每章全有,而是酌情选项。1990 年中华书局印行《新编诸子集成》收入此书。

《论语译注》 现代注本,优秀者夥,因篇幅所限、只介绍杨伯峻《论语译注》。杨氏学识渊博,功底深厚,治学严谨,多所发明。总观《译注》,主要介绍如下各点:一、《译注》总体上通俗易懂,深入浅出,为一般读者学习《论语》创造必要的条件;也为有志深入钻研者提供登堂入室的阶梯。二、作者以语言科学统领《译注》,指明古代汉语词性词义,语法规则,修辞方式;兼及历史知识,地理沿革,名物制度等。三、注释准确,重点限于生僻字词,而且在首次出现时加注。有未注者可查阅后附《论语词典》。注音采用注音字母,兼用直音法,以北京语音为标准。四、译文一般采取直译法,尽可能保持原著风貌。遇有经文简古,需要添加必要词语,在该处加〔 〕号作为标志。五、《译注》设有"馀论"一栏,将注译中不便说明的问题,以简约文字点评章节主旨,阐明某种学术见解,分辨学术是非,要言不烦,起到深化注释的效果。不足之处为:字词注释偏少,翻阅后附词典不便。关键章节常缺少点评。

《论语》这部儒家经典,自汉宋迄今,为之作注者夥矣,以上介绍乃具代表性的主要注本。

后 记

  《论语》是儒家学派的经典著作,历代相传,影响极为深远。为弘扬国学,继承古代优秀文化遗产,我用两年多时间写成此注稿。

  为了确保注稿质量,在写作过程中,我反复钻研原著,广泛阅读历代注疏与现代注本,学其所长,也避其所短,艰辛努力,从写稿之日起,便全力以赴,倾心于每一注解,斟酌推敲,力求确切,不敢怠慢。每遇难点,朝夕不辍,自认文安,方才释手。对每篇每节,反复修改,数易其稿,直至定稿誊清。

  本稿以训释原著语言文字为重点,尽量扫除语言文字障碍。因从事几十年古代汉语教学,有助于这方面工作。在疏通语言文字的基础上,对原著的思想内容加以简要短评。

  这里我由衷感谢查明昊同志,承蒙其鼎力相助,认真审改注稿,纠误订失,为提高书稿质量殚精竭虑,付出艰辛努力。此外,对王亚军同志协助校对全部书稿,也深表谢意。

  《论语》一书,注译量大,评论也有相当难度,因水平有限,稿中定然会有不少错误,希望读者批评指正,以备修订。

2014 年 3 月 10 日